高等学校交通运输与工程类专业教材建设委员会规划教材

道路与桥梁工程概论

(第3版)

黄晓明　许崇法　主　编

人民交通出版社股份有限公司

北　京

内 容 提 要

本书共分七章,主要包括:交通运输系统、公路路网规划与道路几何设计、道路路基路面结构、城市道路工程及道路立体交叉、现代桥梁工程、道路与桥梁工程的施工技术及管理、道路工程的可持续发展。

作为道路桥梁与渡河工程专业的概论性课程配套教材,本书主要使学生了解道路交通的现状和发展趋势,增加从事道路桥梁工程工作的荣誉感和自豪感。同时,通过主要课程内容的讲解,让学生了解本科四年主要的学习内容、对应工作所需要的专业知识、相关专业所要求的专业基础知识,由此理解本科生培养方案中设置基础课、专业基础课、专业课和选修课的意义。

本书可作为高等学校道路桥梁与渡河工程专业的基础课教材,也可作为土木工程、交通运输、交通工程等专业道路与桥梁方向的概论类教材。

图书在版编目(CIP)数据

道路与桥梁工程概论/黄晓明,许崇法主编. —3版. —北京:人民交通出版社股份有限公司,2021.7(2025.5重印)
ISBN 978-7-114-17312-7

Ⅰ.①道… Ⅱ.①黄… Ⅲ.①道路工程—高等学校—教材②桥梁工程—高等学校—教材 Ⅳ.①U41②U44

中国版本图书馆 CIP 数据核字(2021)第 090433 号

高等学校交通运输与工程类专业教材建设委员会规划教材
Daolu yu Qiaoliang Gongcheng Gailun

书　名:	道路与桥梁工程概论(第3版)
著 作 者:	黄晓明　许崇法
责任编辑:	李　瑞
责任校对:	席少楠
责任印制:	张　凯
出版发行:	人民交通出版社股份有限公司
地　　址:	(100011)北京市朝阳区安定门外外馆斜街3号
网　　址:	http://www.ccpcl.com.cn
销售电话:	(010)85285911
总 经 销:	人民交通出版社股份有限公司发行部
经　　销:	各地新华书店
印　　刷:	北京武英文博科技有限公司
开　　本:	787×1092　1/16
印　　张:	17
字　　数:	409 千
版　　次:	2007年6月　第1版　2014年7月　第2版 2021年7月　第3版
印　　次:	2025年5月　第5次印刷　总第15次印刷
书　　号:	ISBN 978-7-114-17312-7
定　　价:	45.00 元

(有印刷、装订质量问题的图书,由本公司负责调换)

第3版前言
FOREWORD

由于专业目录的调整,道路与桥梁工程方向涉及道路桥梁与渡河工程、土木工程、交通工程等专业,为了让学生进入大学后对专业方向有一定的了解,开设了道路与桥梁概论课程。

本教材自2007年第1版、2014年第2版出版以来,被许多院校作为教材使用,深受好评;现今我国交通建设迅猛发展,对道路设计规范和发展有了更高的要求,为了让学生了解最新的技术要求和发展趋势,2020年着手进行第3版的修订工作。同时,本教材以附录的形式给出了由教育部高等学校道路运输与工程教学指导分委员会负责编写的《道路桥梁与渡河工程专业教学质量国家标准》。

本教材第3版修订过程中,力争融入最新的规范、标准和方法,融入最新的发展成果和行业数据,本次主要修订内容包括:

第一章,修订了交通建设发展数据,更新了我国交通规划的具体内容,加入了"交通强国"的相关内容,并将第五节修改为中国公路网规划;

第二章,修订了与《公路路线设计规范》(JTG D20—2017)相关的内容,增加了BIM的相关内容;

第三章,修订了与《公路沥青路面设计规范》(JTG D50—2017)相关的内容;

第四章,修订了与《公路路线设计规范》(JTG D20—2017)相关的内容;

第五章,修订了与《公路工程技术标准》(JTG B01—2014)、《公路桥涵设计通用规范》(JTG D60—2015)、《公路钢筋混凝土与预应力混凝土桥涵设计规范》(JTG 3362—2018)相关的内容,修订了桥梁发展数据,删除了部分章节;

第六章,修订了与《公路桥涵施工技术规范》(JTG/T 3650—2020)、《公路桥梁技术评定标准》(JTG/T H21—2011)相关的桥梁施工、养护与维修部分内容;

第七章,修订了与道路工程可持续发展相关的主要数据,并删除了交通噪声部分内容。

　　增加了附录《道路桥梁与渡河工程专业教学质量国家标准》。

　　本书共七章，第一、二、三、四、七章由东南大学黄晓明教授负责修订，第五、六章由东南大学许崇法老师负责修订，全书由东南大学黄晓明教授担任统稿工作。

　　本书采用国家法定计量单位，即国际单位制(SI)。

　　本书如有未尽善之处，希望有关院校师生及读者提出宝贵意见，以便及时修改完善，联系邮箱:huangxmseu@foxmail.com。

黄晓明

2021 年 2 月于东南大学

目录 CONTENTS

第一章　交通运输系统	1
第一节　交通运输的作用及发展要求	1
第二节　现代化的交通运输	6
第三节　交通运输的主要方式及特点	17
第四节　载运工具的种类	27
第五节　中国公路网规划	37
【复习思考题】	40
第二章　公路路网规划与道路几何设计	42
第一节　公路路网规划	42
第二节　道路勘测设计基本程序	51
第三节　道路等级及通行能力设计	55
第四节　道路几何设计	64
第五节　道路设计 CAD 技术	74
第六节　数字公路技术	79
【复习思考题】	84
第三章　道路路基路面结构	85
第一节　路基路面基本性能要求	86
第二节　路基横断面及路面结构	88
第三节　路面结构组合设计	95
第四节　土木工程材料	101
【复习思考题】	110
第四章　城市道路工程及道路立体交叉	111
第一节　城市道路的组成、功能及特点	112
第二节　城市道路的分类与分级	115
第三节　城市道路几何设计基本参数	117

第四节　通行能力及服务水平……………………………………………………121
　　第五节　道路平面交叉……………………………………………………………126
　　第六节　道路立体交叉……………………………………………………………138
　　【复习思考题】……………………………………………………………………152
第五章　现代桥梁工程……………………………………………………………………154
　　第一节　桥梁工程概述……………………………………………………………155
　　第二节　桥梁的组成和分类………………………………………………………167
　　第三节　桥梁总体规划设计………………………………………………………177
　　第四节　桥梁设计的作用选定及组合……………………………………………187
　　【复习思考题】……………………………………………………………………195
第六章　道路与桥梁工程的施工技术及管理……………………………………………196
　　第一节　道路与桥梁施工技术……………………………………………………196
　　第二节　道路桥梁养护与维修……………………………………………………218
　　【复习思考题】……………………………………………………………………224
第七章　道路工程的可持续发展…………………………………………………………225
　　第一节　可持续发展理念…………………………………………………………226
　　第二节　可持续发展的交通设施体系……………………………………………229
　　第三节　环境保护及绿色公路建设………………………………………………234
　　第四节　公路景观及景观设计……………………………………………………243
　　【复习思考题】……………………………………………………………………258
附录　道路桥梁与渡河工程专业教学质量国家标准……………………………………259
参考文献……………………………………………………………………………………264

第一章
交通运输系统

【学习目的与要求】

作为一名未来的道路与桥梁工程师,必须全面了解我国交通运输的现状和交通强国建设的发展要求,了解五种交通运输方式及其特点,结合国家高速公路网和国道主干线系统建设规划,了解国家发展交通运输的必要性和紧迫性,了解我国公路发展的主要历程及远景规划,了解我国交通运输发展趋势。通过系统的学习,掌握道路工程规划、设计、建设、管理的基本专业素养,增强投身交通运输建设事业的荣誉感和责任感,树立筑路架桥光荣的人生观。

第一节 交通运输的作用及发展要求

现代交通诞生于19世纪初。一百多年来,交通运输发展日新月异,铁路、公路、航空、水运、管道运输等相继出现。五种运输方式的产生和发展,为社会经济发展提供了强有力的基础保障。20世纪交通运输的发展初步构筑起了交通运输综合体系,21世纪的交通运输发展是高新技术广泛应用、高速交通全面发展,并形成高度发达的现代化综合交通体系的时代,人类社会的时空观念将发生深刻变革。为支撑国家现代化建设,今后相当长的一段时间内,我国交通基础设施建设任务仍然相当艰巨。

一、交通运输发展要求及其在国民经济发展中的作用

交通运输是国民经济和社会发展中的基础性、战略性、引领性产业和重要的服务性行业，是可持续发展的重要支撑。其总体要求是坚持稳中求进工作总基调，坚持新发展理念，坚持推动高质量发展，坚持以供给侧结构性改革为主线，坚持以人民为中心的发展思想，牢牢把握交通"先行官"定位，适度超前，进一步解放思想、开拓进取，推动交通发展由追求速度规模向更加注重质量效益转变，由各种交通方式相对独立发展向更加注重一体化融合发展转变，由依靠传统要素驱动向更加注重创新驱动转变，构建安全、便捷、高效、绿色、经济的现代化综合交通体系，打造一流设施、一流技术、一流管理、一流服务，建成人民满意、保障有力、世界前列的交通强国，为全面建成社会主义现代化强国、实现中华民族伟大复兴中国梦提供坚强支撑。

交通运输作为国民经济结构中的先行和基础产业，其主要作用表现为：

(1) 经济作用。交通运输的五种运输方式，既要完成国家下达的客货运输任务，还要根据市场商品需求调节各自的运输任务，自身所创造的经济价值十分可观。

(2) 社会公益作用。现代化的交通运输业，必须不分昼夜、季节，全天候地从事正常运输，这是与国家政治、经济休戚相关的。遇到非常时期，发生灾难时，如地震、洪水、大火、海啸等，或在战争时，或国家财产受到威胁时，保障交通运输的安全畅通，恢复社会正常秩序，这种超越经济的社会公益作用会显示得更为突出。

(3) 宏观调控作用。当国民经济失调而需要调整或治理整顿时，交通运输作为国家宏观调控工具的作用会更突出，如煤炭抢运、全国性粮食调运等。五种运输方式中，铁路运输的宏观调控作用尤为明显。

(4) 促进国家经济合理布局、协调发展。促进地区经济合理布局、协调发展，除了中心城市的作用外，要以交通要道为依托，充分发挥公路、水运、空运、管道等多种运输方式的优势。依靠若干条通过能力强的南北向、东西向的运输大通道，引导形成若干跨地区的经济区域和重点产业，优化生产力布局，优化资源配置，减少重复浪费，交通运输将起到很大的促进作用。

(5) 引领作用。交通运输对经济社会发展具有很强的引领性，能有效支撑国家重大战略实施。建设交通强国，应当在基础设施、运输服务、装备技术等硬实力方面位居世界前列，同时拥有与之相匹配的软实力，具有成熟的行业现代治理体系、统一开放的交通运输市场体系、引领性的科技创新体系、有国际影响力的对外开放体系和一支与强国地位相匹配的创新型人才队伍、一大批有国际竞争力的交通运输企业，全面建成更安全、更便捷、更高效、更绿色、更智慧、更可持续、更具竞争力的现代综合交通运输体系，各种运输方式的比较优势和组合效率得到充分发挥，真正实现交通运输现代化。

(6) 国防意义。运输是国防的后备力量，战时又是必要的军事手段。交通运输业关系到民族存亡、国家安危，绝非用经济尺度所能衡量。

二、我国交通运输发展现状

1. 公路、水路交通全面紧张和"瓶颈"制约状况已得到缓解

从新中国成立后到改革开放之前，由于对交通运输的基础性和先导性认识不足，导致了对交通投资的严重不足，使我国交通发展长期滞后。

改革开放以后，经济发展速度加快，交通发展长期滞后的严重后果充分暴露出来，交通运

输全面紧张,成为当时国民经济突出的薄弱环节,严重制约了国民经济的发展。其主要标志是基础设施总量和运力严重不足,能源生产只能"以运定产";干线公路能力严重不足,"行路难""运货难"成为当时人民群众强烈不满的主要问题之一。

20世纪80年代后期,中央把发展交通运输放在突出位置。特别是20世纪90年代以来,公路、水路交通基础设施有了很大发展,面貌有了明显改观,交通运输的紧张局面逐步得到缓解。1990年至2020年,公路总里程由103万km增加到519.81万km(包括从2006年开始纳入统计的155万km村道),公路密度由10.7千米/百平方千米增加到54.15千米/百平方千米;高速公路从无到有,发展到14.96万km;其中二级及二级以上高等级公路里程70.24万km,占公路总里程的13.5%;基本形成了连接重要城市及地区的高速公路通道,许多经济发达地区高速公路干线网络正在形成。

2020年末,全国拥有公路营运汽车1 171.54万辆。拥有载客汽车61.26万辆、1 840.89万客位;拥有载货汽车1 110.28万辆、15 784.17万吨位,其中,普通货车414.14万辆、4 660.76万吨位,专用货车50.67万辆、596.60万吨位,牵引车310.84万辆,挂车334.63万辆。

2020年,完成营业性客运量96.65亿人,其中:铁路、公路、水路、民航客运量分别恢复至上年的60.2%、53.0%、54.8%和63.3%。完成城市客运量871.92亿人,其中:公共汽电车、轨道交通、巡游出租汽车和轮渡客运量分别恢复至上年的63.9%、73.7%、72.8%和52.9%。完成旅客周转量19 251.43亿人千米,完成营业性货运量464.40亿吨,完成货物周转量196 760.92亿吨千米。全国城市客运装备拥有量见表1-1。

全国城市客运装备拥有量 表1-1

年份 (年)	公共汽电车 (万辆)	轨道交通配属车辆 (辆)	巡游出租汽车 (万辆)	城市客运轮渡船舶 (艘)
2016	60.86	23 791	140.40	282
2017	65.12	28 707	139.58	264
2018	67.34	34 012	138.89	250
2019	69.33	40 998	139.16	224
2020	70.44	49 424	139.40	194

2020年末,全国拥有城市公共汽电车70.44万辆,拥有城市轨道交通配属车辆49 424辆,拥有巡游出租汽车139.40万辆,拥有城市客运轮渡船舶194艘。

2020年年末,全国机动车保有量达3.72亿辆,其中汽车2.81亿辆,汽车驾驶人4.18亿人。

2. 新时代交通发展之路

我国交通运输发展积极适应新的形势要求,坚持对内服务高质量发展、对外服务高水平开放,把握基础设施发展、服务水平提高和转型发展的黄金时期,着力推进综合交通、智慧交通、平安交通、绿色交通建设,走新时代交通发展之路。

(1)以建设人民满意交通为目标

为了人民、依靠人民、服务人民,是中国交通发展的初心和使命。新时代的中国交通,秉持人民至上、以人为本的发展理念,坚持人民共建共治共享,建设人民满意交通。

①人民交通靠人民。坚持人民主体地位,着力解决人民最关心、最直接、最现实的交通发

展问题,充分调动人民的积极性、主动性、创造性,鼓励社会公众参与交通治理,依靠人民办好交通。

②人民交通由人民共享。统筹公平和效率,坚持普惠性、保基本、均等化、可持续方向,大力推进城乡基本公共服务均等化,保障城乡居民行有所乘,让人民共享交通发展成果。

③人民交通让人民满意。以人民满意为根本评判标准,聚焦新时代人民对交通的新期待,深化供给侧结构性改革,推动交通运输高质量发展,不断满足不同群体的交通运输需求,不断提升人民的获得感、幸福感、安全感。

(2) 以当好发展"先行官"为定位

经济要发展,国家要强大,交通要先强起来。把交通运输作为经济社会发展的"先行官",坚持"先行引导、适度超前"原则,保持一定发展速度,为经济社会发展提供坚实基础和有力保障。

①措施上优先部署。实施京津冀协同发展、长江经济带发展、长三角一体化发展、粤港澳大湾区建设等区域协调发展战略,推进脱贫攻坚、乡村振兴、新型城镇化等重大决策部署,把交通运输作为先行领域重点部署、优先保障。

②能力上适度超前。适应新型工业化、信息化、城镇化和农业现代化发展要求,以加快建设综合立体交通网络为目标,以综合交通运输规划编制为抓手,适度超前布局交通基础设施建设,支撑经济社会发展,为未来发展留足空间。

③作用上先行引领。充分发挥交通运输在国土空间开发、产业梯度转移、城镇布局优化、经济贸易交流中的先导作用,发挥互联网新业态在培育经济发展新动能中的引领作用,促进新经济形态加速崛起。

(3) 以新发展理念为引领

贯彻创新、协调、绿色、开放、共享的新发展理念,是新时代中国交通发展的关键。以新发展理念引领交通高质量发展,更新观念,转变方式,破解难题,厚植优势。

①建设安全、便捷、高效、绿色、经济的现代化综合交通运输体系。打造高品质的快速交通网、高效率的普通干线网、广覆盖的基础服务网,加快形成立体互联的综合交通网络化格局和横贯东西、纵贯南北、内畅外通的综合交通主骨架。

②推动交通运输供给侧结构性改革。降低交通运输结构性、制度性、技术性、管理性、服务性成本,促进物流业"降本增效",更好发挥交通运输在物流业发展中的基础和主体作用。

③优化营商环境。加强法治政府建设,合理划分交通运输领域中央与地方财政事权和支出责任,推进简政放权、加强管理、优化服务,健全完善以信用为基础的新型监管机制,提升营商环境的国际化、法治化、市场化水平。

④增强发展动能。鼓励和规范交通新业态发展,加快推动新旧动能转换,建立多层次、可选择、多元化的运输服务体系,提高交通服务水平。

(4) 以改革开放为动力

深化改革、扩大开放是交通运输发展行稳致远的强大动力。坚持社会主义市场经济改革方向,把"有效市场"和"有为政府"更好结合起来,进一步解放和发展交通运输生产力。

①坚持市场化改革。充分发挥市场在资源配置中的决定性作用,更好发挥政府作用,放开交通运输市场,推进质量变革、效率变革、动力变革,着力依靠市场解决发展不充分的问题,更好发挥政府作用解决发展不平衡的问题,不断完善交通运输市场体系,释放交通运输活力。

②坚持高水平对外开放。打开国门做好建设,积极推进交通运输"走出去""请进来",以服务共建"一带一路"为重点,着力推动陆上、海上、天上、网上"四位一体"联通和政策、规则、标准"三位一体"联通,提升与其他国家互联互通水平和国际运输便利化水平。

(5) 以创新驱动为支撑

创新是交通运输发展的动力源泉。把创新作为推动发展的第一动力,以科技创新为牵引,大力推进管理创新、制度创新、文化创新,完善创新体系,优化创新环境,强化人才支撑。

①以基础设施建养技术迭代升级增强交通运输系统韧性,增强交通基础设施抵御灾害与预警监测能力,提升高速铁路、高速公路、特大桥隧、深水筑港、大型机场工程等建造技术水平。

②以智慧交通建设推进数字经济、共享型经济产业发展,推动模式、业态、产品、服务等联动创新,提高综合交通运输网络效率,构筑新型交通生态系统。

③以数字化、网络化、智能化、绿色化技术的发展,拓展交通运输高质量发展空间,抓住全球新一轮科技革命和产业变革催生新技术、新模式、新业态的历史机遇,推动交通运输可持续发展。

三、交通强国发展目标和基础设施布局要求

2019年国家印发了《交通强国建设纲要》,纲要就总体要求,基础设施布局完善、立体互联,交通装备先进适用、完备可控,运输服务便捷舒适、经济高效,科技创新富有活力、智慧引领,安全保障完善可靠、反应快速,绿色发展节约集约、低碳环保,开放合作面向全球、互利共赢,人才队伍精良专业、创新奉献,完善治理体系,提升治理能力,保障措施等方面提出具体要求。

1. 交通强国发展目标

2020年已完成决胜全面建成小康社会交通建设任务和"十三五"现代综合交通运输体系发展规划各项任务,为交通强国建设奠定了坚实基础。

从2021年到21世纪中叶,分两个阶段推进交通强国建设。

到2035年,基本建成交通强国。现代化综合交通体系基本形成,人民满意度明显提高,支撑国家现代化建设能力显著增强;拥有发达的快速网、完善的干线网、广泛的基础网,城乡区域交通协调发展达到新高度;基本形成"全国123出行交通圈"(都市区1小时通勤、城市群2小时通达、全国主要城市3小时覆盖)和"全球123快货物流圈"(国内1天送达、周边国家2天送达、全球主要城市3天送达),旅客联程运输便捷顺畅,货物多式联运高效经济;智能、平安、绿色、共享交通发展水平明显提高,城市交通拥堵基本缓解,无障碍出行服务体系基本完善;交通科技创新体系基本建成,交通关键装备先进安全,人才队伍精良,市场环境优良;基本实现交通治理体系和治理能力现代化;交通国际竞争力和影响力显著提升。

到21世纪中叶,全面建成人民满意、保障有力、世界前列的交通强国。基础设施规模质量、技术装备、科技创新能力、智能化与绿色化水平位居世界前列,交通安全水平、治理能力、文明程度、国际竞争力及影响力达到国际先进水平,全面服务和保障社会主义现代化强国建设,人民享有美好交通服务。

2. 交通基础设施布局完善、立体互联

(1) 建设现代化高质量综合立体交通网络

以国家发展规划为依据,发挥国土空间规划的指导和约束作用,统筹铁路、公路、水运、民

航、管道、邮政等基础设施规划建设,以多中心、网络化为主形态,完善多层次网络布局,优化存量资源配置,扩大优质增量供给,实现立体互联,增强系统弹性。强化西部地区补短板,推进东北地区提质改造,推动中部地区大通道大枢纽建设,加速东部地区优化升级,形成区域交通协调发展新格局。

(2)构建便捷顺畅的城市(群)交通网

建设城市群一体化交通网,推进干线铁路、城际铁路、市域(郊)铁路、城市轨道交通融合发展,完善城市群快速公路网络,加强公路与城市道路衔接。尊重城市发展规律,立足促进城市的整体性、系统性、生长性,统筹安排城市功能和用地布局,科学制定和实施城市综合交通体系规划。推进城市公共交通设施建设,强化城市轨道交通与其他交通方式衔接,完善快速路、主次干路、支路级配和结构合理的城市道路网,打通道路微循环,提高道路通达性,完善城市步行和非机动车交通系统,提升步行、自行车等出行品质,完善无障碍设施。科学规划建设城市停车设施,加强充电、加氢、加气和公交站点等设施建设。全面提升城市交通基础设施智能化水平。

(3)形成广覆盖的农村交通基础设施网

全面推进"四好农村路"建设,加快实施通村组硬化路建设,建立规范化可持续管护机制。促进交通建设与农村地区资源开发、产业发展有机融合,加强特色农产品优势区与旅游资源富集区交通建设。大力推进革命老区、民族地区、边疆地区、贫困地区、垦区林区交通发展,实现以交通便利带动脱贫减贫,深度贫困地区交通建设项目尽量向进村入户倾斜。推动资源丰富和人口相对密集贫困地区开发性铁路建设,在有条件的地区推进具备旅游、农业作业、应急救援等功能的通用机场建设,加强农村邮政等基础设施建设。

(4)构筑多层级、一体化的综合交通枢纽体系。

依托京津冀、长三角、粤港澳大湾区等世界级城市群,打造具有全球竞争力的国际海港枢纽、航空枢纽和邮政快递核心枢纽,建设一批全国性、区域性交通枢纽,推进综合交通枢纽一体化规划建设,提高换乘换装水平,完善集疏运体系。大力发展枢纽经济。

第二节　现代化的交通运输

一、概述

交通运输系统现代化是一个复杂的概念,它可以被理解成为一种发展中国家追赶发达国家的过程,也可以理解成为一种采用高新技术改造传统交通运输系统的要求,或者是适应社会经济发展需求的要求。从表达形式上来看,可以是与发达国家基础设施规模的数量比较,可以是一种直接感受到的服务水平,也可以是一种形象化的概念(例如立体交通、智能化交通等)。

对于"交通运输系统现代化"的理解,直接关系到交通运输系统的建设与改造,将影响到交通规划和交通发展战略的指导思想,从而产生不同方案和结果。例如,国外某些城市在20世纪50年代进行的交通规划中,以最大限度地满足小汽车交通为目标进行规划,结果交通用地占用了城市50%以上的面积,但最终还是没有能够解决交通拥挤问题,反而带来了严重的环境污染。因此,发达国家经过反思,在交通发展方向中提出了"后小汽车时代"等理念。

对于"交通运输系统现代化"的理解,关系到交通运输系统的技术改造方向。例如,当信息技术进入交通运输领域的时刻,是追求技术的先进性,还是注重技术的适用性;是简单模仿发达国家的技术改造计划,还是在认真分析国情的基础上确定实事求是的技术战略等问题,均需要明确"交通运输系统现代化"的确切目标,才能做出具体回答。

对于"交通运输系统现代化"的理解,也关系到产业政策的制订。在社会经济现代化的进程中,传统的交通运输行业需要进行何种改造,企业将面临何种类型的挑战,政府应该如何管理运输市场和企业等问题,都与"交通运输系统现代化"理念具有密切的联系。

交通运输系统需要适应多方位的需求,基本可以反映为如下三方面。

(1)适应经济发展的需求:建设国际经济中心城市;带动区域经济的发展;创造良好的投资环境;促进产业结构的调整等。

(2)适应社会发展的需求:建设支持城市群体可持续发展的交通运输系统;支持城市结构及布局的调整;为市民提供高水平的交通运输服务;接受 WTO 的挑战等。

(3)适应生态环境持续发展的需求:建立生态条件良好的交通空间;降低交通环境污染程度;减少交通运输系统建设及运行对自然界资源的消耗等。

同时,交通运输系统的建设又具有重要的引导作用。作为城市空间布局骨架的交通系统将引导城市的发展;交通运输业的技术改造将为信息产业创造巨大的市场;交通运输服务方式的现代化(例如现代物流服务),将促使传统的商业营销通道体系进行重组改造、企业联盟关系与方式的重组等。

二、我国交通强国建设

中国交通驶入高质量发展的快车道,基础设施建设日新月异,运输服务能力、品质和效率大幅提升,科技支撑更加有力,人民出行更加便捷,货物运输更加高效,中国正在从交通大国向交通强国迈进。

(1)基础设施从"连线成片"到"基本成网"

牢牢把握交通基础设施优化布局、加速成网的重要机遇期,深入推进交通供给侧结构性改革,一大批综合客运、货运枢纽投入运营,综合交通网络规模和质量实现跃升,覆盖广度和通达深度不断提升。

综合运输大通道基本贯通。着力加强综合运输大通道建设,进一步打通国家运输大动脉,有力保障国土和能源安全,强化区域间政治经济联系。加快建设"十纵十横"综合运输大通道,依托京沪、京广、沿海、沿江等综合运输大通道,长三角、珠三角、环渤海等港口群和长江沿线港口形成的经济带,城市群成为中国经济最具活力、人口最为密集的区域。上海到南京、上海到杭州高速通道沿线集聚了长三角三分之二的城市和约80%的经济总量。粤港澳大湾区形成了以高速铁路、城际铁路和高等级公路为主体的城际快速交通网络。西气东输、川气东送、海气登陆以及陕京线等天然气干线管输系统不断完善。煤炭物流通道布局更加合理,形成纵贯南北、东西的铁路能源运输大通道;粮食物流骨干通道全部打通,原粮散粮运输、成品粮集装化运输比重大幅提高,粮食物流效率稳步提升。区域间人员交流、物资流通日益便捷,横贯东西、纵贯南北、内畅外通的综合交通主骨架逐步形成。

综合交通枢纽建设步伐加快。深入推进交通、物流、信息与经济社会深度融合,大力发展枢纽经济,积极培育经济发展新动能。结合全国城镇体系布局,打造北京、上海、广州等国际性综合交通枢纽,加快建设全国性、区域性综合交通枢纽。通过规划引领,强化一体化综合客运枢纽站建设,北京大兴、上海虹桥等一批综合交通枢纽建成,实现了高铁、城市客运、轨道交通、民航等交通方式的无缝对接。优化货运枢纽布局,推进多式联运型和干支衔接型货运枢纽(物流园区)建设,上海洋山港、郑州铁路港等一批现代物流枢纽建成,提高了换装水平,加快了多式联运发展,有力推动了综合交通运输体系建设。不同运输方式通过枢纽实现有机衔接,为优化国家经济空间布局和构建现代化经济体系提供了有力支撑。

城市交通基础设施体系化建设稳步推进。强化城市综合交通体系规划引领,加强内部交通与对外交通有效衔接。树立"窄马路、密路网"的城市道路布局理念,建设快速路、主干路和次支路级配合理、适宜绿色出行的城市道路网络。完善道路空间分配,充分保障绿色交通出行需求,规范设置道路交通安全设施和交通管理设施。开展人行道净化专项行动,推动自行车专用道建设,切实改善绿色出行环境。

(2)运输服务从"走得了"到"走得好"

全面提升交通运输服务质量,"互联网+交通"等新模式快速发展,多样化、品质化、均等化水平大幅提升,运输服务实现"人便其行、货畅其流",通达性和保障性显著增强。交通运输对国家经济社会发展的支撑显著增强,促投资、促消费、稳增长作用明显。

货物运输服务保障能力不断提升。中国是世界上运输最繁忙的国家。面对日益增长的货物运输需求,加快多式联运发展,创新公铁联运、空铁联运、铁水联运、江海联运、水水中转、滚装联运等高效运输组织模式,开展铁路运能提升、水运系统升级、公路货运治理等专项行动,货物运输结构持续优化,综合运输效率不断提高,物流成本逐步降低,交通运输环境污染明显减少,原油、成品油、天然气管道建设不断提速。铁路运量占社会运输总量比例不断提升,"公转铁"行动取得突出成效。港口货物吞吐量和集装箱吞吐量均居世界第一。快递业务量保持强劲增长态势,连续多年位居世界第一。运输服务能力大幅提升,推进物流降本增效取得积极成效,促进了物流业转型升级。

公众高品质出行需求逐步满足。旅客运输专业化、个性化服务品质不断提升,人们对"美好出行"的需求得到更好满足,出行体验更加方便、快捷、舒适、温暖。以道路运输为基础,高铁、民航为主要发展方向的出行服务体系更加完善,客运结构持续优化,中长距离客流逐步从公路转向高铁和民航。截至2019年底,动车组列车累计发送旅客120亿人次,占铁路旅客发送量的比重由2007年的4.5%增长到65.4%。春节、国庆节等重要节庆日大规模客流的服务保障能力显著提升,人们不仅能够"说走就走",而且走得"舒适、优雅、惬意""人享其行"的期盼逐步成为现实。

城市公共交通持续优先发展。发展公共交通是现代城市发展的方向,是加强城市交通治理、提升城市居民生活品质的有效措施。大力加强城市轨道交通建设,截至2019年底,全国共有40个城市开通运营城市轨道交通线路,运营里程达6 172.2 km,城市轨道交通的骨干作用日益凸显,城市公交出行分担率稳步提高,舒适度不断提升。城市慢行交通系统较快发展,70余个城市发布共享单车管理实施细则,360余个城市提供了共享单车服务。城市公共交通的发展为人们出行提供了便利,满足了多样化出行需求。

基本公共服务均等化水平不断提升。努力保障公众公平享有交通服务权利,以交通和谐促进社会和谐。僻远地区开行的公益性"慢火车",站站停、低票价、公交化,架起了山村与城市的沟通桥梁，成为沿线人民的"公交车""致富车"。公路客运普及和农村物流发展有力促进了城乡一体化，截至2019年底，已开展52个城乡交通运输一体化示范县建设，全国城乡交通运输一体化发展水平达到AAA级、AAAA级以上的区县比例分别超过95%和79%。在铁路、公路、水运、民航、邮政等重要枢纽设置无障碍设施，推广无障碍化交通工具，为特殊群体提供了周到的出行服务。不断加大旅客运输及出行服务普惠力度，让人民共享交通发展成果。

交通运输新业态新模式不断涌现。"互联网+"交通运输正在深刻改变着人们的出行方式。网约车、共享单车、共享汽车等线上线下新消费模式，刷脸进站、"无纸化"登机、无人机投递、无接触配送、智慧停车、道路客运定制服务等新业态，让人们享受到了便利，为经济发展注入了新动能。

支撑区域重大战略实施。服务京津冀协同发展、长江经济带发展、粤港澳大湾区建设等区域协调发展战略，加强交通运输布局，提供基础支撑。加快构建以首都为核心的多节点、网格状世界级城市群交通体系，加快建设雄安新区一流的综合交通运输体系。强化干线铁路、城际铁路、市域（郊）铁路、城市轨道交通的高效衔接，推动"四网融合"，着力打造"轨道上的京津冀"。全面推进干线航道系统化治理，提升长江黄金水道功能，疏解三峡运输"瓶颈"制约，建设长江经济带综合立体交通走廊。畅通大湾区经粤东西北至周边省区的综合运输通道，构建连接泛珠三角区域和东盟国家的陆路国际大通道，推动粤港澳大湾区现代化综合交通运输体系建设。以"海澄文（海口、澄迈、文昌）"一体化经济圈、大三亚旅游经济圈为重点，打造多节点、网格状、全覆盖的铁路、城际轨道和骨架公路网，全面支撑海南自由贸易港建设。以上海、南京、杭州、合肥、苏锡常、宁波等为节点，构建对外高效联通、内部有机衔接的多层次综合交通网络，推进长三角区域交通运输更高质量一体化发展。契合全流域生态保护和国土空间开发，加快形成黄河流域"通道+枢纽+网络"联动发展格局。差异化完善区域各板块交通网络，增强了对区域战略的交通支撑。

（3）交通科技从"跟跑为主"到"跟跑并跑领跑"并行

经过不懈努力，交通运输科技创新能力大幅跃升，核心技术逐步自主可控，基础设施、运输装备取得标志性重大科技创新成果，可持续发展能力显著提升。中国的交通科技从跟跑世界一流水平为主，进入到跟跑、并跑、领跑并行的新阶段。

交通超级工程举世瞩目。高速铁路、高寒铁路、高原铁路、重载铁路技术达到世界领先水平，高原冻土、膨胀土、沙漠等特殊地质公路建设技术攻克世界级难题。离岸深水港建设关键技术、巨型河口航道整治技术、长河段航道系统治理技术以及大型机场工程建设技术世界领先。世界单条运营里程最长的京广高铁全线贯通，一次性建成里程最长的兰新高铁，世界首条高寒地区高铁哈大高铁开通运营，大秦重载铁路年运量世界第一，世界上海拔最高的青海果洛藏族自治州雪山一号隧道通车。川藏铁路雅安至林芝段开工建设。港珠澳大桥、西成高铁秦岭隧道群、洋山港集装箱码头、青岛港全自动化集装箱码头、长江口深水航道治理等系列重大工程举世瞩目。目前，中国在建和在役公路桥梁、隧道总规模世界第一，世界主跨径前十位的斜拉桥、悬索桥、跨海大桥，中国分别有7座、6座、6座，世界最高的10座大桥中有8座在中国。

交通装备技术取得重大突破。瞄准世界科技前沿发展"国之重器"，交通运输关键装备技术自主研发水平大幅提升。具有完全自主知识产权的"复兴号"中国标准动车组实现世界上首次时速420km交会和重联运行，在京沪高铁、京津城际铁路、京张高铁实现世界最高时速

350km 持续商业运营,智能型动车组首次实现时速 350km 自动驾驶功能;时速 600km 高速磁浮试验样车、具备跨国互联互通能力的时速 400km 可变轨距高速动车组下线。盾构机等特种工程机械研发实现巨大突破,最大直径土压平衡盾构机、最大直径硬岩盾构机、最大直径泥水平衡盾构机等相继研制成功。节能与新能源汽车产业蓬勃发展,与国际先进水平基本保持同步。海工机械特种船舶、大型自动化专业化集装箱成套设备制造技术领先世界,300m 饱和潜水取得创新性突破。C919 大型客机成功首飞。支线客机 ARJ21 开始商业运营。快递分拣技术快速发展。远洋船舶、高速动车组、铁路大功率机车、海工机械等领跑全球,大型飞机、新一代智联网汽车等装备技术方兴未艾,成为中国制造业走向世界的"金名片"。

智慧交通发展步伐加快。推进"互联网+"交通发展,推动现代信息技术与交通运输管理和服务全面融合,提升交通运输服务水平。充分运用 5G 通信、大数据、人工智能等新兴技术,交通运输基础设施和装备领域智能化不断取得突破。铁路、公路、水运、民航客运电子客票、联网售票日益普及,运输生产调度指挥信息化水平显著提升。智慧公路应用逐步深入,智慧港口、智能航运等技术广泛应用。智能投递设施遍布全国主要城市,自动化分拣覆盖主要快递企业骨干分拨中心。出台自动驾驶道路测试管理规范和封闭测试场地建设指南,颁布智能船舶规范,建立无人船海上测试场,推动无人机在快递等领域的示范应用。

三、优化国家综合立体交通布局

(1)构建完善的国家综合立体交通网

国家综合立体交通网连接全国所有县级及以上行政区、边境口岸、国防设施、主要景区等。以统筹融合为导向,着力补短板、重衔接、优网络、提效能,更加注重存量资源优化利用和增量供给质量提升。完善铁路、公路、水运、民航、邮政快递等基础设施网络,构建以铁路为主干,以公路为基础,水运、民航比较优势充分发挥的国家综合立体交通网。

到 2035 年,国家综合立体交通网实体线网总规模合计 70 万 km 左右(不含国际陆路通道境外段、空中及海上航路、邮路里程)。其中铁路 20 万 km 左右,公路 46 万 km 左右,高等级航道 2.5 万 km 左右。沿海主要港口 27 个,内河主要港口 36 个,民用运输机场 400 个左右,邮政快递枢纽 80 个左右。

(2)加快建设高效率国家综合立体交通网主骨架

国家综合立体交通网主骨架由国家综合立体交通网中最为关键的线网构成,是我国区域间、城市群间、省际间以及连通国际运输的主动脉,是支撑国土空间开发保护的主轴线,也是各种运输方式资源配置效率最高、运输强度最大的骨干网络。

依据国家区域发展战略和国土空间开发保护格局,结合未来交通运输发展和空间分布特点,将重点区域按照交通运输需求量级划分为 3 类。京津冀、长三角、粤港澳大湾区和成渝地区双城经济圈 4 个地区作为极,长江中游、山东半岛、海峡西岸、中原地区、哈长、辽中南、北部湾和关中平原 8 个地区作为组群,呼包鄂榆、黔中、滇中、山西中部、天山北坡、兰西、宁夏沿黄、拉萨和喀什 9 个地区作为组团。按照极、组群、组团之间交通联系强度,打造由主轴、走廊、通道组成的国家综合立体交通网主骨架。国家综合立体交通网主骨架实体线网里程 29 万 km 左右,其中国家高速铁路 5.6 万 km、普速铁路 7.1 万 km;国家高速公路 6.1 万 km、普通国道 7.2 万 km;国家高等级航道 2.5 万 km。

加快构建 6 条主轴。加强京津冀、长三角、粤港澳大湾区、成渝地区双城经济圈 4 极之间联系,建设综合性、多通道、立体化、大容量、快速化的交通主轴。拓展4极辐射空间和交通资源配置能力,打造我国综合立体交通协同发展和国内国际交通衔接转换的关键平台,充分发挥促进全国区域发展南北互动、东西交融的重要作用。

加快构建7条走廊。强化京津冀、长三角、粤港澳大湾区、成渝地区双城经济圈4极的辐射作用,加强极与组群和组团之间联系,建设京哈、京藏、大陆桥、西部陆海、沪昆、成渝昆、广昆等多方式、多通道、便捷化的交通走廊,优化完善多中心、网络化的主骨架结构。

加快构建8条通道。强化主轴与走廊之间的衔接协调,加强组群与组团之间、组团与组团之间联系,加强资源产业集聚地、重要口岸的连接覆盖,建设绥满、京延、沿边、福银、二湛、川藏、湘桂、厦蓉等交通通道,促进内外连通、通边达海,扩大中西部和东北地区交通网络覆盖。

(3)建设多层级一体化国家综合交通枢纽系统

建设综合交通枢纽集群、枢纽城市及枢纽港站"三位一体"的国家综合交通枢纽系统。建设面向世界的京津冀、长三角、粤港澳大湾区、成渝地区双城经济圈4大国际性综合交通枢纽集群。加快建设20个左右国际性综合交通枢纽城市以及80个左右全国性综合交通枢纽城市。推进一批国际性枢纽港站、全国性枢纽港站建设。

(4)完善面向全球的运输网络

围绕陆海内外联动、东西双向互济的开放格局,着力形成功能完备、立体互联、陆海空统筹的运输网络。发展多元化国际运输通道,重点打造新亚欧大陆桥、中蒙俄、中国—中亚—西亚、中国—中南半岛、中巴、中尼印和孟中印缅7条陆路国际运输通道。发展以中欧班列为重点的国际货运班列,促进国际道路运输便利化。强化国际航运中心辐射能力,完善经日韩跨太平洋至美洲,经东南亚至大洋洲,经东南亚、南亚跨印度洋至欧洲和非洲,跨北冰洋的冰上丝绸之路4条海上国际运输通道,保障原油、铁矿石、粮食、液化天然气等国家重点物资国际运输,拓展国际海运物流网络,加快发展邮轮经济。依托国际航空枢纽,构建四通八达、覆盖全球的空中客货运输网络。建设覆盖五洲、连通全球、互利共赢、协同高效的国际干线邮路网。

四、推进综合交通统筹融合发展

(1)推进各种运输方式统筹融合发展

统筹综合交通通道规划建设。强化国土空间规划对基础设施规划建设的指导约束作用,加强与相关规划的衔接协调。节约集约利用通道线位资源、岸线资源、土地资源、空域资源、水域资源,促进交通通道由单一向综合、由平面向立体发展,减少对空间的分割,提高国土空间利用效率。统筹考虑多种运输方式规划建设协同和新型运输方式探索应用,实现陆水空多种运输方式相互协同、深度融合。用好用足既有交通通道,加强过江、跨海、穿越环境敏感区通道基础设施建设方案论证,推动铁路、公路等线性基础设施的线位统筹和断面空间整合。加强综合交通通道与通信、能源、水利等基础设施统筹,提高通道资源利用效率。

推进综合交通枢纽一体化规划建设。推进综合交通枢纽及邮政快递枢纽统一规划、统一设计、统一建设、协同管理。推动新建综合客运枢纽各种运输方式集中布局,实现空间共享、立体或同台换乘,打造全天候、一体化换乘环境。推动既有综合客运枢纽整合交通设施、共享服务功能空间。加快综合货运枢纽多式联运换装设施与集疏运体系建设,统筹转运、口岸、保税、邮政快递等功能,提升多式联运效率与物流综合服务水平。按照站城一体、产城融合、开放共享原则,做好枢纽发展空间预留、用地功能管控、开发时序协调。

推动城市内外交通有效衔接。推动干线铁路、城际铁路、市域(郊)铁路融合建设,并做好与城市轨道交通衔接协调,构建运营管理和服务"一张网",实现设施互联、票制互通、安检互认、信息共享、支付兼容。加强城市周边区域公路与城市道路高效对接,系统优化进出城道路网络,推动规划建设统筹和管理协同,减少对城市的分割和干扰。完善城市物流配送系统,加强城际干线运输与城市末端配送有机衔接。加强铁路、公路客运枢纽及机场与城市公交网络系统的有机整合,引导城市沿大容量公共交通廊道合理、有序发展。

(2)推进交通基础设施网与运输服务网、信息网、能源网融合发展

推进交通基础设施网与运输服务网融合发展。推进基础设施、装备、标准、信息与管理的有机衔接,提高交通运输网动态运行管理服务智能化水平,打造以全链条快速化为导向的便捷运输服务网,构建空中、水上、地面与地下融合协同的多式联运网络,完善供应链服务体系。

推进交通基础设施网与信息网融合发展。加强交通基础设施与信息基础设施统筹布局、协同建设,推动车联网部署和应用,强化与新型基础设施建设统筹,加强载运工具、通信、智能交通、交通管理相关标准跨行业协同。

推进交通基础设施网与能源网融合发展。推进交通基础设施与能源设施统筹布局规划建设,充分考虑煤炭、油气、电力等各种能源输送特点,强化交通与能源基础设施共建共享,提高设施利用效率,减少能源资源消耗。促进交通基础设施网与智能电网融合,适应新能源发展要求。

(3)推进区域交通运输协调发展

推进重点区域交通运输统筹发展。建设"轨道上的京津冀",加快推进京津冀地区交通一体化,建设世界一流交通体系,高标准、高质量建设雄安新区综合交通运输体系。建设"轨道上的长三角",辐射全球的航运枢纽,打造交通高质量发展先行区,提升整体竞争力和影响力。粤港澳大湾区实现高水平互联互通,打造西江黄金水道,巩固提升港口群、机场群的国际竞争力和辐射带动力,建成具有全球影响力的交通枢纽集群。成渝地区双城经济圈以提升对外连通水平为导向,强化门户枢纽功能,构建一体化综合交通运输体系。建设东西畅通、南北辐射、有效覆盖、立体互联的长江经济带现代化综合立体交通走廊。支持海南自由贸易港建设,推动西部陆海新通道国际航运枢纽和航空枢纽建设,加快构建现代综合交通运输体系。统筹黄河流域生态环境保护与交通运输高质量发展,优化交通基础设施空间布局。

推进东部、中部、西部和东北地区交通运输协调发展。加速东部地区优化升级,提高人口、经济密集地区交通承载力,强化对外开放国际运输服务功能。推进中部地区大通道大枢纽建设,更好发挥承东启西、连南接北功能。强化西部地区交通基础设施布局,推进西部陆海新通道建设,打造东西双向互济对外开放通道网络。优化枢纽布局,完善枢纽体系,发展通用航空,改善偏远地区居民出行条件。推动东北地区交通运输发展提质增效,强化与京津冀等地区通道能力建设,打造面向东北亚对外开放的交通枢纽。支持革命老区、民族地区、边疆地区交通运输发展,推进沿边沿江沿海交通建设。

推进城市群内部交通运输一体化发展。构建便捷高效的城际交通网,加快城市群轨道交通网络化,完善城市群快速公路网络,加强城市交界地区道路和轨道顺畅连通,基本实现城市群内部2小时交通圈。加强城市群内部重要港口、站场、机场的路网连通性,促进城市群内港口群、机场群统筹资源利用、信息共享、分工协作、互利共赢,提高城市群交通枢纽体系整体效

率和国际竞争力。统筹城际网络、运力与运输组织,提高运输服务效率。研究布局综合性通用机场,疏解繁忙机场的通用航空活动,发展城市直升机运输服务,构建城市群内部快速空中交通网络。建立健全城市群内交通运输协同发展体制机制,推动相关政策、法规、标准等一体化。

推进都市圈交通运输一体化发展。建设中心城区连接卫星城、新城的大容量、快速化轨道交通网络,推进公交化运营,加强道路交通衔接,打造1小时"门到门"通勤圈。推动城市道路网结构优化,形成级配合理、接入顺畅的路网系统。有序发展共享交通,加强城市步行和自行车等慢行交通系统建设,合理配置停车设施,开展人行道净化行动,因地制宜建设自行车专用道,鼓励公众绿色出行。深入实施公交优先发展战略,构建以城市轨道交通为骨干、常规公交为主体的城市公共交通系统,推进以公共交通为导向的城市土地开发模式,提高城市绿色交通分担率。超大城市充分利用轨道交通地下空间和建筑,优化客流疏散。

推进城乡交通运输一体化发展。统筹规划地方高速公路网,加强与国道、农村公路以及其他运输方式的衔接协调,构建功能明确、布局合理、规模适当的省道网。加快推动乡村交通基础设施提档升级,全面推进"四好农村路"建设,实现城乡交通基础设施一体化规划、建设、管护。畅通城乡交通运输连接,推进县乡村(户)道路连通、城乡客运一体化,解决好群众出行"最后一公里"问题。提高城乡交通运输公共服务均等化水平,巩固拓展交通运输脱贫攻坚成果同乡村振兴有效衔接。

(4)推进交通与相关产业融合发展

推进交通与邮政快递融合发展。推动在铁路、机场、城市轨道等交通场站建设邮政快递专用处理场所、运输通道、装卸设施。在重要交通枢纽实现邮件快件集中安检、集中上机(车),发展航空、铁路、水运快递专用运载设施设备。推动不同运输方式之间邮件快件装卸标准、跟踪数据等有效衔接,实现信息共享。发展航空快递、高铁快递,推动邮件快件多式联运,实现跨领域、跨区域和跨运输方式顺畅衔接,推进全程运输透明化。推进乡村邮政快递网点、综合服务站、汽车站等设施资源整合共享。

推进交通与现代物流融合发展。加强现代物流体系建设,优化国家物流大通道和枢纽布局,加强国家物流枢纽应急、冷链、分拣处理等功能区建设,完善与口岸衔接,畅通物流大通道与城市配送网络交通线网连接,提高干支衔接能力和转运分拨效率。加快构建农村物流基础设施骨干网络和末端网络。发展高铁快运,推动双层集装箱铁路运输发展。加快航空物流发展,加强国际航空货运能力建设。培育壮大一批具有国际竞争力的现代物流企业,鼓励企业积极参与全球供应链重构与升级,依托综合交通枢纽城市建设全球供应链服务中心,打造开放、安全、稳定的全球物流供应链体系。

推进交通与旅游融合发展。充分发挥交通促进全域旅游发展的基础性作用,加快国家旅游风景道、旅游交通体系等规划建设,打造具有广泛影响力的自然风景线。强化交通网"快进慢游"功能,加强交通干线与重要旅游景区衔接。完善公路沿线、服务区、客运枢纽、邮轮游轮游艇码头等旅游服务设施功能,支持红色旅游、乡村旅游、度假休闲旅游、自驾游等相关交通基础设施建设,推进通用航空与旅游融合发展。健全重点旅游景区交通集散体系,鼓励发展定制化旅游运输服务,丰富邮轮旅游服务,形成交通带动旅游、旅游促进交通发展的良性互动格局。

推进交通与装备制造等相关产业融合发展。加强交通运输与现代农业、生产制造、商贸金融等跨行业合作,发展交通运输平台经济、枢纽经济、通道经济、低空经济。支持交通装备制造业延伸服务链条,促进现代装备在交通运输领域应用,带动国产航空装备的产业化、商业化应用,强化交通运输与现代装备制造业的相互支撑。推动交通运输与生产制造、流通环节资源整合,鼓励物流组织模式与业态创新。推进智能交通产业化。

五、交通运输系统的信息化与智能化

1. 智能运输系统的基本构成

智能运输系统(Intelligent Transportation System,ITS)是将先进的信息技术、数据通信传输技术、电子传感技术、控制技术及计算机技术等有效地集成运用于整个地面交通管理系统而建立的一种在大范围内、全方位发挥作用的,实时、准确、高效的综合交通运输管理系统。ITS可以有效地利用现有交通设施,减少交通负荷和环境污染,保证交通安全,提高运输效率。

(1)先进的交通管理系统(ATMS)

先进的交通管理系统是ITS的核心与基础,利用传感、通信及控制等技术,实现先进交通控制中心、动态交通预测、智能控制交通信号、车辆导航、电子式自助收费(ETC)、可变信息标识(Changeable Message Sign,CMS)、最近线路导引等功能。

(2)先进的交通信息资讯系统(ATIS)

其主要功能是可变资讯标识(CMS)、公路路况广播(Highway Advisory Radio,HAR)、全球卫星定位系统(GNSS)、最佳路线引导、电视、广播路况报道、无线电通信、车辆导航、交通资讯查询。

(3)先进的公共交通系统(APTS)

利用ATMS、ATIS与AVCSS(先进车辆控制及安全服务系统)的技术服务,可以实现自动车辆监视(Automatic Vehicle Monitoring,AVM)、自动车辆定位(AVL)、公车电脑排班、公车电脑辅助调度、车内站内信息显示、双向通信、最佳路线引导、公车资讯查询等功能。

(4)商务车营运系统(CVOS)

利用ATMS、ATIS与AVCSS的技术服务,可以实现自动车辆监视(AVM)、自动车辆定位(AVL)、行进间车辆测重(WIM)、电子式自助收费(ETC)、最佳路线引导、双向通信、自动货物辨识(Automatic Cargo Identification,ACI)等。

(5)电子收付费系统(EPS & ETC)

利用车上电子卡单元与路侧电子收费单元双向通信技术实现地面交通不停车、无票据、自动化收费(包括道路通行费、运输费和停车费)以及费用、余额查询。经由电子卡记账的方式进行收费,利用自动车辆辨识(AVI)、影像执法系统(VES)来辅助。

(6)交通信息管理(IMS)

交通实时信息综合采集,包括道路条件、交通状况、服务设施位置、导游信息等。通过可变信息标识、广播、电视等方式实现多方式交通信息发布,其内容主要有交通、旅游和旅行者信息服务、交通信息交互式服务、车辆信息、驾驶员信息等。

(7)紧急救援管理系统(EMS)

实现交通应急救援智能服务,主要包括车辆故障与事故救援、应急车辆交通信号诱导(交通优先)、应急车辆定位与调度管理、地理信息系统(GIS)、公路路况广播(HAR)、应急物资配置和调度、应急车辆通信、事件自动侦测、最佳线路引导、突发事件应急指挥等。

(8)先进车辆控制及安全系统(ACVSS)

实现车辆控制的行驶安全,主要包括结合传感器、电脑、通信、电子自动控制技术的防撞警

示系统,自动停放车辆,车与车间、路与路间通信,自动车辆检测,自动横向或纵向控制等。

(9)弱势使用者保护系统(VIPS)

提供弱势使用者优良服务,主要包括路口行人触动及警示接近车辆,机车前方路况警示,身心障碍人士服务设施,道路设施有声标志,PDA路径引导,LED个人显示设备等。

2. 智能运输系统的建设特点

(1)创新特点

智能运输系统与传统运输系统相比,具有显著的系统创新特征。

智能运输系统大量采用新技术和新装备,利用卫星定位、地理信息系统、无线集群通信系统、电子识别等技术装备,形成信息采集、信息加工和管理、信息发布的有机整体。

①通过信息技术对分散进行的个体交通行为进行引导整合,帮助个体在掌握宏观信息的基础上将其交通行为合理化,促进系统整体的协调。

②通过信息技术增强管理水平,形成交通系统的完整信息采集、信息管理与加工、信息发布"系统神经网络",以支持各种科学决策行为。

③通过信息系统实现交通系统与整个社会经济系统的有效衔接,交通运输信息融入供应链,交通运输信息融入居民生活信息链。

因此,智能运输系统是对传统运输系统的一次革命。传统的运输观念、运输行业组织形式、运输管理方法,以及运输技术,都将随智能运输系统的发展而发生变革。智能运输系统的建设,不仅是一种技术创新,也是一种组织创新、观念创新、管理创新。

(2)协调运作特点

智能运输系统的整体性体现在:

①跨行业特点。智能运输系统是涉及众多行业领域的社会综合系统,包括行业之间的协调、建设任务的协调、管理体制的协调、政策的协调、技术的协调、基础设施使用的协调、信息采用与应用的协调等。

②跨技术领域特点。智能运输系统综合了交通工程、信息工程、通信技术、控制技术、计算机技术等众多学科领域的成果,需要多专业领域技术人员共同参与。

由于政府、企业、科研机构和高等院校的共同参与,建设过程中恰当的角色定位和任务分工是系统有效展开的前提条件。

3. 智能运输系统的作用

智能交通运输系统(ITS)实施应用将产生的效果主要体现在以下几个方面:

(1)提高公路交通的安全性。采用ITS,在20年内可降低8%的交通灾难,每年交通事故的死亡人数可减少30%~70%;减少交通拥挤和阻塞,从而提高公路交通的机动性;通过人、车和路方面的协同控制,提高车辆行驶安全性和行驶效率。

(2)降低能源消耗,减少汽车运输对环境的影响。如车站疏通客流或智能调节汽车的发车时间,实现客流与车辆的有效控制。

(3)提高公路网络的通行能力。据估计,ITS可使现有高速公路的通行能力至少增长一倍。

(4)提高汽车运输生产率和经济效益,并对社会经济发展的各方面都将产生积极的影响。

(5)通过系统的研究、开发和普及,创造出新的市场。

六、无人驾驶车辆与智慧城市技术

1. 无人驾驶车辆技术

无人驾驶车辆(Driverless Car、Autonomous Car、Self-driving Car、Robotic Car、Uncrewed vehicle、Unmanned Vehicle)是通过车载传感系统感知道路环境,自动规划行车路线并控制车辆到达预定目标的智能汽车。它是利用车载传感器来感知车辆周围环境,并根据感知所获得的道路、车辆位置和障碍物信息,控制车辆的转向和速度,从而使车辆能够安全、可靠地在道路上行驶。

它主要由雷达系统(Radar)、车道保持系统(Lane-keeping)、激光测距系统(Light Detection and Ranging)、红外摄像头(Infrared Camera)、立体视觉(Stereo Vision)、惯性导航系统(GPS/BDS)、车轮角度编码器(Wheel Encoder)组成。

由于无人驾驶技术采用了全新的感知系统和路线规划系统,传统的视距由感知距离代替,传统的驾驶路径决策技术由全自动无法干预的智能规划技术代替,因此对于未来道路线形设计、公路与城市道路规划、交通控制带来全新的挑战,未来的道路工程师必须考虑无人驾驶车辆对未来道路设计、城市设计的影响。

2. 智慧城市技术

智慧城市,运用信息和通信技术手段,感测、分析、整合城市运行核心系统的各项关键信息,从而对包括民生、环保、公共安全、城市服务、工商业活动在内的各种需求做出智能响应。

宏观的智慧城市包含六个维度:增长的经济、便捷的移动、舒适的环境、智慧的民众、安全的生活、公正的治理。从狭义来说,智慧城市运用信息技术来改进城市管理,促进城市发展。而从广义来说,智慧城市是运用人们的智慧来尽可能优化地配置城市各种核心资源,管理与发展好城市,简单概括之,智慧城市是物理系统、数字系统和人文系统在建筑环境中的有效集成。目前,智慧城市功能体系包括社会治理、市民服务和产业经济三大类别,具体包括市政、能源、政务、交通、卫健、制造和物流等多个智慧应用。

智慧城市的 5 层技术体系架构主要包括:

(1)智慧感知层:通过各种标识技术将城市的交通设施、电力设施、地下管网、房屋建筑等城市基础设施进行标识,然后通过智能芯片、传感器、射频识别等技术,实现物体的信息采集,感知城市的运行状态。

(2)基础网络层:由高速、泛在、高可靠的有线光纤网及无线网络构成城市智能互联的基础网络层。

(3)数据处理层:城市的各个业务系统在城市的运行过程中会产生海量数据、信息和知识,包括城市空间、人口、发展、文化等经济运行数据,交通、共用事业、电力、医疗等行业数据,对这些数据进行综合加工和处理,形成决策信息。

(4)管理应用层:交通、医疗、电力、政务、市政、公用事业、环保等各行业及各政府职能部门均建立了各自的专业信息系统。这些信息系统基于城市动态感知数据,结合城市基础设施静态数据,以及跨部门、跨行业的数据共享,通过智能算法分析,有效实现城市智慧化的管理和服务。

(5)智能调度层:智慧城市运营管理中心是对城市各项资源的整合和共享,打破部门、行业的孤岛式运营和调度,实现跨职能、跨业务的联动。把各部门、各行业的数据集中展示在指挥中心大屏上,一旦发生突发公共事件,便于集中指挥调度,而且能通过对智能交通设施、智能基础设施的自动控制系统自动调整和控制相应的设施。

第三节　交通运输的主要方式及特点

交通运输方式主要有铁路运输、公路运输、航空运输、水路运输及管道运输五种。

一、铁路运输

1. 铁路运输的特点

铁路、公路、水运、航空、管道等运输方式共同组成国家交通运输网。铁路运输与其他运输方式相比较,具有运量大、运送速度快、不受气候条件的影响、运输准时、使用方便等特点。铁路与其他陆上运输方式比较,还具有占地少、能耗低、事故少、污染少等优势。所以,铁路在国民经济中承担着大部分的客货运输任务,是我国交通运输网的骨干之一。

2. 铁路机车和车辆

(1) 铁路机车

铁路车辆本身没有动力装置,无论是客车还是货车,都必须把许多车辆连接在一起编成一列,由机车牵引才能运行。所以,机车是铁路车辆的基本动力。铁路上使用的机车种类很多,按照机车原动力,可分为蒸汽机车、内燃机车和电力机车三种。

蒸汽机车是以蒸汽为原动力的机车。其优点是结构比较简单,制造成本低,使用年限长,驾驶和维修技术较易掌握,对燃料的要求不高。其主要缺点首先是热效率太低,总效率一般只有 5%~9%,使机车功率和速度的进一步提高受到了限制;其次是煤炭的消耗量大;第三,在运输中会产生大量的煤烟,污染环境;第四,机车乘务员的劳动条件差。因此,在现代铁路运输中,随着铁路运量的增加和行车速度的提高,蒸汽机车已不适应现代运输的要求。一些经济发达的国家已在 20 世纪的 60 年代和 70 年代停止使用这种机车。我国也于 1989 年停止生产蒸汽机车,并采取自然过渡的办法,在牵引动力改革中逐步对蒸汽机车予以淘汰。

内燃机车是以内燃机为原动力的机车。与蒸汽机车相比,它热效率高,一般可以达到 20%~30%。内燃机车一次加入燃料后,持续工作时间长,特别适用于在缺水或水质不良地区运行,且便于多机牵引,乘务员的劳动条件较好。但缺点是机车构造复杂,制造、维修和运营费用都较大,对环境有较大的污染。

电力机车是从铁路沿线的接触网获取电能产生牵引动力的机车,所以电力机车是非自带能源的机车。它的热效率比蒸汽机车高 1 倍以上。它启动快、速度高、善于爬坡;可以制成大功率机车,运输能力大,运营费用低,如果利用水力发电则更为经济;不污染环境,劳动条件好,运行中噪声也小;同时便于多机牵引。但电气化铁路需要建设一套完整的供电系统,在基建投资上要比采用内燃机和蒸汽机大得多。从世界各国铁路牵引动力的发展来看,电力机车被公认为是最有发展前途的一种机车,目前世界上大多数的高速铁路都采用电力驱动方式,它在运营上有良好的经济效果。

(2)铁路车辆

①铁路车辆可分为客车和货车两大类。铁路货车的种类很多,可以从以下几个方面对其分类。按照用途或车型可分为通用货车和专用货车两大类。

通用货车可分为棚车、敞车和平车三种。

a)棚车。棚车车体由端墙、侧墙、棚顶、地板、门窗等部分组成,用于运送比较贵重和怕潮湿的货物。

b)敞车。敞车仅有端墙、侧墙和地板,主要用于运送不怕湿损的散货或带包装的货物。敞车是一种通用性较大的货车,它的灵活性较强。

c)平车。大部分平车只有一平底板,用于装运特殊长大重型货物,因而也称作长大货物车。

专用货车是专供装运某些指定种类货物的车辆,主要包括保温车、罐车、家畜车三种。

a)保温车。目前我国多使用成列或成组的机械保温车。车内装有制冷设备,可以自动控制车内的温度,一般用于运送新鲜蔬菜、鱼、肉等易腐的货物。

b)罐车。罐车的车体为圆筒形,罐体上设有装卸口。为保证液体货物运送时的安全,有时还设有空气包和安全阀等设备。罐车主要用于运送液化石油气、汽油、硫酸、酒精等液态货物或散装水泥等。

c)家畜车。家畜车是指运送活家禽、家畜等的专用车。车内有给水、饲料的储运装置,还有押运人乘坐的设施。

我国的货车按载重分可分为20t以下、25~40t、50t、60t、65t、75t、90t等各种不同载重的车辆。为适应我国货物运量大的客观需要,有利于多装快运和降低货运成本,我国目前以制造60t车为主。

②按轴数分为四轴车、六轴车和多轴车等。我国铁路以四轴车为主。

③按制作材料可分为钢骨车和全钢车两种。

a)钢骨车。其车底架及梁柱等主要受力部分用钢材,其他部分用木材制成,因而自重轻、成本低。

b)全钢车。此种车坚固耐用,检修费用低,适合于高速运行。

(3)车辆标记

我国铁路车辆标记主要是:中华人民共和国铁路路徽和车号(识别车辆的最基本的标记)。车号包括型号和号码,型号又有基本型号和辅助型号两种。

①基本型号。代表车辆种类,用汉语拼音字母表示。我国部分货车的种类及其基本型号见表1-2。

我国部分货车基本型号表　　　　表1-2

序　号	车　　种	基本型号	序　号	车　　种	基本型号
1	棚车	P	7	保温车	B
2	敞车	C	8	集装箱专用车	X
3	平车	N	9	家畜车	J
4	砂石车	A	10	罐车	G
5	煤车	M	11	水泥车	U
6	矿石车	K	12	长大货物车	D

②辅助型号。表示车辆的构造形式,它由阿拉伯数字和汉语拼音组合而成。例如:P64A,表示结构为64A型的棚车。

③号码。一般编在车辆的基本型号和辅助型号之后。车辆号码按车种和载重分别依次编号,例如:P62.3319324。

3. 铁路货物运输种类

(1)整车运输

整车运输是指一批货物至少需要一辆货车的运输。具体地说,凡一批货物的质量、体积或形状需要以一辆或一辆以上货车装运的,均应按整车托运。

我国现有的货车以棚车、敞车、平车和罐车为主。标记载质量(简称为标重)大多为50t或60t,棚车容积在100m³以上,达到这个质量或体积条件的货物,即应按整车运输。

整车运输装载量大,运输费用较低,运输速度快,能承担的运量也较大,是铁路的主要运输形式。

(2)零担运输

凡不够整车运输条件的货物,即质量、体积和形状都不需要单独使用一辆货车运输的一批货物,除可使用集装箱运输外,应按零担货物托运。一件零担货物体积最小不得小于0.02 m³(单件质量在10kg以上的除外)。每批件数不得超过300件。

(3)集装箱

凡货容超过3m³,总质量达2.5~5t和货容为1~3m³,但总质量未超过2.5t的货物应采用集装箱托运。

二、公路运输

公路运输是现代运输的主要方式之一,同时也是构成陆上运输的两个基本运输方式之一。它在整个运输领域中,尤其是在国内运输领域中占有非常重要的地位。

公路运输是一种机动灵活、简捷方便的运输方式,在中短途货物的运输中,要比铁路、航空运输具有更大的优越性。高速公路的建设和使用,为汽车快速、高效、安全、舒适地运行提供了良好的条件,标志着我国的公路运输事业和科学技术水平进入了一个崭新的时代。公路运输已渗入到经济建设和社会生活的各个方面,在国民经济中占有越来越重要的地位。

1. 公路运输的特点

汽车货物运输是中短途运输的主力。汽车不仅为铁路、水路、航空运输起到集散货物的作用,而且是厂矿企业内部运输及城市货运的重要工具。在我国西北、西南及一些边远地区,还担负着长途干线运输。据统计,目前我国公路货运量在全国总货运量中所占比重将近3/4。汽车货物运输之所以能取得如此重要的地位和发展速度,主要在于它具有以下几个特点。

(1)适应性

货运汽车按用途分有通用汽车、专用汽车;按适应道路分有普通汽车、越野汽车。在汽车技术功能设计上,一般汽车都能在山区及高原地带、严寒酷暑季节、风雪与雾中运行,受地理条件、天时气候、洪旱水位等的限制较小,较之铁路、水路、航空具有更强的适应性和更广的运行范围。

(2) 灵活性

货运汽车车型多样,单位运量小,运输灵活,在运用上既可完成小批量运输任务,又能随时集结承担大批量突击性运输;同时车随站点分布,线路交织成网,车辆来去方便,调度上可随机而动。这些特点使汽车货运具备了独特的机动灵活性。

(3) 方便性

由于汽车运输具有适应性和灵活性,承运货物既可在固定场站、港口、码头装卸,又可"以车就货"在街头巷尾、农村集镇、农贸市场就地装卸,实行"门到门"运输,因而在很多情况下比其他运输方式更为方便。

(4) 快速性

汽车货运可以在短暂的时间内装好就走,较之铁路经过编组发车要快;汽车速度比轮船高,且不受顺流逆流影响;不论在城市还在乡村,易于组织直达运输,较之铁路、水路中间环节少,运转速度快。

(5) 经济性

从各种运输方式的始建投资效果来看,公路修建与汽车制造,比起铁路、航空来说,一般投资较小,见效较快,甚至可以做到当年投资、当年投产、当年受益。我国乡村公路的修建,由于易于兴办,地方、单位和个人都能办,其发展的速度和广度是其他运输方式所不及的。从各种运输方式的运送效果来看,由于公路网密度大,加之汽车运输适应性强,这就给汽车带来了选择捷径而求实效的有利条件,因而能够在一定的经济区域内相应地缩短货物运输距离,降低商品流转费用,加速资金周转,节约运力和能源,能够取得较好的社会经济效益和企业经济效益。

(6) 联合运输的广泛性

由于汽车的适应性和灵活性,在开展联合运输中,汽车既可开展公铁、公水、公航等的联合运输,又可开展铁、公、水等"挑两头"多种运输方式组合的联合运输。在汽车运输本身,还可开展干支线连接运输、区域联运、跨省联运等。这种广泛的联运条件也是汽车货运的一大特点。

2. 公路运输的经营方式

(1) 公共运输

企业专业经营汽车货物运输业务,并以整个社会为服务对象,其经营方式有以下几种。

①定期定线:不论载货多少,在固定路线上按时间表行驶;

②定线不定期:在固定路线上,视载货情况派车行驶;

③定区不定期:在固定的区域内,根据载货需要派车行驶。

(2) 契约运输

按照承运双方签订的运输契约运送货物。签订契约运输的一般都是一些大的工矿企业,常年运量较大且稳定,契约期限一般都比较长。按契约规定,托运人保证提供一定的货运量,承运人保证提供所需的运力。

(3) 自用运输

工厂、企业、机关自置汽车,专为运送自己的物资和产品,一般不对外营业。

(4) 汽车货运代理

汽车货运代理,本身既不掌握货运资源也不掌握运输工具,他们作为中间人身份向货主揽货的同时向运输公司托运,借此收取手续费用和佣金。

三、航空运输

1. 航空运输的特点

航空运输是指采用商业飞机运输货物的商业活动,是目前国际上常采用的一种安全迅速的运输方式。它具有以下特点:

(1) 具有较高的运输速度

航空运输与其他方式相比,具有较高的运输速度,从而提高商品在世界市场上的竞争力。当今国际市场商品的竞争异常激烈,市场行情瞬息万变,为了抢行就市,卖得好价以获得较好的经济效益,必须争取时间把货物运到急需的市场,这就必须依赖于航空运输,才有可能形成商品在国际市场上的竞争力。

(2) 适合于鲜活易腐商品和季节性强的商品运送

这些商品由于性质特殊,对时间要求极为敏感,如运送时间过长致使腐烂变质,商品就会失去使用价值或错过季节无法销售,滞存在仓库就要负担仓储费用,积压资金。采用航空运输,为这类商品的运输和销售争取了时间和提供了可能,并有利于开辟运输距离较远的市场,这是其他运输方式所无法比拟的。

(3) 安全准确

航空运输管理制度比较完善,运输时间短,货物破损率低,被偷窃机会少,是比较安全的运输方式。

(4) 综合成本低

航空运费要高于其他运输费用,但由于运输速度快,商品在途时间短、周期快,库存期可相应缩短,因而可节省仓储费用,资金周转速度加快,综合成本相对节省。

2. 航空运输的发展

世界航空运输是在 20 世纪初开始发展的。世界上第一架飞机是 1903 年由美国人怀特兄弟发明创造的,同年 12 月 17 日试飞成功,从此打开了航空史的新局面。1909 年,法国最先创办了商业航空运输,随后德、英、美等国也相继开办。然而,航空运输作为一种国际贸易货物运输方式,则是在第二次世界大战以后才开始出现的。此后,航空运输的发展十分迅速,在整个国际贸易运输中所占的地位日益显著,航空运输量亦在逐步增大。

目前,全球有 1 000 余家航空公司,30 000 余个民用机场,6 000 余架民用喷气式飞机,货运量日渐增多,航线四通八达,遍及全球各大港口和城市。

航空运输在中国还是一个正在成长的年轻事业。新中国成立前虽然有中美合营的中国航空公司和中德合办的欧亚航空公司,但由于政局不稳和日本侵略等原因,航空运输一直得不到发展。新中国成立后,1955 年 1 月开辟中苏航线,1956 年开辟了缅甸航线,接着又开辟了朝鲜、越南、蒙古、老挝、柬埔寨等国际航线。目前,已形成了一个以北京、上海、广州为中心的四通八达的航空运输网。现已有 50 余个大中城市设立了 141 个机场,开辟 967 条国内外航线,与 40 多个国家签订空运协定,与 180 个航空公司建立业务关系,空运货物可通往欧、亚、美和大洋洲等数十个国家和地区。

3. 航空运输设备

（1）航线

航空器在空中飞行，必须有适于航空器航行的路线。经过批准开辟的连接两个或几个地点，进行定期和不定期飞行，经营运输业务的航空交通线即为航线。

航线可分为国内航线和国际航线。国内航线是指飞机的起讫点和经停点均在一国国境内的航线，一般由国家民用航空管理机构指定。国际航线是指飞机的起讫点和经停点跨越一国国境，连接其他国家的航线。

（2）航班

航空器根据班机时间表在规定的航线上使用规定的机型，按照规定的日期、时刻进行飞行，从基地站出发的航班叫去程航班，返回基地站的航班为回程航班。

航班分为定期航班和不定期航班。定期航班是公布运价和班期，按照双边协定经营，向公众提供运输服务，对公众承担义务。不定期航班是按包机合同，分别申请，个别经营，不对公众承担义务。

（3）航空站

航空站即机场，是供飞机起飞、降落和停放及组织、保障飞行活动的场所。

机场通常由跑道、滑行道、停机坪、指挥调度塔、助航系统、输油系统、维护修检基地、消防设备、货站及航站大厦等建筑和设施组成。

（4）航空器

航空器主要指的是飞机。飞机的构造包括：机身、机翼、操纵装置、起落装置和推进装置。

航空器按型号可分为普通型和高载重型；按航行速度和航程可分为短途和洲际型；按用途可分为客机、货机和客货混合机型。

四、水路运输

水路运输是以船舶为主要运输工具，以港口或港站为运输基地，以水域包括海洋、河流和湖泊为运输活动范围的一种运输方式。水路运输至今仍是世界许多国家最重要的运输方式之一。

1. 水路运输的特点

水路运输具有如下特点：

（1）水路运输的运载能力大、成本低、能耗少、投资省，是许多国家国内和国际运输的重要方式之一。例如一条密西西比河的运载能力相当于10条铁路，一条莱茵河的运载能力抵得上20条铁路。此外，水路运输利用海洋或天然河道，占地很少。在我国的货运总量中，水运所占的比重仅次于铁路和公路。

（2）水路运输受自然条件的限制与影响大，即受海洋与河流的地理分布及其地质、地貌、水文与气象等条件和因素的明显制约与影响。水运航线无法在广大陆地上任意延伸，所以，水运要与铁路、公路和管道运输配合，并实行联运。

（3）水路运输的开发利用涉及面较广。如天然河流涉及通航、灌溉、防洪排涝、水力发电、水产养殖以及生产与生活用水的来源等；海岸带与海湾涉及建港、农业围垦、海产养殖、临海工业和海洋捕捞等。

2. 水路运输的分类和形式

根据航行水运性质,水运分海运和河运两种。海洋运输是使用船舶等水运工具经海上航道运送货物和旅客的一种运输方式。它具有运量大、成本低等优点,但运输速度慢,且受自然条件影响。内河运输是用船舶和其他水运工具,在国内的江、河、湖泊、水库等天然或人工水道运送货物和旅客的一种运输方式。它具有成本低、耗能少、投资省、少占或不占农田等优点,但受自然条件限制较大,速度较慢,连续性差。需要通航吨位较高的船舶,窄的河道要加宽,浅的要挖深,有时还得开挖沟通河流与河流之间的运河,才能为大型内河船舶提供四通八达的航道网。

水路运输有以下四种形式:

(1) 内河运输。是使用船舶在陆地内的江、河、湖、川等水道进行运输的一种方式,主要使用中、小型船舶。

(2) 沿海运输。是使用船舶通过大陆附近沿海航道运送客货的一种方式,一般使用中、小型船舶。

(3) 近海运输。是使用船舶通过大陆邻近国家海上航道运送客货的一种运输形式,视航程可使用中型船舶,也可使用小型船舶。

(4) 远洋运输。是使用船舶跨越大洋的长途运输形式,主要依靠运量大的大型船舶。

3. 水路运输的装备

(1) 内河运输船舶

内河船舶按船舶的用途功能可分为:客货船;普通货船;集装箱船、滚装船、载驳船;散粮船、煤船、兼用船;油船、液化气体船、液体化学品船等。

(2) 海上运输船舶

按货轮功能(或船型)的不同划分为杂货船、散装船、多用途船、冷藏船、油轮、木材船、集装箱船、滚装船、载驳船等。

① 杂货船。以装运零星杂货为主,有 2~3 层全通甲板,4~8 个舱口,甲板上有带围壁的舱口,上有水密舱盖,一般能自动启闭,时速在 20 节左右。

② 散装船。多用于装运煤炭、粮食、矿砂。这种船大都为单甲板,在舱内设有挡板以防货物移动,其航速在 15 节左右。

③ 多用途船。这类货轮根据营运的需要,可以改变它的运载功能,对油类、散货及矿砂都能装运。

④ 冷藏船。船上有制冷设备,温度可调节,以适合不同货物的需要。这种船吨位不大,多为 2 000~6 000t,航速在 15 节左右。

⑤ 油轮,又叫油槽船。其船体分隔成若干个油舱,均为一层,并有纵向舱壁,以防未满载时,液体随船倾倒造成翻船。主机设在船尾,有油管通向油舱,利用空气压缩设备装卸油,载质量最大在 50 万 t 以上,航速约 16 节。

⑥ 木材船。船舱宽大,无中层甲板,舱口大,甲板上亦可装载木材,有各种系木设备和起重设备,载质量为 7 000~15 000t。

⑦ 集装箱船。吨位多为 10 000~68 950t,航速在 20~26 节,最快的已达 80 节。

⑧ 滚装船。船的一侧或船的尾部可以打开并设有伸缩跳板。装卸时,货物由拖车拖带(或自行开车)出入船舱,其装载速度较快。

⑨载驳船,又称子母船。每条母船可载子船70~100条,每条子船载质量为300~600t,母船载质量多为5万~6万t。在港口设备不齐全,或港口拥挤,或港口至内地之间无合适的运输工具,而又需要依靠江河运输的情况下,就可利用这种船,子船可以吊上吊下或驶进驶出。

4. 水路运输的港口类型

港口既为海洋运输服务,又为内陆运输服务。客货运输无论从船舶转入陆运工具,还是由陆运工具转入船舶,都离不开港口的服务工作。所以,一个现代化的港口,实际也是城市海陆空立体交通的总管,是"综合运输体系"的中心。

(1) 按地理位置分类

海湾港(Bay Port),指地濒海湾、海口,常能获得港内水深地势的港口。海湾港具有同一港湾容纳数港的特色,如大连港、秦皇岛港等。

河口港(Estuary Port),指位于河流入海口处的港口,如上海、伦敦、加尔各答等。

内河港(Inland Port),指位于内河沿岸的港口,居水陆交通的据点,一般与海港有航道相通,如南京、汉口等。

(2) 按用途目的分类

存储港(Enterport Port),一般地处水陆联络的要道,交通十分方便,同时又是工商业中心,港口设施完备,便于货物的存储、转运,为内陆和港口货物集散的枢纽。

转运港(Port of Transshipment),一般位于水陆交通衔接处,港口本身对货物需要不多,主要经办转运业务,一方面将陆运货物集中,转由海路运出;另一方面将海运货物疏运,转由陆路运入。

经过港(Port of Call),一般地处航道要冲,为往来船舶必经之地,途径船舶如有需要,可作短暂停泊,以便添加燃料、补充食物或淡水,继续航行。

5. 水路运输的发展

水路运输发展在中国有着悠久的历史,尤其是自改革开放以来,各行各业的快速发展,新兴产业的迅速崛起,都对水路运输提出了更高的要求。在实际运行中,频繁的水上交通事故给水路运输安全造成了非常严峻的形势,也对国家的运输管理工作提出了更高的挑战。

2019年末全国内河航道通航里程12.73万km。等级航道里程6.67万km,三级及以上航道里程1.38万km。各等级内河航道通航里程分别为:一级航道1 828km,二级航道4 016km,三级航道7 975km,四级航道11 010km,五级航道7 398km,六级航道17 479km,七级航道17 044km。等外航道里程6.05万km。各水系内河航道通航里程分别为:长江水系64 825km,珠江水系16 495km,黄河水系3 533km,黑龙江水系8 211km,京杭运河1 438km,闽江水系1 973km,淮河水系17 472km。

2019年末全国港口拥有生产用码头泊位22 893个,沿海港口生产用码头泊位5 562个,内河港口生产用码头泊位17 331个。全国港口拥有万吨级及以上泊位2 520个,其中沿海港口万吨级及以上泊位2 076个,内河港口万吨级及以上泊位444个。全国万吨级及以上泊位中,专业化泊位1 332个,通用散货泊位559个,通用件杂货泊位403个。

五、管道运输

管道运输是用管道作为运输工具的一种长距离输送液体和气体物资的运输方式,由生产地直接向市场输送石油、煤和化学产品等液体和汽体物品,是运输通道和运输工具合二为一的一种专门运输方式。

1. 管道运输的特点

(1) 管道运输的主要优点

①可以连续运输,不受气候影响,全天候,送达货物的可靠性高;

②管道可以走捷径,运输距离短;

③运输量大,国外一条直径 720mm 的输煤管道,一年即可输送煤炭 2000 万吨,几乎相当于一条单线铁路的单方向的输送能力;

④环境效益高,没有有害物质排放;

⑤运输工程量小,占地少,管道运输只需要铺设管线,修建泵站,土石方工程量比修建铁路小得多,而且在平原地区大多埋在地下,不占农田;

⑥能耗小,在各种运输方式中是最低的;

⑦安全可靠,无污染,成本低;

⑧可以实现封闭运输,损耗少。

(2) 管道运输的主要缺点

①管道运输专用性强,运输货物过于专门化,运输物品仅限于气体、液体、流体;

②管道起输量与最高运输量间的幅度小,因此,在油田开发初期,采用管道运输困难时,还要以公路、铁路、水陆运输作为过渡;

③单向运输,机动灵活性差,除承运的货物比较单一外,它也不容随便扩展管线,实现"门到门"的运输服务;

④固定投资大,为了进行连续输送,还需在各中间站建立储存库和加压站,以促进管道运输的畅通。

2. 管道运输的种类

按铺设工程可分为:架空管道、地面管道和地下管道;按输送介质不同可分为:原油管道、成品油管道,天然气管道、油气混输管道等;按运输对象可分为:液体管道、气体管道、水浆管道。

3. 管道运输的发展

现代管道运输始于 19 世纪中叶,1865 年美国宾夕法尼亚州建成世界上第一条原油输送管道。然而它的进一步发展则是从 20 世纪开始的。随着二次大战后石油工业的发展,管道的建设进入了一个新的阶段,各产油国竞相开始兴建大量石油及油气管道。

20 世纪 60 年代开始,输油管道的发展趋于采用大管径、长距离,并逐渐建成成品油输送的管网系统。同时,开始了用管道输送煤浆的尝试。全球的管道运输承担着很大比例的能源物资运输,包括原油、成品油、天然气、油田伴生气、煤浆等。其完成的运量常常大大高于人们的想象(如在美国接近于汽车运输的运量)。

我国现代化管道运输自 20 世纪 50 年代开始发展,1958 年冬修建了中国第一条现代输油干线管道,新疆克拉玛依到乌苏独山子的原油管道,全长 147km。截至 2019 年中国输油(气)管道里程为 12.66 万 km,管道货运量为 91 261 万吨,管道货物周转量 5 349.75 亿吨 km。

中国油气管道运输一直处于快速发展状况，油气管道的覆盖面积也在逐渐增加，形成了多条石油天然气油气管道运输的路线，为油气管道运输工作提供了很大的帮助。

六、联合运输

1. 联合运输的概念和特点

联合运输简称联运，就是各种运输方式在运输过程中遵照统一的规章或协议，使用同一运输凭证或通过代办中转业务，将各种运输方式紧密协调衔接起来，共同完成两程以上的运输工具的联运，如铁公水联运、铁公联运、铁水联运、公水联运和公航联运。联运的实质就是把在接力运输中，需要将货物中转并在中转地逐段重新办理托运的方式，改变为在起运点实行全程包运制（即一次起票托运到底）的一种经济的运输管理方法。它是各种运输方式开展协作的有效形式，但不改变参与联运的企业生产资料所有制和隶属关系。

联合运输不同于一般运输，它具有三个特点：一是具有组织运输的全程性；二是运程凭证的通用性；三是托运手续的简易性。实行联运后，货主托运货物，只要"一次托运、一次结算"，就可以在目的地收货，其中转手续由联运机构（全权）代行办理，减少了过去"到处拜码头"的现象。对于承运企业（包括运输企业和联运企业）之间，实行"一次起票，全程负责，分段计费，相互结算"，这实际就是组织区域之间、企业之间以及各种运输方式之间的横向经济联系，把生产、运输、消费有机地联系起来，从而提高整个社会的经济效益。

2. 开展联合运输的重要意义和作用

商品流通的长途运输，往往不是一种运输方式所能完成的，即使是比较短的运输过程，也不可避免地要有多种运输工具为之集、装、卸、散。特别是产品从生产到流通这样较长的过程，常常是多种运输方式互为集、装、卸、散的过程。例如一个工厂生产出来的产品，由仓库搬运、装上汽车，由汽车集中运送到火车站、港口，装上火车、轮船，运达目的地后，又要卸下并装上汽车或人畜力车送货上门进入用户的仓库。商品的流通涉及多种运输方式，多种运输工具，多个集、装、卸、散环节，这就决定了各种运输方式、各个中转环节衔接得越快越紧，商品在途时间就越短，资金周转就越快，工厂的良性生产循环就越有保障，产、供、销各个环节紧密联结起来，形成一个息息相通、脉脉相连、环环相扣、四通八达、畅通无阻的运输网络，这是社会发展的必然要求，是交通运输行业发展的方向。

（1）联运能促进疏理流通渠道，推动经济发展

当前，我国城乡商品经济正在迅速发展，随着这种经济结构的变化，城乡的经济交往频繁，各种形式的联运正适应着这种新形势而发展起来，为商品经济的发展提供了快速、经济、安全、方便的运输服务，使流通渠道得到疏理。反过来，经济的发展，又推动了联运事业的不断前进，两者在这个良性的循环中互相促进。

（2）联运能沟通各种运输方式之间的横向联系

我国现行的交通运输体制，属于纵向垂直型。铁、水、公、航（空）各成体系，以竖向垂直管理为主，缺乏横向的有机联系。铁水干线联运的开办，把铁路网络和水运干线网联通起来，加强了联运横向联系。众多的联运企业把公路、航运相互接通，组成大小不同的各种干、支联运网络。从这个意义讲，组织联运可在一定程度上改善现行交通运输体系纵向垂直型的缺陷，从运输组织工作上更好地满足国民经济发展的需要。

(3)联运能挖掘运输潜力,提高运输效率

从组织铁水联运专线方面来看,铁路组织直达列车和成组运输,水运组织专用船舶定线、定期运输,港口确定专用码头进行装卸,彼此之间建立及时预报的情报体系,使车、船、港、站紧密协调衔接起来,使铁水全程联运组成统一的作业体系,运输工具、设备潜力得以充分发挥,运输效率高,经济效益好。据统计,大(同)—秦(皇岛)—上(海)之间实行煤炭铁水(干线)联运专线后,铁路运输中每天可节省30多辆货车的运力,海上运输每年可节约对应航线上330艘船舶的运力,一年可多运煤炭70万吨。

在干、支线联运方面,建立以干线站(车站)港(港口)为依托的干支联运后,站、港货物得到及时、迅速、安全的集散,货位周转加快,保证了站、港畅通。如长沙北站的车辆装卸时间由2.46天下降到1.37天。

(4)联运可以减少物资流通费用,提高社会经济效益

缩短货物待运时间,不仅可节约运费,而且可节约银行信贷利息。运输费用在商品流通费用中占很大比重,而在途中运输的货物又占用了大量的资金,需要支付大量的银行利息。要加速资金周转,减少在途资金,减少物资流通费用,节约银行利息支出,就必须合理组织运输,采用联合运输的方式,合理组织水陆空多方联运。

第四节　载运工具的种类

交通运输业是随着各种载运工具的演变和技术更新而发展的。各种交通运输方式输送旅客和货物的速度以及能承运的容量,主要取决于载运工具的速度和容量。各项交通运输工程设施的规划和设计,也必须要考虑并满足这些设施的使用对象——载运工具的运行特性。

类似于运输方式的分类,载运工具可分为以下五类:

(1)轨道载运工具,是指沿固定的轨道行驶,由电力、内燃机或蒸汽作动力的各种车辆。

(2)道路载运工具,是指利用汽油、柴油、电或其他能源作动力,通过轮胎在各种道路上行驶的各种车辆,如汽车(货车和客车等)、无轨电车、摩托车等。

(3)水上载运工具,是指利用螺旋桨、喷射水流在水中的推力在水上行驶的载运工具,如各种螺旋桨船舶、水翼船、气垫船等。

(4)空中载运工具,是指利用螺旋桨或高速喷射气流在空气中的推力在空中航行的载运工具,包括各种螺旋桨飞机、喷气式飞机、直升机等。

(5)其他载运工具,如各种液体或气体输送管道、索道缆车、行人自动步道、皮带输送机等。

各类载运工具具有不同的使用性能,而对于被输送的旅客和货物来说,当然希望所乘坐的载运工具具有下述性能:

(1)速度快;

(2)容量(一次装载能容纳的旅客数或货物量)大;

(3)费用(包括建设投资、运营管理、能源消耗等方面的费用)低;

(4)安全可靠(事故少、耗损少、准时等);

(5)对环境污染少(空气、水质和噪声等方面);

(6)舒适性(对客运)好等。

然而,这些性能不可能完美地体现在某一种载运工具上,因为各项性能要求之间有些是彼此抵触的。例如,速度快,势必会多消耗能源,使费用增大。另一方面,不同运输对象或运输任务对载运工具各项使用性能的要求也并不完全一样。有的要求容量大,对速度要求就会低些;有的要求速度高,而对容量要求并不高。如果所需的运输距离短,实现高速所能获得的效益并不显著,就没有必要多耗费能源去争取高速。为此,便出现了具有不同使用性能的各种载运工具,分别适应于各种运输对象在速度、容量等方面的不同要求。用户可以根据各自的目的和要求,选择相应的载运工具。

一、轨道载运工具

轨道载运工具依靠车辆外部的轨道进行导向,车辆通过带凸缘的钢轮沿钢轨内侧行驶,轨道起着支承车辆和导向的作用,而驾驶员的作用仅是控制车辆的行驶速度。钢轮同钢轨之间的滚动阻力约是汽车轮胎在水泥混凝土路面上滚动阻力的1/10,因而轨道载运工具单位质量的能源消耗最低。同时,其维护工作少,耐久性高,行驶平稳舒适,可适应不利的气候条件,对环境的污染小(蒸汽机牵引除外)。因此,轨道载运工具的使用性能好,运营费用低。然而,其初期投资高,且通达性受到限制。此外,其在坡道上的行驶性能不如轮胎式车辆,制动距离长(驾驶时须高度注意安全),小半径转弯时噪声大于轮胎式车辆。

1. 轨道载运工具的种类

轨道载运工具广泛应用于城市间的中长途客货运输、城市内和市郊的公共交通,特别是大量、快速的公共交通。

(1)有轨电车

有轨电车由1辆、2辆或3辆车辆组成,每辆车有4~6个轴,长14~23m。这种车辆具有较好的动力特性和行驶舒适性,但由于它与公共汽车和汽车共用街道路权,且平交道口多,故运行速度低(通常小于20km/h),正点率低,单向输送能力一般低于10 000人/h。因此,有许多国家在20世纪50至60年代就基本上拆除了这种工具,取而代之的是无轨电车或公共汽车。

(2)轻轨交通列车

轻轨交通列车,简称轻轨车,是对传统的有轨电车进行改造后的各种现代有轨电车的总称,由国际公共交通联合会(UITP)于1978年3月在比利时布鲁塞尔召开的会议上正式统一命名,英文为Light Rail Transit(LRT)。

轻轨车可分为4轴车、6轴单铰接车、8轴双铰接车几种,可单节运行,也可编组运行。一般车辆长度为14~20m,铰接车辆长度为20~32m;车辆宽度为2.5~2.8m。轻轨车加速和减速性能好,一般为1~2m/s^2,紧急制动时可达3m/s^2,最大速度通常为70~80km/h(有些能达到100~125km/h),运行速度一般为20~35km/h。一般的轻轨交通采用有平交的专用道。如果改为全封闭的专用道,则运行速度还可提高,这时称为轻轨快速交通。

与传统的有轨电车相比,轻轨车在电传动、制动、信号、车体结构与材料、空调等技术上做了很多改进,车体更轻,结构更合理,更舒适方便。与地铁相比,轻轨车轴轻、转弯半径小,可在市区内较好地绕避各类障碍物,但运行速度较低,输送能力较小,单向输送能力为10 000~30 000人/h。

(3) 快速轨道交通列车

快速轨道交通列车，指由4轴车辆编组而成的电动列车，在专用道上行驶，编组数一般为3~8节，也有少数线路超过10节。在市中心区多为地下或高架形式，在市郊多为地面或高架线路形式。每辆车长度为16~23m，宽度为2.5~3.2m，平均运行速度为30~50km/h，通行能力为20~40对/h，单向输送能力可达30 000~80 000人/h。这种载运工具的旅客输送能力大，使用性能好，服务水平高，运营费低。虽然初期投资高，但对于客流量大而集中的城市，其边际费用较其他公共交通小。

(4) 市郊铁路列车

市郊铁路列车，是位于市域范围内、部分或全部服务于城市客运的城市间铁路，通常其路权不属于所在城市的政府，而由铁路部门经营，主要为城市郊区与中心区之间行程较长的通勤或短途旅客服务，故也称通勤铁路。这种铁路通常在郊区采用平交道口形式，在市区为高架或地下铁路。其站距长，运营组织方式与城市间铁路相近，可开行不停靠全部或部分中间站的直达列车。为减少环境污染，多采用电气化牵引方式。

(5) 铁路客货运输列车

铁路客货运输列车，指由机车牵引若干辆挂车组成的客运或货运列车。我国客运列车一般挂有12~18节车辆，分为软卧车、硬卧车、软座车、硬座车、餐车、行李车和邮政车，每辆车的定员为32~120人，车辆自重为390~450kN，总重为510~640kN。2007年4月18日第六次大提速，全国铁路旅客列车平均运行速度达到70.18km/h。货运列车一般由棚车、敞车、平车、罐车、保温车等车辆组成，车辆平均长度为14m，自重219kN，总重773kN，每延米55.26kN。2001年的货运列车平均运行速度为32.9km/h，目前一般正线铁路（如京广线等）货物列车的正常运行速度约为100km/h，但在多山且地势较崎岖的西南地区，铁路坡度较大，线路转弯较多，且转弯半径都比较小，速度多为70~80km/h。

(6) 高速铁路列车

高速铁路列车，是由高功率机车牵引若干挂车，或者同若干带动力的车辆一起组成的列车，如图1-1所示。这种列车的最高速度可达250~300km/h以上（最高纪录为530km/h），平均运行速度可达160~200km/h。这种列车速度快、运量大、能耗低、舒适而安全、对环境污染小、经济效益好，是当今世界各国都大力发展的一种中长途高速载运工具。

图1-1 高速铁路列车

(7) 其他轨道式交通车辆或列车

世界各国还应用不同的概念研制了多种轨道式车辆，如悬挂式独轨车辆、跨坐式独轨车辆、中速或高速磁悬浮车辆、自动化导轨快速交通AGT（Automated Guideway Transit）车辆、橡胶轮和钢轮双用车辆或橡胶轮车辆等。

磁悬浮列车是一种采用无接触的电磁悬浮、导向和驱动系统的磁悬浮高速列车系统。应用准确的定义来说，磁悬浮列车实际上是依靠电磁吸力或斥力将列车悬浮于空中并进行导向，实现列车与地面轨道间的无机械接触，再利用线性电机驱动列车运行。虽然磁悬浮列车仍然属于陆上有轨交通运输系统，并保留了轨道、道岔和车辆转向架及悬挂系统等传统机车车辆的特点，但由于列车在牵引运行时与轨道之间无机械接触，因此从根本上克服了传统列车轮轨黏着限制、机械噪声和磨损等问题,所以它也许会成为人们梦寐以求的理想陆上交通工具。

磁悬浮列车分为常导型和超导型两大类。常导型也称常导磁吸型,以德国高速常导磁悬浮列车(Transrapid)为代表,它是利用普通直流电磁铁电磁吸力的原理将列车悬起,悬浮的气隙较小,一般为10mm左右。常导型高速磁悬浮列车的速度可达 400～500km/h,适合城市间的长距离快速运输。而超导型磁悬浮列车也称超导磁斥型,以日本 MAGLEV(图1-2)为代表。它是利用车上超导磁体产生的强磁场,与布置在地面轨道上的线圈形成的磁场之间所产生的斥力,使车体悬浮运行,如图1-3所示,悬浮气隙较大,一般为100mm左右,速度可达500km/h以上。这两种磁悬浮列车各有优缺点和不同的经济技术指标,德国青睐前者,集中精力研制常导高速磁悬浮技术;而日本则看好后者,全力投入高速超导磁悬浮技术之中。

图1-2　日本超导磁悬浮列车 MAGLEV

图1-3　超导磁悬浮列车导轨

尽管磁悬浮列车技术有上述的许多优点,但仍然存在以下不足。

①由于磁悬浮系统是以电磁力完成悬浮、导向和驱动功能的,断电后磁悬浮的安全保障措施,尤其是列车停电后的制动是要解决的重要问题,其高速稳定性和可靠性还需要很长时间的运行考验。

②常导磁悬浮技术的悬浮高度较低,因此对线路的平整度、路基下沉量及道岔结构方面的要求较超导技术更高。

③超导磁悬浮技术由于涡流效应悬浮能耗较常导技术更大,冷却系统质量大,强磁场对人体与环境都有影响。

2. 轨道载运工具的动力特征

车辆的运动,是依靠发动机产生的推动力克服运动中的阻力后得以实现的。

对于内燃机来说,发动机所产生的功率通常用马力(hp)表示,1hp = 0.745 7kW。发动机的马力,由于内部各附件的功率消耗而损失一部分,余下的净可用功率,又因传递到驱动轮过程中的阻力损耗而进一步减小。实际作用在驱动轮上的功率为推动车轮行进的有效功率,而作用在驱动轮轮周上的切向力即为牵引力。牵引力随车辆速度的增加而下降。各机车制造厂通常都提供其相应产品的牵引特征曲线供用户使用。此外,如果已知发动机的额定马力,则可用式(1-1)大致估算牵引力:

$$F = \frac{52.4\eta \mathrm{HP}}{v} \tag{1-1}$$

式中:F——牵引力(N);

η——电动机械驱动系统的效率,为 0.81~0.83;

HP——柴油发动机的额定马力,约为总马力的 0.93;

v——速度(km/h)。

对于电动机来说,所产生的功率以千瓦(kW)表示。电动机在 1h 内能持续运行且不出现过热的最大功率称为小时功率。而电动机在运行时间不受限制时所能产生的最大功率称为持续功率。小时功率一般比持续功率要大 15%~20%。电动机可以在短时段内超负荷产生比小时功率大 30%~50% 的功率而不致损坏。各电动机制造厂家也都提供相应的牵引特性曲线供用户使用。可用式(1-2)估算牵引力:

$$F = \frac{0.1456\eta_1 TS}{v} \quad (1-2)$$

式中:η_1——传动效率,为 0.95~0.97;

T——电动机扭矩(N·m);

S——电枢转数(r/min);

v——机车速度(km/h)。

传到轮周上的牵引力不能超过车轮同钢轨接触面上的黏着力,否则机车驱动轮便会打滑,发生空转。这个牵引力限值称为黏着牵引力,它可由式(1-3)确定:

$$F_{\max} = \mu W \quad (1-3)$$

式中:$F_{\max}$——黏着牵引力(kN);

μ——黏着系数,随速度增加而降低,在 0~60km/h 范围内变动于 0.36~0.26(电力机车)或 0.33~0.256(内燃机车)之间;

W——传递摩擦力的车轮重(kN),推动计算时为驱动轮重,制动计算时为整个机车重(制动作用于所有的车轮上)。

车辆运动过程中需要克服各种阻力,包括车轮与钢轨行驶表面的滚动阻力、车辆的空气阻力、坡道上行驶的坡度阻力、曲线上行驶的曲线阻力等。当机车或带动力车辆所具有的有效牵引力同阻力相平衡时,车辆能以匀速行驶,而在变速时,还应有足够的可用牵引力来克服速度变化时的惯性阻力,特别在启动时所需提供的牵引力很大。

二、道路载运工具

道路上行驶的车辆,有汽车、无轨电车、拖拉机、摩托车、自行车以及各种专用车和特种车等,其中主要是汽车。

汽车可分为客车和货车两大类。客车包括小客车(轿车)、面包车、公共汽车(小型、中型和铰接式)(图1-4)等。货车可进一步分为整车(轻型、中型和重型)和组合车(各种拖挂式)两类,如图1-5所示。

图 1-4 公共汽车示意图

图 1-5 整车和组合货车示意
a)整车;b)整车带全挂(一般为 4 轴、5 轴或 6 轴);c)牵引车带半挂(一般为 3 轴、4 轴或 5 轴);
d)牵引车带半挂和全挂(一般为 5 轴、6 轴或 7 轴)

1. 道路载运工具的种类

(1) 小客车

小客车(轿车)一般为二轴四轮车辆,可坐 2~6 人,主要作为个人交通工具使用。按重量和尺寸大小,可分为小型、中型和重型三种。其重力变动于 6.8~18kN 范围内;车身长度在 3.5~5.6m,轴距变动在 2.3~3.1m;车身宽度为 1.6~2.0m,高度为 1.15~1.65m。

(2) 面包车

面包车通常由小客车或轻型货车的底盘改装而成,可乘坐 6~15 人。

(3) 公共汽车

小型公共汽车通常有 15~25 个座位,供短途运输用,其车身长为 5.5~7.6m,宽为 2.0~2.5m。中型公共汽车可为二轴或三轴,车身长 9~12m,宽 2.4~2.6m,约有 45 个座位,最多可容纳 100 人以下(包括站立的)。把半挂车固定地联结在二轴中型公共汽车上,便可组成铰接式公共汽车,其长度为 16~18m,宽度为 2.6m,包括站立乘客在内最多约可容纳 150 人。

(4) 整车

整车系指载货区和动力设备装在共同的车架上不能分开的货车。整车包括二轴四轮(轻型货车)、二轴六轮、三轴(双后轴)和四轴(三后轴)货车四种。轻型货车的总重力一般小于 45kN,二轴六轮货车的总重力大都在 45~180kN 范围内,而三轴和四轴的总重力可高达 260~300kN。

(5) 组合货车

组合货车由牵引车或整车同一个或多个挂车组合而成,可称为拖挂车。牵引车和挂车通过铰接方式连接,彼此可相对转动,因而也可称为铰接车。挂车有两种;第一种为前后各有一个或多个轴的全挂式,由整车或带半挂车的牵引车拖带,但不把重力转给前面;第二种为后端有一个或多个轴但前端无轴的半挂式,其前端放在牵引车或前面拖车的后端上,并把一部分重力转给前面。组合货车的总重力一般可达 400~500kN,通常用于长途运输。组合货车可由单拖挂货车、双拖挂货车、三拖挂货车等多种组合形式组成。单拖挂货车可以是牵引车加一辆半挂车,共有 3 个、4 个或 5 轴;也可以是整车加全挂车,共有 4 个、5 个或 5 个以上轴。双拖挂货车由牵引车加半挂车再加上全挂车组成,共有 5 个、6 个或 6 个以上轴;也可以是整车加两辆全挂车,共有 6 个或 6 个以上轴。三拖挂货车则由牵引车加半挂车后再加上两个全挂车组成,最多可有 16 个轴,总重力可达 1 150kN。

2. 设计车辆的概念及载重限制

车辆的外廓尺寸影响到对道路的车道宽度、净空和转弯半径等方面的要求,而车辆的重量大小则影响到对道路路面和桥梁的结构承载能力的要求。为此,这就需要一方面在种类繁多的各种车辆中选择一些代表性车辆(称作设计车辆),规定其尺寸和质量作为道路和桥梁设计的依据和标准;另一方面对各种车辆的尺寸和质量以规范形式作出最大数值限定。表1-3所列为世界各国以小客车、公共汽车或整车和单拖挂货车作为设计车辆时所规定的主要外廓尺寸,各国对于车辆最大尺寸和质量的限定标准值并不一致。

设计车辆的外廓尺寸(m)　　　　表1-3

车辆类型		总 长 度			总 宽 度			总 高 度		
		中国	欧洲	美国	中国	欧洲	美国	中国	欧洲	美国
小客车、面包车		6(5)	—	5.8	1.8(2.5)	—	2.1	2(1.6)	—	2.44
整车、公共汽车		12(12)	12	12.2	2.5(2.5)	2.5	2.6	4(4)	—	4.27
单拖挂货车	半挂	16(18)	15.5	16.75	2.5(2.5)	2.5	2.6	4(4)	4	4.27
	全挂	16(18)	18	19.8						

注:括号外数值为公路的设计车辆外廓尺寸;括号内数值为城市道路的设计车辆外廓尺寸。

各国对道路上行驶车辆的最大轴重和总重有不同的限制。单轴最大允许轴重变动为80~130kN;双联轴最大允许轴重变动为140~210kN;三联轴最大允许轴重变动为80~270kN。整车的最大允许总重变动为240~400kN;半挂车和挂车的最大允许总重变动为360~500kN。我国规定的单轴最大允许轴重为60kN(单侧单轮)或100kN(单侧双轮),双联轴最大允许轴重为100kN(单侧单轮)或180kN(单侧双轮),三联轴最大允许轴重为120kN(单侧单轮)或220kN(单侧双轮),整车的最大允许总重为400kN。

三、水上载运工具

水上的主要载运工具是各种船舶。现代船舶以柴油机为主要动力装置,带动螺旋桨推进器产生推动力,使船舶行进。通常在船舶尾部设置舵装置以控制方向,在其首部两侧设锚、锚链等装置以帮助船舶停泊。

按载运对象的不同,船舶可分为货船、客船(图1-6)和客货船三大类。货船可进一步分为油船和干货船两类。前者运送液体货物;而后者运送固体货物,还可细分为杂货船、散货船、专用货船(集装箱船、滚装船和载驳船等)等。这些船舶,有的在内河航行,受航道条件的限制,其尺寸、吃水深度和载重吨位都较小;有的在沿海或远洋航行,其尺寸、吨位等都要大得多。半个世纪以来,船舶有较大的发展,特别是货船,向着高度机械化和自动化的大型专用船舶的方向发展。

图1-6　客船

(1)油船

油船是载运散装液体货物(包括原油、成品油和各种液化气体等)的专用船舶。油船运输的特点是运量大、运距长。因而,油船往往是大型船舶。20世纪40年代最大的油船可载运16万t,吃水深10m。到20世纪60年代,载质量增长到20万t,船身长达340m,吃水深8m。目前,最大的油船可装载约60万t,油船的平均航速为24~30km/h(合13~16kn,1kn=1.852km/h)。油船的装卸,是通过船上接卸口同岸上的输油管或软管接通后,用油泵进行的。因而,船舶的停泊时间较短,一般很少超过2d。对于特大型的油船,由于船身长,吃水深,很少有合适的停靠码头,通常在港外的单点泊位(专用浮筒)碇泊,通过管道用油泵装卸液货。

(2) 杂货船

杂货船是载运各种桶装、箱装、包装或成捆件杂货的船舶,其载质量一般在2万t以下,平均航速为22~33km/h(12~18kn),货物通过船上或岸上的吊杆装卸。现代化的杂货船,其自动化装备的程度很高,平均航速可超过37km/h(20kn)。

(3) 散装船

散装船是载运各种不加包装的块状、粉状或粒状干货的船舶。一些专用的散装船,只载运一种货物,如煤、矿石、粮食等。散货运输通常是批量大的大宗货物,因而其船型较大,货舱的容积大,货舱口也较大,便于装卸。沿海和近海运输的散装船,其载质量大多在3万t以下;远洋运输的散装船则多为3万~6万t,最大的可超过10万t。散装船的平均航速为22~30km/h(12~16kn)。

(4) 集装箱船

集装箱船是专门载运集装箱的货船。通过码头上的装卸桥,将集装箱吊放到船上或吊离船舶。由于装卸速度较快,船舶停港的时间较相同载质量的杂货船要短得多。同时,其平均航行速度也较快,一般可达22~26kn,因而其航行周转的周期较其他船舶要短(即相同时段内可航行的次数多)。集装箱船的载运能力,除了以载重吨位表示外,还可以用集装箱的载箱数量[以20英尺(1英尺≈30.48cm)集装箱为标准箱,简称TEU]表示,按载箱数多少分为第一代、第二代、第三代等(载箱数相应约为1 000TEU、2 000TEU、3 000TEU等)。近期的集装箱船已发展到第五代、第六代,载箱数达5 000TEU以上,船长达175m以上。载运集装箱的船舶,其部分舱位用来装载杂货时,称为半集装箱船。

(5) 滚装船

滚装船,由牵引车或者有轮的设备(如叉车等),利用本身的动力,通过船尾或船首的跳板直接进出货舱装卸载货。这种方法可以提高船舶的装卸效率,加速其周转,并实现水陆直达运输(即不需中转装卸)。船舱内有多层甲板,以斜坡车道或升降平台相连;或者部分甲板供放置集装箱用(也即成为半集装箱船)。滚装船特别适用于海上短程横渡运输,以减少海关的延误。

(6) 载驳船

载驳船即载运驳船的船舶。货物(或集装箱)装在驳船上,后者再置放在载驳船的甲板上。到达目的港后,由载驳船上的装卸设备卸下驳船,然后再由推船将驳船送到各个内河港口。载驳船的主要优点是可以利用船上的设备装卸货物,而不需要等待码头空出泊位。同时,还可不通过转驳而直接到达内河港口,其载运能力与集装箱船相近。

(7) 客船和客货船

载运旅客的船为客船。我国沿海和长江中下游输送旅客的船舶,大多利用下层船舱装载货物,上层船舱载运旅客,因而称为客货船。目前沿海航行的典型客货船,载质量为7 500t(载客量 1 300 人,载货量 2 000t),航速 33km/h(约为 18kn)。长江中下游客货船的载质量约为 3 500t(载客量 1 200 人,载货量 450t),航速约为 28km/h(15kn)。

(8)内河货船

内河航道由于水浅、宽度有限、河道弯曲,因此都采用吨位小、吃水浅的船舶,普遍采用由若干艘驳船编组成船队,用推船顶推或拖船拖曳的方式航行。拖驳船队运输比机动货船运输的运量大、投资小、成本低,适用于大宗货物和批量小、货种多的货物运输。驳船本身无动力装置,按船型可分为普通驳和分节驳两种。分节驳船体的首尾两端或一端呈箱形,前者称为全分节驳,适用于大宗货物运输;后者另一端为斜削流线型,称为半分节驳,适用于多货种、小批量货物运输。分节驳结构简单,造价低,航行阻力小,其载质量一般可达 3 000t。分节驳船(全分节或半分节)编成各种队列,由机动推船顶推行进。推船采用柴油发动机,驳船数可多达 30 ~ 40 艘,总载质量高达 5 万 ~ 7 万 t,平均航速约 15km/h(约为 8kn)。

四、空中载运工具

飞机是航空运输的主要载运工具,它是 20 世纪初新出现的、也是技术发展最迅速的一种载运工具(图 1-7)。

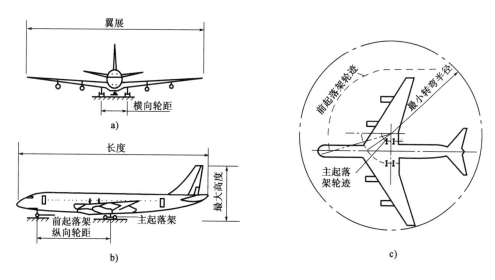

图 1-7 客机示意图

1. 按运输类型的不同分类

(1)运输飞机,指由航空公司定期航班或非定期航班使用的各种飞机。

(2)通用航空飞机,为工农业生产飞行、商业飞行、教学飞行等服务的各种飞机。

2. 按航程距离分类

(1)远程飞机,航程约在 8 000km 以上,主要用于洲际飞行;由于航程远,需耗用大量燃料,其机体尺寸和质量都很大(最大起飞质量 150t 以上,最重的达 640t),所需跑道长度也很长。

(2)中程飞机,航程在 3 000 ~ 8 000km 范围内,适用于洲内和主要航线上飞行,最大起飞质量在 100t 以上。

(3)近程飞机,航程在3 000km以下,适用于国内主要航线上飞行,其最大起飞质量在40t以上。

(4)短途飞机,航程在1 000m以下,主要用于地方支线和通勤运输的飞行,其最大起飞质量在40t以下。

3.按发动机和所产生推力的类型分类

(1)活塞式,以汽油发动机为动力,带动螺旋桨旋转以产生推动力的飞机。大部分通用航空飞机采用这种类型。

(2)涡轮螺旋式,以燃气涡轮发动机为动力,带动螺旋桨旋转以产生动力的飞机。部分短程支线和通勤运输飞机,以及少数双发动机通用航空飞机采用这种类型。

(3)涡轮喷气式,由燃气涡轮发动机向后喷射出高速气流以产生推动力的飞机。早期生产的喷气式运输机采用这种形式,但后来被摒弃,代之以涡轮风扇喷气式。

(4)涡轮风扇喷气式,在涡轮喷气式发动机的前部(或后部)加上一个风扇的飞机。目前被除短程飞机外几乎所有运输飞机所采用。

各类运输机中一些常见飞机的主要特性简列于表1-4中。

空中客车320系列主要参数　　　　　表1-4

项 目	A320-200	A321-100	A319	A318
翼展(m)	34.09			
机长(m)	37.57	44.51	33.84	31.44
机高(m)	11.76			
标准两级客舱布局载客(人)	150	186	124	107
货舱容积(m³)	37.42	51.76	27.64	21.21
商载(t)	16.3	21.6	12.9	11.1
空机重(t)	41	47.7	40.1	38.4
最大油箱容量(L)	23 860			
最大起飞质量(t)	73.5	83	64	59
最大巡航速度	0.82 马赫数			
航程(km)	5 000	4 350	3 550	2 800
动力装置	两台涡扇发动机			
发动机型号	CFM公司 CFM56-5系列			
	IAE公司 V2500系列			普惠 PW6000

除了上述各类运输机外,可用于客货运输的还有直升机和短距起降飞机等。直升机从旋翼的旋转运动获得升力,以几乎垂直的方向离开地面。它具有在空中逗留的能力和在相对小的场地上起降的能力。直升机可以是单组旋翼或双组旋翼,用一台或两台发动机作动力,最大的巡航速度可达到240km/h。短距起降飞机具有较常规飞机大的爬升能力,可在较短的跑道上起降,但目前还未得到大规模应用。

第五节　中国公路网规划

我国公路交通实现现代化分三个发展阶段:第一阶段从"瓶颈"制约、全面紧张走向"两个明显"(即交通运输的紧张状况有明显缓解,对国民经济发展的制约状况有明显改善);第二个阶段从"两个明显"到基本适应国民经济和社会发展的需要,这个目标在2020年已达到;第三个阶段从基本适应国民经济和社会发展需要到基本实现交通运输现代化,达到中等发达国家水平,这个目标将在21世纪中叶实现。

高速公路是20世纪30年代在西方发达国家开始出现的专门为汽车交通服务的基础设施。高速公路在运输能力、速度和安全性方面具有突出优势,对实现国土均衡开发、建立统一的市场经济体系、提高现代物流效率和公众生活质量等具有重要作用。高速公路不仅是交通现代化的重要标志,也是国家现代化的重要标志。

从1988年上海至嘉定高速公路建成通车至今,在"国道主干线系统规划"的指导下,中国高速公路总体上实现了持续、快速和有序的发展。1998年以来,国家实施积极的财政政策,高速公路得到快速发展,高速公路的发展,极大地提高了中国公路网的整体技术水平,优化了交通运输结构,对缓解交通运输的"瓶颈"制约发挥了重要作用,有力地促进了中国经济发展和社会进步。

改革开放以来,随着新时期经济的快速发展,随着生活方式的转变和生活质量的提高,为满足对交通服务越来越高的要求,做好公共服务,优化跨区域资源的配置和管理,四十多年来,交通运输部和国家发改委组织开展了大量调查、研究和论证工作,并广泛听取了各省、自治区、直辖市,以及国家有关部门和专家的意见建议,多次修改完善了规划,分别于1993年提出了国家高速公路网"五纵七横"规划、2004年提出了国家高速公路网"7918"规划、2013年提出了国家高速公路网"71118"规划和普通国道网规划。

国家高速公路网是中国公路网中最高层次的公路通道,服务于国家政治稳定、经济发展、社会进步和国防现代化,体现了国家强国富民、安全稳定、科学发展,建立综合运输体系以及加快公路交通现代化的要求;主要连接大中城市,包括国家和区域性经济中心、交通枢纽、重要对外口岸;承担区域间、省际间以及大中城市间的快速客货运输,提供高效、便捷、安全、舒适、可持续的服务,为应对自然灾害等突发性事件提供快速交通保障。

1."五纵七横"国道主干线网规划

"五纵七横"国道主干线工程是我国规划建设的以高速公路为主的公路网主骨架。1993年,经国务院批准,国家提出了"五纵七横"国道主干线网,总规模约3.5万km,贯通首都、各省省会、直辖市、经济特区、主要交通枢纽和重要对外开放口岸;约覆盖全国城市总人口的70%;连接了全国所有人口在100万人以上的特大城市和93%的人口在50万人以上的大城市。

"五纵"指同江—三亚、北京—珠海、重庆—北海、北京—福州、二连浩特—河口。

"七横"指连云港—霍尔果斯、上海—成都、上海—瑞丽、衡阳—昆明、青岛—银川、丹东—

拉萨、绥芬河—满洲里。

2. 国家高速公路网"7918"规划

2004年12月17日,国务院审议通过《国家高速公路网规划》。国家高速公路网"7918"规划采用放射线与纵横网格相结合的布局方案,形成由中心城市向外放射以及横连东西、纵贯南北的大通道,由7条首都放射线、9条南北纵向线和18条东西横向线组成,简称为"7918网",总规模约8.5万km,其中:主线6.8万km,地区环线、联络线等其他路线约1.7万km。这个8.5万km的高速公路网可覆盖10多亿人口,把我国人口超过20万的城市全部连接起来,计划用近30年时间,总体实现我国高速公路网"东网、中联、西通"的目标。

7条首都放射线:北京—上海、北京—台北、北京—港澳、北京—昆明、北京—拉萨、北京—乌鲁木齐、北京—哈尔滨。

9条南北纵向线:鹤岗—大连、沈阳—海口、长春—深圳、济南—广州、大庆—广州、二连浩特—广州、包头—茂名、兰州—海口、银川—昆明。

18条东西横向线:绥芬河—满洲里、珲春—乌兰浩特、丹东—锡林浩特、荣成—乌海、青岛—银川、青岛—兰州、连云港—霍尔果斯、南京—洛阳、上海—西安、上海—成都、上海—重庆、杭州—瑞丽、上海—昆明、福州—银川、泉州—南宁、厦门—成都、汕头—昆明、广州—昆明。

此外,规划方案还包括辽中环线、成渝环线、海南环线、珠三角环线、杭州湾环线共5条地区性环线,2段并行线和30余段联络线。

2004年国家高速公路网规划的特点效果主要体现在以下几方面:

①充分体现"以人为本":最大限度地满足人的出行要求,创造出安全、舒适、便捷的交通条件,使用户直接感受到高速公路系统给生产、生活带来的便利。

——规划方案将连接全国所有的省会级城市、目前城镇人口超过50万的大城市以及城镇人口超过20万的中等城市,覆盖全国10多亿人口;

——规划方案将实现东部地区平均30分钟上高速,中部地区平均1小时上高速,西部地区平均2小时上高速,从而大大提高全社会的机动性;

——规划方案将连接国内主要的AAAA级著名旅游城市,为人们旅游、休闲提供快速通道。

②重点突出"服务经济":强化高速公路对于国土开发、区域协调以及社会经济发展的促进作用,贯彻国家经济发展战略。

——规划方案加强了长三角、珠三角、环渤海等经济发达地区之间的联系,使大区域间有3条以上高速通道相连,还特别加强了与香港、澳门的衔接,在三大都市圈内部将形成较完善的城际高速公路网,为进一步加快区域经济一体化和大都市圈的形成,加快东部地区率先实现现代化奠定了基础;

——规划方案将显著改善和优化西部地区及东北等老工业基地的公路路网结构,提高区域内部及对外运输效率和能力,进一步强化西部地区西陇海兰新线经济带、长江上游经济带、南贵昆经济区之间的快速联系,改善东北地区内部及进出关的交通条件,为"以线串点、以点带面",加快西部大开发和实现东北等老工业基地的振兴奠定坚实基础;

——规划方案将连接主要的国家一类公路口岸,改善对外联系通道运输条件,更好地服务于外向型经济的发展；

——规划方案覆盖地区的 GDP 占到全国总量的 85% 以上，规划的实施将对促进经济增长、带动相关产业发展、扩大就业等做出重要贡献。

③ 着力强调"综合运输"：注重综合运输协调发展，规划路线将连接全国所有重要的交通枢纽城市，包括铁路枢纽 50 个、航空枢纽 67 个、公路枢纽 140 多个和水路枢纽 50 个，有利于各种运输方式优势互补，形成综合运输大通道和较为完善的集疏运系统。

④ 全面服务"可持续发展"：规划的实施将进一步促进国土资源的集约利用、环境保护和能源节约，有效支撑社会经济的可持续发展。据测算，在提供相同路网通行能力条件下，修建高速公路的土地占用量仅为一般公路的 40% 左右，高速公路比普通公路可减少 1/3 的汽车尾气排放，交通事故率降低 1/3，车辆运行燃油消耗也将有大幅度降低。

3. 国家公路网规划(2013—2030)

2013 年，国务院批准公布《国家公路网规划(2013—2030 年)》，新的国家公路网规划总规模 40.1 万 km，由国家高速公路和普通国道两个路网层次构成。

(1) 国家高速公路网"71118"规划

国家高速公路网"71118"规划由 7 条首都放射线、11 条北南纵线、18 条东西横线，以及地区环线、并行线、联络线等组成，约 11.8 万 km，另规划远期展望线约 1.8 万 km。按照"实现有效连接、提升通道能力、强化区际联系、优化路网衔接"的思路，补充完善国家高速公路网：保持原国家高速公路网规划总体框架基本不变，补充连接新增 20 万以上城镇人口城市、地级行政中心、重要港口和重要国际运输通道；在运输繁忙的通道上布设平行路线；增设区际、省际通道和重要城际通道；适当增加有效提高路网运输效率的联络线。

7 条首都放射线：北京—哈尔滨、北京—上海、北京—台北、北京—港澳、北京—昆明、北京—拉萨、北京—乌鲁木齐。

11 条北南纵线：鹤岗—大连、沈阳—海口、长春—深圳、济南—广州、大庆—广州、二连浩特—广州、呼和浩特—北海、包头—茂名、银川—百色、兰州—海口、银川—昆明。

18 条东西横线：绥芬河—满洲里、珲春—乌兰浩特、丹东—锡林浩特、荣成—乌海、青岛—银川、青岛—兰州、连云港—霍尔果斯、南京—洛阳、上海—西安、上海—成都、上海—重庆、杭州—瑞丽、上海—昆明、福州—银川、泉州—南宁、厦门—成都、汕头—昆明、广州—昆明。

此外还包括 6 条地区性高速公路环线以及若干条并行线、联络线等。

(2) 普通国道网

普通国道网布局方案(2013—2030)由 12 条首都放射线、47 条北南纵线、60 条东西横线和 81 条联络线组成，总规模约 26.5 万 km；此外还包括 81 条联络线。按照"主体保留、局部优化、扩大覆盖、完善网络"的思路，调整拓展普通国道网：保留原国道网的主体，优化路线走向，恢复被高速公路占用的普通国道路段；补充连接地级行政中心和县级节点、重要的交通枢纽、物流节点城市和边境口岸；增加可有效提高路网运行效率和应急保障能力的部分路线；增设沿边沿海路线，维持普通国道网相对独立。

(3) 2013—2030 国家公路网规划的主要目标

形成布局合理、功能完善、覆盖广泛、安全可靠的国家干线公路网络，实现首都辐射省会、省际多路连通，地市高速通达、县县国道覆盖。1 000km 以内的省会间可当日到达，东中部地区省会到地市可当日往返，西部地区省会到地市可当日到达；区域中心城市、重要经济区、城市群内外交通联系紧密,形成多中心放射的路网格局;有效连接国家陆路门户城市和重要边境口岸,形成重要国际运输通道,与东北亚、中亚、南亚、东南亚的联系更加便捷。普通国道全面连接县级及以上行政区、交通枢纽、边境口岸和国防设施。国家高速公路全面连接地级行政中心,城镇人口超过20万的中等及以上城市,重要交通枢纽和重要边境口岸。

（4）发布规划方案的基本原则

①布局合理。按照区域发展总体战略、主体功能区战略和生态功能区划要求,与城镇化格局、城镇体系布局、资源分布和产业布局相适应,统筹经济欠发达地区发展和国防建设需要,合理布局国家公路网。

②结构优化。加强公路网结构顶层设计,注重发挥普通国道的干线作用和国家高速公路的主干线作用,构建层次清晰、功能完备的国家公路网。

③衔接顺畅。注重与其他运输方式的衔接,加强与城市交通的融合,发挥综合运输整体效率。提高与周边国家路网的连通性,形成国际运输通道,拓展国际合作与发展空间。

④规模适当。构建综合交通运输体系,科学把握未来公路交通运输需求,合理确定国家公路网总体规模,实现路网供给能力与经济社会发展要求相适应。

⑤绿色发展。统筹规划通道资源,充分利用既有路线,节约集约利用土地;加强生态环境保护,贯彻低碳发展理念,避让环境敏感区和生态脆弱区,走资源节约、环境友好型发展道路。

（5）实施规划方案的主要意义

①扩大基本公共服务。普通国道规模由10.6万km调增至26.5万km,新增连接县(市)900多个,实现全国所有县级及以上行政区都有普通国道连接,提升公路交通基本公共服务能力,改善人民群众出行条件。

②有效促进城镇化发展。强化城市群内外交通联系,提升路网对中小城镇的覆盖水平,形成多中心放射的路网格局,为城镇化发展提供有效支撑。

③兼顾公平与效率。实现普通国道和高速公路的协调发展,明确普通国道侧重体现基本公共服务,高速公路侧重体现高效服务,加强两个网络在功能和布局上的衔接协调。

④实现资源环境协调发展。新增普通国道建设以既有公路升级改造为主,高速公路合理把握建设规模和节奏,有效降低土地占用和环境影响,促进公路建设与资源环境和谐发展。

⑤完善综合交通运输体系。加强与其他运输方式的协调衔接,统筹主要通道运输能力配置,促进综合交通运输体系构建和现代物流业发展。

【复习思考题】

1. 请结合实际进行我国交通运输发展状况的评价,可以是国家发展状况,也可以是自己家乡的发展状况。
2. 试分析交通运输产业发展有哪些积极作用？
3. 请结合自己的体会谈一谈交通运输现代化的基本特征。
4. 五种运输方式基本特征是什么？你认为五种交通运输方式哪个重要？你如何选择交通方式？

5. 我国高速公路网规划的内容和基本特点是什么？说说我国 2013—2030 国道网规划的意义。

6. 现代化交通运输的基本特征是什么？如何实现我国交通运输现代化？

讨论：

请从可持续发展和经济建设等方面讨论我国交通运输发展的基本方向。

第二章 公路路网规划与道路几何设计

【学习目的与要求】

道路是公共基础设施,它的建设必须适应城乡总体规划与交通运输总体规划。因此,在进行交通基础设施建设前必须进行公路路网规划或城市交通网规划。

同时道路交通基础设施与其他基础设施不同,道路是狭长的具有独特几何空间的三维结构物,道路几何设计一般包括平面设计、纵断面设计和横断面设计。公路在修建或技术改造之前必须经过勘测和设计,包括公路的性质、任务及其起点、终点和中间的主要控制点。

作为一名道路与桥梁工程师,必须了解路网规划的基础知识,在掌握道路工程测量知识的基础上,通过了解汽车的行驶基本要求,掌握道路工程勘测和设计的基本知识。

道路勘测设计是道路工程师的必修课程,学生必须了解并掌握其基本原理和知识。它的基础课程是道路工程制图、测量工程、交通工程等。

第一节 公路路网规划

在进行公路网络建设之前,必须进行道路交通网络的规划。良好的道路交通网络规划,不仅可以节省建设资金,还可以减少通行里程和时间。因此,作为一名道路与桥梁工程师,必须了解公路路网规划的基本方法、要求等。

"公路路网规划"包含了两层含义:第一层是指对一个国家或地区(以下在不注明的情况下,统称区域)公路建设发展所做出的全面、长远的安排,即该国家或该地区的公路路网规划方案或文件;第二层则是指拟订公路路网规划方案或文件的过程,包括其步骤、内容、方法和模型等。

公路路网一般特指某一区域内的公路网络系统,它有别于城镇市区内的道路网。区域内的城市或集镇以及某些运输集散点(大型工矿、农牧业基地、车站、港口等)被视为节点,称为运输点。这些运输点之间的连线称为公路路线。公路网是指由规划区域内的运输点以及连接诸运输点的所有公路,按一定的规律组合而成,并具有特定功能的有机集合。

作为公路路网规划的方案或文件,应包括规划期内区域公路网发展的目标、公路网建设规模、网络布局、等级配置、建设时序,以及配套的政策、策略和措施等。公路路网规划的过程,是将区域的公路网络作为一个整体,通过对现状公路网络的分析、评价(诊断),以及对未来区域社会经济发展、客货运交通需求和公路建设投资的预测,拟订合理可行的公路网规划建设方案,确定区域公路网规模、布局、建设时序及配套政策、措施等,以指导区域公路的建设和改造的过程。

一、公路路网规划的要求与特征

合理的公路网一般应具有必要的通达深度和公路里程长度;有与交通量相适应的技术标准和使用质量;具有经济合理的平面网络。

公路路网规划的基本要求是:四通八达、干支结合、布局合理、效益最佳。"四通八达"是要求区域内有一定数量的公路,以满足公路运输适应"面"的要求,充分体现公路运输深入门户的优越性;"干支结合"是要求各条公路具有相应的技术等级,并在整体上达到技术标准配套,干线公路与一般地方道路组合协调;"布局合理"是要求公路网络性能要好,公路走向与技术标准的选定必须局部服从整体,并且在宏观方面根据实际需要和可能,做出路网最佳方案的选择;"效益最佳"是指公路路网方案的最终效益,需要对公路网方案进行科学评价和定量分析,并加以优化决策,从而使得公路网在使用中获得较好的经济效益和社会效益。以上四点要求相互联系,彼此制约,并且与区域内的实际条件密切相关。

公路网作为一个系统,具有以下特征。

1. 集合性

区域公路网由许多元素(运输点和公路路线等)按一定方式组合而成。区域范围内运输点的规模和重要性不同,公路网的组合结构与级别亦应有所差别。我国目前的公路网可以分为三个级别,即国道网、省道网和地方道路网(县乡公路网),见表2-1。前两者是全国和省(市)公路网的骨架,是公路运输的主动脉,而众多的地方道路则作为枝权,直接深达区域内的各有关用户,三者共同组成一个有机整体。三级公路网的建设及维护管理,可分别由全国、省(市)和县(区)的有关交通部门承担。三级公路网的区域范围、运输点组成和作用,实际工作中还可根据区域划分的需要(如经济区、特定开发区等)做必要的调整,但所属管辖级别与范围应相应划定。

2. 关联性

构成公路网的全部运输点和公路路线,是相互联系、相互制约,且具有一定规律性的整体。

正如机械加工车间由各种机床与设备按一定工艺流程及要求组成,而若干机床和设备的总和并不等于就是一个车间一样。公路网并不等于若干条公路的简单相加,它是在布局和结构组成方面,具有与地区的自然条件、社会经济条件及功能等相适应的,符合一定规律性的优质交通运输服务体系。合理地进行公路网的规划与建设,有利于维护生态平衡,防止水土流失,注意环境保护,方便人民生活,满足国防建设和防灾、抗灾需要等。

我国公路网的行政分级　　　　　　　　　　　表 2-1

网　级	区域范围	运输点构成	主要作用
国道网	全国	具有全国性政治、经济意义的主要干线公路	包括重要的国际公路,国防公路,连接首都与各省、自治区首府和直辖市的公路,连接各大经济中心、港站枢纽、商品生产基地和战略要地的公路。国道以 1、2、3 开头,以 1 开头的是连接首都和重要城市的国道,以 2 开头的则为南北走向国道,以 3 开头的是东西走向国道
省道网	省、直辖市、自治区	具有全省(自治区、直辖市)政治、经济意义	连接省内中心城市和主要经济区的公路,以及不属于国道的省际间的重要公路
县道网	县和相当于县的地区	具有全县(旗、县级市)政治、经济意义	连接县城和县内主要乡(镇)、主要商品生产和集散地的公路,以及不属于国道、省道的县际间的公路
乡道网	乡(镇)内部	连接乡(镇)的交通,通达腹地	主要为乡(镇)内部经济、文化、行政服务的公路,以及不属于县道以上公路的乡与乡之间及乡与外部联络的公路
专用公路	专用区域	专为某些特定区域服务	专供或主要供厂矿、林区、油田、农场、旅游区、军事要地等与外部联络的公路

3. 适应性

任何一个系统总是存在和活动于特定的环境之中,且必须与之相适应。公路网是区域公路运输的基本组成部分,而公路运输是区域综合运输的子系统,综合运输则是为区域的社会、经济、政治、文化等服务。也就是说,公路网必须适应区域国土开发利用和经济发展规划,适应区域综合运输系统发展规划,适应公路运输发展的需要。

区域公路网作为一个整体,在平面上表现的结构形式是由节点和连线组成的图式。节点的位置主要取决于区域内各运输点的地理位置,一般不会有大的变动;而连线是表示公路的基本走向,作为网络图式可以是直线,但实际上为迂回的曲线。公路网的结构形式受区域内运输点地理位置和制约公路走向诸因素的影响而千差万别,各区域的路网图式不可能是相同的结构形式,图 2-1 为几种常见的典型路网结构形式。一般而言,平原、微丘区宜采用三角形、棋盘形和放射形路网;而重丘区和山区因受山脉及河川的限制,适宜采用并列形、树权形或条形路网;区域内的主要运输点(省、市或县的行政机关所在地等)偏于边缘时,可能形成扇形或树权形路网;在狭长地带的地方道路网中也可以采用条形路网;在较大区域内各种图式可相互配合使用而形成混合型路网,我国国道网就是采用放射形和格网形组合的图式。

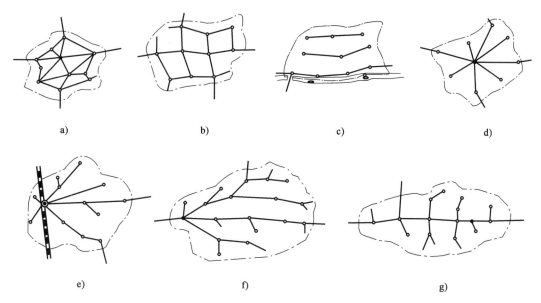

图 2-1 典型公路路网结构形式示意图
a)三角形;b)棋盘形;c)并列形;d)放射形;e)扇形;f)树杈形;g)条形

公路路网的规划是公路建设发展到一定阶段必须进行的工作。路网规划是依据经济发展预测未来路网结构形式并安排建设项目实施的过程或行为,公路网规划的目的是依据区域社会经济发展对公路交通的需求,确定公路网建设的合理规模(通车里程和等级结构)及其合理布局,做出公路网项目建设分期实施计划,以使公路网建设最大限度地满足公路交通的需求。公路路网规划的主要内容包括:收集资料和调查分析;现状剖析和评价;社会经济发展与公路交通需求预测;确定合理规模;优化路网布局;建设序列安排和方案实施计划;综合评价;资金筹措及跟踪调整等。其中确定合理规模及优化路网布局是核心内容,合理的路网布局是指能满足给定条件并达到预期目标的一个公路路网整体设计方案,从效果上应能充分体现快速、畅通、安全、经济、方便、舒适、低公害和低能耗等较高的服务水平。

二、公路路网规划的目的

路网规划是公路建设重要的前期工作之一,是进行公路建设决策的支持系统。公路路网规划的目的就是要从科学、实事求是的观点出发,分析模拟区域客货运输的交通状况,剖析公路网建设发展存在的问题及其根源,预测区域社会经济发展趋势和交通需求,制订合理可行的公路路网规划方案和建设时序,为区域公路近期和长远发展建设提供决策依据。其意义主要表现在以下几个方面。

1. 节省车辆行驶时间,降低运输成本,提高公路运输效益

公路路网规划通过对区域内公路客货流的发生、吸引、分布和路网交通流分配的分析,合理地确定公路等级和路网布局,使规划的公路网方案能够符合公路客货流的流量和流向分布规律,从而有效地减少公路使用者的运输时间和费用,提高公路运输效益。

2. 保障国民经济和工农业生产健康发展

新中国成立以来,包括公路运输建设在内的我国交通运输建设事业走过一段曲折的道路。我国"一五""二五"期间的交通运输业发展较快,公路建设发展速度尤为突出。1949—1960年期间,全国公路里程由8.07万km猛增到51万km,保持了与国民经济发展相适应的协调关系,对恢复生产、重建家园、巩固国防起到了很大的作用。并且从2001—2020年期间,全国公路里程由169.8万km增加到519.8万km,高速公路则由1.9万km猛增到16.1万km,位居世界第一。

交通运输对国民经济的发展具有重要的促进作用,纵观发达国家的经济起飞,无不与交通运输的超前发展有关。为了保障我国国民经济长期、健康、稳定的发展,促进国内、国际大市场的形成和融通,确保国民经济奋斗目标的顺利实现,必须对包括公路运输在内的交通运输实行政策倾斜、统筹规划、适度超前建设,这也是进行公路网规划的根本意义所在。

3. 促进区域经济平衡协调发展

目前,我国经济发展的地域差别较大,各大经济区之间、经济区内部、各省市县间都存在差别,有的还在进一步加大,通过合理的公路网规划和建设,提高经济欠发达地区的交通可达性是缩小地区差距,促进区域经济平衡协调发展的一条重要途径。

4. 促进公路运输与其他运输方式协调发展

公路运输的显著特点是机动灵活、适应性强、可达性好,是唯一能实现"门到门"服务的运输方式,其他运输方式一般都要借助公路转运后才能完成运输任务。因此,做好公路网规划不仅是公路运输发展自身的需求,也是铁路、水运、航空等其他运输方式发展的需求,因此,必须建设国家综合立体交通网。例如为促进区域大市场的流通以及国内市场与国际市场的接轨,必须大力发展铁路、水运等远距离、大运量的区域间的运输走廊及相应的交通枢纽,大力发展远洋运输、江海联运及航空运输,而这些运输网络的发展规划都必须与相应公路网络的规划建设相协调。只有这样,才能扩大火车站、高铁站、港口码头和航空港的覆盖范围,增加客源和货源,提高这些设施的运输效率和效益。另外,做好公路网规划,可以合理调整区域运输结构,充分发挥不同运输方式的自身优势,减轻铁路、水运等运输方式的运输负担。总之,合理地规划和建设公路网可以有效地促进区域交通综合运输协调发展。

5. 合理投放和使用公路建设资金

公路建设投资巨大,尤其是高等级公路,每千米造价达到3 000万~30 000万元,普通三、四级公路每千米造价也要上百万甚至数百万元。我国国民经济经过多年持续稳定发展,综合国力显著增强,给公路建设和发展创造了良好时机。因此,做好公路网规划,统筹安排好规划期内公路建设的规模、布局和时序,对合理利用资金有极其重要的意义。

6. 节约土地资源,保护自然环境

我国幅员辽阔,但耕地面积并不充裕,人均耕地面积更是紧张。公路建设占用土地较多,尤其是高速公路和一级公路占地更多。一条平原微丘地区的4车道高速公路,路基宽度(行车道与路肩宽度及中间分隔带、变速车道、紧急停车带等)一般为26~28m,加上边坡、边沟、防护带等在内总的建筑红线宽度平均为30~35m,每千米占地3.0~3.5公顷。因此,需要根据公路客、货流的流量流向分布特征,合理地规划公路网布局,以有效地缩短公路总里程,减少不必要的耕地占用。

公路是延绵于广阔区域上的视觉显著的带形建筑物，合理的路网规划，不但可将更多的观光旅客吸引到风景旅游胜地，而且还可避免公路建设对名胜古迹可能造成的不必要的破坏。

环境保护是我国的基本国策，而汽车尾气、噪声都是造成城乡大气污染和噪声污染的重要根源之一。科学合理的公路网规划对减少公路交通造成的大气和噪声污染也具有重要意义。

三、公路路网规划的基本原则

在进行公路路网规划时，一般应遵循以下原则。

1. 综合运输，协调发展

根据我国经济发展战略规划的需要，在综合立体交通运输规划方面，要求到2035年，基本建成便捷顺畅、经济高效、绿色集约、智能先进、安全可靠的现代化高质量国家综合立体交通网，实现国际国内互联互通、全国主要城市立体畅达、县级节点有效覆盖，有力支撑"全国123出行交通圈"（都市区1小时通勤、城市群2小时通达、全国主要城市3小时覆盖）和"全球123快货物流圈"（国内1天送达、周边国家2天送达、全球主要城市3天送达）。交通基础设施质量、智能化与绿色化水平居世界前列。交通运输全面适应人民日益增长的美好生活需要，有力保障国家安全，支撑我国基本实现社会主义现代化。

到本世纪中叶，全面建成现代化高质量国家综合立体交通网，拥有世界一流的交通基础设施体系，交通运输供需有效平衡、服务优质均等、安全有力保障。新技术广泛应用，实现数字化、网络化、智能化、绿色化。出行安全便捷舒适，物流高效经济可靠，实现"人享其行、物优其流"，全面建成交通强国，为全面建成社会主义现代化强国当好先行。因此，公路网规划必须综合考虑公路、铁路、航空及城市公交等交通方式的协同，做到协调发展。

2. 结合实际，适度超前

改革开放以来，特别是进入21世纪以来我国的经济和公路交通建设都取得了显著的成就，经济发展水平和公路网的规模与质量不断提高。由于公路网建设面广量大，耗资巨大，不宜多占耕地。各地经济和自然条件以及公路网现状等亦有较大差别，区域公路网的规划，无论是在宏观上还是微观上，均涉及许多复杂的因素和条件，同时区域公路网的规划处于一个变化发展的动态过程之中。因此，公路网规划必须遵循从实际条件出发的原则，既要保证公路建设适应区域交通运输的需要，同时考虑经济和快速发展。公路网规划是宏观控制和决策的需要，也是合理建设公路、实现公路网建设达到最优目标的保证。经批准后的公路路网规划方案，虽然在实施过程中还必须通过信息反馈做必要的修改，但其仍是公路建设的基本依据。因此，强调"结合实际，适度超前"的公路路网规划原则，其积极意义在于保证公路建设按计划进行，并使得路网规划方案始终具有约束性和适应性。

3. 讲究效益，保护生态环境

公路网络是区域社会经济发展的重要基础设施之一。公路运输的目标是满足区域社会经济发展的需要，完成客货运输任务，促进区域社会经济可持续发展，同时实现其自身的经济效益。公路建设项目，尤其是高速公路、一级公路建设项目，一般都是重大的基本建设项目，投资巨大,影响广泛而深远,因此必须讲究经济效益、社会效益和环境效益的高度统一。公路路网规划是对区域公路网建设发展的总体安排和部署,必须做好公路建设项目的优化布局和优化排序。优化的准则在于所做的布局规划方案和建设计划方案能否合理利用资源和资金;能否兼顾建设者、使用者及全社会成员的利益,体现社会利益公平分配原则;能否促进整个区域社会经济的平衡协调发展;能否保护环境和资源,发扬区域的人文生态特色等,保证规划路网达到最佳综合效益,实现社会的可持续发展。

4. 系统分析,整体优化

现代公路网络可视为一个系统,因此,公路路网规划必须以系统分析原理为其理论基础。实践证明,要使区域公路网达到其使用要求和目标,并且能够体现以上所述的几项原则,采用系统分析方法必不可少。

系统分析就是要定量分析系统诸元素间的相互关系,目标是整体优化,它具有全局性、综合性和科学性。所谓全局性也就是整体性,一个事物之所以成为系统,不是指各组成因素的简单总和,而是在于它具有总体的、系统的功能,即俗话说的"见木要见林,办事要有全局观点"。综合性是要求依靠良性循环,注重综合效益,注重综合运用各种技术。科学性指系统工程的概念和原则是本质,而数学分析方法则是手段,为了准确地运用系统工程的概念和原则,应尽可能地运用现代数学工具,建立数学模型并进行优化分析。因此,公路网规划要综合分析各种要素的相互关系,整体优化公路及其他交通网络。

5. 近期与远期相结合

公路网建设是一个长期发展的过程,一个合理的公路交通系统建设规划应包括近期项目建设计划、中期项目建设规划、远期发展战略规划三个层次,并满足"近期宜细,中期有准备,远期有设想"的要求。公路网建设的长期性决定了公路路网规划必须具有"规划滚动"的可操作性,规划的滚动以近远期相结合为前提。

6. 理论与实践相结合

公路网规划是一个相当复杂的系统工程,必须运用系统工程的理论和方法,从系统的相互协调关系上对公路交通系统进行分析、预测、规划及评价。只有这样,才能获得总体效益最佳的公路网规划布局及建设方案。但公路网规划若脱离了工程实际,就会变成"纸上谈兵",失去其实际意义。

除以上所述的几项基本原则以外,对区域公路网规划而言,还必须注意:规划工作要分级进行,省道网应以国道网为基础,地方道路网应以国道网和省道网为基础,三者协调发展,逐步完善;公路网以区域内公路运输为主,但针对目前各地现有公路存在跨区的断头线多,不利于发展横向经济联系的特点,规划新网时要切实加强区域之间的公路建设;合理的公路网规划,应是政策、经验和技术三者有机结合的结果。由于规划设计和计算过程中某些具体政策和经验不可能全部如实地概括成数学模型,因此任何精确计算只能是相对而言,非确定性因素更是如此。因此,公路路网规划的最终方案,必须在理论计算的基础上,联系实际条件加以必要的修正和补充。此外,规划方案还应定期进行调整和完善。

四、公路路网规划的主要内容

公路路网规划是区域综合交通规划的一个重要组成部分,其规划程序如图 2-2 所示。

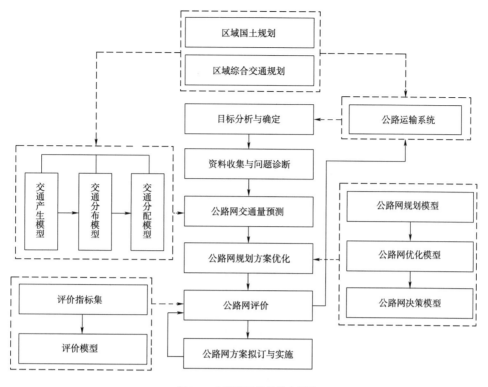

图 2-2　公路路网规划程序框图

区域国土规划和区域综合交通规划是公路网规划的前提,这是由公路网的适应性所决定的。土地的开发利用(包括地下资源和旅游资源等)和区域经济发展对交通发展提出需求,交通设施的相应发展又反过来刺激和促进土地使用和经济活动。公路网是综合运输网的子系统,其轮廓和组成方案取决于所服务的运输点及其分布情况,也受各运输点之间的运输量及其性质的约束。因此,公路网规划的目标分析与确定,以及与之直接相关的远景交通量的预测,更直接依赖于规划区内的国土规划和综合交通规划。

远景交通量的预测,包括区域内交通量的产生、分布和分配模型的建立,是公路网规划的一项主要内容,也是公路网规划方案优化的直接根据,它同资料收集与问题诊断同属规划工作的前提和基础。

公路网规划方案优化是规划工作中的另一项重要内容,其直接成果就是公路网规划方案的建立和决策,在工作内容和方法上涉及设计、优化和决策等模型的建立与运用过程。公路网规划方案优化是以公路网交通量预测为基础,以公路网评价为根据,以交通工程学和最优化技术为手段,据此完成公路网规划的任务和目标。事实上,公路网规划方案优化工作涉及公路网规划所应用的战略和战术,以及公路运输等整个体系中的全部问题。从更高层次的决策要求来看,公路网规划方案优化,在很大程度上将决定规划区远景公路建设的水平和公路运输的效果。

公路网评价作为规划工作的一个过程,在公路路网规划中起着承上启下的主导作用。作为规划工作的起点,通过对原有公路网的评价和定量分析,可为规划的目标分析和确定提供具体依据;作为规划工作的终点,通过对规划方案的评价,可为规划成果(公路网方案与实施计划)的论证、优化和决策提供各个方面的量化指标。

公路网规划的基本内容主要是:预测、评价、优化和优选。具体的步骤是:①区域技术经济调查分析;②公路网的远景交通量预测;③公路网线路(包括新建线路和原有线路改建)平面布局和等级结构方案的设计;④公路网评价系统模型的建立与运用;⑤公路网目标优化模型的建立与运用;⑥公路网方案决策模型的建立与运用;⑦公路网实施计划和投资优化决策模型的拟定和运用。以上公路网规划工作的内容与方法,以及必要的计算示例,将在下面的各有关章节中加以介绍。

五、公路路网规划的主要方法

目前,应用较广泛的公路路网规划理论与方法主要有三种:四阶段法、节点法和总量控制法。

1. 四阶段法

四阶段法实质上是一种交通需求预测方法。该法以微观经济学理论为基础,通过现状OD调查、交通数据采集和历史资料分析,研究区域经济在时间和空间上的发展对交通需求的影响,建立需求预测模型。四阶段法,将交通需求分析分解为发生量和吸引量预测、OD分布预测、运输方式分担预测和路网交通量分配四个步骤,把公路网规划同经济发展有机地联系起来。这种方法通过对未来交通需求增长条件下各规划路网方案交通运行指标(如流量、车速、饱和度等)的分析,对规划方案进行评价和比选。四阶段法的有效性较多依赖于OD交通流量资料,分析结果强调以改善交通运行状况为目的进行网络和线路规划。

从单纯的技术角度而言,四阶段法以它的理论体系,为我们提供了到目前为止最为成熟的路段交通量预测分析技术,并较为具体地反映了土地利用与交通状态的关系。但作为一种公路网规划中交通需求预测的理论方法而言,基于现状的交通需求预测本身并不能成为规划的目标,而只能作为一种辅助决策或政策分析的基本手段。只有与公路网络分析相结合,才能更好地发挥其在公路网规划中的作用。

2. 节点法

节点法主要用于路网布局,这种方法是将路网规划问题分解成路网节点的选择和路网线路的选择两部分进行。不同地区、规模和不同层次的路网规划对节点的选择可以有不同的依据,其核心是通过对交通、经济要素的综合考虑,建立节点重要度模型和节点间连线重要度模型,以此作为网络布局的依据。由于城镇体系的发展、土地的开发和交通网络之间存在必然联系,这类方法能够比较好地解释土地利用、交通需求与交通设施之间的关系,可以体现路网的整体服务要求而不仅仅是交通需求。

节点法在应用中定性成分相对较多,如在计算节点重要度时,各经济指标的权重需要人为主观确定,不同的人考虑的因素不同,则得到的节点重要度也不同,这使得应用该法得到的规划布局方案带有不确定性。

3. 总量控制法

总量控制法属于宏观规划方法,该方法的基本思想是从宏观整体出发把握规划区域内与公路交通运输密切相关的一些总量变化趋势,在充分调查分析区域内现有路网的道路和交通特征的基础上,根据社会经济发展状况和交通量、运输量的变化特征,以区域内道路交通总需求来控制公路网建设总规模,以区域内社会经济发展和生产力分布特点来确定路网的总格局和分期实施方案。此方法不依赖 OD 调查,具有思路清晰,理论新颖以及节省人力、物力、财力和时间等优点。

总量控制法注重运输的宏观成因,研究区域的综合经济规模分布与运输网络形态之间的关系,从宏观系统角度整体上把握公路网的发展方向,是一种定量和定性分析相结合的规划方法,是公路网规划的一种较好的思路。它与中国国情紧密结合,最大限度地利用了中国现有的统计资料,既操作方便,又便于决策者对规划思想的理解。但其在路段分配交通量方面存在不足,这影响了各路段规划等级确定的可信度。

上述三种方法在实践中均有成功的应用。尤其是采用四阶段法进行交通需求分析及预测,在公路网规划、城市道路网规划、建设项目可行性研究等方面均得到了广泛的应用。除此之外,目前的许多交通分析及规划商业软件也多以四阶段法作为理论支持进行交通需求分析和预测系统的研制开发。

上述三种理论与方法各自存在优点和不足,因此寻求三种方法的结合点,特别是通过简便有效的公路交通 OD 分布推算方法的研究,使三种规划理论与方法相互取长补短,有机地结合起来,已经成为目前理论研究和实践的重点。

第二节　道路勘测设计基本程序

一、工程可行性研究

工程可行性研究是基本建设前期工作的一项重要内容,是项目基本建设程序的组成部分,是工程决策民主化、科学化的可靠基础,可定义为"论证工程(或产品)项目技术上的可行性和经济上的合理性,并论证何时修建或分期修建,为业主提供决策,保证工程的经济效果。"

公路建设必须严格遵守国家规定的基本建设程序。所有大中型项目应根据批准的项目建议书(或委托书),进行可行性研究,可行性研究工作完成后应进行项目评估。经过综合分析后,提出投资少、效益好的建设方案。

可行性研究工作是交通建设综合管理的手段,必须从运输生产的目的出发。研究技术可行性必须与经济效益相结合,研究经济效益必须考虑采用新技术的可能,重视运输领域的综合效益。

可行性研究应附有必要的图表,其中包括路线方案(及比较方案)图、历年工农业总产值与客货运量统计表、公路客货运量、交通量预测表、效益计算表等。

在进行可行性研究的同时,应以工程性质、路线位置、资源利用、环境影响等为依据,进行环境影响分析。同时,可行性研究还应对工程进行宏观分析,确定项目是否成立。在计划任务书下达后,进行初步设计的同时,应编制环境影响评价书,即根据预测工程对环境的影响,提出对环境污染、破坏的防治措施以及综合整治的方法。

我国规定,没有进行可行性研究和技术经济论证的重大工程,不得列入国家计划。工程可行性研究的目的是对工程项目建设的必要性、技术可行性、经济合理性、实施可能性等进行综合研究,推荐最佳方案,进行投资估算和经济评价,为建设项目的决策审批和编制设计任务书提供科学依据。

公路工程可行性研究一般包括下列内容：

(1) 总论(或概述)

包括建设任务依据和历史发展背景,研究范围与主要内容,研究主要结论,存在问题与建议等。

(2) 现有公路技术状况评价

包括区域运输网现状和存在问题,拟建项目在区域运输网中的地位与作用,现有公路技术状况及适应程度等。

(3) 经济与交通量发展预测

包括项目所在区域经济特征,经济发展与公路运量和交通量的关系,交通量的发展预测。

(4) 建设规模与标准

包括项目建设规模,采用的等级和主要技术指标。

(5) 建设条件和方案比选

包括调查沿线自然条件和社会条件,进行方案拟订与比选,提出推荐方案走向及主要控制点和工程概况,对环境影响做出分析并编制环境影响评价报告。

(6) 投资估算与资金筹措

包括主要工程数量,公路建设与拆迁,项目总投资估算,资金来源和筹措办法。若为贷款或引资,还要研究利率、偿还方式及可能性等。

(7) 工程建设实施计划

包括勘测设计和工程施工的计划与要求,工程管理人员和技术人员的培训等。

(8) 经济评价

包括运输成本等经济参数的确定,建设项目的直接经济效益和费用的估算,进行经济评价敏感性分析,建设项目的间接经济效益分析。对于贷款项目还要进行项目的财务评价。

根据上述研究结果,通过综合分析评价,提出技术先进、投资少、效益好的最优建设方案。

二、勘测设计任务书

公路施工前的勘测设计工作是根据批准的设计任务书(或委托书)进行的。设计任务书应根据批准的工程可行性研究报告编制。设计任务书由提出计划的主管部门下达或由下级单位编制后按规定上报审批。设计任务书的基本内容包括：建设依据和目的意义；建设规模和性质；路线基本走向和主要控制点；工程技术标准和主要技术指标；设计阶段及各阶段完成时间；建设期限和投资估算,对分期修建项目应提出每期的建设规模和投资估算；施工力量的原则安排；路线示意图等。另有工程数量、三材(钢材、木材、水泥)和投资等只在上报任务书时列入,供审批时参考。

设计任务书经批准后,如对建设规模、技术等级标准、路线基本走向等主要内容有变更时,应经原批准部门同意。

三、设计阶段及其内容

1. 设计阶段

《公路工程基本建设项目设计文件编制办法》规定,公路工程基本建设项目可以采用一阶段设计、两阶段设计或三阶段设计。

（1）一阶段设计：适用于技术简单、方案明确的小型公路工程，即根据批准的设计任务书，进行一次详细定测，编制施工图设计和工程预算。

（2）两阶段设计：为公路测设一般所采用的测设程序。其步骤为：先进行初测、编制初步设计和工程概算；经上级批准初步设计后，再进行定测、编制施工图和工程预算。也可直接进行定测、编制初步设计；然后根据批准的初步设计，通过补充测量编制施工图。

（3）三阶段设计：对于技术上复杂而又缺乏经验的建设项目或建设项目中的个别路段、特殊大桥、互通式立体交叉、隧道等，必要时应采用三阶段设计，即初步设计、技术设计和施工图设计三个阶段。技术设计阶段主要是对重大、复杂的技术问题，落实技术方案，计算工程数量，提出修正的施工方案，修正设计概算，其深度和要求介于初步设计和施工图设计之间。

不论采用哪种划分阶段设计，在勘测前都要进行实地调查（或称视察），它是勘测前不可缺少的一个步骤，也可与可行性研究结合在一起，但并不作为一个阶段。

2．各设计阶段主要内容

（1）初步设计

两阶段和三阶段设计中的初步设计，应根据批准的可行性研究报告、设计任务书（或测设合同）和初测资料编制。初步设计阶段的目的是确定设计方案，主要内容包括拟订修建原则、选定设计方案、计算工程数量和主要材料数量、提出施工方案、编制设计概算、提供文字说明及图表资料。

初步设计在选定方案时，应对路线的走向、控制点和方案进行现场核查，征求沿线地方政府和建设单位意见，基本落实路线布置方案。一般应进行纸上定线，并到实地核对，落实并放出必要的控制线位桩。对复杂困难地段的路线、互通式立体交叉、隧道、特大桥、大桥的位置等，一般应选择两个或两个以上的方案，进行同深度、同精度的测设工作和方案比选，提出推荐方案。

（2）技术设计

三阶段设计中的技术设计，应根据批准的初步设计和定测资料编制。技术设计阶段的目的是对重大、复杂的技术问题进一步落实设计方案，其主要内容是通过科学试验、专题研究，加深勘探调查及分析比较，解决初步设计中未解决的问题，落实技术方案，计算工程数量，提出修正的施工方案，修正设计概算。

（3）施工图设计

两阶段设计中的施工图设计，应根据批准的初步设计和定测资料编制；三阶段设计中的施工图设计应根据批准的技术设计和补充定测资料编制。施工图设计阶段的目的是对批准的推荐方案进行详细设计以满足施工的要求。其主要内容包括：对审定的修建原则、设计方案、技术决定加以具体和深化，最终确定各项工程数量，提出文字说明和适应施工需要的图表资料以及施工组织计划，并编制施工图预算。

一阶段施工图设计应根据批准的可行性研究报告、设计任务书（或测设合同）和定测资料编制。其目的和内容是拟定修建原则，确定设计方案和工程数量，提出文字说明和图表资料以及施工组织计划，编制施工图预算，满足审批的要求，适应施工的需要。

3. 设计文件编制

设计文件是公路勘测设计的最后成果,经审查批准后是公路工程施工的依据,其组成、内容和要求随设计阶段不同而异。

根据《公路工程基本建设项目设计文件编制办法》规定,设计文件组成和内容包括:总说明书,总体设计(高速公路、一级公路),路线,路基、路面及排水,桥梁、涵洞,隧道,路线交叉,交通工程及沿线设施,环境保护,渡口码头及其他工程,筑路材料,施工方案(施工组织计划),设计概算(施工图预算),共13篇。其表达形式有文字说明、设计图、表格三种。

四、影响道路勘测设计的自然因素

我国幅员辽阔,各地地理位置和自然条件各不相同,而道路是设置在大地表面的带状建筑物,因此道路设计受到各种自然条件的限制。影响道路的自然因素主要有地形、气候、水文、地质、土壤及植被等,道路等级和设计速度的选用、路线方案的确定、路线平纵横的几何形状、桥隧等构造物的位置和规模、工程数量和造价等均受其直接或间接的影响。

(1) 地形决定了选线条件,并直接影响道路的技术标准和指标。按道路布线范围内地表形态、相对高差、倾斜度及平整度,将地形大致划分为平原、微丘地形和山岭、重丘地形。

平原、微丘地形中,平原地形指一般平原、山间盆地、高原等,地表平坦,无明显起伏,地面自然坡度一般在3°以内。微丘地形指起伏不大的丘陵,地面自然坡度在20°以下,相对高差在100m以下,布线一般不受地形限制;对于河湾顺适、地形开阔且有连续宽台地的河谷地形,河床坡度多在5°以下,地面自然坡度在20°以下,沿河布线一般不受地形限制,路线纵坡平缓或略有起伏,也属平原微丘地形。山岭、重丘地形中,山岭地形指山脊、陡峻山坡、悬崖、峭壁、峡谷、深沟等,地形变化复杂,地面自然坡度大多在20°以上,路线平、纵、横面大部分受地形限制,桥、隧、涵及防护支挡构造物增多,工程数量及造价明显增加。重丘地形指连续起伏的山丘,且有深谷和较高的分水岭,地面自然坡度一般在20°以上,路线平、纵面大多受地形限制;高原地带的深侵蚀沟,以及有明显分水线的绵延较长的高地,地面自然坡度在20°以上,路线平、纵面大部分受地形限制,也属山岭重丘地形。

(2) 气候状况直接或间接地影响地面水的数量、地下水位高度、路基水温状况,以及泥泞期、冬季积雪和冰冻期等路面使用质量。

(3) 水文情况决定排水结构物的数量和大小,水文地质情况决定了含水层厚度和位置、地基或边坡的稳定性。

(4) 地质构造决定了地基和路基附近岩层的稳定性,决定有无滑坍、碎落和崩坍的可能,同时也决定了土石方工程施工的难易程度和筑路材料的质量。

(5) 土是路基和路面基层的主要材料,它的性质直接影响路基形状和尺寸,也影响路面类型和结构的确定。

(6) 地面的植物覆盖影响暴雨径流、水土流失程度,经济种植物还影响到路线的布设。

上述自然条件是相互联系、相互制约的,并且处于经常相互作用和不断变化的过程中。因此道路勘测时要细致调查、实地观察,充分考虑各种自然条件,并注意今后的自然变化和道路建成后的影响,保证道路在复杂的自然条件下坚固稳定与安全畅通。

第三节 道路等级及通行能力设计

一、公路分级及等级选用

1. 公路分级

为了满足经济发展、规划交通量、路网建设和功能等的要求,公路必须分等级建设。公路根据交通特性及控制干扰的能力分为五个等级。

(1)高速公路为专供汽车分方向、分车道行驶,全部控制出入的多车道公路。高速公路的设计交通量宜在 15 000 辆小客车/日以上。

(2)一级公路为供汽车分方向、分车道行驶,可根据需要控制出入的多车道公路。一级公路的设计交通量宜在 15 000 辆小客车/日以上。

(3)二级公路为供汽车行驶的双车道公路。二级公路的设计交通量宜为 5 000~15 000 辆小客车/日。

(4)三级公路为供汽车、非汽车交通混合行驶的双车道公路。三级公路的设计交通量宜为 2 000~6 000 辆小客车/日。

(5)四级公路为供汽车、非汽车交通混合行驶的双车道或单车道公路。双车道四级公路设计交通量宜在 2 000 辆小客车/日以下;单车道四级公路设计交通量宜在 400 辆小客车/日以下。

2. 等级选用

公路技术等级选用应遵循以下原则:

公路技术等级选用应根据路网规划、公路功能,并结合项目所在地区的综合运输体系、远景发展规划及设计交通量论证确定。

主要干线公路应选用高速公路。

次要干线公路应选用二级及二级以上公路。

主要集散公路宜选用一、二级公路。

次要集散公路宜选用二、三级公路。

支线公路宜选用三、四级公路。当设计交通量达到 5 000 辆小客车/日时,宜选用二级公路。

3. 设计速度及其选用

评价一条公路首先要看它在客、货运输方面是否方便。这些是和运行速度和交通安全直接相关的。在驾车行驶过程中,驾驶员行驶的速度,除了取决于他本身的驾驶技术和汽车的性能以外,还取决于以下基本条件:公路及其路侧的外部特征、气候,其他车辆的存在,以及限速标志或设施等。上述任何一种条件都将影响速度。当交通量与气候条件良好时,公路的外部特征(包括公路本身的道路条件)基本上决定着驾驶员采用的速度。

(1)设计速度的定义

所谓设计速度是指在气候条件良好,交通量正常,汽车行驶只受公路本身条件影响时,驾驶员能够安全、舒适地驾驶车辆行驶时的最大速度。

根据国内外观测研究,当设计速度高时,运行速度低于设计速度;而当设计速度低时,运行速度高于设计速度。这也说明设计速度与运行安全有关。

设计速度是公路路线设计时确定其几何线形的最关键参数。技术标准根据车辆动力性能和地形条件,确定了不同等级公路的设计速度指标。设计速度一经选定,公路的所有相关要素如圆曲线半径、视距、超高、纵坡、竖曲线半径等均须与其配合以获得均衡设计。

(2) 设计速度的规定

设计速度的最大值:根据汽车性能,并参考国内外的实际经验,从节约能源以及人在感官上的感觉出发,设计速度的最大值采用 120km/h 是适宜的。

设计速度的最低值:考虑我国实际的地形条件、土地利用和投资的可能性,确定设计速度的最低值为 20km/h。我国各级公路设计速度规定见表 2-2。

各级公路设计速度 表 2-2

公路等级	高速公路			一级公路			二级公路		三级公路		四级公路	
设计速度 (km/h)	120	100	80	100	80	60	80	60	40	30	30	20

(3) 设计速度的选用

设计车速(计算行车速度)由道路等级确定,同时应根据公路的功能,结合地形、交通组成等条件综合评价来确定。

高速公路设计速度不宜低于 100km/h,受地形、地质等条件限制时,可选用 80km/h。

作为干线的一级公路,设计速度宜采用 100km/h;受地形、地质等条件限制时,可采用 80km/h。作为集散的一级公路,设计速度宜采用 80km/h;受地形、地质等条件限制时,可采用 60km/h。

高速公路和作为干线的一级公路的局部特殊困难路段,且因新建工程可能诱发工程地质病害时,经论证,该局部路段的设计速度可采用 60km/h,但长度不宜大于 15km,或仅限于相邻两互通式立体交叉之间的路段。

作为干线的二级公路,设计速度宜采用 80km/h;受地形、地质等条件限制时,可采用 60km/h。作为集散的二级公路,设计速度宜采用 60km/h;受地形、地质等条件限制时,可采用 40km/h。

三级公路设计速度宜采用 40km/h;受地形、地质等条件限制时,可采用 30km/h。

四级公路设计速度宜采用 30km/h;受地形、地质等条件限制时,可采用 20km/h。

公路建设是带状的建设项目,沿途的社会环境、经济环境和自然环境都会有很大差异,其地形、地物以及交通量不会完全相同,甚至会有很大的差别。因此,对于一条比较长的公路可以根据沿途情况的变化和交通量的变化,分段采用不同的车道数或不同的公路等级。按不同设计速度设计的路段长度不宜太短。高速公路设计路段长度不宜小于 15km;一、二级公路设计路段不宜小于 10km。不同设计速度的设计路段间必须设置过渡段。

4. 公路技术标准

公路技术标准是指在一定自然环境条件下能保持车辆正常行驶性能所采用的技术指标体系。公路技术标准反映了我国公路建设的技术方针,是法定的技术要求,公路设计时都应当遵守。各级公路的具体标准是由各项技术指标体现的,见表2-3。

各级公路的主要技术指标汇总　　　　表2-3

技术指标		高速公路			一级公路			二级公路		三级公路		四级公路	
设计速度(km/h)		120	100	80	100	80	60	80	60	40	30	30	20
车道数(条)		≥4			≥4			2		2		2(1)	
车道宽度(m)		3.75	3.75	3.75	3.75	3.75	3.50	3.75	3.50	3.50	3.25	3.25	3.00
停车视距(m)		210	160	110	160	110	75	110	75	40	30	30	20
圆曲线最小半径(m)	最大超高 10%	570	360	220	60	220	115	220	115	—	—	—	—
	8%	650	400	250	400	250	125	250	125	60	30	30	15
	6%	710	440	270	440	270	135	270	135	60	35	35	15
	4%	810	500	300	500	300	150	300	150	65	40	40	20
最大纵坡(%)		3	4	5	4	5	6	5	6	7	8	8	9

注:四级公路应采用双车道,交通量小或困难路段可采用单车道。

各级公路的技术指标是根据路线在公路网中的功能、设计交通量和交通组成、设计速度等因素确定的。其中设计速度是技术标准中最重要的指标,它对公路的几何形状、工程费用和运输效率影响最大,要在考虑路线的使用功能、设计交通量与技术等级,结合地形、经济、预期的运行速度和沿线土地利用性质等因素的基础上,根据国家的技术政策选定设计速度。路线在公路网中具有重要经济、国防意义,一般情况下交通量较大者,技术政策规定采用较高的设计速度,反之规定采用较低的设计速度。对于某些公路,尽管交通量不是很大,但其具有重要的政治、经济、国防意义,比如通向机场、经济开发区、重点游览区或军事用途的公路,可以采用较高的设计速度。

二、公路通行能力设计

1. 设计车辆

设计车辆是指道路设计所采用的具有代表性的车辆。道路上行驶的车辆主要是汽车,对于混合交通的道路还有一部分非机动车。汽车的行驶性能、外廓尺寸以及行驶于道路上不同种类车辆的组成对于道路几何设计具有决定作用,比如确定路幅组成、车道宽度、弯道加宽、纵坡大小、行车视距等都与设计车辆有密切关系。因此,选择有代表性的车辆作为道路设计的依据是十分必要的。

道路上行驶车辆的种类很多,按使用目的、结构或发动机的不同而分成各种类型。作为道路设计依据的车辆可分为五类:小客车、大型客车、铰接客车、载重汽车、铰接列车,其外廓尺寸见表2-4和图2-3。其中,前悬指车体前面到前轮车轴中心的距离,轴距指前轮车轴中心到后轮车轴中心的距离,后悬指后轮车轴中心到车体后面的距离。

设计车辆外廓尺寸(m)　　　　表2-4

车辆类型	总长(m)	总宽(m)	总高(m)	前悬(m)	轴距(m)	后悬(m)
小客车	6	1.8	2	0.8	3.8	1.4
大型客车	13.7	2.55	4	2.6	6.5+1.5	3.1

续上表

车辆类型	总长(m)	总宽(m)	总高(m)	前悬(m)	轴距(m)	后悬(m)
铰接客车	18	2.5	4	1.7	5.8+6.7	3.8
载重汽车	12	2.5	4	1.5	6.5	4
铰接列车	18.1	2.55	4	1.5	3.3+11	2.3

注:铰接列车的轴距(3.3+11)m,3.3m为第一轴至铰接点的距离,11m为铰接点至最后轴的距离。

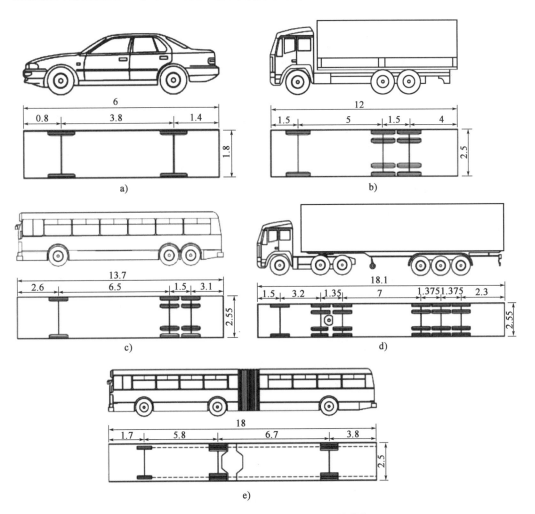

图2-3 设计车辆代表车型的外廓尺寸图(尺寸单位:m)
a)小客车;b)载重汽车;c)大型客车;d)铰接列车;e)铰接客车

铰接列车适用于大型集装箱运输,可作为高速公路、一级公路和有大型集装箱运输公路的设计依据。其他公路必须保证小客车及载重汽车的安全和顺利通行。

小客车的最小转弯半径为6m,载重汽车和铰接列车为12m。确定路缘石或交通岛的转弯车道半径时,一般应以鞍式列车的转弯半径作为控制。

自行车在城市或近郊数量较多,设计时应予以充分考虑。自行车的外廓尺寸宽为0.75m,长为2.00m,载人后的高为2.25m。

2. 交通量

交通量是指单位时间内通过公路某断面的交通流量(即单位时间通过公路某断面的车辆数目)。

交通量的具体数值由交通调查和交通预测确定。交通调查、分析和交通预测是公路建设项目可行性研究阶段进行现状评价、综合分析建设项目必要性和可行性的基础,也是确定公路建设项目的建设规模、技术等级、工程设施、经济效益评价及公路几何线形设计的主要依据。

交通调查、分析及交通量预测水平的高低,尤其是预测的水平、质量和可靠程度,将直接影响项目决策的科学性和工程技术设计的经济合理性。交通量的概念根据单位时间可分为:日交通量(单向/双向,汽车/混合交通)、小时交通量和年累计交通量。

(1)设计日交通量

一条公路交通量普遍采用的计量单位是年平均日交通量(简写为 AADT),是全年日交通量观测结果的平均值。设计日交通量是指拟建公路到达交通预测年限时能达到的年平均日交通量(辆/d)。它在确定道路等级、论证公路的计划费用或各项结构设计时有重要作用,但直接用于道路几何设计却不适宜。因为在 1 年中的每月、每日、每小时交通量都会变化,在某些季节,某些时段可能会高出年平均日交通量数倍,不宜作为具体设计的依据。

远景设计年平均日交通量以公路使用任务及性质,根据历年交通观测资料推算求得,一般按年平均增长率累计计算确定。

$$N_d = N_0(1 + Y)^{n+1} \tag{2-1}$$

式中:N_d——预测年的平均日交通量(辆/d);

N_0——起始年平均日交通量,包括现有交通量和道路建成后从其他道路吸引过来的交通量(辆/d);

Y——年平均增长率(%);

n——远景设计年限。

(2)设计小时交通量

小时交通量是以小时为计算时段的交通量,是确定车道数和车道宽度或评价服务水平的依据。大量交通统计表明,在一天以及全年期间,每小时交通量的变化是相当大的。如果用一年中最大的高峰小时交通量作为设计依据,会造成浪费。但如果采用日平均小时交通量则不能满足交通需求,造成交通拥挤或阻塞。为使设计交通量的取值既保证交通安全畅通,又能使工程造价经济、合理,可借助一年中每小时交通量的变化曲线来指导确定合乎设计使用的小时交通量,方法如下。

将一年中所有 8 760 个小时交通量(双向)按其与年平均日交通量的百分数大小顺序排列起来并画成曲线,如图 2-4 所示。

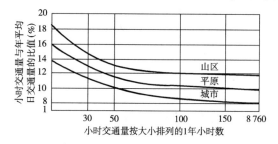

图 2-4 年平均日交通量与小时交通量的关系曲线

从图中可看出,在 20 ~ 40 位小时交通量附近,曲线急剧变化,其右侧曲线明显变缓,而左侧曲线坡度则较大。显然,设计小时交通量的合理取值范围应在第 20 ~ 40 位之内。如果以第 30 位小时交通量作为设计依据,意味着在一年中只有 29 个小时的交通量超过设计值,可能发生拥挤,占全年小时数的 0.33%,相反,全年 99.67% 的时间能够保证交通畅通。目前,包括我国在内的许多国家都采用第 30 位小时交通量作为设计的依据,称为设计小时交通量。也可根据当地调查结果采用第 20~40 位小时之间最为经济合理的时位交通量作为设计依据。

在确定设计小时交通量时,应根据平时观测资料绘制各条路线交通量变化曲线,没有观测资料的路段可参考性质相似、交通情况相仿的其他道路观测资料确定。

设计小时交通量按下式计算:

$$N_h = N_d D k \tag{2-2}$$

式中:N_h——主要方向设计小时交通量(辆/h);

N_d——规划交通量(辆/d);

D——方向不均匀系数,一般取 $D = 0.5 \sim 0.6$;

k——设计小时交通量系数(%),当有观测资料时绘制该区域路段小时交通量与年平均日交通量的比值曲线求得,无资料时可根据气候分区按表 2-5 取值。

各地区设计小时交通量系数(%)　　　　表 2-5

地 区		华北	东北	华东	中南	西南	西北
		京、津、冀、晋、蒙	辽、吉、黑	沪、苏、浙、皖、闽、赣、鲁	豫、湘、鄂、粤、桂、琼	川、滇、黔、藏、渝	陕、甘、青、宁、新
近郊	高速公路	8.0	9.5	8.5	8.5	9.0	9.5
	一级公路	9.5	11.0	10.0	10.0	10.5	11.0
	二级公路、三级公路	11.5	13.5	12.0	12.5	13.0	13.5
城间	高速公路	12.0	13.5	12.5	12.5	13.0	13.5
	一级公路	13.5	15.0	14.0	14.0	14.5	15.0
	二级公路、三级公路	15.5	17.5	16.0	16.5	17.0	17.5

(3)标准车型与车辆折算系数

道路上行驶的车辆种类较多,其速度、行驶规律以及占用道路的净空差异较大,但计算道路设计交通量时应折算成某一种标准车型。我国《公路工程技术标准》(JTG B01—2014)规定,交通量换算采用小客车作为标准车型,用于道路规划与技术等级划分的机动车折算系数按表 2-6 选用。对于非机动车占较大比重的混合交通道路,自行车、行人、畜力车等作为横向干扰因素不再参与交通量折算。三、四级公路上行驶的拖拉机,每辆拖拉机可折算为 4 辆小客车。

城市道路上各种车辆的折算系数可按《城市道路工程设计规范》(CJJ 37—2012)规定选用。

各级公路车辆折算系数 表2-6

车型编号	代表车型	折算系数	车种说明
1	小客车	1.0	载质量小于2t的货车和19座以下的客车等
2	中型车	1.5	19座以上客车与载质量在2~7t的货车
3	大型车	2.0	7t<载质量≤20t的货车
4	拖挂车	4.0	载质量>20t的货车

3. 交通量预测

确定一条公路建设标准的主要因素是公路功能、路网规划和设计交通量。设计交通量是指设计年限末期的预测交通量。因此确定公路技术等级以前,首先应做好可行性研究。掌握该公路各路段的近期交通量资料并合理地预测远期交通量。认真分析该公路在整个公路网中所占的地位,即公路的使用任务和功能,从而正确地确定公路的标准。避免一条公路投入使用不久,因为交通量不适应而又改建。

各级公路设计交通量的预测应符合下列规定:

(1)高速公路和具干线功能的一级公路的设计交通量应按20年预测;具集散功能的一级公路,以及二、三级公路的设计交通量应按15年预测;四级公路可根据实际情况确定。

(2)设计交通量预测的起算年应为该项目可行性研究报告中的计划通车年。

(3)设计交通量的预测应充分考虑走廊带范围内远期的社会、经济发展和综合运输体系的影响。

4. 公路服务水平

公路服务水平分级采用v/C值来衡量拥挤程度作为评价服务水平的主要指标,同时采用小客车实际行驶速度与自由流速度之差作为次要评价指标,将服务水平分为六级,分别代表一定运行条件下驾驶员的感受。具体的服务水平划分见表2-7~表2-9。

高速公路路段服务水平分级 表2-7

服务水平等级	v/C值	设计速度(km/h)		
		120	100	80
		最大服务交通量 [pcu/(h·ln)]	最大服务交通量 [pcu/(h·ln)]	最大服务交通量 [pcu/(h·ln)]
一	$v/C \leq 0.35$	750	730	700
二	$0.35 < v/C \leq 0.55$	1 200	1 150	1 100
三	$0.55 < v/C \leq 0.75$	1 650	1 600	1 500
四	$0.75 < v/C \leq 0.90$	1 980	1 850	1 800
五	$0.90 < v/C \leq 1.00$	2 200	2 100	2 000
六	$v/C > 1.00$	0~2 200	0~2 100	0~2 000

注:v/C是在基准条件下,最大服务交通量与基准通行能力之比。基准通行能力是五级服务水平条件下对应的最大小时交通量。

一级公路路段服务水平分级　　　　　　　　　　表2-8

服务水平等级	v/C 值	设计速度(km/h) 100 最大服务交通量 [pcu/(h·ln)]	设计速度(km/h) 80 最大服务交通量 [pcu/(h·ln)]	设计速度(km/h) 60 最大服务交通量 [pcu/(h·ln)]
一	$v/C \leq 0.3$	600	550	480
二	$0.3 < v/C \leq 0.5$	1 000	900	800
三	$0.5 < v/C \leq 0.7$	1 400	1 250	1 100
四	$0.7 < v/C \leq 0.9$	1 800	1 600	1 450
五	$0.9 < v/C \leq 1.0$	2 000	1 800	1 600
六	$v/C > 1.0$	0~2 000	0~1 800	0~1 600

注：v/C 是在基准条件下，最大服务交通量与基准通行能力之比。基准通行能力是五级服务水平条件下对应的最大小时交通量。

二、三、四级公路路段服务水平分级　　　　　　表2-9

服务水平	延误率(%)	设计速度(km/h) 80 速度(km/h)	v/C 禁止超车区(%) <30	v/C 禁止超车区(%) 30~70	v/C 禁止超车区(%) ≥70	设计速度(km/h) 60 速度(km/h)	v/C 禁止超车区(%) <30	v/C 禁止超车区(%) 30~70	v/C 禁止超车区(%) ≥70	设计速度(km/h) ≤40 速度(km/h)	v/C 禁止超车区(%) <30	v/C 禁止超车区(%) 30~70	v/C 禁止超车区(%) ≥70
一	≤35	≥76	0.15	0.13	0.12	≥58	0.15	0.13	0.11		0.14	0.12	0.10
二	≤50	≥72	0.27	0.24	0.22	≥56	0.26	0.22	0.20		0.25	0.19	0.15
三	≤65	≥67	0.40	0.34	0.31	≥54	0.38	0.32	0.28		0.37	0.25	0.20
四	≤80	≥58	0.64	0.60	0.57	≥48	0.58	0.48	0.43		0.54	0.42	0.35
五	≤90	≥48	1.00	1.00	1.00	≥40	1.00	1.00	1.00		1.00	1.00	1.00
六	>90	<48	—	—	—	<40	—	—	—		—	—	—

注：1. 设计速度为80km/h、60km/h 和40km/h 时，路面宽度为9m 的双车道公路，其基准通行能力分别为：2 800pcu/h、2 500pcu/h、和2 400pcu/h。

2. v/C 是在基准条件下，最大服务交通量与基准通行能力之比。基准通行能力是五级服务水平条件下对应的最大小时交通量。

3. 延误率为车头时距小于或等于5s 的车辆数占总交通量的百分比。

根据交通流状态，各级服务水平分定性描述如下：

(1)一级服务水平，交通流处于完全自由流状态。交通量小，速度高，行车密度小，驾驶员能自由地按照自己的意愿选择所需速度，行驶车辆不受或基本不受交通流中其他车辆的影响。在交通流内驾驶的自由度很大，为驾驶员、乘客或行人提供的舒适度和方便性非常优越。较小的交通事故或行车障碍的影响容易消除，在事故路段不会产生停滞排队现象，很快就能恢复到一级服务水平。

(2)二级服务水平，交通流状态处于相对自由流的状态，驾驶员基本上可按照自己的意愿选择行驶速度，但是开始要注意到交通流内有其他使用者，驾驶人员身心舒适水平很高，较小交通事故或行车障碍的影响容易消除，在事故路段的运行服务情况比一级差些。

(3)三级服务水平，交通流状态处于稳定流的上半段，车辆间的相互影响变大，选择速度受到其他车辆的影响,变换车道时驾驶员要格外小心,较小交通事故仍能消除,但事故发生路段的服务质量大大降低,严重的阻塞后面形成排队车流,驾驶员心情紧张。

(4)四级服务水平,交通流处于稳定流范围下限,但是车辆运行明显地受到交通流内其他车辆的相互影响,速度和驾驶的自由度受到明显限制。交通量稍有增加就会导致服务水平的显著降低,驾驶人员身心舒适水平降低,即使较小的交通事故也难以消除,会形成很长的排队车流。

(5)五级服务水平,为交通流拥堵流的上半段,其下是达到最大通行能力时的运行状态。对于交通流的任何干扰,例如车流从匝道驶入或车辆变换车道,都会在交通流中产生一个干扰波,交通流不能消除它,任何交通事故都会形成长长的排队车流,车流行驶灵活性极端受限,驾驶人员身心舒适水平很差。

(6)六级服务水平,是拥堵流的下半段,是通常意义上的强制流或阻塞流。这一服务水平下,交通设施的交通需求超过其允许的通过量,车流排队行驶,队列中的车辆出现停停走走现象,运行状态极不稳定,可能在不同交通流状态间发生突变。

5.公路通行能力

公路通行能力是在一定的道路和交通条件下,公路上某一路段适应车流的能力,以单位时间内通过的最大车辆数表示。单位时间通常以小时计,对于多车道公路用一条车道的通过数表示,双车道公路用往返车道合计数表示,它是正常条件下公路交通的极限值。从规划设计角度,通行能力分为基本通行能力和设计通行能力两种。

(1)基本通行能力

基本通行能力是指在理想条件下,单位时间内一个车道或一条车道某一路段可以通过的小客车最大数,是计算各种通行能力的基础。所谓理想条件包括公路本身和交通两个方面,即公路本身应有足够的车道宽、侧向净宽,平、纵线形和视距良好;交通上只有小客车行驶,没有其他车型混入且不限制车速。现有公路即使是高速公路,基本上没有合乎理想条件的,可能通过的车辆数一般都低于基本通行能力。

基本通行能力的计算可采用"车头时距"或"车头间距"推求。车头时距是指连续两车通过车道同一地点的时间间隔,车头间距是指交通流中连续两车之间的距离。以车头时距为例,一条车道的通行能力 C(单位为 pcu/h)按下式计算:

$$C = 3\,600/t \tag{2-3}$$

式中:t——连续车流平均车头间隔时间(s),可通过观测求得。

以车头间距为例,一条车道的通行能力 C(单位为 pcu/h)按下式计算:

$$C = 1\,000v/l \tag{2-4}$$

式中:v——车速(km/h);

l——连续车流平均车头间隔距离(m),可通过观测求得。

(2)设计通行能力

设计通行能力由可能通行能力乘以与该路服务水平相应的交通量和基本通行能力之比(v/C)得到。

可能通行能力是由于通常的公路和交通条件与理想条件有较大差距,考虑了影响通行能力的诸多因素(如车道宽、侧向净宽和大型车混入),对基本通行能力进行修正后的通行能力。

v/C 是在理想条件下,各级服务水平最大服务交通量与基本通行能力之比。v/C 值小则最大服务交通量小,车流运行条件好,服务水平就高;反之,v/C 值大,服务交通量也大,车流运行条件差,服务水平也低。当设计小时交通量超过设计通行能力时,公路将发生堵塞。

各种通行能力的计算方法参考交通工程的有关书籍。

第四节　道路几何设计

公路是一条带状的三维空间结构物,它的中线在水平面上的投影称为公路路线平面。沿着中线竖直剖切公路,再将中线竖直曲面展开成直面,即公路路线的纵断面。中线上的任意一点处公路的法向剖面称为公路路线在该点的横断面。

公路路线的平面、纵断面和横断面是公路的几何组成部分,这几部分相互关联,设计时既要分别进行,又要综合考虑。公路路线几何设计主要研究公路的平面、纵断面和横断面的设计原理与设计方法。

路线中线的平面位置,是在考虑社会经济、自然条件和技术条件等因素的基础上,经过平、纵、横综合考虑,反复修正才确定下来的。沿中线的标志进行高程测量和横断面测量,取得地面线和地质、水文及其他必要资料后再设计纵断面和横断面。

一、平面设计

公路平面线形要素有直线、圆曲线和缓和曲线(图2-5),通常称之为"平面线形三要素"。直线是曲率为零的线形;圆曲线是曲率为常数的线形;缓和曲线是曲率逐渐变化的线形。三要素是公路平面线形最基本的组成。

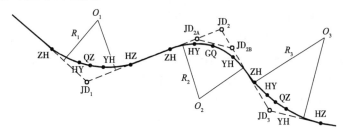

图2-5　道路平面线形

1. 汽车行驶轨迹与道路平面线形

汽车在行驶过程中,车轮在路面上所留下的痕迹可以粗略地看成是汽车的行驶轨迹。在交通繁忙的道路上,由于车辆漏油或废气、轮胎等的污染,在路面上的车道内可以清晰地看到一条黑色的带子;在薄层的积雪上,车辆驶过也会留下明显的轮迹。通过观察可发现,任何一辆正常行驶的汽车,无轮直行还是转弯,留下的轨迹都是一条光滑连续的优美线形。

研究表明,汽车在行驶中,其重心的轨迹在几何性质上有以下特征:这个轨迹是连续的而且是圆滑的;这个轨迹的曲率是连续的,即轨迹上任一点不出现两个曲率值;这个轨迹的曲率变化率是连续的,即轨迹上任一点不出现两个曲率变化率值。

通过对汽车行驶轨迹的研究,能了解公路平面线形的几何构成。理想的公路平面线形是行车道的边缘能与汽车的前外轮和后内轮的轮迹线完全符合或平行。随着汽车交通量的增加和行车速度的提高,研究发现早期由直线和圆曲线构成的道路平面线形在直线和圆弧相切处存在曲率的不连续(直线上曲率为0,圆曲线上曲率为$1/R$),与汽车行驶轨迹之间有较大偏离,如图2-6所示。于是,现代道路在直线和圆曲线之间引入了一条曲率逐渐变化的"缓和曲线",保持了线形的曲率连续,如图2-7所示。

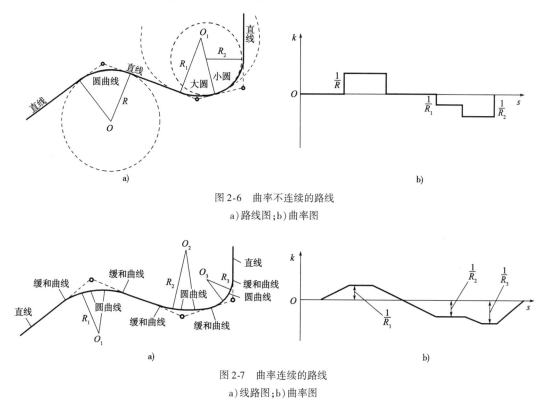

图2-6 曲率不连续的路线
a)路线图;b)曲率图

图2-7 曲率连续的路线
a)线路图;b)曲率图

实践证明,道路特别是高速公路,设置了缓和曲线之后,在视觉上线形变得更加平顺,能更好地诱导驾驶员的视线,路线也变得更容易被驾驶员跟踪了。因此,现代道路平面线形设计就是从线形的角度去研究直线、圆曲线和缓和曲线的选用,及其相互间的组合等问题。

2. 汽车的行驶稳定性

(1)汽车行驶的横向稳定性

汽车在圆曲线上行驶的稳定性包括横向倾覆稳定性和横向滑移稳定性。汽车在设计和制造时,一般会充分考虑横向倾覆稳定性,将其重心定得足够低,完全可以保证在正常装载和行驶情况下,不会在横向上产生倾覆。因此,在平曲线设计过程中,主要考虑横向滑移稳定性,保证轮胎不在路面上产生滑移即可。为此,要求横向力X应小于轮胎与路面间的摩阻力F。因为$X = \mu G$和$F = Gf$,所以只需满足条件:

$$\mu \leqslant f \qquad (2-5)$$

式中:f——轮胎与路面间的摩阻系数,与车速、路面种类及状态、轮胎状态等有关,在干燥路面上为0.4~0.8;在潮湿的沥青路面上汽车高速行驶时,降低到0.25~0.40;路面结冰和积雪时,f降到0.2以下;在光滑的冰面上可降到0.06(不加防滑链)。

(2) 汽车轮胎的横向偏移

弯道上行驶的汽车,在横向力作用下,轮胎会产生横向变形,使轮胎的中间平面与轮迹前进方向形成一个横向偏移角,如图 2-8 所示,致使增加了汽车在方向操纵上的困难,尤其是车速较高时,就更不容易保持驾驶方向上的稳定。

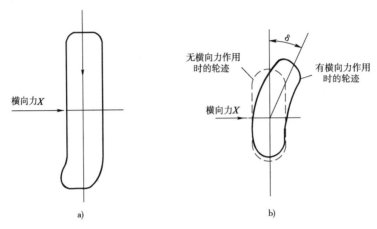

图 2-8　汽车轮胎的横向偏移角
a) 轮胎横向变形; b) 轮迹的偏移角

(3) 燃料消耗和轮胎磨损

由于横向力的影响,行驶在曲线上的汽车比在直线上的汽车燃料消耗和轮胎磨损都大。这是因为当汽车在曲线上行驶时,除了要克服行驶阻力外,还要克服横向力对行车的作用,才能使汽车沿着正确的方向行驶,必然增加了燃料的消耗。与此同时,在曲线上行驶时,横向力的作用使汽车轮胎发生变形,致使轮胎的磨损也额外增加了。表 2-10 中列出了由于横向力系数 μ 的存在,使车辆的燃油消耗和轮胎磨损增加的百分比。

横向力系数 μ 与燃料消耗、轮胎磨损关系表　　　表 2-10

横向力系数 μ	燃料消耗(%)	轮胎磨损(%)
0	100	100
0.05	105	160
0.10	110	220
0.15	115	300
0.20	120	390

(4) 横向力系数 μ 值的选用

汽车行驶在弯道上,随横向力系数 μ 值的大小不同,乘客将有不同的感受。据试验结果,乘客随 μ 的变化其感觉和心理反应如下:

当 $\mu < 0.10$ 时,不感到有曲线存在,很平稳;

当 $\mu = 0.15$ 时,稍感到有曲线存在,尚平稳;

当 $\mu = 0.20$ 时,已经感到有曲线存在,稍感不平稳;

当 $\mu = 0.35$ 时,感到有曲线存在,已感到不平稳;

当 $\mu \geq 0.40$ 时,非常不稳定,站不住,有倾倒的危险感。

综上所述，μ值的采用关系到行车的安全、经济与舒适。为计算最小平曲线半径，应综合考虑各方面因素采用一个舒适μ值。研究表明：μ的舒适界限，随行车速度而在0.10~0.17变化，设计中对高、低速路可取不同的数值。

3. 直线

作为平面线形要素之一的直线，在公路平面线形设计中使用最为广泛。因为两点之间距离以直线为最短，因此一般在选线和定线时，只要地势平坦，无大的地物、地形障碍，选线定线人员都会首先考虑使用直线。

直线的适用条件是：路线不受地形、地物限制的平原区或山间的开阔谷地；城镇及其邻近或规划方正的农耕区等以直线为主体的地区；为缩短构造物长度以便于施工的长大桥梁、隧道路段；为争取较好的行车和通视条件的平面交叉前后；双车道公路在适当间隔内设置一定长度的直线，以提供较好条件的超车路段。

运用直线时应注意以下问题：采用直线应特别注意它同地形的关系，在运用直线并决定其长度时，必须持谨慎态度，并不宜采用长直线；长直线或长下坡尽头的平面曲线，除曲线半径、超高、视距等必须符合规定要求外，还必须采取设置标志、增加路面抗滑能力等安全措施；在长直线上纵坡不宜过大，因为长直线在陡坡下行时很容易导致超速行车；长直线上的纵坡一般应小于3%；长直线与大半径凹形竖曲线组合为宜，这样可以使生硬呆板的直线得到一些缓和或改善；公路两侧地形过于空旷时，宜采取种植不同树种或设置不同风格的建筑物、雕塑等措施，以改善单调的景观。关于"长直线"的量化问题，直线长度亦不宜过短，特别是同向圆曲线间不得设置过短的直线。

我国地域辽阔，地形条件在不同的地区有很大的不同，对直线最大长度很难作出统一的规定。总的原则是：公路线形应该与地形相适应，与景观相协调，不强求长直线，也不硬性去掉直线而设置曲线。如京津塘和济青高速公路的直线不超过3 200m；沈大高速公路多次出现5~8km的长直线，最大13km。必须强调，无论高速公路还是一般公路，在任何情况下都要避免追求长直线。

4. 平曲线上的超高

为了抵消汽车在曲线路段上行驶时所产生的离心力，在该路段横断面上设置的外侧高于内侧的单向横坡，称之为超高。当圆曲线半径小于不设超高的最小半径时，半径越小，离心力较大，汽车行驶条件就越差。为改善汽车行驶条件，减小横向力，将此弯道横断面做成向内倾斜的单向横坡形式，利用重力向内侧分力抵消一部分离心力，以改善汽车的行驶条件。

5. 圆曲线

圆曲线是公路平面设计中最常用的线形之一，各级公路不论转角大小，在转折处均应设置平曲线，而圆曲线是平曲线的主要组成部分。圆曲线具有易与地形相适应、可循性好、线形美观、易于测设等优点，故使用十分广泛。

圆曲线的几何要素如图2-9所示。

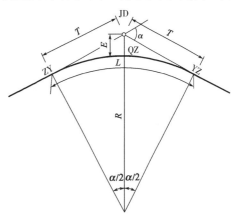

图2-9 圆曲线的几何要素

切线长：
$$T = R \cdot \tan\alpha/2 \tag{2-6}$$

曲线长：
$$L = \frac{\pi}{180}\alpha R \tag{2-7}$$

外距：
$$E = R(\sec\alpha/2 - 1) \tag{2-8}$$

切曲差：
$$J = 2T - L \tag{2-9}$$

式中：T——切线长(m)；
R——圆曲线半径(m)；
α——转角(°)；
L——曲线长(m)；
E——外距(m)；
J——切曲差(或校正值,m)。

行驶在曲线上的汽车由于离心力的作用，其稳定性受到影响，离心力的大小又与曲线半径密切相关，半径越小则越不利，所以在选择曲线半径时应尽可能采用较大的半径值，只有在地形或其他条件受到限制时才可使用较小的曲线半径。为了行车安全与舒适，我国《标准》规定了三种圆曲线最小半径，即：极限最小半径、一般最小半径和不设超高最小半径。

根据汽车行驶在曲线上的力的平衡式得到：
$$R = \frac{v^2}{127(\mu \pm i_b)} \tag{2-10}$$

式中：R——圆曲线半径(m)；
v——行车速度(km/h)；
μ——横向力系数；
i_b——超高横坡度(%)。

在指定车速 v 下，R_{min} 决定于容许的最大横向力系数 μ_{max} 和该曲线的最大超高 i_{bmax}。

圆曲线能较好地适应地形变化，它在路线遇到障碍或地形需要改变方向时设置，适应范围较广而灵活。圆曲线半径选用得当，可获得圆滑舒顺的平面线形。选用圆曲线半径时，应注意以下几点：在地形、地物等条件许可时，优先选用大于或等于不设超高的最小半径；一般情况下宜采用极限最小曲线半径的 4~8 倍或超高为 2%~4% 的圆曲线半径；当地形条件受限制时，应采用大于或接近一般最小半径的圆曲线半径；在自然条件特殊困难或受其他条件严格限制而不得已时，方可采用极限最小半径；标准规定圆曲线最大半径不宜超过 10 000m。

6. 缓和曲线

当圆曲线半径小于不设超高的最小半径，公路等级在三级及以上时，应在直线和圆曲线之间设置缓和曲线，以满足曲率半径逐渐过渡的要求。

考察汽车由直线进入圆曲线的行驶轨迹(图 2-10)，先假定汽车是等速行驶，驾驶员匀速转动转向盘，当转向盘转动角度为 ϕ 时，前轮相应转动角度为 ϕ，通过理论推导得出弧长和曲

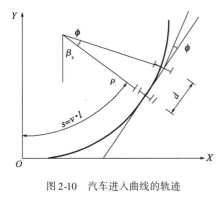

图 2-10 汽车进入曲线的轨迹

率半径的关系为 $l = \dfrac{vd}{kw\rho}$,因为 v、d、k、ω 均为常数,由此可见,汽车匀速从直线进入圆曲线(或相反),其行驶轨迹的弧长与曲线的曲率半径之乘积为常数,即弧长和半径成反比。

由于汽车行驶理论方程与回旋线基本方程相符,回旋线是公路路线设计中最常用的缓和曲线,我国《公路工程技术标准》(JTG B01—2014)规定缓和曲线采用回旋线。另外,经过多年实践证明,回旋线作缓和曲线确是比较好的线形。回旋线参数的基本公式为:

$$A = \sqrt{RL_S} \tag{2-12}$$

式中:A——回旋线参数(m);
　　　R——圆曲线半径(m);
　　　L_S——缓和曲线长度(m)。

因此,只要设计选定圆曲线半径和缓和曲线长度,回旋线参数就确定了。

设置缓和曲线主要有以下优点:

(1)有利于驾驶员操纵转向盘。

汽车从直线驶入圆曲线,即从无限大的半径到一定值的半径,或从大半径圆驶入小半径圆曲线时,考虑汽车前轮转向角逐渐变化的必要性,其中间需要插入一个逐渐变化的缓和曲线,才能保持车速不变而使汽车前轮的转向角从 0 至 α 逐渐转向,从而有利于驾驶员操纵转向。

(2)消除离心力的突变,提高舒适性。

当圆曲线半径较小时,离心力很大。为了使汽车能安全、迅速、平稳、舒适地从没有离心力的直线逐渐驶入离心力较大的圆曲线,或从离心力小的大半径圆曲线逐渐驶入到离心力大的小半径圆曲线,消除离心力的突变,必须在直线和圆曲线间,或大圆与小圆之间设置曲率半径随弧长逐渐变化的缓和曲线,所以要规定缓和曲线的最小长度。

(3)完成超高和加宽的过渡。

当圆曲线需要设置超高和加宽时,其超高缓和段和加宽缓和段,一般应在缓和曲线长度内完成超高或加宽的过渡。

(4)与圆曲线配合得当,增加线形美观。

圆曲线与直线径相连接,而连接处曲率突变,在视觉上有不平顺的感觉。但在圆曲线与直线间设置了缓和曲线后,使线形连续、圆滑、美观。

7. 行车视距

为了保证行车安全,驾驶员驾驶汽车在公路上行驶时,在任意一点的位置都应看到汽车前方相当远的距离,以便在发现路面障碍物或迎面来车时,能采取措施,以避免相撞,这一必要距离称为行车视距。

驾驶员发现路面障碍物或迎面来车时,根据其采取措施不同,可以将行车视距分为以下几种。

(1)停车视距:汽车行驶时,自驾驶员看到障碍物时起,至到达障碍物前安全停止所需要的最短行驶距离。在停车视距检验时,小客车停车视距采用的驾驶员视点高度为 1.2m,载重货车停车视距采用的驾驶员视点高度为 2.0m，视点前方路面上障碍物顶点高度为 0.10m。

（2）会车视距：在同一车道上两对向汽车相遇，从互相发现起，至同时采取制动措施使两车安全停止所需要的最短距离。

（3）超车视距：在双车道公路上，后车超越前车时，从开始驶离原车道之处起，至在与对向来车相遇之前完成超车，安全回到自己的车道所需要的最短距离。

（4）识别视距：为了保证车辆安全顺利通过交叉口，应使驾驶员在交叉口之前的一定距离能识别交叉口的存在及交通信号和交通标志等，这一距离称为识别视距，经研究分析，会车视距约等于停车视距的 2 倍，在地形地质条件受限时识别视距可采用 1.25 倍的停车视距，所以停车视距是最基本视距，双车道公路也应保证足够长度的超车视距的路段。

8. 各级公路对视距的要求

由于高速公路和一级公路采用分向分车道行驶，车辆同向行驶不存在会车问题，主要考虑停车视距，所以《公路路线设计规范》（JTG D20—2017）规定高速公路、一级公路应满足停车视距的要求，见表 2-11。

高速公路、一级公路停车视距　　　　表 2-11

设计速度（km/h）	120	100	80	60
停车视距（m）	210	160	110	75

二、三、四级公路上、下行车道没有分开，存在混合交通情况，所以我国《公路路线设计规范》（JTG D20—2017）规定，二、三、四级公路的视距应采用会车视距。受地形条件或其他特殊情况限制而采取分道行驶措施的路段，可采用停车视距，见表 2-12。

二、三、四级公路停车视距、会车视距与超车视距　　　　表 2-12

设计速度（km/h）		80	60	40	30	20
停车视距（m）		110	75	40	30	20
会车视距（m）		220	150	80	60	40
超车视距最小值（m）	一般值	550	350	200	150	100
	极限值	350	250	150	100	70

注："一般值"为正常情况下的采用值；"极限值"为条件受限时可采用的值。

双向行驶的双车道公路，应根据需要并结合地形，宜在 3min 的行驶时间里，提供一次满足超车视距要求的超车路段。一般情况下，不小于路线总长度的 10%～30%。超车路段的设置应结合地形并力求均匀。各视距应不小于表 2-10 的规定。

9. 平面线形设计一般原则

（1）平面线形应直捷、连续、顺适，并与地形、地物相适应，与周围环境相协调。在地形平坦开阔的平原微丘区，路线直捷舒顺，在平面线形三要素中直线所占比例较大。而在地势有很大起伏的山岭重丘区，路线则多弯曲，曲线所占比例较大。路线要与地形相适应，这既是美学问题，也是经济问题和保护生态环境问题。

（2）直线、圆曲线、回旋线的选用与合理组合取决于地形地物等具体条件，片面强调路线要以直线为主或以曲线为主，或人为规定三者的比例都是错误的。

（3）保持平面线形的均衡与连贯。高、低标准之间要有过渡，结合地形变化，使路线的平面线形指标逐渐过渡,避免出现突变。不同标准路段相互衔接的地点,应选在交通量发生变化处。

（4）应避免连续急弯的线形。这种线形给驾驶员造成不便,给乘客的舒适度也带来不良影响。设计时可在曲线间插入足够长的直线或回旋线。

（5）平曲线应有足够的长度。平曲线太短,汽车在曲线上行驶时间过短会使驾驶员操纵转向盘困难,来不及调整,所以设计时也应注意满足平曲线最小长度要求。

二、纵断面设计

沿着道路中线竖直剖切,然后展开即为路线纵断面。由于自然因素的影响以及经济性要求,路线纵断面总是一条有起伏的空间线,图2-11 为路线纵断面示意图。纵断面图是道路纵断面设计的主要成果,也是道路几何设计的技术文件之一。把道路的纵断面图与平面图结合起来,就能准确地定出道路的空间位置。

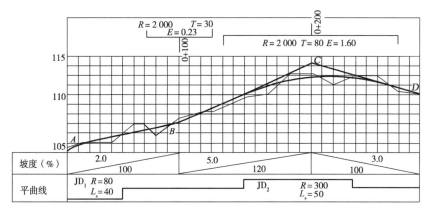

图 2-11　路线纵断面示意图

在纵断面图上有两条主要的线：一条是地面线,它是根据中线上各桩点的高程而点绘的一条不规则的折线,反映了沿着中线地面的起伏变化情况；另一条是设计线,它是设计人员经过技术上、经济上以及美学上等多方面比较后定出的一条具有规则形状的几何线,反映了道路路线的起伏变化情况。纵断面设计线是由直线和竖曲线组成的。直线（即均匀坡度线）有上坡和下坡,是用坡度和水平长度表示的。直线的坡度和长度影响着汽车的行驶速度、运输的经济性以及行车的安全,它们的一些临界值的确定和必要的限制,是以通行的汽车类型及行驶性能来决定的。

当纵断面上两条坡度不同的相邻纵坡线相交时,就出现了转坡点（变坡点）。汽车在转坡点上行驶不顺适,故在转坡点处用曲线将前后两条相邻纵坡线顺适连接起来,以适应行车的需要,这条连接两纵坡线的曲线（二次抛物线）就叫竖曲线。竖曲线分凸形竖曲线和凹形竖曲线两种形式。

1. 汽车行驶要求

汽车行驶的牵引力来源于汽车的发动机,发动机将燃料燃烧所放出的热能转化为机械能。汽车行驶的阻力有空气阻力、滚动阻力、坡度阻力和惯性阻力等。要保证汽车正常行驶,牵引力必须大于或等于各项阻力之和。但汽车牵引力的发挥受轮胎和路面之间摩阻力的限制,如果轮胎和路面之间摩阻力不够大,牵引力就不可能发挥作用,车轮只能空转打滑。但当路面阻力过大时,汽车行驶条件较差,路面阻力超过一定限度,汽车将无法行驶。

因此,汽车在坡道上的行驶必须满足以下要求:纵坡坡度力求平缓;陡坡宜短,长坡道的纵坡度应严格限制;纵坡度的变化不宜太多,尤其应避免急剧起伏变化,力求纵坡均匀。

2. 最大纵坡、最小纵坡和坡长限制

为使公路上车辆行驶快速、安全和畅通,希望公路纵坡设计得小一些,但是,在长路堑、低填方以及其他横向排水不畅通的地段,为防止积水渗入路基而影响其稳定性,均应采用不小于0.3%的纵坡。当必须设计水平坡或小于0.3%的纵坡时,边沟排水设计应与纵坡设计一起综合考虑,其边沟应作纵向排水设计。

公路纵坡的大小及坡长对汽车正常行驶影响很大。最大纵坡及坡长限制,是根据汽车动力性能来决定的。长距离的陡坡对汽车行驶不利。连续上坡,发动机过热影响机械效率,从而使行驶条件恶化,下坡则因制动频繁而危及行车安全。因此,纵坡越陡,坡长越长,对行车的影响越大。

3. 纵断面设计要点

纵断面设计的主要内容是根据公路等级、沿线自然条件和构造物控制高程等,确定路线合适的高程、各坡段的纵坡坡度和坡长,并设计竖曲线。基本要求是纵坡均匀平顺、起伏和缓,坡长和竖曲线长短适当,平面与纵断面组合设计协调以及填挖经济、平衡。这些要求虽然在选线、定线阶段时有所考虑,但要在纵断面设计中具体加以实现。

4. 公路平、纵线形组合设计

公路的空间线形是指由公路的平面线形、纵断面线形及横断面所组成的空间带状结构物。公路设计是从路线规划开始的,然后经选线、平面线形设计、纵断面设计和平纵线形组合设计,最终以平、纵、横组合的立体线形展现出来。汽车行驶过程中,驾驶员所选择的实际行车速度是他在对立体线形判断的基础上做出的。因此,设计时不仅仅需要满足平面、纵断面线形标准,还必须满足公路空间线形视觉的连续性,并有足够的舒适感和安全感。

三、横断面设计

道路横断面是指中线上各点沿法向的垂直剖面,它是由横断面设计线和地面线组成的。其中横断面设计线包括行车道、路肩、分隔带、边沟、边坡、截水沟、护坡道以及取土坑、弃土堆、环境保护设施等。城市道路的横断面组成中包括机动车道、非机动车道、人行道、绿带、分车带等。高速公路、一级公路和二级公路还有爬坡车道、避险车道;高速公路、一级公路的出入口处还有变速车道等。横断面图中的地面线是表征地面起伏变化的线,它是通过现场实测或由大比例尺地形图、航测相片、数字地面模型等途径获得的。路线设计中所讨论的横断面设计只限于与行车直接有关的部分,即两侧路肩外缘之间各组成部分的宽度、横向坡度等问题,所以有时也将路线横断面设计称作"路幅设计"。

公路横断面的组成和各部分的尺寸要根据规划交通量、交通组成、设计速度、地形条件等因素确定。在保证必要的通行能力和交通安全与畅通的前提下,尽量做到用地省、投资少,使道路发挥其最大的经济效益与社会效益。

1. 公路横断面的组成

高速公路、一级公路通常采用上、下行车辆分开的断面形式。分隔的方式有两种,一种是用分隔带分隔,另一种是将上、下行车道放在不同的水平面上加以分隔。前者称作整体式断面,后者称作分离式断面。整体式断面包括行车道、中间带、路肩以及紧急停车带、爬坡车道、避险车道等部分。不设分隔带的整体式断面(如二、三、四级公路)包括行车道、路肩以及错车道等部分。城郊混合交通量大,实行快、慢车道分开的路段,其横断面组成可能还有人行道、自行车道等,应根据实际情况选用。我国各等级公路常见横断面形式如图2-12所示。

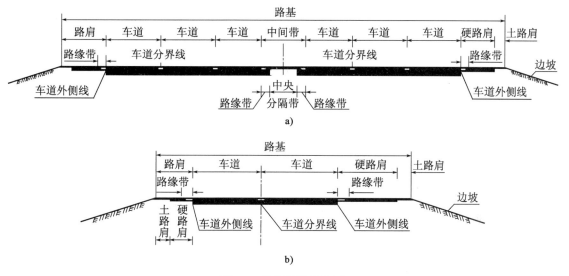

图 2-12 公路横断面的组成
a)高速公路、一级公路路基标准横断面;b)二、三、四级公路路基标准横断面

公路在直线段和小半径曲线段路基宽度有所不同,在小半径曲线上,路基宽度还包括行车道加宽的宽度。

为了迅速排除路面和路肩上的积水,要将路面和路肩做成有一定横坡的斜面。直线路段路面横断面形式为中间高、两边低,呈双向倾斜,称作路拱。小半径曲线上为了抵消离心力,路面做成向弯道内侧倾斜的单一横坡,称作超高。

2. 公路横断面的类型

(1)单幅双车道

单幅双车道公路指的是整体式的供双向行车的双车道公路。这类公路在我国公路总里程中占的比重最大,二级、三级公路和一部分四级公路均属这一类。这类公路适应的交通量范围大,最高达15 000小客车/昼夜,行车速度为20~80km/h。在这种公路上行车,只要各行其道、视距良好,车速一般都不会受影响。但当交通量很大、非机动车混入率高、视距条件又差时,其车速和通行能力则大大降低。所以对混合行驶相互干扰较大的路段,可专设非机动车道,与机动车分离行驶。

(2)双幅多车道

四车道、六车道和八车道的公路,中间一般都设分隔带或做成分离式路基而构成"双幅"路。有些分离式路基为了利用地形或由于处于风景区,甚至做成两条独立的单向行车的公路。

这种类型的公路适应车速高,通行能力大,每条车道能担负的交通量比一条双车道公路还多,而且行车顺适、事故率低。我国《公路工程技术标准》(JTG B01—2014)中的高速公路和一级公路即属此类。

(3) 单车道

对交通量小、地形复杂、工程艰巨的山区公路或地方性道路,可采用单车道。此类公路虽然交通量很小,但仍然会出现错车和超车。为此,应在不大于300m的距离内选择有利地点设置错车道,使驾驶员能够看到相邻两错车道之间的车辆。错车道处的路基宽度≥6.5m,有效长度≥20m,错车道的尺寸规定如图2-13所示。

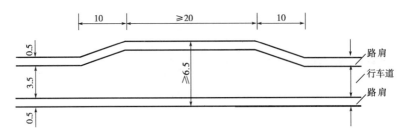

图2-13 错车道布置(尺寸单位:m)

3. 横断面形式的选用

单幅路占地少,投资省,但各种车辆混合行驶,于交通安全不利,仅适用于机动车交通量不大且非机动车较少的次干路、支路以及用地不足、拆迁困难的旧城改建的城市道路上。

双幅路断面将对向行驶的车辆分开,减少了对向行车干扰,提高了车速,分隔带处还可以用作绿化、布置照明和敷设管线,但各种车辆单向混合行驶干扰较大,主要用于各向至少有两条机动车道,非机动车较少的道路。有平行道路可供非机动车通行的快速路和郊区道路,以及横向高差大或地形特殊的路段亦可采用。

三幅路将机动车与非机动车分开,对交通安全有利;在分隔带上可以布置绿带,有利于夏天遮阳防晒、布置照明和减少噪声等。对于机动车交通量大、非机动车多的城市道路上宜优先考虑采用。

四幅路不但将机动车和非机动车分开,还将对向行驶的机动车分开,于安全和车速较三幅路更为有利。它适用于机动车辆车速较高,各向机动车道在两条以上,非机动车多的快速路与主干路。高速公路和一级公路各路段车道数应根据设计交通量、设计通行能力确定,且应不小于四车道。

第五节 道路设计 CAD 技术

道路计算机辅助设计(Computer Aided Design,CAD)主要依赖 CAD 软件。CAD 软件是迅速发展中的计算数学和相关的工程科学、工程管理学与计算机技术相结合而形成的一种综合性、知识密集型信息产品。它将计算机迅速、准确处理信息的特点与人类的创造性思维能力及推理判断能力巧妙地结合起来,为现代工程设计提供了理想的手段。CAD 技术作为 20 世纪世界公认的重大技术成就之一,正深刻地影响着当今工业和各个工程领域,已成为工程设计及科学研究中不可缺少的组成部分。工程设计领域是 CAD 技术应用最活跃,也是 CAD 技术发展最快的领域之一。到目前为止,已基本实现了勘察设计技术手段从传统的手工方法向现代化 CAD 技术转变的目标。为适应这一形势,全面介绍道路 CAD 技术的原理、方法是必要的,但是由于 CAD 技术的内容繁多,加之篇幅所限,本章仅就路线 CAD 系统的构成、工作原理、功能特点等主要问题进行介绍。读者要全面了解道路 CAD 技术的原理和方法,需要进一步学习有关的教材。

一、CAD 的概念

CAD 是利用计算机及其图形设备辅助设计人员完成设计任务的理论、方法和技术。它可以帮助设计人员在计算机上完成设计模型的构造、分析、优化和输出等工作。在设计过程中,人们可以把大量的计算、绘图、整理、修改等工作交给计算机去完成,而自己可多做些创造性的构思工作。CAD 可大大提高设计的自动化程度和质量,缩短设计周期。更重要的是,人们借助计算机的高速运算能力,能够完成一些常人难以完成的设计任务。设计人员借助 CAD 技术以人机交互的方式和图形显示方法,在计算机上方便、灵活地构造出满足设计要求的设计模型,然后调用系统中的工程分析程序在屏幕上对模型进行分析、评价和优化,直至得到最佳设计结果。

一个完整 CAD 系统的硬件部分应包括主机、图形输入设备、图形显示器及自动绘图仪。它与一般事务处理计算机系统的区别主要在于 CAD 系统具有较强的图形处理能力。

CAD 需采用的主要技术有计算机图形学、人机交互技术、工程数据库等。计算机图形学,主要用于工程产品几何形状的建立、表达及图形显示等;人机交互技术,为 CAD 提供图示化用户界面和交互式数据输入机制;工程数据库,为 CAD 提供能满足工程应用环境要求的数据管理技术。

一般来说,CAD 系统应具有科学计算功能、图形处理功能、数据处理功能、分析功能和编制文件功能。科学计算功能,能进行各种复杂的工程分析与计算;图形处理功能,能进行二维和三维图形的设计及图形显示和自动绘图;数据处理功能,有完善的数据库系统,能对设计、绘图所使用的大量信息进行存取、查找、比较、组合和处理;分析功能,能对所设计的产品作各种性能分析;编制文件功能,能输出各种技术文件。必须指出,上述各项是一个完备的 CAD 系统所应具有的基本功能。在规划 CAD 系统时,可根据实际需要和技术、经济可能性,使所建 CAD 系统仅具有其中某几项功能(如计算、数据处理、绘图)或超过上列五项功能。

在计算机辅助设计工作中,计算机的任务实质上是进行大量的信息加工、管理和交换。也就是在设计人员初步构思、判断、决策的基础上,由计算机对数据库中大量设计资料进行检索,根据设计要求进行计算、分析及优化,将初步设计结果显示在图形显示器上,以人机交互方式反复加以修改。经设计人员确认之后,在自动绘图机及打印机上输出设计结果。上述 CAD 作业过程如图 2-14 所示。

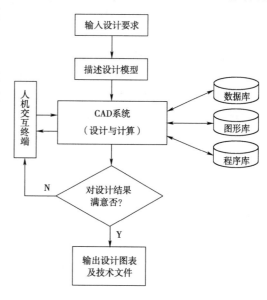

图 2-14 CAD 作业过程

CAD 技术是建立在计算机(软、硬件)技术基础上的,同时它吸收和运用了与设计技术相关联的科学技术和理论,如计算数学、优化设计、可靠性设计、有限元、边界元分析、价值分析和系统工程等。它完全有别于传统的工程设计方法,使现代工程设计从静态分析、近似计算、经验设计的束缚中解放出来,进入动态分析、精确计算和优化设计的新阶段。可以说,CAD 是现代化设计方法的综合与运用。

二、道路 CAD 工程应用

计算机在道路工程领域的应用可以追溯到 20 世纪 60 年代初,至今已有多年的历史。在国内,从学习、试制到自主开发软件,也经历了 50 年的时间,并取得了显著成绩。

1. 国外发展历程

20 世纪 60 年代,计算机运用到道路设计领域主要是完成繁重的计算任务,如多层路面结构力学计算、路基稳定性分析与计算、桥梁结构计算、路基土石方计算及平面和纵断面线形计算等。为了获得更大的经济效益,欧美发达国家,如英国、美国、法国、德国和丹麦等先后展开了路线纵断面优化技术研究,开发了较为成熟的路线纵断面优化程序,代表性的有英国 HOPS 纵断面选线最优化程序系统、法国的 APPOLON 系统、德国的 EPOS 程序等。纵断面优化程序系统的应用,在一定程度上提高了公路设计的质量并相应降低了工程费用。联合国经济合作与开发组织于 1973 年在意大利西西里岛的一条公路上对上述各国的优化程序进行了联合试验,结果表明:使用纵断面优化程序可以节省土石方工程量 8%~17%,平均 10%,这使得整个道路的建造费用大大节省。

20 世纪 70 年代,道路优化技术从单一的纵断面优化扩展到一定宽度范围内的平面线形优化和平纵面线形综合优化,数字地面模型开始应用,计算机绘图技术发展为实用阶段。平面优化技术有代表性的成果包括英国的 NOAN 程序、美国的 GCARS 程序、德国的 EPOS-1 程序。路线优化设计在理论和应用上基本形成了一门独立的学科,但由于路线的优化设计涉及大量的非技术性因素,给研究工作带来了很大困难。因此,就整体而言,路线优化技术仍处在研究探索阶段。数字地面模型主要用于等高线地形图绘制、土方填挖面积计算、支持路线优化设计等。20 世纪 70 年代末期,计算机图形功能逐步完善,这期间开发的辅助设计系统均可完成大量的设计图纸绘制工作,系统的功能进一步增强,逐步走向实用阶段。

20 世纪 80 年代,道路 CAD 系统的发展更加完善,并逐步向系统化、集成化方向发展。很多国家建立了由航测设备、计算机和专用软件包组成的成套系统,如英国的 MOSS 系统、美国的 INROADS、德国的 CARD/1 等。它们可以完成从数据采集、建立数字地面模型、优化设计到设计文件编制的全部工作,系统都有成功的图形环境支撑,商品化程度很高。MOSS 系统是英国 MOSS 系统有限公司经过 20 多年的不懈努力,开发出的大型三维道路路线设计计算机辅助设计分析软件,在欧美一些发达国家的公路、铁路设计中广泛使用,使公路、铁路设计完全摆脱了图板,实现了无纸化设计。CARD/1 是德国 IB&T 软件公司推出的,包括测量、道路、铁道、排水四个子系统的复杂系统,特别适用于道路的勘测与设计,对于铁道、排水以及建筑景观规划、水利工程、矿山工程等各种土木工程也能有效地使用。这期间,公路 CAD 系统的另一个特点是,系统的开发环境由小型机或工作站向微机过渡,并以微机为主。

进入 20 世纪 90 年代,国外若干优秀的公路 CAD 软件,开始向国际化方向发展。在系统开发过程中,积极研究相关国家的技术标准,尽量提高软件的适应性,使其满足不同国家设计标准的要求。在数据采集方面,研究采用 GPS、数字摄影测量、遥感地质判释等新技术、新设备。

2. 国内发展历程

我国公路部门应用计算机起步较晚。对道路 CAD 技术的研究开始于 20 世纪 70 年代末,经历了 70 年代末与 80 年代初期的探索、80 年代中后期的发展和 90 年代的提高普及,到目前为止,我国已在数据采集、内业辅助设计、图形处理、动态交互各方面取得了较大成绩。

20 世纪 70 年代末期至 80 年代初期,国内有关高等院校和设计单位在收集和翻译国外路线优化技术和 CAD 技术资料的基础上,首先开展了路线优化技术方面的研究,编制了相关优化程序。在辅助设计方面,编制了一些生产实际中急需的路线计算程序,如中桩坐标计算、土石方计算程序等,开发了针对某种绘图机的绘图程序。这一阶段,路线优化设计是当时计算机在道路设计应用的主流,由于受当时计算机软硬件环境的限制,所编制的程序都是针对某一单项工作的,以替代手工计算为目的,功能单一,缺乏系统性,因此应用面较窄。

20 世纪 80 年代中后期,随着我国道路建设的快速发展,对道路 CAD 技术的需求也不断增大,促进了道路 CAD 技术的发展。1986 年,交通部在多次技术论证的基础上,把公路和桥梁 CAD 列入国家"七五"重点科技攻关项目,进行研究开发。公路 CAD 的研究内容包括数字地面模型、路线平纵面线形综合优化、路线设计、立交设计、中小桥涵设计、支挡构造物设计等许多方面。桥梁 CAD 的研究内容包括桥梁结构布置、桥梁结构有限元分析、桥梁施工详图设计、桥梁工程造价分析等。在这一阶段,大量高档次微机和外围设备不断出现,为微机专门配备的图形软件也更趋成熟,给道路 CAD 软件的开发提供了良好的条件,有关科研院所和设计单位,根据各自单位的实际需要,也纷纷开展了公路 CAD 软件的开发工作,推出了一些各具特色的计算机道路 CAD 系统。这一阶段 CAD 软件的特点是计算分析和成图一体化,以提高软件的自动化程度为目标,但大多缺乏交互性能或交互性能不高,软件的子系统之间接口繁多,没有统一的数据管理。

20 世纪 90 年代是道路基础设施建设大发展时期,道路建设的速度明显加快,建设规模空前扩大,对 CAD 软件的要求越来越高。这一时期也是 CAD 软件的商品化发展阶段,软件开发商为满足市场需求和适应计算机硬、软件技术的迅速发展,在大力推销其软件产品的同时,对软件的功能、性能,特别是用户界面和图形处理能力,进行了大幅度扩充;对软件的内部结构和部分软件模块,特别是数据管理部分,进行了重大改造;新增的软件大都采用了面向对象的软件设计方法和面向对象语言。以计算机为平台的道路 CAD 系统很快占据了优势,并逐渐取代了以工作站为平台的 CAD 软件。这期间道路 CAD 软件发展的特点表现为:

(1)软件支撑平台由 DOS 系统向 Windows 系统过渡,软件界面及交互性能有所改善。

(2)部分软件自主开发了专业的图形支撑平台,系统具有较强的针对性和实用性。

(3)道路 CAD 软件的应用深度和广度都有较大提高,应用范围基本覆盖了道路初步设计和施工图设计的各个方面(不包括方案设计、方案评价选优等)。到 1996 年底,道路 CAD 技术已普及到地市级设计单位,设计文件全部由计算机完成,而且在立交和独立大桥等复杂工程中应用了三维技术进行渲染和动画;同时,开始实施企业内计算机网络管理。

(4)紧跟国际计算机应用技术的最新发展,开始了领域内不同新技术的集成研究。如 1996 年原国家计委下达的国家"九五"重点科技攻关项目"国道主干线设计集成系统开发研究",1998年交通部重点资助项目"集成化公路CAD系统"研究等,这些研究的起点比以前有很大提高。

三、数字地面模型的概念及应用

地形资料是道路设计的重要基础资料之一,也是道路透视或三维动态演示的基础。传统设计中,一般用地形图或断面图来表示地形,地形图或断面图的获得需要通过野外实地测量,再经过手工绘制而成,人力、时间消耗很大。利用计算机进行道路设计,就要让计算机能认识和处理地形资料,为此,必须把地形资料变成计算机能接受的信息——数字。数字地面模型就是在这种背景下被引入公路设计领域的。

数字地面模型(Digital Terrain Model,简称数模、DTM)是指按照某种数学模型表达地形特征的数值描述方式,它由许多规则或无规则排列的地形点三维坐标(x,y,z)组成,是将数字化了的地形资料存储于计算机的产物。

数字地面模型一般由以下三部分组成:

(1)用离散的形式将某一区域内一系列采样点的信息,按照一定的规则,存储在计算机中,形成一个有限项的向量序列。通常用x、y表示平面坐标系,用z表示高程,各种平面地理信息如建筑物、河流等用编码或分层方式表示。

(2)给定某种数学方法来拟合地表形态。通过它可求得该区域任一平面位置点的高程,或者推算其他地面特征,如坡度、坡向等。

(3)实用程序块,主要完成坐标系的转换工作。

自20世纪50年代末期,美国麻省理工学院米勒教授研究用数字地面模型进行道路设计开始,人们对数模的研究与应用已有60多年的历史。随着计算机技术及其外围设备的发展,数模在测绘、铁路、公路、机场及其他新建工程领域得到广泛应用。

数字地面模型可用于道路设计的各个阶段。设计人员利用数字地面模型进行路线方案比选,只需输入少量的设计参数,计算机就可以按照编好的程序自动完成设计和分析比较工作,输出比较结果。设计者可以轻而易举地对方案进行比较,选择较优方案,而不需重测。另外,数字地面模型还广泛地用于道路初步设计和技术设计中。设计者做一些必要的外业调查和实测,就可以直接利用计算机进行路线设计。除此之外,数字地面模型用于绘制地形图、路线平面图和地形透视图,可以大大减轻设计人员的工作强度。

四、道路透视图

随着道路等级的提高,人们对道路线形的审美要求和道路与周围景观的协调性越来越重视。道路透视图是道路CAD设计的重要组成部分,可以使设计者在设计阶段获得形象逼真的道路全貌,如图2-15所示。它可以检查路线设计的线形质量以及道路与周围景观的协调程度,并借此作为修改设计的依据。

道路透视图有线形透视图、全景透视图、复合透视图和动态透视图等。线形透视图,只绘出路面线以内的线条,这种透视图主要用来检查驾驶员眼中的立体线形是否合适,或走向是否清楚。全景透视图是在线形透视图的基础上,将路线走廊内的景观全面地描绘出来,主要用来检查路线线形同周围景观的协调程度。复合透视图将线形透视图与照相技术相结合,最后以照片形式反映公路与周围景观的配合情况,这种透视图不全是计算机的产物。动态透视图以移动的画面模拟汽车行驶时驾驶员所感受到的道路情况,对一些条件复杂、比选方案困难的地段,可通过大屏幕动态显示路线全景透视图,这对提高设计质量会有很大帮助。

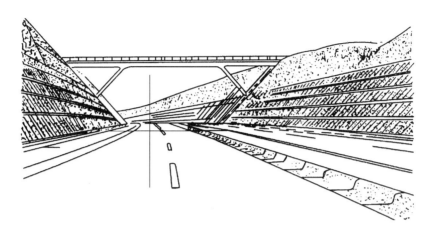

图 2-15　道路透视图

道路的勘测设计依赖于新技术的发展。计算机技术的发展与应用,使道路 CAD 技术快速发展,给道路设计带来革命性变化。随着计算机技术的不断进步,信息技术和空间技术的飞速发展,必将使道路设计产生又一次飞跃,其发展趋势就是道路设计的自动化。将卫星遥感技术、全球定位系统、地理信息系统、航测技术以及全站仪等先进科学技术应用于道路设计,将 RS、GIS、GPS 高新技术与计算技术结合,从而产生道路设计自动化技术。地形数据采集,特别是快速、高精度原始数据采集,对现代道路设计自动化至关重要。全数字化测图是在解析法测图基础上发展起来的更为先进的摄影测量技术,通过扫描方式获得地面立体三维坐标,具有测图速度快、无需人工量测、数据点密集等特点,但其中自动化的相关技术还不能代替人眼立体观察,需要进一步研究。

第六节　数字公路技术

20 世纪 90 年代末,美国便提出了"数字地球"的概念,而今天我国为推进国民经济信息化进程而进行的"数字政府""数字城市"无不预示出 21 世纪我国也将面临一个信息技术高度集中、迅猛发展的数字时代。"数字城市"是对城市发展方向的一种描述,是指数字技术、信息技术、网络技术渗透到生活各个方面的城市管理与服务理念(数字城市基本框架见图 2-16),它是 21 世纪最重要的技术革命,它将深刻地改变人们的生活习惯和思维方式。

一、数字公路

"数字地球"是继国家信息基础设施(NII)与国家空间数据基础设施(NSDI)之后的又一新的信息基础设施。它是在 NII 和 NSDI 基础上发展起来的更高阶段的信息基础设施,是关于整个地球的信息技术系统。"数字地球"的建立不仅可以服务于全球,同时也服务于城市、区域、资源、环境、社会、经济、减灾、可持续发展、科技、教育、行政、管理等诸多方面。

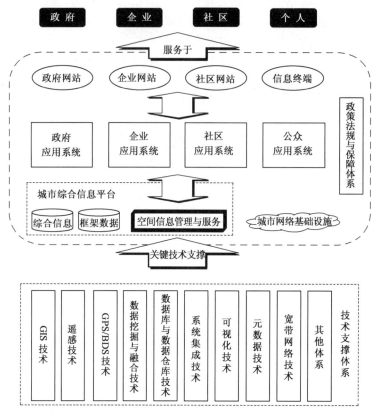

图 2-16　数字城市基本框架

"数字公路"不仅是"数字城市"的重要组成部分，也是构成"数字地球"的基础之一。开展有关"数字公路"的研究和建立智能化的数字公路系统是实施数字城市可靠的技术保证，同时也为城市道路网的规划、建设、管理提供现代化的技术手段。

进入 21 世纪，为保持经济的持续发展，国家对道路交通基础设施的建设还将加大力度，不仅投资规模大、路线长、项目多，同时对建设项目优化选择、建设工程的实施管理，以及信息化处理分析等方面提出了更新更高的要求。而传统的计算机管理仅限于文字的表格处理方面，涉及的大量信息查询及信息处理，尤其是空间信息的分析处理，仍停留在传统图纸上，难以实现交通属性和空间数据的一体化综合处理和分析，更无法实现可视化和虚拟现实。因此，开展建立"数字公路"的建设，不仅是现行公路管理模式的必然要求，同时也是高新技术发展以及今后国家产业技术政策发展的重要方向。

智能数字公路就是利用地理信息技术、计算机技术和通信技术综合管理公路事务，以提高道路的通行能力，舒缓交通压力，提高道路通行的安全系数，处理紧急事故等，其在交通规划、管理和设计中已得到广泛的应用。例如交通需求分析与预测、项目选择及优化、道路工程设施规划、数字化公路选线、交通灾害预测、交通动态模拟、交通管制以及辅助决策等诸多方面，已形成了专用的交通信息系统。它与全球卫星导航系统（GNSS）、遥感（RS）相互结合，形成了智能化的数字公路系统。它必将会大大推动公路工程技术的进步和发展，为国民经济的发展和整个社会的进步带来巨大的效益。

二、"数字公路"的技术条件

随着全球卫星导航系统技术(GNSS)、遥感系统技术(RS)、地理信息技术(GIS)及其集成"3S"技术的不断发展,作为国家基础设施之一的公路交通,以空间地理信息技术为依托,借助计算机及其网络技术,把与公路相关的数据信息化、数字化,从规划、计划、勘察、设计、施工、绿化、养护等多环节上对公路进行数字化管理和建设。

"数字公路"系统的总体结构由三个层次构成,即数据库群、应用子系统和系统管理子系统。

1. 数据库群

主要通过 GNSS 实测公路走向,得出精确的多比例尺地图数据为空间定位框架,在该框架内配置有关地理底图数据库、图像数据库和交通专题数据库以及方法库等。系统数据库群包括:

(1)以不同比例尺的国家基本比例尺地形图为地理信息框架,对有关的信息进行矢量化及规范编码,形成相应的地理底图数据库。

(2)建立道路专题图形数据库,包括各种类型道路点、线、面专题矢量空间数据,以及有关空间分析和处理后的矢量图形数据。

(3)建立道路专题属性数据库,包括路面技术等级、路面类型、完好程度、交通量、路面宽度、防护状况以及相关的人文统计数据。

(4)办公行文数据库,包括文档数据库、办公行文数据库等。

(5)建立与道路有关的多媒体文字图片数据库,包括有关的多媒体文字、图片、三维动画以及录像。

2. 应用子系统

包括数据预处理、空间数据库管理与维护、数据查询与检索功能、图形和属性编辑、几何坐标、结果输出等功能模块。

3. 系统管理子系统

它支撑整个系统的运行。整个系统按内部网络和外部站点服务系统建设,内部局域网设置由 GIS 服务器和 WEB 服务器构成数据中心,各职能部门配置服务终端并与数据中心相连。

三、"数字公路"的系统服务功能

1. 数据预处理功能

(1)属性、统计数据的预处理,包括为道路交通属性添加空间编码,自动连接已建立的交通文档数据库,以及交通部门已有数据库的数据连接和纳入。

(2)图形数据的预处理和格式转换,包括多种地图数据源(Arc/Info、AutoCAD)以及 GNSS 测量数据等。

2. 空间数据库管理与维护功能

数据更新、数据一致性和安全控制,以及系统维护。

3. 数据查询与检索功能

(1)从图形查询属性(即从图查数)

可从屏幕上显示的地图内容和空间图形查询属性和统计数据。例如,用鼠标指点某交通附属物的定位符号、道路或交通管区(实体),即可弹出简表方式显示实体的有关信息,并可进一步定向查询详细信息,如有必要还可以显示相关图片、视频等多媒体信息。主要包括:道路查询,高速公路信息查询,公路沿线的收费站、服务区、立交桥的查询,公路网分布特征与规格等级的查询及其他相关背景资料的查询等。

(2)从属性查询图形(即从数查图)

可根据数据库内容指定某属性,或设定多种属性查询条件,系统会自动筛选过滤出最终结果并显示(或闪烁)相应的空间图形、位置和相关信息。在实体信息简表中,指定某个实体,系统将该实体所在图幅调至屏幕上,并以高亮方式显示该实体。

(3)空间结构化查询(Structured Query Langnage,SQL)

可同时满足多种条件的复合和复杂查询。

4. 图形和属性编辑功能

(1)图形元素和属性的增、删、改。

(2)坐标变换和图幅接边。

(3)一致性检查。

(4)CSGO 坐标几何,查看行车里程,测量路线长度等功能。

5. 结果输出功能

(1)结果图形的硬拷贝(打印或绘图)。

(2)屏幕显示:地图缩放、开窗、漫游、多窗口显示、多层次专题任意组合显示。

(3)文件输出:打印输出符合要求的标准格式的报表和实时报表。

(4)图文拼版输出。

6. 道路建设全过程管理

通过软件的连接,完成道路建设的前期工作规划、勘测设计、施工管理和运营管理等全过程工作。

随着城市公路建设和管理体制的改革,"数字公路"的建设将会极大地提高公路建设和政府行政管理的公示程度,极大地提高城市公路建设和管理的技术水平。"数字公路"系统的建立,将采用先进的编码和空间拓扑技术,建立有关矢量数据库、影像数据库和属性数据库,实现空间数据与属性数据的连接及空间数据查询、检索、统计、分析,从而直观地反映交通网的状况,为职能部门进行交通道路的科学规划、管理、调度,以及提高整体交通运输质量提供先进的技术手段。

四、建筑信息模型(BIM)数字公路技术

建筑信息模型(BIM)是建立在三维数字技术上,将工程项目的各种相关信息集成到工程数据模型上的技术。一个成熟、合格的 BIM 模型是利用信息数字化和三维可视化的方式对工程项目实体及其特性进行功能描述的综合信息模型。BIM 技术能够进行模型的存储、模型数据的互通、工程数据与 BIM 模型的集成、工程项目全寿命周期分析等诸多功能服务。

由于三维 BIM 技术使用直观的三维模型来表达对象,所有和对象有关的信息都可以作为属性存储进对象中,因此,配以数据库后 BIM 模型的信息存储与表达是没有数量和种类的限制的,同时支持检索也大大加快了信息获取速度。BIM 使用一个文件代替数量繁多的二维图纸,解决了不同专业、不同阶段图纸收集整理的麻烦。BIM 模型中的对象模拟了真实结构间的拓扑关系,并作为所有信息的集合载体,可以根据需求利用二次开发实现各种功能。一种常用的用法是将 BIM 作为虚拟化传感器的载体,利用 BIM 技术集成种类繁多的传感器的信息,满足运行维护阶段的需求。随着更多的拓展功能出现,BIM 技术相比 CAD 制图的优势也会越来越凸显。

(1) BIM 具有以下五个特点:

①可视化

可视化即"所见所得"的形式,对于建筑行业来说,可视化的真正运用在建筑业的作用是非常大的,例如经常拿到的施工图纸,只是各个构件信息在图纸上的线条绘制表达,但是其真正的构造形式需要建筑业从业人员自行想象。BIM 提供了可视化的思路,将以往的线条式构件形成一种三维的立体实物图形展示在人们的面前。建筑业虽然之前也有设计方面的效果图,但是这种效果图并不含有除构件的大小、位置和颜色以外的其他信息,更缺少不同构件之间的互动性和反馈性。而 BIM 提到的可视化是一种能够形成不同构件互动性和反馈性的可视化,由于整个过程都是可视化的,可视化的结果不仅可以用效果图展示及报表生成,更重要的是,项目设计、建造、运营过程中的沟通、讨论、决策都在可视化的状态下进行。

②协调性

协调是建筑工程实施过程中的重点内容,不管是施工单位,还是业主及设计单位,都在做着协调及配合的工作。一旦项目的实施过程中遇到了问题,就要将各有关人士组织起来开协调会,找各个施工问题发生的原因及解决办法,然后做出变更,做出相应补救措施等来解决问题。在设计时,往往由于各专业设计师之间的沟通不到位,出现各种专业之间的碰撞问题。例如暖通等专业管道在进行布置时,正好遇到梁等构件的设计阻碍管线的布置,像这样的碰撞问题的协调解决就只能在问题出现之后再进行协调。BIM 的协调性服务就可以帮助处理这种问题,也就是说 BIM 建筑信息模型可在建筑物建造前期对各专业的碰撞问题进行协调,生成协调数据,并提供出来。当然,BIM 的协调作用也并不只限于解决各专业间的碰撞问题,它还可以解决例如电梯井布置与其他设计布置及净空要求的协调、防火分区与其他设计布置的协调、地下排水布置与其他设计布置的协调等。

③模拟性

模拟性并不是只能模拟设计的建筑物模型,还可以模拟不能够在真实世界中进行操作的事物。在设计阶段,BIM 可以对设计上需要进行模拟的一些东西进行模拟试验。例如:节能模拟、紧急疏散模拟、日照模拟、热能传导模拟等。在招投标和施工阶段可以进行 4D 模拟(三维模型加项目的发展时间),也就是根据施工的组织设计模拟实际施工,从而确定合理的施工方案来指导施工。同时还可以进行 5D 模拟(基于 4D 模型加造价控制),从而实现成本控制。后期运营阶段可以模拟日常紧急情况的处理方式,例如地震人员逃生模拟及消防人员疏散模拟等。

④优化性

事实上整个设计、施工、运营的过程就是一个不断优化的过程。当然优化和 BIM 也不存在实质性的必然联系,但在 BIM 的基础上可以做更好的优化。优化受三种因素的制约:信息、复杂程度和时间。没有准确的信息,做不出合理的优化结果,BIM 模型提供了建筑物的实际存在信息,包括几何信息、物理信息、规则信息等,还提供了建筑物变化以后的实际存在信息。复杂程度较高时,参与人员本身的能力无法掌握所有的信息,必须借助一定的科学技术和设备的帮助。现代建筑物的复杂程度大多超过参与人员本身的能力极限,BIM 及与其配套的各种优化工具提供了对复杂项目进行优化的可能。

⑤可出图性

BIM 模型不仅能绘制常规的建筑设计图纸及构件加工的图纸,还能通过对建筑物进行可视化展示、协调、模拟、优化,出具各专业图纸及深化图纸,使工程表达更加详细。

(2)建筑信息模型(BIM)主要可用于设计、施工和运营三个方面。

①BIM 应用于设计。将 BIM 模型详细的几何和语义信息结合到 GIS 地理模型中,可以分析多个 BIM 项目之间的空间数据,为空间规划和环境分析提供帮助。将 BIM 与 GIS 的结合系统应用到工程项目中,可以在长距离的大型项目中完整包含很多建筑项目的综合模型与信息,提高了项目之间的合作性。

②BIM 应用于施工。BIM 技术可以结合增强现实(AR)技术,用于施工过程中的缺陷检测、因果分析与管理,可以在施工过程中主动减少缺陷发生,并且可以极大地改善当前建筑行业中的缺陷管理实践。BIM 施工监测系统可以对钢筋混凝土结构的施工信息进行现场捕获和云同步,使各方团队能及时改进决策以确保满足项目可交付成果。

③BIM 应用于运营。BIM 可实现实时可视化和位置跟踪,可以极大减小系统运算时间。道路交通网络 BIM 模型可以收集分析交通事故信息,绘制"交互式事故风险地图"给予运营者反馈。

【复习思考题】

1. 公路网基本特征有哪些?为什么要进行公路路网规划?
2. 道路勘察设计的基本任务是什么?
3. 如何确定道路等级?道路主要等级有哪些?
4. 道路几何设计的主要内容有哪些?如何保证道路几何设计达到最优?
5. 现代道路设计新技术如何应用于道路设计?

讨论:

请结合我国农村、山区及城市的特点,讨论我国公路规划和设计的特点。

第三章 道路路基路面结构

【学习目的与要求】

路基修筑在天然地基之上或由天然路基开挖而成，要求路基具有很好的强度与稳定性。因此，必须深入了解路基的地质与工程特点，确保路基设计满足使用要求。

路面是车辆直接接触的部分，它必须为车辆提供舒适、安全的行车表面，同时要求路面具有良好的耐久性和稳定性。因此，路面设计时必须了解路面材料、气候、交通等外在条件，保证路面设计满足技术合理、经济节约的原则，使其具有良好的稳定性和耐久性。

作为一名道路与桥梁工程师，必须在掌握公路工程地质、土木工程(道路与桥梁)材料、工程力学等课程的基础上，结合"因地制宜、就地取材"的原则，通过技术经济分析，掌握路基路面工程的设计、施工、管理等先进技术，保证路基路面的使用性能。

路基和路面是道路的主要工程结构物。路基是在天然地基表面按照道路的设计线形(位置)和设计横断面(几何尺寸)的要求开挖或堆填而成的岩土结构物。路面是在路基顶面的行车部分用各种混合料铺筑而成的层状结构物。路基是路面结构的基础，是公路工程的主要组成部分，坚强而又稳定的路基为路面结构长期承受汽车荷载提供了重要的保证；而路面结构层的存在又保护了路基，使之避免了直接经受车辆和大气的破坏作用，保证路面处于稳定状态。

路基和路面相辅相成，实际上是不可分离的整体，应综合考虑它们的工程特点，综合解决两者的强度、稳定性和耐久性等工程技术问题。

本章主要讲述路基的基本类型及设计的基本要求，路面的类型，路面设计、施工与管理的基本要求等内容。

第一节　路基路面基本性能要求

为了保证公路与城市道路最大限度地满足车辆运行的要求，提高行车速度，增强安全性和舒适性，降低运输成本和延长道路使用年限，要求道路具有下述基本性能。

1. 承载能力

行驶在路面上的车辆，通过车轮把荷载传给路面，由路面传给路基，在路基路面结构内部产生应力、应变及位移。如果路基路面结构整体或某一组成部分的强度或抗变形能力不足以抵抗这些应力、应变及位移，则路面会出现断裂，路基路面结构会出现沉陷，路面表面会出现波浪或车辙，使路况恶化，服务水平下降。因此，这就要求路基路面结构整体及其各组成部分都具有与行车荷载相适应的承载能力。

结构承载能力是路面结构承受荷载的能力。路面结构应具有足够的强度以抵抗车轮荷载引起的各个部位的各种应力，如压应力、拉应力、剪应力等，使路面各个部位的各种应力维持在规定的范围内，保证路面结构不发生压碎、拉断、剪切等破坏。路基路面整体结构及各个结构层都应具有一定的抵抗变形的能力，使得在车轮荷载作用下不发生过量的变形，保证不发生车辙、沉陷或波浪等病害。

2. 稳定性

在天然地表面建造的道路结构物改变了自然的平衡，在达到新的平衡状态之前，道路结构物处于一种暂时的不稳定状态。新建的路基路面结构暴露在大气之中，经常受到大气温度、降水与湿度变化的影响，结构物的物理力学性质将随之发生变化，处于另外一种不稳定状态。路基路面结构能否经受这种不稳定状态，而保持工程设计所要求的几何形态及物理力学性质，称为路基路面结构的稳定性。

路基路面结构的稳定性包括路基的整体稳定性和局部稳定性，路面的高温稳定性、低温抗裂性和水稳定性。

在地表上开挖或填筑路基，必然会改变原地面地层结构的受力状态。原来处于稳定状态的地层结构，有可能由于填挖筑路而引起不平衡，导致路基失稳。如在软土地基上修筑高路堤，或者在岩质或土质山坡上开挖深路堑时，有可能由于软土层承载能力不足，或者由于坡体失去支承，而出现路堤沉陷或坡体坍塌破坏。路线如选在不稳定的地层上，则填筑或开挖路基易引发滑坡或坍塌等病害出现。因此，在选线、勘测、设计、施工中应密切注意，并采取必要的工程措施，以确保路基有足够的稳定性。

大气降水使得路基路面结构内部的湿度状态发生变化。低洼地带路基排水不良，长期积水，会使得路基软化，失去承载能力。山坡路基，有时因排水不良，会引发滑坡或边坡滑塌。水泥混凝土路面，如果不能及时将水分排出结构层，会发生唧泥现象，冲刷基层，导致结构层提前破坏。沥青混凝土路面中水分的侵蚀，会引起沥青结构层剥落，结构松散。砂石路面，在雨季时，会因雨水冲刷和渗入结构层而导致强度下降，产生沉陷、松散等病害。因此，防水、排水是确保路基路面稳定的重要方面。

大气温度周期性的变化对路面结构的稳定性也有重要影响。高温季节沥青路面软化,在车轮荷载作用下产生永久性变形。水泥混凝土结构在高温季节因结构变形产生过大的内应力,导致路面压曲破坏。北方冰冻地区,在低温冰冻季节,水泥混凝土路面、沥青路面、半刚性基层均易由于低温收缩产生大量裂缝,最终失去承载能力。在严重冰冻地区,低温引起路基的不稳定是多方面的,低温会引起路基收缩裂缝,地下水源丰富的地区,低温会引起冻胀,路基上面的路面结构也随之发生断裂。春天融冻季节,在交通繁重的路段,有时引发翻浆,路基路面发生严重的破坏。

3. 耐久性

道路工程投资巨大,且一经建成极少变线移位,从规划、设计、施工至建成通车需要较长的时间,对于这样的大型工程都应有较长的使用年限,一般的道路工程使用年限至少数十年。因此,路基路面工程应具有良好的耐久性。

路基路面结构的耐久性是指其在交通荷载和环境因素综合作用下保证其使用寿命的能力。路基路面在车辆荷载的反复作用与大气水温周期性的重复作用下,路面使用性能将逐年下降,强度与刚度将逐年衰变,路面材料的各项性能老化衰变,最终引起路面结构的损坏。至于路基的稳定性也可能在长期经受自然因素的侵袭后,逐年削弱。因此,提高路基路面的耐久性,保持其强度、刚度、几何形态经久耐用,除了精心设计、精心施工、精选材料之外,同样要重视道路运营通车后的养护、维修。

4. 表面平整度

路面表面平整度是影响行车安全、行车舒适性以及运输效益的重要使用性能,特别是高速公路,对路面平整度的要求更高。不平整的路表面会增大行车阻力,并使车辆产生附加的振动作用。这种振动作用会造成行车颠簸,影响行车的速度和安全,降低驾驶的平稳度和乘客的舒适度。同时,振动作用还会对路面施加冲击力,从而加剧路面和汽车机件的损坏和轮胎的磨损,并增大油料的消耗。而且,不平整的路面还会积滞雨水,加速路面的破坏。因此,为了减少振动冲击力,提高行车速度和增进行车舒适性、安全性,路面应保持一定的平整度。

优良的路面平整度,要依靠优良的施工装备、精细的施工工艺、严格的施工质量控制以及经常和及时的养护来保证。同时,路面的平整度与整个路面结构和路基顶面的强度和抗变形能力,结构层所用材料的强度、抗变形能力以及均匀性也有很大关系。强度和抗变形能力差的路基路面结构和面层混合料,经不起车轮荷载的反复作用,极易出现沉陷、车辙和推挤破坏,从而形成不平整的路面表面。

5. 表面抗滑性能

路面表面要求平整,但不宜光滑,汽车在光滑的路面上行驶时,车轮与路面之间缺乏足够的附着力或摩擦力,雨天高速行车、紧急制动或突然启动,以及爬坡、转弯时,车轮易产生空转打滑,致使行车速度降低,油料消耗增多,甚至引起严重的交通事故。通常用摩擦系数表征抗滑性能,摩擦系数小,则抗滑能力低,容易引起滑溜交通事故。对于城市道路的交叉口,由于车辆经常需要制动,一般要求具有较高的抗滑性能。对于高速公路,由于高速车辆在雨天容易产生滑溜或水漂,需要路面有一定的纹理深度,减少车辆在制动时出现的水漂现象。

路面抗滑性能可以通过采用坚硬、耐磨、表面粗糙的粒料组成路面表层材料来实现,有时也可以采用一些工艺措施来实现,如水泥混凝土路面的刷毛或刻槽等。此外,路面上的积雪、浮冰或污泥等,也会降低路面的抗滑性能,必须及时予以清除。

6. 低噪声

城市道路沿线居民或商铺较多,行车噪声对其影响很大。因此,要求城市道路能够采用噪声相对较低的路面结构,满足周边居民、商铺生活或经营的要求。对公路工程,一般只要求经过居民区或重要单位(如学校)附近时采用降噪措施。

第二节 路基横断面及路面结构

一、路基路面横断面形式

路基横断面沿横断面方向由行车道、中间带、硬路肩和土路肩所组成,各部分的宽度与道路等级、设计行车速度等有关。图 3-1 是几种典型的路基横断面。

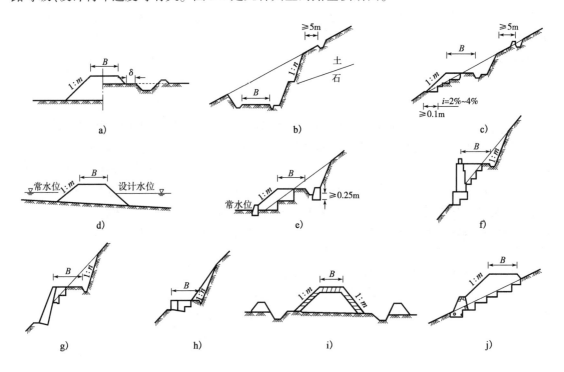

图 3-1 路基典型横断面
a)一般路堤;b)挖方路基;c)半填半挖路堤;d)沿河路堤;e)矮墙路堤;f)挡土墙路基;
g)砌石路基;h)护肩路基;i)护脚路基;j)吹(填)砂(粉煤灰)路基

路面横断面的形式随道路等级的不同,可选择不同的形式,通常分为槽式横断面和全铺式横断面,如图 3-2 所示。

1. 槽式横断面

在路基上按路面行车道及硬路肩设计宽度开挖路槽,保留土路肩,形成浅槽,在槽内直接铺筑而成的路面形式称之为槽式横断面,如图3-2a)所示。也可采用培槽方法,在路基两侧培槽,或采用半填半挖的方法培槽。这种路面横断面由于路肩部分采用不透水的材料填筑,进入路面结构的水将不易被排出路肩外。

2. 全铺式横断面

在路基全部宽度内进行路面铺筑而成的称之为全铺式横断面,如图3-2b)所示。在高等级公路建设中,有时为了将路面结构内部的水分迅速排出,在全宽范围内铺筑基层材料,保证水分由横向排入边沟。有时考虑道路交通的迅速增长,为适应扩建的需要,将硬路肩及土路肩的位置全部按行车道标准铺筑面层。在盛产石料的山区或较窄的路基上,全宽铺筑中低级路面。

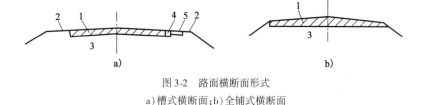

图3-2 路面横断面形式
a)槽式横断面;b)全铺式横断面
1-路面;2-路肩;3-路基;4-路缘石;5-加固路肩

二、路基基本类型

1. 路堤

经填方而形成的路基一般称为路堤。按路堤的填土高度不同,可划分为矮路堤、高路堤和一般路堤。填土高度小于1.5m的属于矮路堤;填土高度大于1.8m(土质)或2.0m(石质)的路堤属于高路堤;填土高度在1.5~1.8m范围内的路堤为一般路堤。随其所处的条件和加固类型的不同,还有浸水路堤、护脚路堤及挖沟填筑路堤等形式,如图3-3所示。

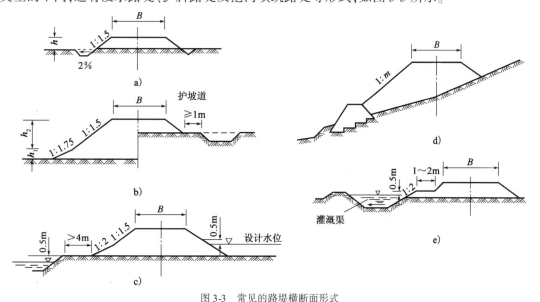

图3-3 常见的路堤横断面形式
a)矮路堤;b)一般路堤;c)浸水路堤;d)护脚路堤;e)挖沟填筑路堤

2. 路堑

一般将经挖方而成的路基称为路堑。常见的几种路堑横断面形式有：全挖路基、台口式路基及半山洞路基，如图3-4所示。挖方边坡可视高度和岩土层情况设置成直线或折线。

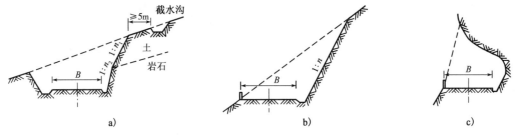

图3-4 常见的路堑横断面形式
a) 全挖路基；b) 台口式路基；c) 半山洞路基

3. 半填半挖路基

部分填筑、部分开挖形成的路基为半填半挖路基，如图3-5所示。一般位于山坡上的路基，通常取路中心的高程接近原地面的高程，以便减少土石方数量，保持土石方数量横向平衡，便采用半填半挖路基。

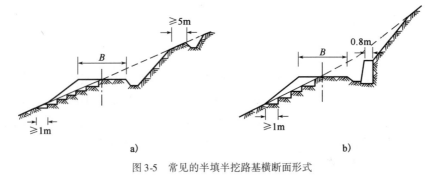

图3-5 常见的半填半挖路基横断面形式
a) 一般填挖路基；b) 矮挡土墙路基

三、路基设计

在工程地质和水文地质条件良好地段修筑的一般路基设计，主要包括以下内容：选择路基断面形式，确定路基宽度与路基高度；选择路堤填料与压实标准；确定边坡形状与坡度；排水结构设计和路基排水系统布置；坡面防护与加固设计；附属设施设计。

路基宽度为行车道宽度及其两侧路肩宽度之和，当设有中间带、加（减）速车道、爬坡车道、紧急停车带、错车道等时，应计入这部分的宽度。路面宽度根据设计通行能力及交通量大小而定，一般每个车道宽度为3.50~3.75m。技术等级高的公路及城镇近郊的一般公路，路肩宽度尽可能增大，一般取1~3m，并铺筑硬质路肩，以保证路面行车不受干扰。各级公路路基宽度按现行《公路工程技术标准》（JTG B01）的规定进行设计。

路基高度是指路堤的填筑高度和路堑的开挖深度，是路基设计高程和地面中心线高程之差。路基的填挖高度是在路线纵断面设计时，综合考虑路线纵坡要求、路基稳定性和工程经济等因素确定的。从路基的强度和稳定性要求出发，路基上部土层应处于干燥或中湿状态，应根据临界高度并结合公路沿线具体条件和排水及防护措施确定路堤的最小填土高度。

路基边坡坡度对路基稳定十分重要,确定路基边坡坡度是路基设计的重要任务。公路路基的边坡坡度,可用边坡高度 H 与边坡宽度 b 的比值表示,通常用 $1:n$ 表示其坡率,称为边坡坡率。如图3-6所示,$H:b=1:0.5$(路堑边坡)或 $1:1.5$(路堤边坡),路基边坡坡度的大小,取决于边坡的土质、岩石的性质及水文地质条件等自然因素和边坡的高度。在陡坡或填挖较大的路段,边坡稳定不仅影响土石方工程量和施工的难易,而且是路基整体稳定性的关键。因此,确定边坡坡度对于路基的稳定性和工程的经济合理性至关重要。

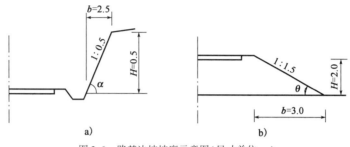

图3-6 路基边坡坡度示意图(尺寸单位:m)
a)路堑;b)路堤

四、路拱横坡度

为了保证路表雨水的及时排出,减少雨水对路面的浸润和渗透,减弱路面结构强度,路面表面应做成直线形或抛物线形的路拱。等级高的路面,平整度和水稳定性较好,透水性也小,通常采用直线形路拱和较小的路拱横坡度。等级低的路面,为了有利于迅速排除路表积水,一般采用抛物线形路拱和较大的路拱横坡度。路拱坡度设置主要考虑路面排水的要求,路面越粗糙,要求路拱坡度越大;但路拱坡度过大对行车不利,故应限制在一定范围内,表3-1列出了各种不同类型路面的路拱平均横坡度。

路 拱 横 坡 度   表3-1

路 面 类 型	路拱坡度(%)
沥青混凝土、水泥混凝土	1~2
其他沥青路面	1.5~2.5
半整齐石块	2~3
碎、砾石等粒料路面	2.5~3.5
低级路面	3~4

选择路拱横坡度,应充分考虑有利于行车平稳和有利于横向排水两方面的要求。在干旱和有积雪、浮冰地区,应采用低值,多雨地区采用高值。当道路纵坡较大或路面较宽,行车速度较高,交通量和车辆载重较大,或常有拖挂汽车行驶时,应采用平均横坡度的低值;反之则应取用高值。

高速公路和一级公路设有中央分隔带。通常采用两种方式布置路拱横断面。若分隔带未设置排水设施,则做成中间高、两侧低的路拱,由单向横坡向路肩方向排水。若分隔带设置排水设施,则两侧路面分别单独做成中间高、两边低的路拱,向中间排水设施和路肩两个方向排水。

路肩横坡度一般较路面横坡大1%。但是高速公路和一级公路的硬路肩采用与路面行车道相同的结构时,应采用与路面行车道相同的路面横坡度。

五、路面结构分层及层位功能

行车荷载和自然因素对路面的影响,随深度的增加而逐渐减弱(图3-7和图3-8),对路面材料的强度、抗变形能力和稳定性的要求也随深度的增加而逐渐降低。为了适应这一特点,路面结构通常分层铺筑,按照使用要求、受力状况、土基支承条件和自然因素影响程度的不同,分成若干层次。通常按照各个层位功能的不同,路面结构一般由面层、基层、底基层组成(图3-9)。必要时设置功能层作为介于土基与基层之间温度和湿度的过渡层。各级公路在需要设置功能层时,一般可采用水稳性好的粗粒料或各种稳定类材料铺筑。

图3-7 沥青路面结构和受力特点

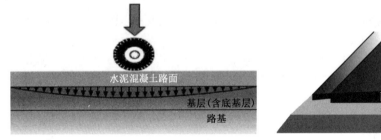

图3-8 水泥混凝土路面结构和受力特点

图3-9 路面结构剖面图

1. 面层

面层是直接同车轮和大气接触的表面层,它承受较大的行车荷载垂直力、水平力和冲击力的作用,同时还受到降水的侵蚀和气温变化的影响。因此,同其他结构层相比,面层应具备较高的结构强度和抗变形能力,较好的水稳定性和温度稳定性,而且应当耐磨,不透水,其表面还应有良好的抗滑性和平整度。

修筑面层所用的材料主要有:水泥混凝土、沥青混凝土、沥青碎(砾)石混合料、砂砾或碎石掺土或不掺土的混合料以及块料等。

沥青面层有时分两层、三层或更多的层次铺筑,如高速公路沥青面层总厚度一般在18~20cm时,可分为上、中、下三层或更多的层次铺筑,并根据各分层的要求采用不同的级配类型。

水泥混凝土路面一般分一层或二层铺筑。也有在水泥混凝土路面或连续配筋水泥混凝土上加铺 4~10cm 厚沥青混凝土这样的复合式结构。砂石路面上所铺的 2~3cm 厚的磨耗层或 1cm 厚的保护层,以及厚度不超过 1cm 的简易沥青表面处治,不能作为一个独立的层次,应看做是面层的一部分。

2. 基层

基层主要承受由面层传来的车辆荷载的垂直力,并扩散到下面的垫层和土基中去。基层是路面结构中的承重层,它应具有一定的强度和刚度,并具有良好扩散应力的能力和抗疲劳性能。基层遭受大气因素的影响虽然比面层小,但是仍然有可能经受地下水和通过面层渗入雨水的侵蚀,所以基层结构应具有足够的水稳定性。基层表面虽不直接供车辆行驶,但仍然要求有较好的平整度,这是保证面层平整度的基本条件。

高速公路、一级公路基层,一般采用水泥混凝土、水泥稳定粒料、石灰粉煤灰稳定粒料、沥青混合料(包括密级配沥青混凝土 AC、沥青稳定粒料 ATB、排水型沥青混凝土 ATPB、富油沥青疲劳层)以及级配碎(砾)石等材料铺筑。高速公路、一级公路底基层,二级及二级以下公路基层和底基层,除上述类型材料外,也可采用水泥稳定土、石灰稳定土、石灰粉煤灰稳定土、石灰工业废渣、填隙碎石等或其他适宜的当地材料铺筑。

基层厚度太厚时,为保证工程质量,可分为两层、三层或更多的层次铺筑。当采用不同材料修筑基层时,基层的最下层称为底基层,对底基层材料质量的要求可以适当降低,可使用当地材料来修筑。

沥青混凝土路面必须采取措施保证沥青层与沥青层、沥青层与无机结合料稳定材料基层之间具有良好的黏结状态,增加材料的整体疲劳寿命。

水泥混凝土路面与基层之间,也应设置水稳定性好的黏结层,减少由于水的作用而产生的水泥混凝土路面与基层之间的唧泥现象。

3. 功能层

为保证面层和基层不受路基水温状况变化所造成的不良影响,必要时应设置功能层,它的主要功能是加强路面结构层之间的联结、改善路基的湿度和温度状况。

修筑功能层的材料,强度要求不一定高,但水稳定性和隔温性能要好。常用的功能层材料有:松散粒料(如粗砂、砂砾、碎石等)组成的透水性材料层或防冻层;用水泥或石灰稳定土等修筑的稳定类材料层;还有沥青或乳化沥青封层、黏层、透层及应力吸收层。

六、路面的分类

路面类型可以从不同角度来划分,一般都按面层所用的材料区分,如水泥混凝土路面、沥青路面、砂石路面等。但是在工程设计中,主要从路面结构力学特性的相似性出发,可以将路面结构划分为柔性路面(沥青混凝土路面)、复合式路面和刚性路面三类。根据基层材料类型及组合的不同,又可以将沥青混凝土路面划分为柔性基层沥青路面、无机结合料稳定材料基层沥青路面、刚性基层沥青路面、组合式基层沥青路面。国外一般将水泥混凝土路面和沥青混凝土路面称为有铺装路面;表面处治、沥青碎石、沥青贯入式路面称为简易铺装路面;砂石路面等归入未铺装路面。砂石路面是以砂、石为骨料,以土、水、灰为结合料,通过一定的配合比铺筑而成的路面,包括级配砂(砾)石路面、泥结碎石路面、水结碎石路面、填隙碎石路面及其他粒料路面。

1. 沥青路面

(1) 柔性基层沥青路面

柔性基层主要包括各种未经处理的粒料基层或块石层和各类沥青处治粒料层。柔性基层沥青路面的总体结构刚度较小，在车辆荷载作用之下产生的弯沉变形较无机结合料稳定材料基层沥青路面大。虽然路面结构某一层的抗弯拉强度较低，但通过合理的结构组合和厚度设计可以保证路面结构整体具有很强的抵抗荷载作用的能力，同时通过各结构层将车辆荷载传递给土基，使土基承受一定范围内的单位压力。路面结构主要靠基层材料的抗压强度和抗剪强度承受车辆荷载的作用。

(2) 无机结合料稳定材料基层沥青路面

无机结合料稳定材料基层是指用水泥、石灰等无机结合料处治的土或碎(砾)石及含有水硬性结合料的工业废渣修筑的基层，在前期具有柔性基层的力学性质，后期的强度和刚度有较大幅度的增长，但是最终的强度和刚度仍远小于水泥混凝土。由于这种材料的刚性处于柔性基层与刚性基层之间，因此把这种基层和铺筑在它上面的沥青面层也称为半刚性基层沥青路面。

(3) 刚性基层沥青路面

刚性基层沥青路面是以水泥混凝土[包括普通混凝土、钢筋混凝土(RCP)、连续配筋混凝土(CRCP)、钢纤维混凝土、预应力混凝土、装配式混凝土、碾压混凝土]为基层，沥青混凝土做面层的路面结构。水泥混凝土具有强度高、稳定性好等特点，沥青混凝土具有行车舒适、噪声小的特点，这种复合式路面可以避免各自的缺点，具有良好的使用性能和耐久性。普通混凝土、钢筋混凝土(RCP)基层沥青路面由于接缝处的反射裂缝，对使用性能有一定的影响；连续配筋混凝土基层(CRCP)沥青混凝土路面由于连续的配筋将水泥混凝土的裂缝宽度约束在一定的范围内(一般要求小于1mm)，故其有良好的使用性能和耐久性，但应注意采取相应措施保证沥青层与沥青层、沥青层与水泥混凝土层之间保持良好的黏结状态。

(4) 组合式基层沥青路面

沥青路面的基层含有无机结合料稳定材料、水泥混凝土材料等刚度较大或相对较大的材料，但是在沥青层与刚度相对较大的材料之间夹有柔性材料的路面结构，称之为组合式基层路面结构，如沥青混凝土层＋级配碎石＋无机结合料稳定材料层的路面结构，沥青混凝土层＋级配碎石＋普通水泥混凝土材料层的路面结构，沥青混凝土层＋级配碎石＋碾压式水泥混凝土材料层的路面结构等。

2. 水泥混凝土路面

水泥混凝土路面主要指用水泥混凝土[包括普通混凝土、钢筋混凝土(RCP)、连续配筋混凝土(CRCP)、钢纤维混凝土、预应力混凝土、装配式混凝土、碾压混凝土]作面层的路面结构。水泥混凝土的强度高，与其他筑路材料比较，它的抗弯拉强度高，并且有较高的弹性模量，故呈现出较大的刚性，在车辆荷载作用下，水泥混凝土结构层处于板体工作状态，竖向弯沉较小，路面结构主要靠水泥混凝土板的抗弯拉强度承受车辆荷载。通过板体的扩散分布作用，传递给基础上的单位压力较柔性路面小得多。水泥混凝土路面的三种结构形式如图3-10所示。

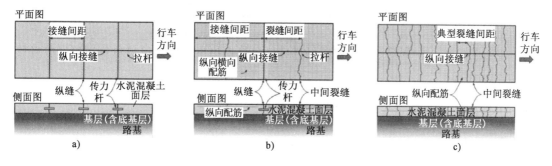

图 3-10 水泥混凝土路面三种结构形式
a) 普通混凝土路面;b) 配筋混凝土路面;c) 连续配筋混凝土路面

第三节 路面结构组合设计

路面组合设计的任务就是:合理选择和安排各结构层(各层选用材料和厚度),使整个路面结构,不但能承受设计年限内交通荷载的反复作用,而且还能保证良好的路面使用性能和状态。

一、沥青路面组合设计

1. 沥青路面结构组合设计原则

根据理论分析和多年的使用经验,在路面结构组合设计中要遵循下列原则。

(1)适应行车荷载作用的要求

作用在路面上的行车荷载,通常包括垂直力和水平力。路面在垂直力作用下,内部产生的应力和应变随深度向下而递减。水平力作用产生的应力和应变,随深度递减的速率更快。路面面层还同时承受车轮的磨耗作用,因此,要求路面面层具有足够的强度和抗变形能力。在进行路面结构组合设计时,各层应根据结构层的实际受力状态(图3-11),从抗车辙、抗滑、抗疲劳等方面选定合适的材料类型,以使各结构层材料的效能得到充分发挥。沥青路面各层底面的应力状态与各层之间的连续状态有关,当出现层间滑动时,必须验算其弯拉疲劳的使用寿命。

按照这种原则,结构层的层数越多,越能体现强度和刚度沿深度递减的规律。但就施工工艺、材料规格和强度形成原理而言,层数又不宜过多,即不能使结构层厚度过小。适宜的结构层厚度需结合材料供应、施工工艺确定,从强度要求和造价考虑,宜上而下由薄到厚。

沥青面层厚度与公路等级、交通量及组成、沥青品种和质量有关,设计时应根据公路等级、交通量大小、重车所占的比例、选用沥青质量等因素,综合考虑确定沥青层厚度。基层、底基层厚度,应根据交通量大小、材料力学性能和扩散应力的效果,有利发挥压实机具的功能以及有利于施工等因素选择各结构层的厚度。河南省交通厅与东南大学曾联合进行沥青面层合理厚度的研究,提出沥青面层的厚度除与道路的承载能力有关外,还与温度开裂、容许车辙深度等有关,由此提出了不同交通量、不同温度条件下对应的面层厚度建议值。

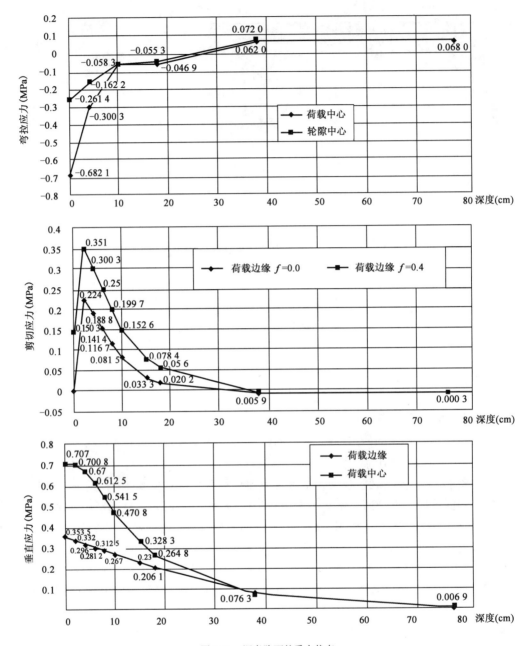

图 3-11 沥青路面的受力状态

沥青路面相邻结构层材料的模量比对路面结构的应力分布有显著影响,是合理确定结构层层数、选定适宜结构层材料的重要考虑因素。选用各结构层间模量逐渐递减的材料组合,层间适当的模量比,可使结构层受力更合理。

(2) 在各种自然因素作用下稳定性好

如何保证沥青路面的水稳性、高温稳定性、低温抗裂性,是路面结构层选择与组合需要解决的重要问题。

在潮湿和某些中湿路段上修筑沥青路面时,由于沥青层不透气,使路基和基层中水分蒸发的通路被隔断，从而向基层积聚。如果基层材料中含细颗粒多（如泥结碎石、级配砾石），遇水变软，强度和刚度急剧下降，就会导致基层唧泥、路面开裂破坏。所以，沥青路面的基层一般应选择水稳性好的材料，在潮湿路段及中湿路段尤其应该如此。

在季节性冰冻地区，当冻深较大，路基土为易冻胀土时，常常产生冻胀和翻浆。在这种路段上，路面结构中应设置防止冻胀和翻浆的垫层。路面总厚度的确定，除满足强度要求外，还应满足防冻厚度的要求，以避免在路基内出现较厚的聚冰带，防止产生导致路面开裂的不均匀冻胀。防冻的厚度与路基潮湿类型、路基土类、道路冻深以及路面结构层材料热物理性能有关。如按强度计算的路面总厚度小于防冻厚度规定时，应增设或加厚垫层使路面总厚度达到要求。

在冰冻地区和气候干燥地区，无机结合料稳定土（粒料）基层产生的收缩裂缝是目前半刚性基层沥青路面的质量通病之一。如果沥青面层直接铺筑其上，会导致面层出现反射裂缝，为此建议在其间加设一层粒料或优质沥青稳定材料层，或者适当加厚面层。

（3）考虑结构层的特点

路面结构层通常是用密实级配嵌挤以及形成板体等方式构成的。因而，如何构成具有要求强度和刚度并且稳定的结构层，是设计和施工都必须注意的问题。影响结构层构成的因素，除材料选择、施工工艺之外，路面结构组合也十分重要。为了保证路面结构的整体性和结构层之间应力传递的连续性，应采取措施使结构层之间结合紧密稳定。例如，沥青面层不能直接铺筑在铺砌片石基层上，而应在其间加设碎石过渡层，否则铺砌片石不平稳或片石可能的松动都会反映到沥青面层上，造成面层不平整甚至沉陷开裂。这类片石也不能直接铺在软弱的路基上，而应在其间铺粒料层。又如，沥青混凝土或热拌沥青碎石之类的高级面层与粒料基层或稳定土基层之间应铺设沥青稳定碎石，并保证有一定的厚度，以提高其抗疲劳性能。

在进行路面设计时，要按照面层密实、耐久、抗滑，基层坚实，土基稳定的要求，贯彻因地制宜、合理选材、方便施工、利于养护的原则以及上述结构组合原则，结合当地经验拟定几种路面结构方案，进行分析比较，并优先选用便于机械化施工和质量管理的方案，做到技术先进、经济合理。

2.沥青路面典型结构组合

路面结构组合的选择需要充分考虑各种路面结构组合的材料特性和结构特性、主要损坏类型及性能衰变规律。不同结构组合的沥青路面主要损坏类型见表3-2。

沥青路面主要损坏类型　　　　　　　　　　　　　　　　　　　表3-2

结构类型	粒料类基层沥青路面 底基层采用粒料的沥青结合料类基层沥青路面			无机结合料稳定类基层沥青路面 底基层采用无机结合料稳定材料的沥青结合料类基层沥青路面	
沥青混合料层厚度（mm）	≥150	150~50	≤50	≥150	<150
主要损坏类型	沥青混合料层永久变形、疲劳开裂	沥青混合料层疲劳开裂、永久变形	车辙	车辙、基层疲劳开裂、面层反射裂缝	基层疲劳开裂、面层反射裂缝
季冻地区	面层低温开裂				

沥青路面结构类型可按照基层材料性质分为无机结合料稳定类基层沥青路面[图3-12a)]、粒料类基层沥青路面、沥青结合料类基层沥青路面和水泥混凝土基层沥青路面[图3-12b)]四类。无机结合料稳定类基层沥青路面适用于各种交通荷载等级,粒料类基层沥青路面适用于重及重以下交通荷载等级,沥青结合料类基层沥青路面适用于各种交通荷载等级,水泥混凝土基层沥青路面适用于重及重以上交通荷载等级。路基湿度状态为中湿或潮湿时,宜采用粒料类底基层或设置粒料类路基改善层。

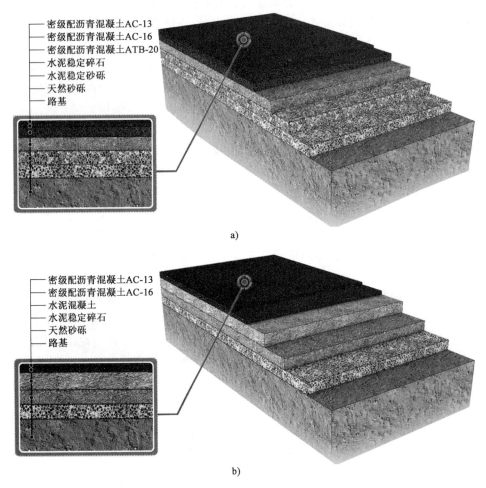

图3-12 沥青路面典型结构组合
a) 无机结合料稳定类基层沥青路面; b) 水泥混凝土基层沥青路面

(1) 无机结合料稳定类基层沥青路面承载能力高,适应于各种交通荷载等级,主要病害是无机结合料稳定层疲劳开裂和面层反射裂缝,反射裂缝处雨水、雪水渗入后容易出现唧泥、基层脱空等损坏。采用粒料底基层,或设置粒料类路基改善层等,可减轻反射裂缝处的唧泥、脱空。选用抗裂性能好的无机结合料稳定材料,增加沥青混合料层厚度,设置具有吸收应力或加筋作用的功能层可以起到减少或延缓反射裂缝的作用。

(2) 粒料类基层沥青路面无反射裂缝问题,但沥青面层承受更大的弯拉作用,沥青面层疲劳是主要损坏指标。此外,此类结构沥青面层、粒料层和路基都可能产生永久变形,需重点关注路面车辙问题。

（3）沥青结合料类基层沥青路面适用各种交通荷载等级。底基层采用无机结合料稳定类材料时，性能类似于无机结合料稳定类基层沥青路面，由于沥青混合料层较厚，路面承载能力更强，且具有更好的延缓反射裂缝能力。底基层采用粒料类材料时，性能类似于粒料类基层沥青路面。

（4）水泥混凝土基层沥青路面具有较高承载能力，适用于重及重以上交通荷载等级公路。除水泥混凝土路面常见损坏外，此类路面结构主要病害是水泥混凝土板接缝处沥青面层反射裂缝和沥青面层永久变形。

多雨地区的无机结合料稳定类基层和水泥混凝土基层沥青路面，路面出现反射裂缝后易发展为唧泥、脱空等病害，从而加速路面状况恶化。有必要采取如在无机结合料稳定类基层或水泥混凝土基层下方铺设粒料排水层或设置粒料类路基改善层等措施，减少唧泥、脱空损坏。

选定结构组合类型后，可根据交通荷载等级参照表（表3-3～表3-8）初选各结构层厚度。结构层厚度应根据交通荷载等级、路基承载能力等因素选择。交通荷载等级高、路基承载能力弱时宜取靠近高限的厚度或参照高一个交通荷载等级的路面厚度范围，反之可靠近低限取值或参照低一个交通荷载等级的路面厚度范围。

无机结合料稳定类基层（粒料类底基层）路面厚度范围（mm） 表3-3

交通荷载等级	极重、特重	重	中等	轻
沥青面层	250～150	250～150	200～100	150～20
基层（无机结合料稳定类）	600～350	550～300	500～250	450～150
底基层（粒料类）	200～150			

无机结合料稳定类基层（无机结合料稳定类底基层）路面厚度范围（mm） 表3-4

交通荷载等级	极重、特重	重	中等	轻
沥青面层	250～120	250～100	200～100	150～20
基层（无机结合料稳定类）	500～250	450～200	400～150	500～200
底基层（无机结合料稳定类）	200～150			

粒料类基层（粒料类底基层）路面厚度范围（mm） 表3-5

交通荷载等级	重	中等	轻
沥青面层	350～200	300～150	200～100
基层（粒料类）	450～350	400～300	350～250
底基层（粒料类）	200～150		

沥青结合料类基层（粒料类底基层）路面厚度范围（mm） 表3-6

交通荷载等级	重	中等	轻
沥青面层	150～120	120～100	80～40
基层（沥青结合料类）	250～200	220～180	200～120
底基层（粒料类）	400～300	400～300	350～250

沥青结合料类基层(无机结合料稳定类底基层)路面厚度范围(mm)　　　　表3-7

交通荷载等级	极重、特重	重	中等	轻
沥青面层	120~100	120~100	100~80	80~40
基层(沥青结合料类)	180~120	150~100	150~100	100~80
底基层(无机结合料稳定类)	600~300	600~300	550~250	450~200

沥青结合料类基层(粒料类+无机结合料类底基层)路面厚度范围(mm)　　　　表3-8

交通荷载等级	极重、特重	重	中等	轻
沥青面层	120~100	120~100	100~80	80~40
基层(沥青结合料类)	240~160	180~120	160~100	100~80
底基层(粒料类)	200~150	200~150	200~150	250~150
底基层(无机结合料类)	400~200	400~200	350~200	250~150

二、水泥混凝土路面组合设计

由于水泥混凝土路面板具有较高的承载和扩散荷载的能力,因此,对各结构层次的要求也与沥青类路面有较大区别。

(1)满足交通荷载的要求

在行车荷载的作用下,混凝土路面内会产生荷载应力。荷载应力大小与轴载重量、基层顶面支撑情况等因素有关。随着交通繁重程度的增加,对水泥混凝土面层下的基层和垫层的刚度要求会逐渐提高,以避免出现过量的塑性变形,引起板底脱空和导致混凝土板因应力过大而发生断裂破坏。

(2)在各种环境条件下稳定性好

保持水泥混凝土路面的水稳性,是结构层选择与组合需要解决的重要问题。水泥混凝土路面由于接缝的存在,雨水、路表水等极易沿板边下渗,因此要求基层材料应具有良好的水稳性,如采用贫混凝土、水泥稳定土或粒料等。

在潮湿和某些中湿的路段,由于地下水位较高,土质不良的路基易出现不均匀冻胀或体积变形,这对混凝土面层会产生不利影响。因此,在水温状况不良的路段上,应设置隔水性能好的垫层,并选择水稳性好的材料作基层。石灰稳定细粒材料遇水(下渗水、毛细水等)后,强度会降低,特别是冻融循环的作用下,其强度会随时间明显衰减,因而在水温状况不良的路段上,不宜采用石灰土作基层和垫层。

在季节性冰冻地区的中湿、潮湿路段上,为保证混凝土板不产生冻胀和错台等现象,路面结构组合设计中,应考虑设置防止冻胀和翻浆的垫层。此时路面总厚度的确定,除需满足强度要求外,还应满足防冻厚度要求,以避免由于路基不均匀冻胀对混凝土路面产生不良影响。如果按强度计算的路面总厚度小于规定值,应增设或加厚垫层,使路面总厚度达到要求。对于干燥路段,由于土体含水率较少,土的孔隙较大,路面设计可不考虑冻胀的影响,以避免造成经济上的浪费;而对于过湿路基,必须先作处理,视处理后的情况并结合当地的使用经验,进行抗冻层厚度设计。

(3)考虑结构层的特点

为适应交通荷载的反复作用,保证路面使用质量和寿命,根据国内外经验,水泥混凝土板最小厚度为18cm,基层、垫层厚度不得小于15cm,但也不宜太厚,特别是粒料基层,应注意避免本身的固结变形过大和不经济。

在开山路段,石质基层强度足够的情况下,或原有路面满足水泥混凝土板对基层刚度的要求时,可不设基层,但需要检查其顶面平整度。若符合要求,可直接在其上浇筑混凝土板,若平整度达不到要求,要设置6~10cm的整平层。

总之,在进行水泥混凝土路面结构组合设计时,应将混凝土路面的混凝土板、基层、垫层、土基作为整体考虑,按照"加强基层,改善面层,延长使用寿命,减少破坏"的要求,合理选择各层的材料及厚度,达到充分发挥各自作用的目的。

第四节 土木工程材料

土木工程材料是指在土木工程中所使用的各种材料及其制品的总称。它是一切土木工程的物质基础。由于组成、结构和构造不同,土木工程材料品种繁多,性能也各不相同,在土木工程中的功能各异,价格相差悬殊。道路与桥梁工程用的建筑材料主要有砂石材料、无机结合料(水泥)及其制品(水泥混凝土)、有机结合料及其混合料、钢材及其他新型建筑材料。

一、砂石材料

砂石材料是道路与桥梁建筑中用量最大的一种建筑材料,按照用途不同,砂石材料可分为石料、集料和矿质混合料。

石材有天然形成和人工制造两大类。由开采的天然岩石经过(或不经过)加工而成的材料称为天然石材。我国有丰富的天然石材资源,可用于工程的天然石材几乎遍布全国。致密的块体石材常用于砌筑基础、桥涵挡土墙、护坡、沟渠与隧道衬砌等;散粒石材(如碎石、砾石、砂等)广泛用作混凝土集料、道渣和筑路材料等;轻质多孔的块体石材常用作墙体材料;粒状石材可用作轻混凝土的集料。天然石材由于具有抗压强度高、耐久性和耐磨性良好、资源分布广,便于就地取材等优点而被广泛应用。但岩石的性质较脆,抗拉强度较低,表观密度大,硬度高,开采和加工比较困难。人造石材是由无机或有机胶结料、矿物质原料及各种外加剂配制而成,例如人造大理石、花岗石等。

1. 岩石

岩石是由各种不同的地质作用所形成的天然固态矿物的集合体。矿物是在地壳中受各种不同地质作用所形成的,具有一定化学组成和物理性质的单质或化合物。目前,已发现的矿物有3 300多种,绝大多数是固态无机物,其中主要造岩矿物有30多种。由单一矿物组成的岩石叫单矿岩;由两种或更多种矿物组成的岩石叫多矿岩。例如,石灰岩是主要由方解石矿物组成的单矿岩;花岗岩是由长石、石英、云母等几种矿物组成的多矿岩。按地质分类法,天然岩石可以分为岩浆岩、沉积岩、变质岩三大类。

2. 集料及集料的技术性质

集料(Aggregate)是混合料中起骨架和填充作用的粒料,包括碎石、砾石、石屑、砂等。不同粒径的集料在水泥(或沥青)混合料中所起的作用不同,因此对它们的技术要求不同。为此将集料分为细集料和粗集料。在沥青混合料中,凡粒径小于 2.36mm 者称为细集料(Fine aggregate);在水泥混凝土中,凡粒径小于 4.75mm 者称为细集料。在沥青混合料中,凡粒径大于 2.36mm 者称为粗集料(Coarse aggregate);在水泥混凝土中,凡粒径大于 4.75mm 者称为粗集料。集料的物理、力学、化学性质对沥青混凝土或水泥混凝土有较大的影响。

集料的技术性质包括:集料的密度(Density)、集料的级配(Gradation)、集料的坚固性(Soundness)、集料压碎值(Aggregate crushing value)、集料磨光值(Aggregate polishing value)、集料冲击值(Aggregate impact value)、集料磨耗值(Aggregate abrasion value)。

二、无机结合料及其制品

在土木工程中最常用到的无机结合料,主要是石灰和水泥。特别是水泥,它与集料配制的水泥混凝土是钢筋混凝土和预应力混凝土结构的主要材料。此外,水泥砂浆是各种圬工结构物砌筑的重要结合料,水泥稳定粒料是路面基层的主要类型之一,水泥混凝土是桥梁和水泥混凝土路面的主要建筑材料。水泥混凝土路面已经成为高速公路、一级公路的主要路面类型之一。

无机结合料稳定材料作为路面底基层或基层的主要材料类型,也已经取得了良好的使用效果。

1. 石灰

生产石灰的原料为石灰石、白云质石灰石或其他含碳酸钙为主的天然原料。将上述的原料加以煅烧,碳酸钙将分解为氧化钙(即生石灰)。

$$CaCO_3 \xrightarrow{900 \sim 1\,000℃} CaO + CO_2 \uparrow$$

由于石灰石致密程度、块体大小、杂质含量不同,为了加速分解,煅烧温度常控制在 $900 \sim 1\,000℃$。生石灰呈块状,也称块灰。由于生产原料中多少含有一些碳酸镁,因而生石灰中还含有次要成分氧化镁。氧化镁含量≤5%的生石灰称钙质石灰,氧化镁含量>5%的称为镁质石灰。镁质石灰熟化较慢,但硬化后强度稍高。由于煅烧时火候不匀,石灰中常含有欠火石灰和过火石灰。欠火石灰中碳酸钙未完全分解;过火石灰的表面有一层深褐色的熔融物。

(1)石灰的特性

石灰与其他胶凝材料相比有如下特性。

①保水性好。生石灰粉或石灰膏与水拌和后熟化生成氢氧化钙(即熟石灰),保持水分不泌出的能力较强,即保水性较好。氢氧化钙颗粒极细(直径约为 $1\mu m$),其表面吸附一层较厚的水膜,由于颗粒数量多,总表面积大,可吸附大量水,这是其保水性好的主要原因。利用这一性质,将它掺入水泥砂浆中,配制成混合砂浆,可以克服水泥砂浆保水性差的缺点。

②凝结硬化慢,强度低。由于空气中的二氧化碳含量低,而且碳化后形成的碳酸钙硬壳阻止了二氧化碳向内部渗透,也阻碍水分向外蒸发,结果使 $CaCO_3$ 和 $Ca(OH)_2$ 结晶体生成量少且缓慢,已硬化的石灰强度很低,以 1:3 配成的石灰砂浆,28d 强度通常只有 $0.2 \sim 0.5$MPa。

③耐水性差。石灰浆体硬化慢,强度低,尚未硬化的石灰浆体处于潮湿环境中,由于石灰中水分不蒸发出去,硬化停止;已硬化的石灰,由于 $Ca(OH)_2$ 易溶于水,因而耐水性差。

④体积收缩大。石灰浆体凝结硬化过程中,蒸发出大量水分,由于毛细管失水收缩,引起体积紧缩,此收缩变形会使制品开裂,因此石灰不宜单独使用。

(2)石灰的品质要求

生石灰的质量是以石灰中活性氧化钙和氧化镁、过火和欠火石灰及其他杂质含量多少作为主要指标。熟石灰的品质指标,除上述两项外,还要检验其细度大小及含水率。

(3)石灰的应用

石灰在建筑上应用范围很广,常用于组成下列建筑材料和制品。

①石灰乳涂料和砂浆。熟石灰粉或石灰膏掺加大量水,可配成石灰乳涂料,用于内墙及天棚的粉刷。

②灰土和三合土。熟石灰粉与黏土配合称为灰土,再加入砂即成三合土。灰土或三合土经过夯实,可获得一定的强度和耐水性,广泛用作建筑物基础或地面的垫层。

③硅酸盐制品。以石灰(熟石灰粉或磨细的生石灰)与硅质材料(如砂、粉煤灰、火山灰、煤矸石等)为主要原料,经过配料、拌和、成型、养护(常压蒸汽养护或高压蒸汽养护)等工序制得的制品,因其内部的胶凝物质基本上是水化硅酸钙,所以统称为硅酸盐制品。常用的有蒸养粉煤灰砖及砌块,蒸压灰砂砖及砌块等。

应用石灰时应注意存放,块状生石灰放置太久,会吸收空气中的水分熟化成熟石灰粉,再与空气中二氧化碳作用而成为碳酸钙,失去胶结能力。最好存放在封闭严密的仓库中,防潮防水。存期不宜过长,如需长期存放,可熟化成石灰膏后用砂子铺盖防止碳化。石灰在运输时,应尽量用带棚车或用帆布盖好,防止水淋自行熟化,放热过高引起火灾。

2.水泥

水泥是一种应用广泛的胶凝材料,它与石灰、石膏等不同,水泥不仅能在空气中硬化,而且在水中能更好地硬化,保持并继续增长其强度,因此称为水硬性胶凝材料。

水泥是建筑业的基本材料,使用广,用量大,素有"建筑业的粮食"之称。它广泛地应用于国民经济各部门的基本建设之中。因此,水泥工业的发展对保证国家建设计划的顺利进行起着十分重要的作用。

(1)硅酸盐水泥生产过程

生产硅酸盐水泥的原料主要是石灰质原料和黏土质原料。石灰质原料主要提供 CaO,可以采用石灰石、白垩、石灰质凝灰岩等。黏土质原料主要提供 SiO_2、Al_2O_3 及少量 Fe_2O_3,可以采用黏土、页岩等。有时还需配以辅助原料,如铁矿石等。硅酸盐水泥的生产过程如图3-13所示。

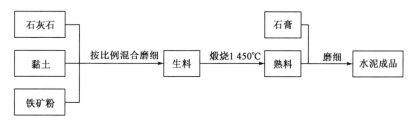

图 3-13 硅酸盐水泥的生产过程

(2)硅酸盐水泥熟料矿物组成

硅酸盐水泥熟料主要矿物的名称和含量范围如下:

①硅酸三钙($3CaO \cdot SiO_2$,简写为 C_3S)含量 36%~60%;

②硅酸二钙($2CaO \cdot SiO_2$,简写为 C_2S)含量 15%~37%;

③铝酸三钙(3CaO·Al$_2$O$_3$,简写为 C$_3$A)含量 7%~15%；

④铁铝酸四钙(4CaO·Al$_2$O$_3$·Fe$_2$O$_3$,简写为 C$_4$AF)含量 10%~18%。

前两种矿物称硅酸盐矿物,一般占总量的 75%~82%。后两种矿物称溶剂矿物,一般占总量的 18%~25%。各种矿物单独与水作用时所表现出的特性见表 3-9。

硅酸盐水泥熟料主要矿物的特性   表 3-9

性能指标		熟料矿物			
		C$_3$S	C$_2$S	C$_3$A	C$_4$AF
水化速率		快	慢	最快	快,仅次于 C$_3$A
凝结硬化速率		快	慢	最快	快
放热量		多	少	最多	中
强度	早期	高	低	低	低
	后期	高	高	低	低

3. 水泥混凝土

水泥混凝土是由胶凝材料、水、粗、细集料及具有特定性能的外加剂或混合料按适当比例配制成的拌合物,经一定时间硬化而成具有一定强度的人造材料。水泥混凝土具有原料丰富,便于施工和浇筑成各种形状、硬化后性能优良、耐久性好、成本低廉、性能调整方便等优点。所以水泥混凝土广泛应用于建筑、道路、桥梁、隧道、港口等众多工程。目前,水泥混凝土仍在向着高强、高性能、复合等方向发展,在 21 世纪水泥混凝土仍作为一种主要的土木工程材料发挥重要作用。

(1) 水泥混凝土的类型

为了适应不同的应用场合,混凝土有不同的性质,相应地具有不同的种类。水泥混凝土的分类方法很多,常见的是根据水泥混凝土表观密度的大小,划分为以下几种。

①重混凝土。表观密度大于 2 600kg/m^3 的混凝土,是采用密度比较大的集料配制而成的,如重晶石混凝土、钢屑混凝土、铁矿石混凝土等。此类混凝土具有不透 X 射线和 γ 射线的性能。

②普通混凝土。表观密度为 1 950~2 500kg/m^3 的混凝土,是用天然的砂、石作集料配制成的。这类混凝土在土木工程中最常用,如房屋及桥梁等承重结构,道路建筑中的路面等。

③轻混凝土。表观密度小于 1 950kg/m^3 的混凝土,它又可以分为三类：

a) 轻集料混凝土,其表观密度范围为 800~1 950kg/m^3,是用轻集料如浮石、火山渣、陶粒、膨胀珍珠岩、膨胀矿渣、煤渣等配制而成。

b) 多孔混凝土,其表现密度范围为 300~1 000kg/m^3,如泡沫混凝土、加气混凝土。泡沫混凝土是通过发泡机的发泡系统用机械方式充分发泡,由水泥浆或水泥砂浆与稳定的泡沫制成的。加气混凝土是由水泥、水与发气剂(铝粉等)配制而成的。

c) 大孔混凝土(普通大孔混凝土、轻集料大孔混凝土),其组成中无细集料。普通大孔混凝土的表现密度范围为 1 500~1 900kg/m^3,是用碎石、卵石、重矿渣作集料配制而成的。轻集料大孔混凝土的表现密度范围为 500~1 500kg/m^3,是用陶粒、浮石、碎砖、煤渣等作集料配制而成的。

(2) 新拌水泥混凝土的性质

水泥混凝土在尚未凝结硬化以前,称为新拌混凝土或混凝土拌合物。新拌水泥混凝土是由不同粒径的矿制集料,以及水泥、水和外加剂组成的一种复杂分散系,它具有弹-黏-塑性质,新拌水泥混凝土所应具备的性能,主要是要满足施工要求主要性能指标包括:新拌水泥混凝土的和易性、坍落度、维勃稠度等。

(3) 水泥混凝土的力学性质

水泥混凝土的力学性能主要包括强度和变形两方面。

强度是水泥混凝土硬化后的主要力学性能,并且与其他性质关系密切。按我国国家标准《混凝土物理力学性能试验方法标准》(GB/T 50081—2019)规定,混凝土强度有:立方体抗压强度、圆柱体抗压强度、棱柱体轴心抗压强度、抗折强度等。其中,以抗压强度最大,抗拉强度最小(为抗压强度的1/20～1/10)。结构工程上混凝土主要用于承受压力,因此主要选用抗压强度;道路路面工程主要承受抗弯拉作用,因此,主要选用抗弯拉强度。

(4) 水泥混凝土的强度等级

水泥混凝土强度等级是根据"立方体抗压强度标准值"来确定的。强度等级表示方法是用符号"C"(Concrete 的缩写)和"立方体抗压强度标准值"两项内容表示。例如"C30"即表示混凝土立方体抗压强度标准值 $f_{cu,k} = 30\text{MPa}$。

水泥混凝土强度等级是混凝土结构设计时强度计算取值的依据,不同的工程部位常采用不同强度等级的混凝土。目前,我国将普通混凝土强度等级划分为14级:C15、C20、C25、C30、C35、C40、C45、C50、C55、C60、C65、C70、C75 及 C80。

(5) 水泥混凝土的配合比设计

水泥混凝土的配合比是指混凝土中水泥、水、砂、石子四种主要组成材料用量之间的比例关系。常用的表示方法有两种,质量表示法和比例表示法。前者是以每 1m^3 混凝土中各材料的用量(kg)来表示的;后者是以水泥用量为1,表示出各材料用量之间的比例关系,见表3-10。

水泥混凝土配合比表示法 表3-10

组成材料	水泥	水	砂	石
质量表示法	300kg/m³	180kg/m³	720kg/m³	1 200kg/m³
比例表示法	1	0.60	2.40	4.00

组成材料的掺量不同,所配制出的水泥混凝土的性能也明显不同,而不同的应用场合,对水泥混凝土的性能要求也不同。因此,配合比设计的任务,就是根据原材料的技术性能及施工条件,确定出满足工程要求的混凝土各组成材料的用量。

(6) 外加剂

在水泥混凝土拌和时或拌和前掺入的,掺量不大于水泥质量5%(特殊情况除外)并能使水泥混凝土的使用性能得到一定程度改进的物质,称为水泥混凝土外加剂。

根据《混凝土外加剂术语》(GB/T 8075—2017)的规定,混凝土外加剂按其主要功能分为四类:

①改善混凝土拌合物流变性能的外加剂,包括各种减水剂和泵送剂等。

②调节混凝土凝结时间、硬化性能的外加剂,包括缓凝剂、促凝剂和速凝剂等。

③改善混凝土耐久性的外加剂,包括引气剂、防水剂、阻锈剂和矿物外加剂等。

④改善混凝土其他性能的外加剂,包括膨胀剂、防冻剂、着色剂等。

三、有机结合料及其混合料

有机结合料主要是指沥青类材料如石油沥青、煤沥青等,沥青胶结料与不同粒径的集料组配成为沥青混合料,沥青混合料经压实成型后成为沥青混凝土。沥青材料是由一些极其复杂的高分子碳氢化合物和这些碳氢化合物的非金属(氧、硫、氮)衍生物所组成的黑色或黑褐色的固体、半固体或液体混合物。现代高速公路路面绝大部分采用沥青混凝土修筑,沥青混合料是现代路面工程中极为重要的一种建筑材料。

1. 沥青的分类

对于沥青材料的命名和分类,目前世界各国尚未取得统一的认识。现就我国通用的命名和分类简述如下。

沥青按其在自然界中获得的方式,可分为地沥青和焦油沥青两大类。

(1)地沥青:是天然存在的或由石油精制加工得到的沥青材料。按其产源又可分为天然沥青和石油沥青。

天然沥青,是石油在自然条件下,长时间经受地球物理因素作用而形成的产物,我国新疆克拉玛依等地产有天然沥青。

石油沥青,是指石油原油经蒸馏提炼出各种轻质油及润滑油以后的残留物,或将残留物进一步加工得到的产物。

(2)焦油沥青:是利用各种有机物(煤、泥炭、木材等)干馏加工得到的焦油,经再加工而得到的产品。焦油沥青按其加工的有机物名称而命名,如由煤干馏所得的煤焦油,经再加工后得到的沥青,即称为煤沥青。

2. 改性沥青

沥青掺和橡胶、树脂、高分子聚合物、磨细的橡胶粉或其他填料等外掺剂(改性剂),或采取对沥青轻度氧化加工等措施,使沥青或沥青混合料的性能得以改善而制成的沥青结合料称改性沥青。改性沥青主要有聚合物改性沥青、环氧改性沥青、多级沥青等。

3. 沥青的性质和技术标准

道路工程所要求的沥青技术性质主要有:黏滞性(黏性)、温度敏感性、延展性、黏附性、稳定性、施工安全性等。

根据我国《公路沥青路面施工技术规范》(JTG F40—2004)规定,将道路石油沥青分为 A、B、C 三级,见表3-11。

道路石油沥青的适用范围　　　　表3-11

沥青等级	适用范围
A级沥青	各个等级的公路,适用于任何场合和层次
B级沥青	高速公路、一级公路沥青下面层及以下的层次,二级及二级以下公路的各个层次; 用作改性沥青、乳化沥青、改性乳化沥青、稀释沥青的基质沥青
C级沥青	三级及三级以下公路的各个层次

沥青的三大性能指标有针入度、延度和软化点,其他性能评价指标还包括针入度指数、60℃黏度及10℃延度等指标。沥青选用以公路所在气候分区为标准,沥青路面采用的沥青标号,宜按照公路等级、气候条件、交通条件、路面类型及在结构层中的层位及受力特点、施工方法等,结合当地的使用经验,经技术论证后确定。对高速公路、一级公路,夏季温度高、高温持续时间长、重载交通、山区及丘陵区上坡路段、服务区、停车场等行车速度慢的路段,尤其是汽车荷载剪应力大的层次,宜采用稠度大、60℃黏度大的沥青,也可提高高温气候分区的温度水平选用沥青等级;对冬季寒冷地区或交通量小的公路、旅游公路,宜选用稠度小、低温延度大的沥青;对日温差、年温差大的地区,宜注意选用针入度指数大的沥青。当高温要求与低温要求发生矛盾时,应优先考虑满足高温性能的要求。

4. 沥青混合料的分类

根据沥青混合料的构成方法不同,沥青混合料可以分成不同的种类,如密级配、开级配、半开级配沥青混合料,具体见表3-12。在现行《公路沥青路面施工技术规范》(JTG F40)中,规定了我国主要的沥青混凝土类型及其适用范围。

5. 连续密级配沥青混凝土

沥青混凝土的高密实度使得它的水稳性好,因此有较强的抗自然侵蚀能力,故寿命长、耐久性好,适合作为现代沥青路面的面层。连续密级配沥青混凝土是我国沥青混合料中的主要类型,也是我国公路工程中使用量最大的一类沥青混合料。沥青混凝土的强度和密实度是一般沥青混合料中最大的,但它们在常温或高温下都具有一定的塑性。

四、钢材

金属材料是一种或两种以上的金属元素或金属与某些非金属元素组成的合金的总称。其特征是不透明,有光泽,比重大,具有较大的延展性,易于加工,导热和导电性能良好,常温下为固态结晶体。

金属材料还具有强度高、弹性模量大、组织均匀密实、可制成各种铸件和型材、能焊接或铆接、便于装配和机械化施工等优点。因此,金属材料不仅是经济建设各部门广泛使用的材料,也是重要的建筑材料之一。尤其近年来,高层、大跨度结构迅速发展,金属材料在建筑工程中的应用越来越多。

沥青混合料的主要类型　　　　表3-12

混合料类型	密级配						开级配			半开级配
	连续级配				间断级配		间断级配			沥青碎石
	AC	ATB	HFM	GA	SMA	ARHM	PA	UBWC	ATPB	
粗粒式	—	ATB-30	—		—		—		ATPB-30	AM-30
	AC-25	ATB-25							ATPB-25	AM-25
中粒式	AC-20	—	EME-20		SMA-20	ARHM-20				AM-20
	AC-16	—	EME-16		SMA-16	ARHM-16	PA-16			AM-16
细粒式	AC-13	—		GA-13	SMA-13	ARHM-13	PA-13	UBWC-13		AM-13
	AC-10	—		GA-10	SMA-10	ARHM-10	PA-10	UBWC-10		AM-10

续上表

混合料类型	密级配						开级配			半开级配
	连续级配				间断级配		间断级配			沥青碎石
	AC	ATB	HFM	GA	SMA	ARHM	PA	UBWC	ATPB	
砂粒式	AC-5	—	—	GA-5	SMA-5	—	PA-5	UBWC-5	—	—
空隙率(%)	3~6	3~6	1~4		3~4	3~5	≥18	≥8	≥18	6~18

金属材料一般分为黑色金属和有色金属两大类。黑色金属是以铁元素为主要成分的铁金属及其合金，钢和铁是铁碳合金，钢的含碳量在2%以下，在建筑中应用最多。有色金素是除黑色金属以外的其他金属，如铝、铅、锌、铜、锡等金属及其合金，其中铝合金是一种重要的轻质结构材料。

钢材是桥梁、钢结构及钢筋混凝土或预应力钢筋混凝土结构的重要材料。

1. 钢材的分类

（1）按冶炼设备不同分类

按冶炼设备不同，钢分为转炉钢、平炉钢和电炉钢三大类。

①转炉钢：根据风口位置分底吹、顶吹、侧吹三种。转炉根据所鼓风的不同分空气转炉和氧气转炉；又因炉衬材料的不同分为酸性转炉和碱性转炉。凡以硅砂作炉衬耐火材料的为酸性，凡以镁砂和白云石作炉衬耐火材料并加石灰石熔炼的为碱性。在质量上，酸性转炉钢较好，但对生铁的含硫、磷杂质要求严格，成本较高。

②平炉钢：利用火焰的氧化作用除去杂质，质量较好。平炉也分酸性和碱性两种。

③电炉钢：分电弧炉、感应炉、电渣炉三种。利用电热冶炼，温度高，易控制，钢的质量最好，但成本高，多炼制合金钢。电炉也分酸性和碱性两种。

建筑用钢主要采用空气转炉法、氧气转炉法、平炉法三种方法炼制。

（2）按脱氧程度不同分类

在炼钢过程中，为了除去碳和杂质，必须供给足够的氧气，这也使钢液中一部分金属铁被氧化，使钢的质量降低。为使氧化铁重新还原成金属铁，通常在冶炼后期，需加入硅铁、锰铁或铝锭等脱氧剂，进行精炼。按脱氧程度不同，可将钢分为沸腾钢、镇静钢和半镇静钢。

①沸腾钢：是脱氧不完全的钢。浇铸后，在冷却凝固过程中，钢液中残留的氧化亚铁与碳化合后，生成的一氧化碳气体大量外逸，造成钢液激烈"沸腾"，故称沸腾钢。这种钢的成分分布不均，密实度较差，因而影响钢的质量，但其成本较低，可广泛用于一般建筑结构中。

②镇静钢：是脱氧完全的钢。注入锭模冷却凝固时，钢液比较纯净，液面平静。镇静钢的质量优于沸腾钢，但成本较高，故只用于承受冲击荷载或其他重要的结构中。

③半镇静钢：其脱氧程度和材质介于上述两种钢之间。

（3）按化学成分不同分类

①碳素钢：含碳量不大于1.35%，含锰量不大于1.2%，含硅量不大于0.4%，有少量硫、磷杂质的铁碳合金。在钢的化学成分中，碳元素对钢的性能起主要作用，而其他元素如硅、锰、硫、磷等因含量不多，不起决定性作用。根据含碳量多少，碳素钢又可分为：低碳钢（含碳量0.25%以下，性质软韧，易加工，但不能淬火和退火，是建筑工程的主要用钢），中碳钢（含碳量

0.25%~0.6%,性质较硬,可淬火、退火,多用于机械部件),高碳钢(含碳量大于0.6%,性质很硬,可淬火、退火,是一般工具的主要用钢)。

②合金钢:在碳钢的基础上加入一种或多种合金元素,以使钢材获得某些特殊性能。根据合金元素的含量又可分为:低合金钢(合金元素总含量一般小于3.5%),中合金钢(合金元素总含量一般在3.5%~10%),高合金钢(合金元素总含量大于10%)。

(4)按使用用途分类

①结构钢:根据化学成分不同,分为碳素结构钢和合金结构钢。

②工具钢:根据化学成分不同,分碳素工具钢、合金工具钢和高速工具钢,广泛用于各种刃具、模具、量具等。

③特殊性能钢:多为高合金钢,主要有不锈钢、耐热钢、抗磨钢、电工硅钢等。

④专门用途钢:分有碳素钢和合金钢两种,主要有钢筋钢、桥梁钢、钢轨钢、锅炉钢、矿用钢、船用钢等。

2. 钢材的物理力学性能

道路与桥梁工程用钢主要承受拉力、压力、弯曲、冲击等外力的作用,在这些力的作用下,既要求其有一定的强度和硬度,也要有一定的塑性和韧性。

以低碳钢拉伸时的应力与应变曲线图为例,低碳钢受拉时,应力和应变的关系如图3-14所示。将钢筋试件放置在材料试验机的上下夹具中,加荷载直至拉断。在加荷过程中,钢筋将随着荷载的加大而发生变形。从拉伸曲线可以看到,低碳钢的受拉变形有四个阶段。

(1)弹性阶段:在开始阶段,OA为一直线,说明应力与应变成正比关系。对应于A点的应力称为比例极限。超过A点后,呈微弯的曲线AB。在B点以内,如果卸去荷载,试件仍能恢复原来的长度。在B点以内的变形称为弹性变形,OB阶段称为弹性阶段。对应于B点的应力称为弹性极限。弹性极限与

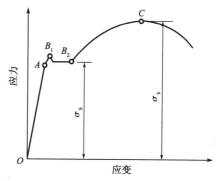

图3-14 低碳钢的应力应变曲线

比例极限十分接近,可近似地认为两者相等,均以σ_P表示。在弹性阶段内,σ与ε成正比关系:$\sigma = E\varepsilon$。对于同一种钢,E是一个常量,称为弹性模量,普通碳素钢弹性模量E约为200~210MPa。

(2)屈服阶段:当应力超过某一点后,拉伸曲线呈接近水平的锯齿线,这时应变急剧增加,应力却在很小的范围内上下波动,称为屈服阶段。B_1是这一阶段的最高点,称为屈服上限,B_2是这一阶段的最低点,与之对应的应力,称为屈服极限,也称屈服强度或屈服点。低碳钢有明显的屈服点,硬钢则无明显的屈服点,硬钢的屈服点以试件在拉伸过程中,标距的残余伸长率达到0.2%时的应力来确定。

(3)强化阶段:当试件屈服到一定程度后,由于内部组织变化,需要继续增大荷载,才能继续增大变形,又形成一段上升曲线,即进入强化阶段。直到达到曲线的最高点,与C对应的最高应力称为强度极限,又称抗拉强度。

(4)颈缩阶段:当试件应力超过C点后,试件继续伸长(应变增大),但应力逐渐下降,曲线进入下降阶段。此时,试件某一断面处将逐渐缩小(颈缩),直至断裂。试件断裂后,其总伸长

值与原标距之比称为伸长率,以 δ 表示,δ_5 和 δ_{10} 分别表示原标距为 5cm(短试件)和 10cm(长试件)的钢筋伸长率。

【复习思考题】

1. 路基路面有哪些功能要求?
2. 路面结构分哪些层位?
3. 路面有哪些类型?各有什么特点?
4. 土木建筑材料有哪些?
5. 沥青的主要类型有哪些?
6. 沥青混合料分成哪几类?

讨论:

请结合实际分析沥青路面和水泥混凝土路面,讨论不同路面形式的适用情况。

第四章 城市道路工程及道路立体交叉

【学习目的与要求】

道路工程一般划分为三大类型,即公路、城市道路、特殊道路(包括厂矿道路、林业道路、机场道路、港口道路等)。公路和城市道路的建设规模最大,运营里程最长。公路的建设与管理隶属交通部门,城市道路则隶属于城市建设与管理部门。由于这两类道路各有其功能特点,在设计和施工方面不可能完全相同,因此,我国公路和城市道路建设遵循其各自系统的设计及施工技术规范。城市道路及公路立体交叉是道路系统十分重要的组成部分,其设计包含结构设计和线形设计两部分,结构设计属于桥梁工程的范畴,线形设计属于道路设计的范畴。

作为一名道路与桥梁工程师,必须了解城市道路的功能、特点及设计方法,同时,通过学习城市平面交叉和立体交叉的知识,了解平面交叉和立体交叉设计的基本方法。

城市道路设计是一门专门的课程,课程中包含城市道路路线设计、路面设计、交叉口设计等。道路立交设计一般独立开设的课程,它主要包含道路立交类型设计、线形设计、匝道设计等。具体的结构设计一般在桥梁设计中讲述,请学生根据实际,选择学习相关内容,掌握城市道路设计或道路立体交叉设计的相关知识。

第一节　城市道路的组成、功能及特点

一、城市的概念

一般而言,人口较稠密的地区称为城市,一般包括住宅区、工业区和商业区,并且具备行政管辖功能。城市中有楼房、街道和公园等公共设施。

中国的城市为行政建制,城市的行政管辖功能可能涉及较其本身更广泛的区域。不能完全反映城市化与一个地区的工业化发展水平。我国内地的城市以行政建制分为直辖市、省辖市(地级市与副省级城市)和县级市,反映一个城市的工业化水平的主要指数有非农业人口占总人口的比例、人均 GDP 水平和非农业 GDP 占 GDP 总量的比例。

"城市"的提法本身就包含了两方面的含义:"城"为行政地域的概念,即人口的集聚地;"市"为商业的概念,即商品交换的场所。而最早的"城市"(实际应为我们现在"城镇")就是因商品交换集聚人群后而形成的。而城市的出现,也同商业的变革有着直接的渊源。最初城市中的工业集聚,是为了使商品交换变得更为容易(可就地加工、就地销售)而形成的。相对于将已加工好的商品拿到城市中来交换而言,在城市中直接加工销售,正是随着工业城市的出现而产生的一种商业变革。城市包括城市规模、城市功能、城市布局和城市交通,而这几方面所发生的变化,都必然会对城市的商业活动带来影响,促使其发生相应的变革。

城市经济学对城市做了不同能级的分类,如小城市、中等城市、大城市、国际化大都市、世界城市等。对城市能级分类的一个标准是人口的规模,我国根据市区非农业人口的数量把城市分为四等:人口少于 20 万的为小城市,20 万~50 万的为中等城市,50 万以上的为大城市,其中又把人口达 100 万以上的大城市称为特大型城市。

按城市综合经济实力和世界城市发展的历史来看,城市分为集市型、功能型、综合型、城市群等类别,这些类别也是城市发展的各个阶段。

(1)集市型城市:属于周边农民或手工业者商品交换的集聚地,商业主要由交易市场、商店、旅馆、饭店等配套服务设施所构成。任何城市都必须经过集市型阶段。处于集市型阶段的城市在中国主要有集镇。

(2)功能型城市:通过自然资源的开发和优势产业的集中,开始发展其特有的工业产业,从而使城市具有特定的功能。不仅是商品的交换地,同时也是商品的生产地。城市因产业分工而形成的功能单调,对其他地区和城市经济交流的依赖增强,商业开始由封闭型的城内交易为主转为开放性的城际交易为主,批发贸易业有了很大的发展。这类型城市主要有工业重镇、旅游城市等。

(3)综合型城市:一些地理位置优越和产业优势明显的城市,经济功能逐渐趋于综合型,金融、贸易、服务、文化、娱乐等功能得到全面发展,城市的集聚力日益增强,从而使城市的经济能级大大提高,成为区域性、全国性甚至国际性的经济中心和贸易中心(大都市)。商业由单纯的商品交易向综合服务发展,商业活动也扩展延伸为促进商品流通和满足交易需求的一切活动。这类城市在中国比较典型的有直辖市、省会城市。

(4)城市群(都市圈):城市的经济功能已不再是在一个孤立的城市体现,而是由以一个中心城市为核心,同与其保持着密切经济联系的一系列中小城市共同组成的城市群来体现。

如美国大西洋沿岸的"波士华"城市带,日本的东京、大阪、名古屋三大城市圈,英国的"伦敦—利物浦"城市带,我国以上海为中心的江浙沪城市群,以广州为中心的珠江三角洲城市群等等。

二、城市道路的组成

城市道路系统包括中心城、新城及郊区城镇的道路网。城市道路系统的建设应适应未来城市发展的需要,具有高度的畅达性、可靠性和应变能力,与城市布局、风貌、环境相协调,为多种交通方式协调运行提供足够的交通承载能力和良好出行环境。

与公路相比,城市道路的组成更为复杂,其功能也多一些。城市道路包括各种类型、各种等级的道路、交通广场、停车场以及加油站等设施。在交通高度发达的现代城市,城市道路还包括高架道路、人行过街天桥(地道)和大型立体交叉工程等设施。

一般情况下,在城市道路建筑红线之间,城市道路由以下各个不同功能部分组成。

(1)车行道,即供各种车辆行驶的道路部分。其中,供汽车、无轨电车等机动车辆行驶的称为机动车道;供自行车、三轮车等非机动车行驶的称为非机动车道;供轻轨车辆或有轨电车行驶的称为轻轨线或有轨电车道。

(2)路侧带,即车行道外侧缘石至道路红线之间的部分,包括人行道、设施带、路侧绿化带三部分。其中,设施带为行人护栏、照明杆柱、标志牌、信号灯等设施的设置空间。

(3)分隔带,即在多幅道路的横断面上,沿道路纵向设置的带状部分,其作用是分隔交通、安设交通标志及公用设施等。分隔带有中央分隔带和车行道两侧的侧分带两类。中央分隔带用以分隔对向行驶的机动车车流,侧分带则是用以分隔同向行驶的机动车和非机动车车流。分隔带同时也是道路绿化的用地之一。

(4)交叉口和交通广场。

(5)停车场和公交停靠站台。

(6)道路雨水排水系统,如街沟、雨水口(集水井)、检查井(窨井)、排水涵管等。

(7)其他设施,如渠化交通岛、安全护栏、照明设备、交通信号(标志、标线)等。

三、城市道路的功能

根据《城市道路工程设计规范(2016年版)》(CJJ 37—2012)定义,城市道路指大、中、小城市及大城市的卫星城规划区内的道路、广场、停车场等,不包括街坊内部道路。城市道路与公路分界线为城市规划区的边界线。在城市道路与公路之间应设置适当的进出口道路作为过渡路段。过渡路段的长度可根据实际情况确定,其设计速度、横断面形式、交通设施、照明设施等可参照城市道路和公路的相关设计标准、规范、规程等论证选用。

城市道路是城市中人们活动和物资流动必不可少的重要基础设施。除此之外,城市道路还具有许多其他功能,如增进土地的开发及利用、提供公用空间、提供抗灾救灾通道等。

在城市道路规划设计时,必须充分考虑它的功能和作用。城市道路的功能,随着时代变化,城市规模、城市性质的不同,表面上或许有所差别,但就其本质来说,它的功能并没有多少改变,主要体现在以下四个方面。

1. 交通设施功能

交通设施功能是指由于城市活动产生的交通需求中,对映于道路交通需求的交通功能。

交通功能可分为长距离输送功能和沿路进、出入集散功能。一般说来,干线道路主要提供长距离输送功能(包括过境交通);支路则是为沿路两侧各种用地或建筑物发生的行政、商业、文化、生活等活动客(货)流进、出的交通集散提供直接服务;在不妨碍道路交通情况下的路边临时停车、装卸货物、公交停靠等也属于交通集散功能。

2. 公用空间功能

作为城市环境必不可少的人造公用空间,主要有道路(包括广场、停车场)和公园。随着城市建设的高度发展,城市土地利用率越来越高,再加上建筑物的高层化,城市道路这一公用空间的价值显得越加重要。它表现在除采光、日照、通风及景观作用以外,还为城市其他设施如电力、电信、自来水、热力、燃气、排水等管线提供布设空间。

在大城市或特大城市中,地面轨道交通、地下铁道交通等也往往敷设在城市道路用地范围以内,市中心或大的交叉口的地下也可用以埋设综合涵道(又称共同沟)。此外,电话亭、火灾报警器、消火栓、配电箱(柜)等也大多数是沿路设置。

3. 防灾救灾功能

道路的防灾救灾功能包括起避难场地作用、防火带作用、消防和救援通道作用等。

在出现地震、火灾等大的灾害时,人们需要避难场所,具有一定宽度的道路(广场)可作为临时避难场地。此外,道路与具有一定耐火性的建筑物可一起形成有效的防火隔离带,以避免火势向相邻街区蔓延。

4. 形成城市平面结构功能

从城市规划的过程来看,在基本确定用地性质和划定用地范围后,第一步便是进行道路网(包括道路红线)的规划与设计,这就足以说明城市道路在形成城市平面结构中的重要作用。

通常干线道路形成城市骨架,支路则形成街区、邻里街坊支线,城市的发展以干道为骨架,然后以骨架为中心向四周延伸。从某种意义上说,城市道路网的形式将直接决定城市平面结构和市区发展趋势;反之,城市道路网的规划也取决于城市性质、城市规模、城市结构及城市功能的确定和界定。

四、城市道路的特点

与公路及其他道路相比较,城市道路具有如下特点。

1. 功能多样,组成复杂

城市道路除了交通功能外,还具有其他许多功能,如上面所述的城市结构功能、公用空间功能等。因此,在城市道路网规划布局和城市道路设计时,都要体现其功能的多样性。另外,城市道路的组成比一般公路要复杂些,它除了有机动车道以外,还会有非机动车道、人行道、设施带等,这些会给城市道路的规划、设计增加一些难度。

2. 行人、非机动车交通量大

公路和其他道路在设计中通常只考虑汽车等机动车辆的交通问题。城市道路由于行人、非机动车交通需求大,必须对人行道、非机动车道作出专门的规划设计。

3. 道路交叉口多

城市道路除了交通功能之外,还有沿路利用的功能。加之一个城市的道路是以路网的形式出现的,要实现路网的"城市动脉"功能,频繁的道路交叉口是不可缺少的。就一条干线道路来说,大的交叉口间距一般为800~1 200m,中、小交叉口则为300~500m,有些丁字形的出入口间距可能更短一些。所以,道路交叉口多是城市道路的又一个明显特点。

4. 沿路两侧建筑物密集

城市道路的两侧是建筑用地的黄金地带,道路一旦建成,沿街两侧鳞次栉比的各种建筑物也相应建造起来,以后很难拆迁房屋拓宽道路。因此,在规划设计道路的宽度时,必须充分预测到远期交通发展的需要,并严格控制好道路红线宽度。此外,还要注意建筑物与道路相互协调的问题。

5. 景观艺术要求高

城市干道网是城市的骨架,城市总平面布局是否美观、合理,在很大程度上首先体现在道路网特别是干道网的规划布局上。城市环境的景观和建筑艺术,必须通过道路才能反映出来,道路景观应与沿街的人文景观和自然景观浑然一体,尤其与道路两侧建筑物的建筑艺术更是相互衬托、相映成趣。完善、合理的城市道路网络也从一个侧面体现和反映了城市的文明程度。

6. 城市道路规划、设计的影响因素多

城市里一切人和物的交通均需利用城市道路;同时,各种市政设施、绿化、照明、防火等,无一不设在道路用地上,这些因素,在道路规划设计时必须综合考虑。

7. 政策性强

在城市道路规划设计中,经常需要考虑城市发展规模、技术设计标准、房屋拆迁、土地征用、工程造价、近期与远期、需要与可能、局部与整体等问题,这些都牵涉到很多有关方针、政策。所以,城市道路规划与设计工作是一项政策性很强的工作,必须贯彻有关的方针、政策。

第二节　城市道路的分类与分级

一、城市道路分类与分级的目的

要实现城市道路的四个基本功能,必须建立适当的城市道路网络。在路网中,就每一条道路而言,其功能是有侧重面的,这在城市规划阶段就已经赋予了。也就是说,尽管城市道路的功能是综合多样的,但具体到某一条道路上还是应突出其主要的功能,这对于保证城市正常活动、交通运输的经济合理以及交通秩序的有效管理等诸方面,都是非常必要的。进行城市道路分类分级的目的在于充分实现道路的功能价值,并使道路交通运输更加有序、更加有效、更加合理。

道路分类方法是建立在一定视角之上的。例如,根据道路在规划路网中所处的交通地位划分,有快速路、主干路、次干路和支路;根据道路对城市交通运输所起的作用划分,则有全市性道路、区域性道路、环路、放射路、过境道路等;根据道路所处的城市地理环境划分,有中心区道路、工业区道路、仓库区道路、文教区道路、生活区道路及游览区道路等。可以肯定地说,功能不分、交通混杂的道路系统,对一个城市的交通运输乃至整个城市的正常运转和发展都是相当有害的。现代城市道路必须进行明确的分类与分级,使各类各级道路在城市道路网中能充分地发挥作用。

二、我国城市道路分级

城市道路的分级主要依据城市规模、设计交通量以及道路所处的地形类别等。

大城市常住人口多,出行次数频繁,加上流动人口数量大,因而整个城市的客货运输量比中、小城市大。另外,市内大型建筑群较多,公用设施复杂多样,因此,对道路的要求比中、小城市高。为了使道路既能满足使用要求,又节约投资和用地,我国《城市道路工程设计规范(2016年版)》(CJJ 37—2012)规定城市道路应按道路在道路网中的地位、交通功能以及对沿线的服务功能等,分为快速路、主干路、次干路和支路四个等级,并应符合下列规定:

(1)快速路应中央分隔、全部控制出入、控制出入口间距及形式,应实现交通连续通行,单向设置不应少于两条车道,并设有配套的交通安全与管理设施。快速路两侧不应设置吸引大量车流、人流的公共建筑物的出入口。

(2)主干路应连接城市各主要分区,以交通功能为主。主干路两侧不宜设置吸引大量车流、人流的公共建筑物的出入口。

(3)次干路应与主干路结合组成干路网,应以集散交通的功能为主,兼有服务功能。

(4)支路宜与次干路和居住区、工业区、交通设施等内部道路相连接,应以解决局部地区交通,以服务功能为主。

城市道路的技术标准见表4-1。

城市道路技术标准 表4-1

类别	项目			
	设计速度(km/h)	机动车道宽度(m)	分隔带设置	采用横断面形式
快速路	100,80,60	3.75(大型车或混行)	必须设	四幅(两侧设辅路)
		3.5(小客车专用,设计速度为60km/h时取3.25)		四幅(两侧不设辅路)
主干路	60,50,40	3.5(大型车或混行)	—	四幅或三幅
		3.25(小客车专用)		
次干路	50,40,30	3.5(大型车或混行)	—	单幅或两幅
		3.25(小客车专用)		
支路	40,30,20	3.5(大型车或混行)	—	单幅
		3.25(小客车专用)		

在规划阶段确定道路等级后,当遇特殊情况需变更级别时,应进行技术经济论证,并报规划审批部门批准。

当道路为货运、防洪、消防、旅游等专用道路使用时,除应满足相应道路等级的技术要求外,还应满足专用道路和通行车辆的特殊要求。

第三节　城市道路几何设计基本参数

城市道路几何设计与公路几何设计的方法基本相同,城市道路路线线形也由平面、纵断面和横断面组成,但设计要求、标准不同。本节主要介绍城市道路设计的主要参数。

一、设计速度

设计速度,也称计算行车速度,是指道路几何设计所依据的车速。也就是当路段上各项道路设计特征符合规定时,在气候条件、交通条件等均为良好的情况下,一般驾驶员能安全、舒适行驶的最大行车速度。

设计速度的大小对道路弯道半径、弯道超高、行车视距等线形要素的取值及设计起着决定作用。另外,道路的横断面尺寸、侧向净宽以及道路纵断面坡度等也与设计速度有着密切的关系。可以说,设计速度的高低直接反映出道路的类别、等级,同时也与道路工程造价直接相关。一般说来,设计速度越高,道路工程造价也就越高,反之亦然。因此,道路设计车速的确定,既要考虑车辆交通效果,又要考虑工程的经济性。在城市道路中,由于道路交叉口多,非机动车和行人交通量大,加之城市公交车辆的频繁停靠等因素影响,其实际车辆行驶速度一般不会太高。除城市快速路外,城市道路设计速度多在60km/h以下。我国《城市道路工程设计规范(2016年版)》(CJJ 37—2012)有关各类各级道路设计速度的规定见表4-2。

各等级城市道路的设计速度　　表4-2

道路等级	快速路			主干路			次干路			支路		
设计速度(km/h)	100	80	60	60	50	40	50	40	30	40	30	20

对于新建的城市道路应严格按表4-2中规范值执行。商业街、文化街等旧路改建有特殊困难,经技术经济比较认为合理时,可适当降低设计速度。

二、设计车辆

设计车辆即道路几何设计依据的标准车型。设计车辆的外廓尺寸直接关系到车行道宽度、弯道加宽、道路净空、行车视距等道路几何设计问题。因此,设计车辆的规定对道路的几何设计具有极为重要的意义。

1. 机动车设计车辆

《汽车、挂车及汽车列车外廓尺寸、轴荷及质量限值》(GB 1589—2016)中有关机动车设计车辆外廓尺寸见表4-3。设计车辆不包括超长、超宽的特种车辆。

《城市道路工程设计规范(2016年版)》(CJJ 37—2012)中规定,普通车、铰接车车高为4m,与我国《汽车、挂车及汽车列车外廓尺寸、轴荷及质量限值》(GB 1589—2016)车辆总高限界4m一致。道路设计时考虑道路净空高度应以此为准,另外再加上安全高度。

机动车设计车辆外廓尺寸(mm)　　　　表 4-3

车辆类型			长度	宽度	高度
仓栅式货车 栏板式货车 平板式货车 自卸式货车	二轴	最大设计总质量≤3 500kg	6 000	2 550	4 000
		最大设计总质量>3 500kg,且≤8 000kg	7 000		
		最大设计总质量>8 000kg,且≤12 000kg	8 000		
		最大设计总质量>12 000kg	9 000		
	三轴	最大设计总质量≤20 000kg	11 000		
		最大设计总质量>20 000kg	12 000		
	双转向轴的四轴汽车		12 000		
仓栅式半挂车 栏板式半挂车 平板式半挂车 自卸式半挂车	一轴		8 600	2 550	4 000
	二轴		10 000		
	三轴		13 000		
汽车	三轮汽车[1]		4 600	1 600	2 000
	低速货车		6 000	2 000	2 500
	货车及半挂牵引车		12 000[2]	2 550[3]	4 000
	乘用车及客车	乘用车及二轴客车	12 000	2 550	4 000[4]
		三轴客车	13 700		
		单铰接客车	18 000		
挂车	半挂车		13 750[5]	2 550[3]	4 000
	中置轴、牵引杆挂车		12 000[6]		
汽车列车	乘用车列车		14 500	2 550[3]	4 000
	铰接列车		17 100[7]		
	货车列车		20 000[8]		

注:1. 当采用方向盘转向,由传动轴传递动力,具有驾驶室且驾驶员座椅后设计有物品放置空间时,长度、宽度、高度的限值分别为 5 200mm、1 800mm、2 200mm。
　　2. 专用作业车车辆长度限值要求不适用,但应符合相关标准要求。
　　3. 冷藏车宽度最大限值为 2 600mm。
　　4. 定线行驶的双层城市客车高度最大限值为 4 200mm。
　　5. 运送 45ft 集装箱的半挂车长度最大限值为 13 950mm。
　　6. 车厢长度限值为 8 000mm(中置轴车辆运输挂车除外)。
　　7. 长头铰接列车长度限值为 18 100mm。
　　8. 中置轴车辆运输列车长度最大限值为 22 000mm。

2. 非机动车设计车辆

非机动车主要是指自行车、人力三轮车、人力平板车和畜力车。《城市道路工程设计规范(2016 年版)》(CJJ 37—2012)中有关非机动车设计车辆外廓尺寸的规定见表 4-4。

非机动车设计车辆外廓尺寸(m)　　　　表 4-4

车辆类型＼项目尺寸	总长	总宽	总高
自行车	1.93	0.60	2.25
三轮车	3.40	1.25	2.25

注:1. 总长:自行车为前轮前缘至后轮后缘的距离;三轮车为前轮前缘至车厢后缘的距离。
　　2. 总宽:自行车为车把宽度;三轮车为车厢宽度。
　　3. 总高:自行车为骑车人骑在车上时,头顶至地面的高度;三轮车为载物顶至地面的高度。

道路最小净高应满足表4-5的要求。

道 路 最 小 净 高　　　　　表4-5

道 路 种 类	行驶车辆类型	最小净高(m)
机动车道	各种机动车	4.5
	小客车	3.5
非机动车道	自行车、三轮车	2.5
人行道	行人	2.5

三、设计小时交通量

设计道路车行道宽度和人行道宽度时,应考虑道路设计年限内交通高峰小时可能出现的较大交通流量。一般说来,设计年限末年的交通量最大,最大高峰小时交通量也将出现在设计年限末年。从工程经济的角度出发,设计小时交通量不是采用最大高峰小时交通量,而是采用一个适当的"较大高峰小时交通量",通常采用"第30位小时交通量"。

调查统计现状道路交通量或者预测道路远景交通量是以小客车为标准车型,若中、小城市小型汽车很少时,也可以普通车为计量单位。《城市道路工程设计规范(2016年版)》(CJJ 37—2012)中各种车辆之间的换算关系详见表4-6。

路段车种换算系数　　　　　表4-6

车辆类型	小客车	大型客车	大型货车	铰接车
换算系数	1.0	2.0	2.5	3.0

机动车道数的设计小时交通量,按下式计算:

$$N_h = N_{da} k \delta \tag{4-1}$$

式中:N_h——设计小时交通量(pcu/h);

N_{da}——设计年限的年平均日交通量(pcu/d);

k——设计高峰小时交通量与年平均日交通量的比值;当不能取得年平均日交通量时,可用有代表性的平均日交通量代替;

δ——方向不均匀系数,即主要方向交通量与双向交通量的比值。

非机动车、行人设计小时交通量的估算,采用多因素相关分析结合规划指标综合确定。

四、设计年限

道路设计年限是指道路的正常工作年限,包括两层含义,即道路交通量设计年限和道路路面结构设计年限。

道路交通量设计年限是预测或估算道路交通量达到饱和状态时采用的年限。在道路交通量设计年限内,期望不发生交通拥挤或堵塞。一般说来,道路类别越高,设计年限越长。《城市道路工程设计规范(2016年版)》(CJJ 37—2012)规定:快速路、主干路应为15~30年;次干路应为10~20年;支路宜为8~15年。设计年限越长,道路横断面设计时车行道和人行道所需的宽度越宽,工程投资额就越大;反之亦然。

在道路路面结构设计年限内,则期望不发生路面结构的破坏。设计年限取值与路面建筑材料和路面工程建设与维护费用大小有关。考虑路面结构维修比较困难,一般水泥混凝土路面的设计年限比沥青类路面长。《城市道路工程设计规范(2016年版)》(CJJ 37—2012)有关路面结构设计年限规定值详见表4-7。

有关桥梁结构设计年限规定值详见表4-8。

路面结构的设计年限规定值(年)　　　　表 4-7

道路等级	路面结构类型		
	沥青路面	水泥混凝土路面	砌块路面
快速路	15	30	—
主干路	15	30	—
次干路	10	20	—
支　路	10	15	10(20)

注:砌块路面采用混凝土预制块时,设计年限为10年;采用石材时,为20年。

桥梁结构设计年限规定值　　　　表 4-8

类　　别	设计使用年限(年)
特大桥、大桥、重要中桥	100
中桥、重要小桥	50
小桥	30

注:对有特殊要求结构的设计使用年限,可在上述规定基础上经技术经济论证后予以调整。

五、横断面布置

城市道路横断面可分为单幅路、两幅路、三幅路、四幅路及特殊形式的断面(图4-1)。

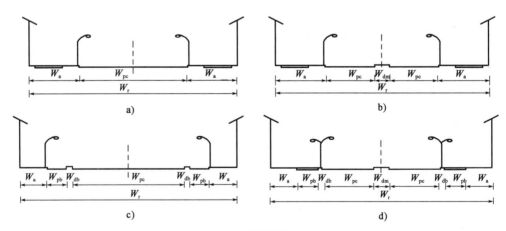

图 4-1　横断面形式
a)单幅路;b)两幅路;c)三幅路;d)四幅路

当快速路两侧设置辅路时,应采用四幅路;当两侧不设辅路时,应采用两幅路。主干路宜采用四幅路或三幅路;次干路宜采用单幅路或两幅路,支路宜采用单幅路。对设置公交专用车道的道路,横断面布置应结合公交专用车道位置和类型全断面综合考虑,并应优先布置公交专用车道。同一条道路宜采用相同形式的横断面。当道路横断面变化时,应设置过渡段。桥梁与隧道横断面形式、车行道及路缘带宽度应与路段相同。特大桥、大中桥分隔带宽度可适当缩窄,但应满足设置桥梁防护设施的要求。

一条机动车道最小宽度应符合表4-9的规定。机动车道路面宽度应包括车行道宽度及两侧路缘带宽度,单幅路及三幅路采用中间分隔物或双黄线分隔对向交通时,机动车道路面宽度还应包括分隔物或双黄线的宽度。

一条机动车车道最小宽度　　　　　　　　　　　　　表4-9

车型及车道类型	设计速度(km/h)	
	>60	≤60
大型车或混行车道(m)	3.75	3.50
小客车专用车道(m)	3.50	3.25

分车带按其在横断面中的不同位置及功能,可分为中间分车带(简称中间带)及两侧分车带(简称两侧带),分车带由分隔带及两侧路缘带组成。分车带最小宽度应满足表4-10的要求。

分车带最小宽度　　　　　　　　　　　　　表4-10

类别		中间带		两侧带	
设计速度(km/h)		≥60	<60	≥60	<60
路缘带宽度(m)	机动车道	0.50	0.25	0.50	0.25
	非机动车	—	—	0.25	0.25
安全带宽度 W_{sc}(m)	机动车道	0.25	0.25	0.25	0.25
	非机动车	—	—	0.25	0.25
侧向净宽 W_l(m)	机动车道	0.75	0.50	0.75	0.50
	非机动车	—	—	0.50	0.50
分隔带最小宽度(m)		1.50	1.50	1.50	1.50
分车带最小宽度(m)		2.50	2.00	2.50(2.25)	2.00

注:1. 侧向净宽为路缘带宽度与安全带宽度之和。
　　2. 两侧带宽度中,括号外为两侧均为机动车道时取值;括号内数值为一侧为机动车道,另一侧为非机动车道时的取值。
　　3. 分隔带最小宽度值系按设施带宽度为1m考虑的,具体应用时,应根据设施带实际宽度确定。
　　4. 当分隔带内设置雨水调蓄设施时,宽度还应满足所设置设施的宽度要求。

第四节　通行能力及服务水平

一、通行能力

道路通行能力(Highway Capacity)是指道路设施在正常的道路条件、交通条件、管控条件、环境条件和驾驶行为等情况下,在一定的时段内(通常取1h)可能通过的最大车辆数。道路通行能力分析的目的是为了确定交通运行质量,因此通行能力的分析、评价必须与服务水平的分析、评价同时进行。

道路条件是指道路的几何特征与路面条件,包括:道路等级、设计速度、车道数、车道和路肩宽度、侧向净空、平面和纵断面线形及路面平整度等。

交通条件与道路的交通流特征密切相关,它是由交通流中车辆种类的分布、交通流的方向性分布共同确定的。

管控条件是指针对已知设施提出的管控设备和具体设计的种类。交通信号的位置、种类和配时是影响通行能力的关键性管控条件。其他重要的管控手段包括停车和让路标志、车道使用限制、转弯限制及类似的措施。

环境条件是指街道化程度、商业化程度、横向干扰、非交通占道、公交车站和停车位置等因素及天气条件。

道路通行能力反映了道路设施疏导交通流的能力,通常以 pcu/(h·ln)[辆标准小客车/(小时·车道)]或 pcu/h(辆标准小客车/小时)为单位。通行能力根据使用性质和要求,通常可分为基准通行能力、实际通行能力和设计通行能力三种。

1. 基准通行能力(Basic Capacity)

基准通行能力又称为理论通行能力,是指在理想的道路、交通、管控及环境条件下,均匀路段的一条车道或特定横断面上,特定时段内所能通过标准车的最大小时流率。

基准条件以理想条件作为基准,指天气良好、路面状况良好、道路使用者熟悉交通设施且道路中没有任何障碍的理想情况。基准条件原则上是指对条件进一步改进时也不能提高道路通行能力的条件。对于连续流和间断流道路设施的基准条件分述如下。

(1)连续流道路设施——没有交通信号等固定因素从外部导致交通流中断的道路设施,其基准条件主要包括:

①车道宽度为 3.75m;
②行车道外边缘与右侧障碍物之间的净宽为 1.75m,距左侧障碍物之间的净宽为 0.75m;
③多车道公路的设计速度大于或等于 100km/h;
④交通流中只有小客车,没有其他类型车辆;
⑤道路所处地区为平原地形;
⑥双车道公路中没有禁止超车区;
⑦没有行人和自行车的干扰;
⑧没有交通控制或转弯车辆干扰直行车的运行。

(2)间断流道路设施——由于交通信号、停车标志和其他类型的管制设备等外部条件导致交通流周期性中断的交通设施,其基准条件主要包括:

①车道宽 3.75m;
②交叉口引道坡度为零;
③交叉口引道内无路侧停车;
④交通流中只有小客车;
⑤驾驶行为规范,冲突车流遵守优先规则;
⑥没有自行车和行人干扰。

2. 实际通行能力(Possible Capacity)

实际通行能力又称为可能通行能力,是指在实际或预计的道路、交通、管控和环境条件下,已知道路设施的某车道或特定横断面上,特定时段内能通过的最大小时流率。其含义是设计或评价某一具体路段时,根据该路段具体的道路几何构造、交通条件及交通管理水平,对基准通行能力按实际道路条件、交通条件等进行相应修正后的小时流率。

3. 设计通行能力(Design Capacity)

设计通行能力,是指在预计的道路、交通、管控及环境条件下,条件基本一致的一条车道或特定横断面上,在所选用的设计服务水平下,特定时段内所能通过的最大小时流率。因此,设计通行能力与选取的服务水平级别有关。

道路通行能力与交通量不尽相同。交通量是指道路在某一时段内实际通过的车辆数。一般道路的交通量均小于道路的通行能力,当道路上的交通量比其通行能力小得多时,则驾驶人驾驶操作的自由度就大,既可以随意变更车速,变换车道,还可以方便地实现超车。当交通量等于或接近道路通行能力时,车辆行驶的自由度就会逐渐降低,一般只能以同一速度循序行进,如稍有意外,就会发生降速、拥挤,甚至阻滞。因此,道路通行能力是在一定条件下道路所能通过的车辆的极限数值。条件不同,要求不同,其通行能力也就不同,故道路通行能力是一个变量。

二、服务水平与服务交通量

1. 基本概念

服务水平是衡量交通流的运行条件及汽车驾驶员和乘客所感受到的服务质量的一项指标,是描述道路使用者从道路状况、交通条件、道路环境等方面可能得到的服务程度或服务质量的一种质量测定标准,体现为可以提供的行车速度,舒适、安全及经济等方面所能得到的实际效果与服务程度等。

服务交通量是在通常的道路条件、交通条件和管制条件及规定的服务水平下,道路的某一段面或均匀路段在单位时间内所能通过的最大小时交通量。

不同的服务水平对应不同的服务交通量(即允许通过的最大小时流率)。服务水平等级高的道路车速高,车辆行驶自由度大,舒适与安全性好,但其相应的服务交通量就要小;反之,允许的服务交通量大,则服务水平等级就相对较低。

2. 服务水平分级

服务水平是用来供车辆驾驶员对道路上的车流情况作出判断的一个定性尺度,它表述的范围从驾驶员以其所需车速自由地操纵车辆行驶的最高水平,到道路上出现拥塞现象、驾驶员不得不时停时开的最低水平。虽然车辆驾驶员一般缺乏有关道路交通流的知识,但他能感觉和意识到道路上交通量的变化会影响车辆行驶的速度以及舒适、方便和安全的程度。因此,评定服务水平的高低应包括以下因素:

(1)行车速度和行驶时间。
(2)车辆行驶时的自由程度。
(3)行车受阻或受限制的情况,以每千米停车次数和车辆延误时间来衡量。
(4)行车的安全性,以事故率和所造成的经济损失衡量。
(5)行车的舒适性和乘客满意的程度。
(6)经济性,以行驶费用来衡量。

上述因素有些是难以量化的,故仅以其中的行车速度、服务交通量与通行能力之比(V/C)为评定服务等级的主要影响因素。由于这两项指标易于测算,又与其他因素有关,所以取此二者作为评价指标也是适宜的。

我国《城市道路工程设计规范(2006年版)》(CJJ 37—2012)针对条件不同的道路设施及其各组成部分分别进行了通行能力和服务水平的分级。快速路根据交通流行驶特征分为基本路段、分合流区和交织区,应分别采用相应的通行能力和服务水平。快速路基本路段一条车道的基本通行能力和设计通行能力的规定见表4-11。快速路基本路段服务水平分级指标的相应规定,见表4-12,新建道路应按三级服务水平设计。

快速路基本路段一条车道的通行能力　　　　　　　表4-11

设计速度(km/h)	100	80	60
基本通行能力(pcu/h)	2 200	2 100	1 800
设计通行能力(pcu/h)	2 000	1 750	1 400

快速路基本路段服务水平分级　　　　　　　表4-12

设计速度(km/h)	服务水平等级		密度[pcu/(km·ln)]	平均速度(km/h)	负荷度 V/C	最大服务交通量[pcu/(km·ln)]
100	一级(自由流)		≤10	≥88	0.40	880
	二级(稳定流上段)		≤20	≥76	0.69	1 520
	三级(稳定流)		≤32	≥62	0.91	2 000
	四级	(饱和流)	≤42	≥53	≈1.00	2 200
		(强制流)	>42	<53	>1.00	—
80	一级(自由流)		≤10	≥72	0.34	720
	二级(稳定流上段)		≤20	≥64	0.61	1 280
	三级(稳定流)		≤32	≥55	0.83	1 750
	四级	(饱和流)	≥50	≥40	≈1.00	2 100
		(强制流)	<50	<40	>1.00	—
60	一级(自由流)		≤10	≥55	0.30	590
	二级(稳定流上段)		≤20	≥50	0.55	990
	三级(稳定流)		≤32	≥44	0.77	1 400
	四级	(饱和流)	≤57	≥30	≈1.00	1 800
		(强制流)	>57	<30	>1.00	—

快速路设计时采用的最大服务交通量应符合下列规定:
(1)双向四车道快速路折合成当量小客车的年平均日交通量为40 000～80 000pcu。
(2)双向六车道快速路折合成当量小客车的年平均日交通量为60 000～120 000pcu。
(3)双向八车道快速路折合成当量小客车的年平均日交通量为100 000～160 000pcu。

其他等级道路根据交通流特性和交通管理方式,可分为路段、信号交叉口、无信号交叉口等,应分别采用相应的通行能力和服务水平。其他等级道路路段一条车道的基本通行能力和设计通行能力的规定见表4-13。信号交叉口服务水平分级的规定见表4-14,新建道路应按三级服务水平设计。无信号交叉口可分为次要道路停车让行、全部道路停车让行和环形交叉口三种形式。次要道路停车让行交叉口通行能力应保证次要道路上车辆可利用的穿越空档能满足次要道路上交通需求。

其他等级道路路段一条车道的通行能力   表 4-13

设计速度(km/h)	60	50	40	30	20
基本通行能力[pcu/(km·ln)]	1 800	1 700	1 650	1 600	1 400
设计通行能力[pcu/(km·ln)]	1 400	1 350	1 300	1 300	1 100

信号交叉口服务水平分级   表 4-14

指标＼服务水平	一级	二级	三级	四级
控制延误(s/veh)	<30	30~50	50~60	>60
负荷度 V/C	<0.6	0.6~0.8	0.8~0.9	>0.9
排队长度(m)	<30	30~80	80~100	>100

根据我国现行规范要求,不受平面交叉口影响的一条自行车道的路段设计通行能力,当有机非分隔设施时,应取 1 600~1 800veh/h;当无分隔时,应取 1 400~1 600veh/h。受平面交叉口影响的一条自行车道的路段设计通行能力,当有机非分隔设施时,应取 1 000~1 200veh/h;当无分隔设施时,应取 800~1 000veh/h。信号交叉口进口道一条自行车道的设计通行能力可取为 800~1 000veh/h。路段自行车服务水平分级标准应符合表 4-15 的规定,设计时宜采用三级服务水平。交叉口自行车服务水平分级标准应符合表 4-16 的规定,设计时宜采用三级服务水平。

路段自行车道服务水平分级   表 4-15

指标＼服务水平	一级 (自由骑行)	二级 (稳定骑行)	三级 (骑行受限)	四级 (间断骑行)
骑行速度(km/h)	>20	20~15	15~10	10~5
占用道路面积(m²)	>7	7~5	5~3	<3
负荷度	<0.40	0.55~0.70	0.70~0.85	>0.85

交叉口自行车道服务水平分级   表 4-16

指标＼服务水平	一级	二级	三级	四级
停车延误时间(s)	<40	40~60	60~90	>90
通过交叉口骑行速度(km/h)	>13	13~9	9~6	6~4
负荷度	<0.7	0.7~0.8	0.8~0.9	>0.9
路口停车率(%)	<30	30~40	40~50	>50
占用道路面积(m²)	8~6	6~4	4~2	<2

人行设施的基本通行能力和设计通行能力应符合表 4-17 的规定。行人较多的重要区域设计通行能力宜采用低值,非重要区域宜采用高值。人行道服务水平分级标准应符合表 4-18

的规定，设计时宜采用三级服务水平。

人行设施基本通行能力和设计通行能力　　　　　表4-17

人行设施类型	基本通行能力	设计通行能力
人行道[人/(h·m)]	2 400	1 800～2 100
人行横道[人/(hg·m)]	2 700	2 000～2 400
人行天桥[人/(h·m)]	2 400	1 800～2 000
人行地道[人/(h·m)]	2 400	1 440～1 640
车站码头的人行天桥、人行地道[人/(h·m)]	1 850	1 400

注：hg 为绿灯时间。

人行道服务水平分级　　　　　表4-18

服务水平 指标	一级	二级	三级	四级
人均占用面积(m^2)	>2.0	1.2～2.0	0.5～1.2	<0.5
人均纵向间距(m)	>2.5	1.8～2.5	1.4～1.8	<1.4
人均横向间距(m)	>1.0	0.8～1.0	0.7～0.8	<0.7
步行速度(m/s)	>1.1	1.0～1.1	0.8～1.0	<0.8
最大服务交通量[人/(h·m)]	1 580	2 500	2 940	3 600

第五节　道路平面交叉

平面交叉口是城市道路网最常见的一种节点形式，包括无信号控制平面交叉口、有信号控制平面交叉口、环行平面交叉口和高架路下的平面交叉口等几种类型。它们对道路网的交通状况影响很大，因此，平面交叉口是城市道路设计的重点内容之一。

无信号管制的简单平面交叉适用于路口高峰小时车流量在500pcu/h 以内的道路交叉；有信号管制的平面交叉适用于高峰小时车流量在800～3 000pcu/h 的干路交叉或干路、支路交叉口；实施分流渠化并配以信号管制的干路交叉口，其高峰小时通过流量可达3 000～6 000pcu/h；环形平面交叉适用多路交叉且高峰小时车流量在2 700pcu/h 以内的交叉口。高架路下的平面交叉口由于高架桥的存在，具有一定的特殊性，其通行能力视路口车道的布置情况和交通管制情况而定。

城市道路交叉口交通负荷量达到饱和状态时的设计年限应与相交道路的设计年限相适应，当相交道路等级不一致时，宜按等级高的道路设计年限取值。

一、平面交叉和立体交叉

两条道路或多条道路的相交形式如图4-2 所示。其中最常见、最基本的形式是十字交叉，称为四肢交叉。

1. 交叉车辆基本运行关系

当两个车道相交时,两个车道上的车辆之间可能产生三种基本运行关系,如图4-3所示。

(1) 离开运行。由一个公共的运行车道相互分开;离开前车辆必须减缓速度,如图4-3a)所示。

(2) 汇合运行。由两个运行车道相互汇合在一起;汇入时必须等待主线车辆的行车间隙,如图4-3b)所示。

(3) 相交运行。一个运行车道跨过另一个车道直驶而去,其中,斜向相交者称为斜穿。相交干扰行车最大,最容易引起事故,如图4-3c)所示。

由这三种基本运行还产生第四种运行关系——交织运行。即两个车道汇合后经过一段公共运行段又相互离开,这个公共运行段称为交织段,其长度称为交织段长度,在平面交叉的转盘式、互通立体交叉的苜蓿叶式等交叉中都存在这种交织运行,如图4-3d)所示。

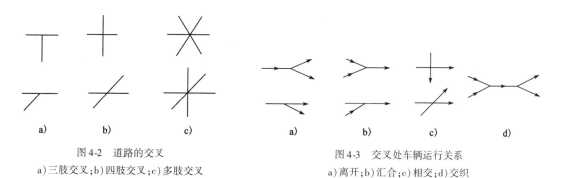

图4-2 道路的交叉
a) 三肢交叉;b) 四肢交叉;c) 多肢交叉

图4-3 交叉处车辆运行关系
a) 离开;b) 汇合;c) 相交;d) 交织

2. 交叉冲突点

在一个平面交叉处,当产生离开、汇合及相交的运行时,车辆之间都有发生碰撞的危险,因此,这些地方称为潜在冲突点。一个常见的十字交叉路口,每条路上都有来回两个直通车道和左右两个转弯车道,共有四个直通车道和八个转弯车道,即一般所谓的"四通八达"。这种四通八达的十字交叉路口有32个潜在冲突点,其中离开8个,汇合8个,相交16个(其中左转弯12个,直通4个),如图4-4a)所示。如果其中一条主要道路为四车道,则潜在冲突点将增加到64个,其中离开12个,汇合12个,相交40个,如图4-4b)所示。所有这些冲突点都集中在一个交叉道口处,当交通量大的时候,尤其在有混合交通的时候,交通必然产生严重的干扰和阻塞,以致出现事故。美国统计,20世纪70年代所有交通事故的34%和死亡事故的22%都发生在交叉处,城市区域情况更严重,上述交叉处事故的百分率分别为39%和37%。

3. 改善平面交叉的常见做法

改善平面交叉的做法通常有三个途径:
(1) 把集中在一个交叉道口的狭小区域里的冲突点从空间上或时间上分散开来。
(2) 消除部分主要的冲突点。
(3) 将冲突点分散一部分,消除一部分。

从空间上或时间上分散冲突点有如下的一些做法:

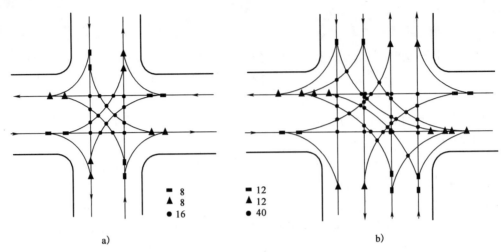

图 4-4 十字交叉路口的潜在冲突点
■ 离开；▲ 汇合；● 相交（下同）

如图 4-5 所示，将一条道路的上、下行车道用较宽的中间带分隔开来，把一个交叉道口变成了两个交叉道口。当上下车道分隔间距相当大时，实际上成了两个单行道，这时每个交叉口的潜在冲突点则变为 4 个离开、4 个汇合、5 个相交，两个道口合起来比一个道口减少了 6 个相交冲突点。

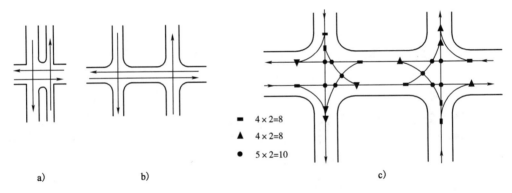

图 4-5 相交冲突点的空间分散（一条道的上下行车道分开）
a）中间带；b）两个单行道；c）潜在冲突点

如图 4-6 所示，若两条相交道路的上、下行车道都分开，形成了 4 条单行道和 4 个分开的交叉道口，每个道口只剩下了 2 个离开、2 个汇合和 1 个相交冲突点，比一个道口减少了 12 个相交冲突点。

如图 4-7 所示，把交叉道口扩展成一个圆形或椭圆形的转盘（又称环道，环岛），这时车辆在转盘上都沿一个方向绕行，只有陆续的汇合、交织、离开，而没有相交冲突点。转盘适用于四肢以上道路相交的道口和较小交通量的情况，车辆可以连续不停地缓慢运行，且陆续发生交织，但交通量过大时常常阻塞。

如图 4-8 所示，采用红绿灯控制交通，这就成了从时间上来分散冲突点。当一个方向车辆暂停通行时，尚留下 4 个离开、2 个汇合和 2 个相交冲突点，相交冲突点主要是左转弯造成的。

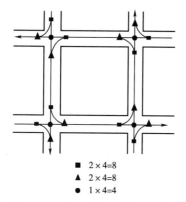 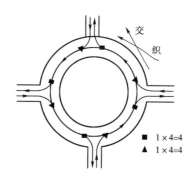

图 4-6　相交冲突点的空间分散（两条道路的上、下行车道都分开）　　图 4-7　相交冲突点的空间分散（转盘式）

当一条路线上左转弯交通量较大时，即使采用红绿灯控制，交通也会发生严重的干扰，这时应将临近交叉道口的一段道路设缩窄的中间分隔带，在道口附近加宽路幅以留出一段供车辆停车待避、等待转弯之用，如图 4-9 所示。这是进一步从时间上来分散冲突点。

当一条路线上左转弯交通量和直通交通量都很大而中间分隔带又很窄时，可以采用如图 4-10 所示的做法来改善交叉道口，这种做法由于其形状而被称为"壶把式"交叉，将大的转弯交通量从远处经壶把式匝道引

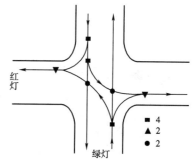

图 4-8　相交冲突点的时间分散（红绿灯控制）

到相交路线上，左转弯交通量转化成相交道路上的直通交通量等待绿灯通行，这样可以保证原来路线上大的直通交通畅行，且分散了冲突点。

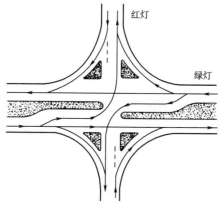 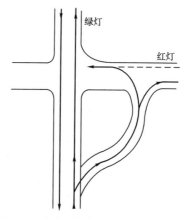

图 4-9　相交冲突点的时间分散　　　　图 4-10　相交冲突点的分散（壶把式交叉）
（交叉道口处设宽的中间分隔带）

图 4-11 所示为一个 T 形交叉用分开的车道来分散转弯冲突点。分开的车道中间地区形成了分流岛，这样的做法称为"渠化交通"，其目的主要是：保障行车安全，提高通行能力。一个正常的 T 形交叉共有分离、汇合、相交冲突点各 3 个，共 9 个冲突点。渠化后冲突点并未减少，但却被分散开了，而且在分流岛的路段内可以停车等待相交跨越，因而有利于行车安全。

129

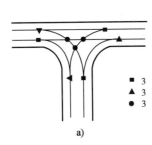
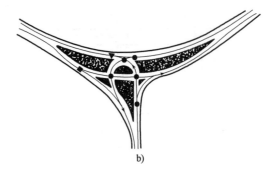

图 4-11 相交冲突点的分散(T形交叉渠化)
a)渠化前;b)渠化后

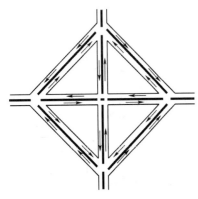

图 4-12 相交冲突点的分散(定向渠化)

图 4-12 表示一种定向渠化的交叉,用于转弯交通量很大的情况,可以把左转弯交叉冲突点分散固定在一个位置,如果适当地安排各点之间的距离和控制红绿灯信号同步,可以使到达交叉口遇见绿灯的车辆一路畅行通过整个交叉口。当只在一个象限内有很大的转弯交通量时,可以只在该象限设定向渠化车道。

以上都是从平面空间上和时间上分散冲突点的方法,都难免仍存留一些相交冲突点,或者车辆运行受到间断,通行能力受到限制。更好的办法则是设置立体交叉——立交。一般来讲,当要求提高交叉口通行能力和效率,消除拥挤和阻塞时;要求改善交叉口交通安全、消除事故时;与高等级公路相交时;地形有利,与平交相比也不会过多增加造价时;对一条道路或其中的某一段要进行出入口控制时,即可选择设置立交。关于道路立体交叉的相关知识要点将在本章第六节中予以详细介绍。

二、无信号控制的平面交叉

1. 平面交叉的基本几何类型

根据几何形状,平面交叉口类型有十字形、X形、T形、错位交叉、Y形、多路交叉及畸形交叉等,如图 4-13 所示。路口的选型应根据城市道路的布置、相交道路等级、性质、设计小时交通量、交通性质及组成和交通组织措施等确定。一般平面交叉的相交道路宜为4条,不宜超过5条。平面交叉口应避免设置错位交叉,已有的错位交叉口应从交通组织、管理上加以改造。

平面交叉口间距应根据道路网规划、道路等级、性质、设计速度、设计交通量及高峰期间最大阻车长度等确定,不宜太短。

2. 交叉口平面布置及设计

(1)平面交叉路线宜采用直线并尽量正交,当必须斜交时,交叉角不宜小于45°。

(2)路段上平曲线的起终点离交叉口中心距离应根据道路及相交道路等级、设计速度等确定,不宜太短。

(3)桥梁引道处应尽量避免设置平面交叉口。

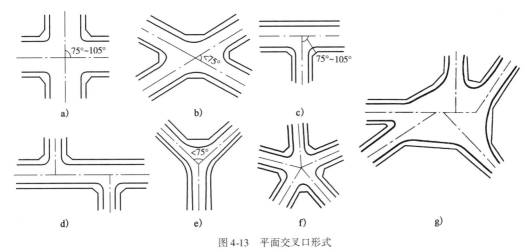

图 4-13 平面交叉口形式
a)十字形；b)X形；c)T形；d)错位交叉；e)Y形；f)多路交叉；g)畸形交叉

3. 交叉口竖向设计

(1) 交叉口竖向设计应综合考虑行车舒适、排水通畅、与周围建筑物的高程协调等因素，合理确定交叉口设计高程。

(2) 交叉口竖向设计时相交道路纵横坡度的处理应遵循以下原则：

①主要道路通过交叉口时，其设计纵坡保持不变，次要道路的纵坡应随主要道路的横断面而变，其横坡应随主要道路的纵坡而变。

②同等级道路相交时，两相交道路的纵坡保持不变，而改变它们的横坡。一般应改变纵坡较小的道路横断面，使其与纵坡度较大的道路纵坡一致。

③为保证交叉口排水，至少应使一条道路的纵坡坡向离开交叉口一侧。

④交叉口进口道的纵坡度，宜小于或等于2%，困难情况下应小于或等于3%，但相邻两段路不宜取平坡。

(3) 交叉口竖向设计宜采用设计等高线法。水泥混凝土路面的交叉口应根据设计等高线计算内插出各分块的角点设计高程，沥青类路面的交叉口则应内插出施工线网节点的设计高程，供施工放样用。

(4) 应合理布设雨水口。坡向交叉口道路的人行横道上游应设置雨水口，低洼处应布设雨水口，要求交叉口范围不产生积水现象。

4. 交叉口视距

(1) 平面交叉口视距三角形范围内妨碍驾驶员视线的障碍物应清除。十字形交叉口视距三角形见图4-14a)，X形交叉口视距三角形见图4-14b)。

(2) 各进口车道的停车视距应符合有关规定。

5. 交叉口的设计与布置基本要求

应充分考虑交通问题，尤其是人、车、路三者的关系。一般情况下，应符合下列要求：

(1) 交叉口进口车道应采用交通标志和标线，指明车道类型，以利车辆安全候驶与行驶。

(2) 交叉口进口车道宽度，直行车道一般可采用3.5m，小型车道可用3m，左、右转专用车道可采用3.5m，最小可采用3.25m。出口车道宽度可为3.5~3.75m，小型车道可用3.5m。

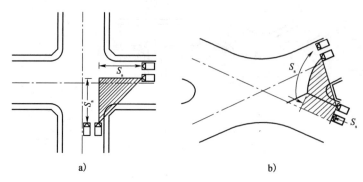

图 4-14 交叉口视距三角形
a) 十字形交叉口; b) X 形交叉口

(3) 人行横道应尽量沿人行道延伸方向设置,减少行人绕行距离。

(4) 停止线在人行横道线后至少 1m 处,并应与相交道路中心线平行。停止线位置应靠近交叉口,使交叉口的公共区域不致过大。

(5) 人行横道与缘石交接处应按《无障碍设计规范》(GB 50763—2012)要求,设置缘石开口坡道,为残疾人提供方便。

(6) 交叉口的照明应符合国家现行行业标准《城市道路照明设计标准》(CJJ 45—2015)的有关规定。

(7) 交叉口附近设公交车站时,公交车站离交叉口缘石切点的距离不应小于 50m,以减少对进出交叉口车辆交通的影响。

三、有信号控制的平面交叉

一般来说,城市中范围较大或交通流量较大的道路交叉口,都会采取信号灯控制的形式。其目的在于增强交叉口的行车安全,提高交叉口的通行能力。

1. 平面交叉口拓宽渠化

交通流量大和使用多相位信号控制的交叉口,宜依据信号控制要求进行拓宽渠化设计,如图 4-15 所示。

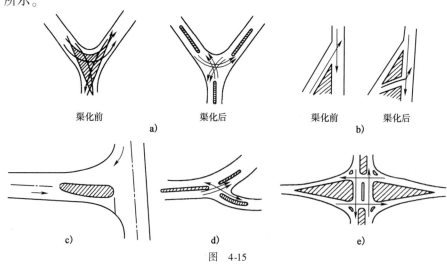

图 4-15

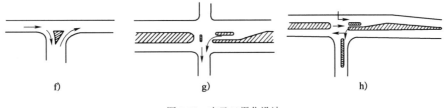

图 4-15 交叉口渠化设计

(1) 渠化交通设计原则

交叉口拓宽渠化设计原则如下：

① 应根据交通流量及流向，增设交叉口进口道的候驶车道数。

② 进、出口道分隔带或交通标志、标线应根据渠化要求布置，做到导向清晰，避免分流、合流集中于一点，造成相互干扰。

③ 无汇合和交织的穿越车流，应以直角或接近直角相交叉；汇合和交织交通流的交叉角应尽可能小。

(2) 交通岛

根据交叉口形状、交通量、流向和用地条件设置交通岛。交通岛一般应以缘石围砌，按功能不同可分为分隔岛、安全岛、中心岛、导流岛四种类型，如图 4-16 所示。

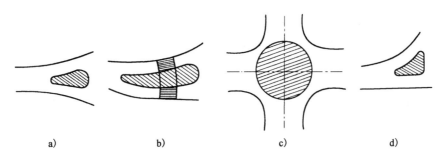

图 4-16 交通岛
a) 分隔岛；b) 安全岛；c) 中心岛；d) 导流岛

2. 交叉口进口专用车道设置

高峰小时一个信号周期进入交叉口某进口道的左转车辆多于 3pcu 或 4pcu（小交叉口为 3pcu、大交叉口为 4pcu）时，应增设左转专用车道。高峰小时一个信号周期进入交叉口某一进口道的右转车辆多于 4pcu 时，宜增设右转专用车道。采用多相位信号控制的平交路口，应增设专用转向车道。设置公交专用道的平面交叉口，其信号相位及配时应与公交优先运行要求相适应。

(1) 进口道专用左转车道的设置，可采用以下方法：

① 在直行车道中分出一条专用左转车道。

② 压缩较宽的中央分隔带，新辟一条专用左转车道，但缩窄后的中央分隔带的宽度至少为 0.5m，其端部宜为半圆形。

③ 进口道中线向左侧偏移，新增一条专用左转车道。

④ 加宽进口道，以便新增一条专用左转车道。

采用压缩中央分隔带和进口道中线偏移方法形成专用左转车道时,其长度 L_z 应保证左转车不受相邻停候驶车队长度的影响,如图 4-17 所示。

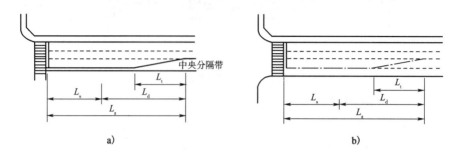

图 4-17　左转专用车道设置
a)压缩中央分隔带；b)中线偏移

L_t-变换车道所需的渐变段长度(m)；L_d-减速车道长度(m)；L_s-候驶车辆所需的滞留长度(m)；L_z-专用左转车道最小长度(m)

（2）进口道设置专用右转车道,可以采用以下方法：

①在直行车道中分出一条专用右转车道（现有直行车道至少有两条或通过压缩中央分隔带、中线偏移等措施增加左转车道,从而保证直行车道至少有两条）。

②加宽进口道,新增一条右转专用车道,其长度 L_y 应保证右转车不受相邻候驶车队长度的影响,并应在调查后计算确定,如图 4-18 所示。

③交叉口进口道设右转专用车道时,右侧横向相交道路的出口道应设加速车道,加速车道的长度 L_y' 应通过调查计算确定。

平面交叉路口出口的车道数,应不小于进口直行车道数（除去左、右转专用车道）。出口道的车道宜布置在进口道的直行车道的延线上,当出口道经调整中央分隔带和人行道宽度也不能保证与进口道有相等的直行车道时,应预先减少进口道的直行车道数,并应考虑设置平缓的渐变段（长度大于 100m）。

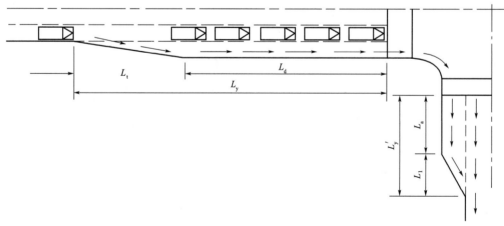

图 4-18　拓宽设置右转专用道

L_t-渐变段长度(m)；L_d-相邻候驶车队长度(m)；L_a-车辆加速所需距离(m)；L_y-加拓宽右转专用车道长度(m)；L_1-拓宽加速车道长度(m)

3. 行人交通组织

在城市道路中,尤其在交叉口处,行人在此汇集、转向、过街,在进行城市道路设计时必须考虑行人交通组织。行人交通组织的主要任务包括两个方面:一是组织行人在人行道上行走;二是组织行人在人行横道线内安全过街,从而使人、车分离,相互之间的干扰最少。

人行道通常对称布置在车行道两侧。交叉口内相邻道路的人行道应互相连通,并将转角处人行道加宽,以适应人流集中和转向的需要。在人行道上除必要的道路标志、交通信号、照明及栏杆等外,不允许布置其他设施,以保证人行道的有效宽度。

为使行人安全、有序地横穿车行道,应在交叉路口设置人行横道。交叉范围的人行道和人行横道相互连接,共同组成可达任意方向的步行道网。尽量不将吸引大量人流的公共建筑的出入口设在交叉口上。

人行横道的设置应考虑以下方面的要求:

(1) 人行横道应与行人自然流向一致,否则将导致行人在人行横道以外的地方横过车行道,不利于交通安全。

(2) 人行横道应尽量与车行道垂直,使行人过街距离短以尽快地通过交叉口,符合行人过街的心理要求。

(3) 人行横道应尽量靠近交叉口,以缩小交叉口的面积,使车辆尽快通过交叉口,减少车辆在交叉口内的通行时间。

(4) 人行横道设置在驾驶员容易看清的位置,标线应醒目。

在设置信号灯控制或设置停车标志的交叉口,应在路面上标绘停车线,指明停车位置。此时人行横道一般可布置在停车线之前至少1m处,如图4-19所示。

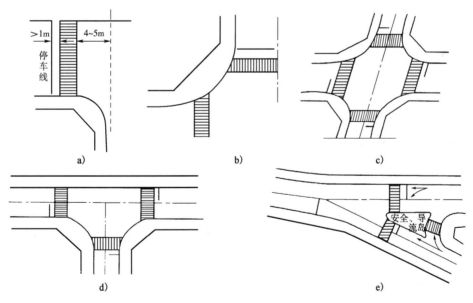

图4-19 交叉口人行横道的布置

人行横道的宽度,与过街行人流量和行人过街时的信号显示时间有关,所以应结合每个交叉口的实际情况设置。一般应比路段人行道宽些,考虑到便于驾驶员在远处辨认,其最小宽度为4m,一般最大值不超过8m。

当车行道较宽时,行人一次横穿过长的街道会引起行人思想紧张,尤其对行走迟缓的老、弱、妇、孺等,会感到很不安全。《城市道路工程设计规范(2016年版)》(CJJ 37—2012)规定,当机动车道数大于或等于6条或人行横道长度大于30m时,应在道路中线附近设置宽度不小于1m的安全岛。

当交叉口宽阔、人流量大、车流量大且车速高时,如快速路上的交叉口,可考虑设置人行天桥或人行地道,这是行人交通组织最彻底、最有效的办法。为了使人行天桥(地道)的功能能够得到最大限度的发挥,在规划人行天桥(地道)位置时应充分考虑行人流向,在结构选型方面真正做到以人为本。由于人行天桥(地道)选址、选型不当,而弃之不用或基本不用的实例不乏,这点值得注意。

四、环行平面交叉

环行平面交叉是一种以路口中心岛为导向岛,进入车辆一律逆时针绕行,无需信号控制,实现"有进有出"、依次交织运行的平面交叉口形式(图4-20)。一般城市的多路交汇或转弯交通量比较均衡的路口宜采用环形平面交叉。对斜坡较大的地形及桥头引道,当纵坡大于或等于3%时,不应采用环形交叉。现将环形平面交叉口基本要素与要求分述如下。

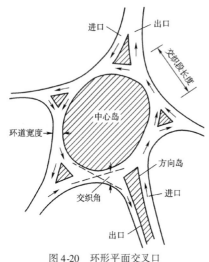

图4-20 环形平面交叉口

1. 中心岛

中心岛的形状应根据交通特性采用圆形、椭圆形或卵形,最小半径(或当量半径)应满足环道设计速度和最小交织长度的要求。当采用椭圆形或卵形时,要优先考虑主要道路的交通流特性。中心岛最小半径的计算公式如下:

$$R_d = \frac{v^2}{127(\mu \pm i)} - \frac{b_i}{2} \tag{4-2}$$

式中:v——环道设计速度;
　　　μ——横向力系数,取0.14~0.18;
　　　i——路面横坡,取1.5%~2.0%;
　　　b_i——环道内侧车道宽。

环道设计速度以相交道路中最大设计速度的0.5~0.7倍计取。主车道车速大,宜取较小的系数值。

2. 交织长度

最小交织长度(图4-21)不应小于以环道设计速度行驶4s的距离,其取值参见表4-19的规定。当行驶铰接车时,其最小交织长度不应小于30m。

最 小 交 织 长 度　　　　　　　　表4-19

环道设计速度(km/h)	50	45	40	35	30	25	20
最小交织长度(m)	60	50	45	40	35	30	25

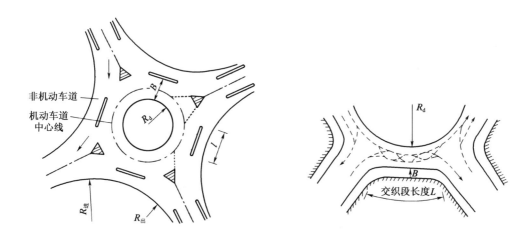

图 4-21　环形平面交叉口交织长度

3. 环道的布置和宽度

(1) 根据交通流的情况,环道可布置为机动车与非机动车混行或分行两种形式,分行时所设分隔带宽度不应小于 0.5～1m。

(2) 环道的机动车道宜为 3～4 条,最内侧车道作绕环用,最外侧为右转车道,中间为交织车道。每条车道宽度应包括弯道加宽宽度。非机动车车行道宽度不应小于交汇道路中的最大机动车车行道宽度,也不宜超过 6m。

(3) 中心岛上不应布置人行道。环道外侧人行道宽度不应小于交汇道路中的最大人行道宽度。

(4) 环道外缘石不宜设计成反向曲线。出口缘石半径应大于或等于进口缘石半径,进口缘石半径的要求同一般平面交叉口。

(5) 环道纵坡度不宜大于 2%,横坡一般宜采用双向坡。

(6) 环道上应满足绕行车辆的停车视距要求。

特别应该指出的是,中心岛上不宜建造小公园,一是有碍视线,二是公园游人频繁穿越环道影响交通。另外,中心岛及进口端交通导向岛的绿化不得妨碍车辆驾驶人员的行车视线。

五、高架桥下的平面交叉

高架桥下的平面交叉是随着城市高架桥的修建而出现的一种交叉口形式。由于受高架桥墩、柱的影响,通视条件较差,因此,应通过交通组织和交通标志、标线布设,重新设计桥下的平面交叉口,以确保行车视距、通行能力和行车安全。

在设计这种"桥下平面交叉口"时,特别应注意通过适当拓宽顺桥向路口来设置足够数量的候驶车道,为信号灯配时设计提供必要的空间。

另外,高架桥在交叉口处有上、下匝道时,应根据上、下车流交通量情况,对相关进出口道路进行拓宽。下匝道落地点距交叉口停车线距离,应大于红灯时路口排队车辆长度与下匝道车辆变换车道所需交织长度(≥100m)之和,以避免平面交叉口候驶车辆排队延至桥上,进而影响高架桥上的交通秩序,甚至造成桥上堵车。

第六节　道路立体交叉

在平面交叉口上,不同方向的车流和行人互相影响干扰,不但会降低车速、阻滞交通、降低通行能力,而且容易发生交通事故。道路交叉口是公路的重要组成部分,是公路交通的咽喉部位,它直接影响公路的使用质量,因此,必须设置一定数量的立体交叉,避免车流与行人的影响。道路平面交叉的设置限制要求见表4-20。

道路平面交叉的设置限制要求　　　　　　　表4-20

被交叉公路	公　路　主　线				
	一级公路(干线)	一级公路(集散)	二级公路(干线)	二级公路(集散)	三级、四级公路
一级公路(干线)	严格限制	—	—	—	—
一级公路(集散)	严格限制	限制	—	—	—
二级公路(干线)	严格限制	限制	限制	—	—
二级公路(集散)	严格限制	限制	限制	允许	—
三级、四级公路	严格限制	限制	限制	允许	允许

一、立体交叉的设置条件

1. 立体交叉的设置条件

公路立体交叉可分为互通式立体交叉和分离式立体交叉,设置立体交叉应符合下列规定:
(1)高速公路与各级公路相交必须采用立体交叉。
(2)一级公路同交通量大的其他公路交叉应采用立体交叉。
(3)二级、三级公路间的交叉,直行交通量大时或有条件的地点宜采用立体交叉。

2. 互通式立体交叉的设置条件

公路与公路立体交叉符合下列条件时应设置互通式立体交叉:
(1)高速公路间及其同一级公路相交处。
(2)高速公路、一级公路同通往县级以上城市、重要的政治或经济中心的主要公路相交处。
(3)高速公路、一级公路同通往重要工矿区、港口、机场、车站和游览胜地等的主要公路相交处。
(4)高速公路同通往重要交通源的公路相交而使该公路成为其支线。
(5)承担干线功能的一级公路间,及其与其他干线公路和集散公路相交处。
(6)一级公路上,当平面交叉的通行能力不能满足需要或出现频繁的交通事故时。
(7)由于地形或场地条件等原因设置互通式立体交叉的综合效益大于设置平面交叉。

互通式立体交叉分为枢纽互通式立体交叉和一般互通式立体交叉。高速公路间,或高速公路与承担干线功能的一级公路间,或承担干线功能的一级公路间的互通立体交叉,为枢纽互通式立体交叉。高速公路、承担干线功能的一级公路与承担集散功能的一级公路及其他公路相交的互通式立体交叉,为一般互通式立体交叉。

互通式立体交叉的间距应符合下列规定：

(1)大城市、重要工业园区附近的高速公路,其互通式立体交叉的平均间距宜为5~10km;其他地区宜为15~25km。

(2)高速公路相邻互通式立体交叉的最小间距,不宜小于4km。因路网结构或其他特殊情况限制,经论证相邻互通式立体交叉的间距需适当减小时,距上一互通式立体交叉加速车道渐变段起点间的距离,不得小于1 000m,且应进行专项交通工程设计,设置完善、醒目的标志、标线和警示、诱导设施;小于1 000m且经论证必须设置时,应将两者合并设置为复合式互通式立体交叉。

(3)高速公路相邻互通式立体交叉的间距不宜大于30km,荒漠戈壁、草原地区和人口稀疏的山区可增大至40km,大城市或大型工业园区附近最大间距不宜超过20km;超过时,应设置与主线立体分离的U形转弯设施。

(4)非高速公路互通式立体交叉的最小间距,可参照上述规定执行。条件受限时,经对交织段的通行能力论证后可适当减小间距。

同时,互通式立体交叉与相邻的其他出入口的设施或隧道之间的距离应符合下列规定：

(1)互通式立体交叉与服务区、停车区、客运汽车停靠站之间的距离应能满足设置出口预告标志的需要。条件受限制时,间距可适当减小,但上一入口终点至下一个出口起点的距离不应小于1 000m,小于1 000m且经论证必须设置时,应按复合式互通式立体交叉的方式处理。

(2)隧道出口与前方互通式立体交叉间的距离,应满足设置出口预告标志的需要;条件受限制时,隧道出口至前方互通式立体交叉出口起点的距离不应小于1 000m,小于时应在隧道入口前或隧道内设置预告标志。

(3)互通式立体交叉加速车道渐变段终点至前方隧道进口的距离(以m计)以不小于设置速度(以km/h计)的1倍长度为宜。

互通式立体交叉选型,应综合考虑相交公路的功能、技术等级、匝道设计速度、地形、地物、用地条件、交通量、造价以及是否设置收费站等因素确定。

互通式立体交叉范围内主线线形指标应符合表4-21的规定。

互通式立体交叉范围内主线线形指标　　　　表4-21

设计速度(km/h)			120	100	80	60
最小圆曲线半径(m)		一般值	2 000	1 500	1 100	500
		极限值	1 500	1 000	700	350
最小竖曲线半径(m)	凸形	一般值	45 000	25 000	12 000	6 000
		极限值	23 000	15 000	6 000	3 000
	凹形	一般值	16 000	12 000	8 000	4 000
		极限值	12 000	8 000	4 000	2 000
最大纵坡(%)		一般值	2	2	3	4.5(4)
		最大值	2	3	4(3.5)	5(4.5)

注:当互通式立体交叉位于主线连续长大下坡路段底部时,减速车道下坡路段取表中括号内的值。

3. 分离式立体交叉的设置条件

公路与公路立体交叉符合下列条件时应设置分离式立体交叉：

(1) 高速公路同其他各级公路交叉，除因交通转换而设置互通式立体交叉外，均必须设置分离式立体交叉。

(2) 承担干线功能的一级公路同其他各级公路的交叉，除因交通转换需要而设互通式立体交叉外，为减少平面交叉，且相交的公路又不能截断时，应采用分离式立体交叉。

(3) 二级、三级、四级公路间的交叉，直行交通量很大或地形条件适宜，且不考虑交通转换时，可设置分离式立体交叉。

分离式立体交叉设计应综合考虑交叉公路在路网中的功能和发展规划、运行安全、用地、环境及投资效益等因素。分离式立体交叉远期规划为互通式立体交叉时，应按分期修建原则设计并预留布设匝道的工程条件。

同时，分离式立体交叉设计应符合下列要求：

(1) 主要公路的平、纵面线形应保持直捷、顺适。两相交公路不得因增设分离式立体交叉而使平、纵面线形过于弯曲、起伏。

(2) 两相交公路以正交或接近正交为宜，且交叉附近平面线形宜为直线或不设超高的大半径曲线。

(3) 高速公路、一级公路同二级、三级、四级公路相交而采用分离式立交时：

① 被交公路的线形、线位应充分利用。当交叉角过小或原线形技术指标过低时，应采用改线方案。

② 被交公路的等级、路基宽度、桥梁净宽、净高及车辆荷载等级等技术指标，应按被交公路现状或已批准的规划公路技术等级设计。

(4) 分离式立体交叉跨线桥的桥面雨水，应通过管道引至桥下公路的排水沟，不得散排于桥下公路路面。跨线桥桥下公路的排水宜采用自流排水。

(5) 跨线桥的桥型设计应注重美学要求。桥型应简洁、明快、轻巧均衡、空间开敞，并同周围环境相协调。

分离式立体交叉上跨或下穿交叉方式的选择，应综合考虑下列因素，经技术经济论证后确定：

(1) 两相交公路的平面线形和纵坡设计的组合，应使整个工程的造价最低，占地、拆迁数量最少。

(2) 不良工程地质条件下，主要公路尤其是高速公路宜下穿。

(3) 被交叉公路交叉附近需与现有公路设置平面交叉或为路旁用户提供出、人口时，主线宜上跨。

(4) 交通量大的公路宜下穿。

(5) 同已街道化的公路相交时，新建公路宜上跨。

(6) 结合地形、已建工程现状或发展规划，使之同周围环境与景观相协调。

如果主要公路或高速公路上跨时，其设计应符合下列要求：

(1) 跨线桥布孔和跨径必须满足被交公路建筑限界、视距和对前方公路识别、通视的要求。

(2) 跨线桥下为双车道公路时，不得在对向行车道间设置中墩。

(3) 跨线桥下为多车道公路,在中间带设置中墩时,其中墩隔侧必须设防撞护栏,并留有护栏缓冲变形的余地;跨线桥下为无中间带多车道公路,需在行车道中间设置中墩时,其中墩前后必须增设足够长度的中间带,且中墩两侧必须设防撞护栏,并留有护栏缓冲变形的余地。

(4) 跨线桥不得压缩桥下公路横断面的任何组成部分,以及原有的渠道、电信管道等设施,并留有余地。

(5) 分离式立体交叉或被交叉公路采用分期修建时,跨线桥应按规划规模一次建成。

如果主要公路或高速公路下穿时,其设计应符合下列要求:

(1) 被交公路的线形、线位应充分利用。当交叉角小或原线形技术指标过低时,宜采用改线方案。

(2) 被交公路的等级、路基宽度、车辆荷载等级应按现状或已批准的规划设计。

(3) 跨线桥的桥长和布孔必须满足主要公路或高速公路的建筑限界、视距和对前方公路识别、通视的要求。主孔宜一孔跨越主要公路全断面,除主孔外应有适当长度的边孔。

(4) 跨线桥下主要公路或高速公路中间带较宽或为四车道以上高速公路,在中间带设置中墩时,中墩两侧必须设置防撞护栏并留有护栏缓冲变形的余地。不得在局部范围内改变中间带宽度而使行车道扭曲。

(5) 跨线桥下主要公路或高速公路附有以边分隔带分离的慢车道、集散车道、附加车道、非机动车道时,可在边分隔带上设置桥墩。当边分隔带较窄时,应在桥墩前后一定范围内加宽,并宜在右方作变宽过渡。

(6) 跨线桥前方主要公路或高速公路有出、入口或平面交叉时,跨线桥应增设供通视用辅助桥孔;主要公路或高速公路为曲线时,应满足载重汽车停车视距要求。

(7) 跨线桥下为路堑时,若路堑不深,宜将桥台置于坡顶之外;若路堑较深或边坡缓而长而需在边坡上设置桥台时,则应将桥台置于坡顶附近,不得置于坡脚处。

(8) 主要公路为高速公路或一级公路时:

① 跨线桥必须设置防撞护栏和防护网。

② 跨线桥上悬挂交通标志时,不宜采用通栏式标志,且上、下边缘不得超出护栏顶部和边梁外缘底线。

二、立体交叉的分类与基本形式

立体交叉的分类见表 4-22,立体交叉各种类型的图式及特点如下所述。

立 体 交 叉 分 类   表 4-22

分类	分离式立体交叉	互通式立体交叉				环形立体交叉
		不完全互通式		完全互通式		
基本形式	分离式立交	菱形立交	部分苜蓿叶形立交	苜蓿叶形立交	喇叭形立交	定向式立交	

1. 菱形立交

菱形立交如图 4-22 所示,其特点为主要道路直行通畅,而次要道路上设平面交叉路口,占地少、造价低,适用于主要道路与次要道路相交处。

2. 部分(半)苜蓿叶形立交

部分(半)苜蓿叶形立交如图 4-23 所示。其特点是主要道路直行畅通,被交路设两处平面交叉。较菱形立交绕行距离长,适用于封闭式收费情况及被交公路为二级公路以下情况。

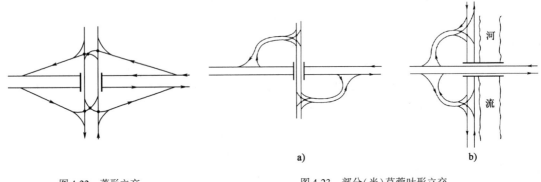

图 4-22 菱形立交

图 4-23 部分(半)苜蓿叶形立交
a) A 型;b) B 型

3. 苜蓿叶形立交

苜蓿叶形立交如图 4-24 所示。其特点为功能齐全、通行能力大、安全、车速高,被交路上不设平面交叉。其缺点是占地多、造价高、左转车辆绕行距离长。适用于开启式收费方式及两条高等级公路交叉的情况。

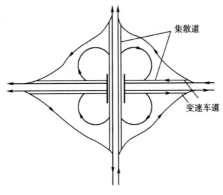

图 4-24 苜蓿叶形立交

4. 喇叭形立交

(1) 单喇叭形立交(图 4-25)

其特点是对收费道路仅设一处收费站,平面交叉口也仅一处,左转匝道设在次要道路。适用于封闭式收费方式,被交路为二级公路以下,交通流集中于某一象限的情况。

(2) 双喇叭形立交(图 4-26)

其特点是对收费道路仅设一处收费站,造价较高,有些象限车辆需绕行。适用于两条高等级公路交叉而只有一条公路收费,或两条公路均收费而采用不同收费方式的情况。

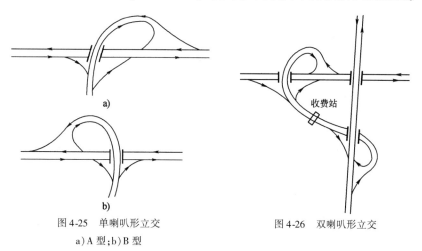

图 4-25 单喇叭形立交
a)A 型;b)B 型

图 4-26 双喇叭形立交

5. 定向形立交

定向形立交如图 4-27 所示。其特点是对左转方向设有直接通行的专用匝道,行驶简捷,方便安全,车速高。缺点是占地多,构造物多,造价高,适用于左转车辆较多、开启式收费方式及两条高等级公路交叉的情况。

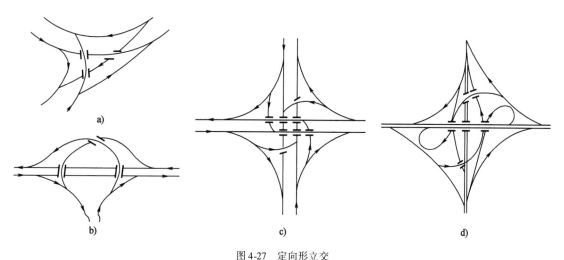

图 4-27 定向形立交
a)完全定向形;b)不完全(半)定向形;c)定向涡轮形;d)半定向涡轮形

其中,不完全(半)定向形立交[图 4-27b)]是设置半直接定向形匝道来实现车辆左转弯,行车条件较好,通行能力较大;但一般匝道纵坡较陡,桥跨较多,造价较高。它对三路 T 形交叉、交通量较小且有可利用地形分别修建上跨和下穿高速公路匝道时,是一种互通式立交的良好形式。

6. 环形立交

环形立交如图 4-28 所示。其特点为主要交通畅通,次要道路直行交通与所有转弯交通在环道通过。它适用于多路相交且受地形限制的山谷,或占地限制的城市附近,以及汽车专用道相交、转弯交通量不多的情况。

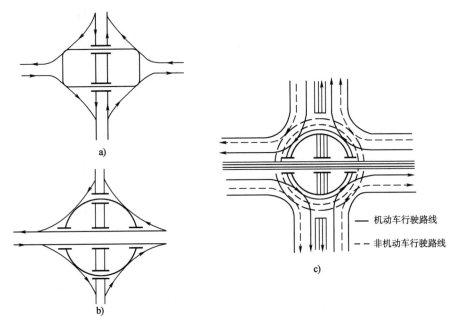

图 4-28 环形立交
a)双层式;b)三层式;c)四层式

7. 迂回式立交

迂回式立交(图 4-29)为环形与定向形的组合式,是把左转车行线延长的一种形式。其特点是左转车辆需要远离迂回绕行。该形式立交占地较少,但左、右转车辆需交织一段距离,车速降低,左转绕行距离长,立交构筑物需建三座。迂回式立交适用于主、次道路相交,主干道位于宽阔地带的情况。

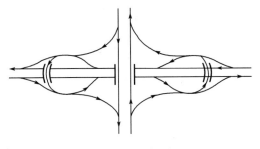

图 4-29 迂回式立交

三、互通式立体交叉形式选择的基本原则

互通式立体交叉类型的选择主要取决于相交道路的性质、任务和远景交通规划等因素,并能与当地条件相适应。在满足交通要求前提下,合理利用地形,达到工程运营经济,并与环境相协调。常用的互通式立交类型选择的条件可参见表 4-23。

常用的互通式立交类型选择的条件 表4-23

项目 立交类型	设计速度			交叉口总通行能力（辆/h）	占地面积（ha）	相交道路等级
	直行	左转	右转			
定向形立交	80~100	70~80	70~80	13 000~15 000	8.5~12.5	高速公路与高速公路相交
苜蓿叶形立交	60~80	30~40	30~40	9 000~13 000	7.0~9.0	高速公路与高速公路相交
迂回式立交	60~80	25~35	30~40	7 000~9 000	4.5~5.5	高速公路与快速路相交
部分(半)苜蓿叶形立交	30~80	25~35	30~40	6 000~8 000	3.5~5.0	高速公路与快速路、主干路相交
菱形立交	30~80	25~35	25~35	5 000~7 000	2.5~3.5	快速路与主干路相交
四层式环形立交	60~80	25~35	25~30	7 000~10 000 （非机动车 15 000~25 000）	4.0~4.5	快速路与快速路相交,有分离行驶的非机动车
三层式长条苜蓿叶形立交	60~80	25~35	25~35	6 000~9 000	6.0~7.0	高速公路与快速路相交或快速路与主干路相交,有分离行驶的非机动车
三路喇叭形立交	60~80	30~40	30~40	6 000~8 000	3.5~4.5	高速公路与快速路或快速路与主干路相交
三路环形立交	60~80	25~35	25~35	5 000~7 000	2.5~3.0	高速公路与快速路或快速路与主干路相交

注：相交道路按六车道计，交通量单位为当量小汽车。

互通式立体交叉形式的选定，应遵循如下原则：

（1）直行及转弯交通量均大、相交公路的设计速度较高且要求用较高的速度集散时，可采用定向形或半定向形互通立交。而等级相差较大的公路相交，若转弯交通量不大，可采用菱形立交或部分苜蓿叶形立交，或在T形交叉情况下采用喇叭形立交。全苜蓿叶形立交有通行能力较强和可作U形转弯的优点，适用于非收费高速公路相互交叉的立交。但当转弯车速要求较高时，其规模相当可观，而且在无专用集散车道的情况下，容易出现交通阻塞和事故，故应慎重采用。

（2）部分苜蓿叶形立交有两个相隔很近的、存在交织和冲突的平面交叉，对次要道路直行交通不利。但如果各向转弯交通量相差悬殊，通过在适当象限内布置匝道而将冲突减至最低程度，则是一种经济可行的方案。

（3）高速公路与两相隔较近且在高速公路两旁都有连接道路相连的一般公路相交时，宜采用分离的菱形立交，以使冲突点分散在两条公路上。

(4)苜蓿叶形立交的环形匝道只宜布置单车道。若匝道交通量接近或大于单车道通行能力时,则应采用定向形匝道。

(5)立交主体(指收费站)应布设于交通量最大的象限,当受到地形、地物限制时应论证确定。

(6)互通式立交扩大规模或由平面交叉改为互通式立交时,其选型应考虑原有交叉中设施的利用问题。

总之,互通式立交的布设要注意选型与定位相结合,保证总体设计的协调。一般情况下,高速公路在下、被交公路在上的方案较为经济。

四、高速公路立体交叉

1. 高速公路的收费站设置

高速公路的收费站,按不同的收费方式可分为开启式和封闭式两种。开启式收费站入口按段收费,出口验票,适用于非全封闭道路;它一般设置于高速公路主线的起点和终点,以保证直行流的连续畅通。全封闭的高速公路采用进口发卡,出口按里程交费的封闭收费方式;收费站一般设置于互通式立交连接匝道处,对直行流几乎无影响,高速公路中间站多选用此种方式。

收费站占地面积较大,在选择其布置形式时要综合考虑互通式立交形式、地形条件以及绕行运输费用,新增道路投资费用与多建收费站的费用比等,力求收费与管理方便,设施集中且不影响道路交通的畅通。

常见的收费立体交叉的布置形式见下述示例。

(1)三路相交

①单喇叭形立体交叉(图4-30)

它是三路互通式立交中的典型形式,适于利用环形匝道且交通量小的情况,收费集中布置在一个地点。

②Y形立体交叉(图4-31)

它的优点同喇叭形立交,但构造物较复杂,为三层式立交。

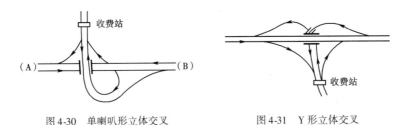

图4-30 单喇叭形立体交叉　　图4-31 Y形立体交叉

③三路环形立体交叉(图4-32)

它是用交织环道代替Y形匝道的立体交叉,构造物为两层。

(2)四路相交

①菱形立体交叉(图4-33)

菱形立体交叉形式简单。若设置收费站需要分设在四个地方,这会增加管理费。为了减少收费站,可以把其形式稍加改变,将收费站集中布置成两个,以减少管理费,但要增加两座立交构筑物。

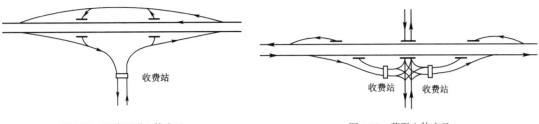

图 4-32 三路环形立体交叉　　　图 4-33 菱形立体交叉

②喇叭形立体交叉

当两条高等级道路相交时,为了集中布置收费设施,使出入车辆集中在一个地点通过,以便管理交通,可以采用喇叭形立体交叉(图 4-34)、喇叭形加 Y 形立体交叉(图 4-35)或双喇叭形立体交叉(图 4-36)。

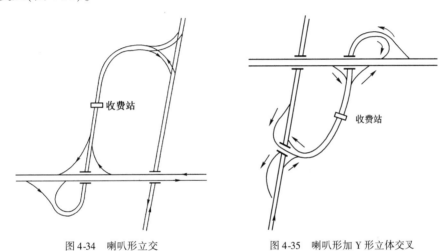

图 4-34 喇叭形立交　　　图 4-35 喇叭形加 Y 形立体交叉

③部分(半)苜蓿叶形立体交叉

部分(半)苜蓿叶形立体交叉(图 4-37),也是收费立体交叉常采用的一种形式,它与菱形立体交叉不同,不必为匝道修建立交构筑物,通行能力比菱形立体交叉大,但占地较多,而且要设置两个收费站且相距较远,管理方面比菱形立体交叉分散。

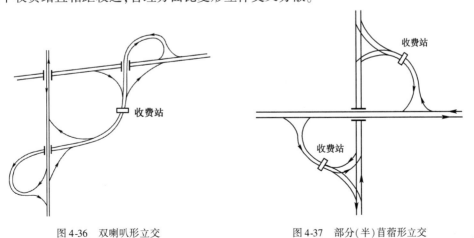

图 4-36 双喇叭形立交　　　图 4-37 部分(半)苜蓿形立交

2. 高速公路立交形式选择原则

收费高速公路的互通立交形式一般常采用单喇叭形(图 4-34)或部分(半)苜蓿叶形(图 4-37)。喇叭形有两个跨线桥、一个收费站和一个平面交叉;半苜蓿叶形有一个跨线桥、两个收费站和两个平面交叉。喇叭形可随地形而灵活布置,主流交通可短捷流畅,且便于集中管理。半苜蓿叶形占地较少,造价较低,主次两个方向路线均较平顺,平面交叉的交织和冲突较分散,各有利弊。

喇叭形有右旋 A 型和左旋 B 型两种,如图 4-23 所示。A 型以内环匝道作为流入匝道,行驶速度由低变高,有利于控制车辆进入高速公路,较为安全,但环形匝道半径较小,当主线上坡时,制约车辆进入高速公路。B 型以内环匝道作为流出匝道,由于环形匝道半径较小,对从主线高速分流驶出的车辆存在隐患,但外环匝道线形较好,且能看清主线上的车辆,有利于车辆加速进入高速公路。选择 A 型或 B 型应视交通量与地形等具体情况而定。一般根据流量和流向选择喇叭所在象限,使主线交通顺捷,交通量小的用内环匝道,交通量大的用外环匝道。从安全出发,以外环作为流出匝道是适宜的。

部分(半)苜蓿叶形分为 A 型、B 型和 AB 型三种,如图 4-38 所示。A 型以外环匝道作为流出匝道,主线出口设在跨线桥之前,流出车辆能看清整个立交,在高速公路上车辆行驶条件良好,但不利于相交公路上车辆的运行。B 型以内环匝道作为流出匝道,主线出口设在跨线桥之后,车辆运行情况与 A 型相反,对高速公路行车不利,但被交公路车辆行驶条件良好。AB 型的匝道布置在主线相邻两个象限内,在两个平交叉路段容易产生交织,车辆运行较混乱。从行车安全考虑,A 型较有利,但必须根据具体情况比较确定。无论采用什么形式,都应尽量拉长两平面交叉之间的距离,以改善车辆行驶条件。

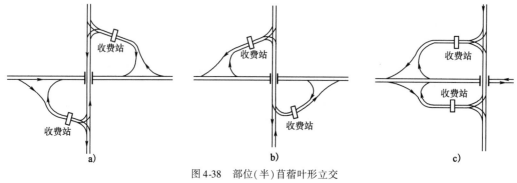

图 4-38　部位(半)苜蓿叶形立交
a) A 型;b) B 型;c) AB 型

互通式立交应通过优化评选确定最佳方案,主要可从服务水平、汽车通过的便利程度、经济效益三方面考虑,以取得技术经济上的合理性与可行性。

方案技术上的分析可通过视觉分析(透视图)及行车特性分析(行车速度、耗油量)来比较。而经济评价必须进行差额经济效益分析,即在同一工程项目的不同方案间求得投资之差、经济效益之差,从而计算出相应的效益成本比、投资回收期及内部收益率三项指标,来判断方案经济效果的优劣。

五、公路与铁路立体交叉

公路与铁路交叉时,新建的公路或铁路项目应首选立体交叉;如果高速公路、一级公路与铁路交叉,必须设置立体交叉;如果高速铁路、城际铁路和路段设计行车速度为140km/h 及以上的铁路与公路相交叉时,也必须设置立体交叉。同时,如果公路与铁路交叉符合下列情况之一时,也应设置立体交叉:

(1) Ⅰ级铁路与公路交叉;
(2) 铁路路段旅客列车设计行车速度大于或等于120km/h 的地段与公路交叉;
(3) 铁路与二级公路交叉;
(4) 由于铁路调车作业对公路上行驶的车辆造成较严重延误;
(5) 受地形等条件限制,采用平面交叉会危及公路行车安全;
(6) 结合地形或桥涵构造物情况,具备设置立体交叉条件。

六、立交的规划和布局

1. 高速公路路段终点与城市的连接

高速公路一般是由一个大城市根据交通的需要开始修建,并逐渐向外延伸,或是连接两个或多个大城市。一般说来,高速公路路线的确定通常都会考虑后期的发展,而立交的布局则更需重视远景发展,这里首先有一个路段的终点与城市的连接问题。由于高速公路一般不能穿过城市,只能通过联络线进入城市;且城市区域的立交一般不收费,而高速公路可能收费。因此,高速公路与联络线的概念必须明确。如图 4-39 所示,城市 A、B 之间拟建高速公路。考虑到将来公路网的发展,采用 ACDB 的路线,CD 为干线公路,将来便于往 E 及 F 发展延伸,AC、BD 为联络线。因此立交 C 及 D 必须是收费立交,而 A_1、A_2 等是不收费立交。如果随意把 C 定为不收费立交,则在将来干线延伸时,只能从收费立交 C_1 作为联结点开始延伸,势必造成损失浪费。同理,随意把 A_1 定为收费立交也不合理。因此,一个路段上立交的布局应遵循如下几条原则:

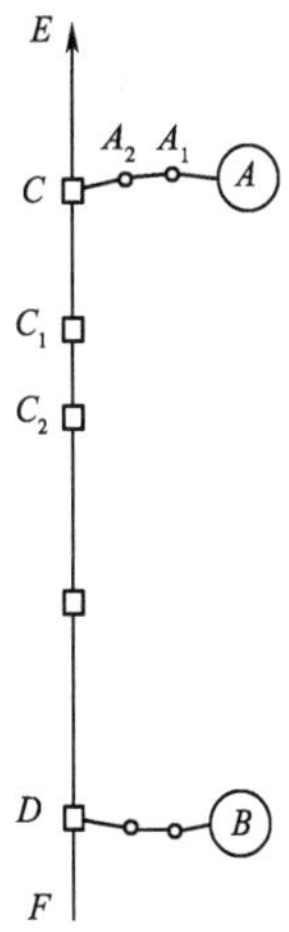

(1) 位于收费高速公路上的立交应当都是收费立交。
(2) 位于不收费的支线,例如连接到附近城市的支线上的立交应当是不收费立交。
(3) 干支线的联结点应是干线公路上的一个收费立交点,以便在那里控制支线车辆进出干线。
(4) 当开始从一个城市修建高速公路时,应慎重确定干支线的连接位置。

图 4-39 高速公路与城市联络线

2. 基本车道数和车道平衡原则

对一条高等级公路,应当通过设计交通量和通行能力分析来确定其应具有的基本车道数。这个基本车道数对相当长的一段线路不应变动。在基本车道数确定之后,当有汇合的车流驶入或分离的车流驶出时,应当校核车道数的平衡(图 4-40),以保证车流通畅(不会车道不足)和工程经济(没有过剩的车道)。校核车道平衡的原则为:

(1) 两股车流汇合后的车道数不应少于汇合道路上的车道数总和减 1。
(2) 两条车道汇入一条公路之后,公路的车道数至少比原来要增加 1 条。
(3) 两条车道驶出一条公路之后,公路的车道数应减少 1 条。

(4) 公路行车道的减少每次不能多于 1 条。

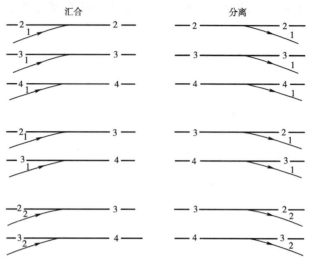

图 4-40 车道平衡典型示例

考虑车道平衡时,还须同时考虑基本车道数的连续性。如图 4-41 所示,一条有 4 条基本车道的高速公路,在一个行车方向有一个两车道驶出,接着又有一个两车道驶入。在图示的三种安排中,图 4-41a)中车道平衡原则是保持了,但不符合基本车道数的要求,对高速公路上直通车辆运行会引起混乱和错驶,而且在某些特殊情况下发生直通车流的大量集中时(例如附近某些平行公路因事故或维修而封闭交通时),中间只有 3 车道的一段必然会产生瓶颈效应。图 4-41b)中基本车道数连续性是保持了,但与车道平衡的原则不相符。双车道驶出道路上大量的车辆自高速公路上的车流分离,和双车道驶入道路上大量的车辆和高速公路上的车流汇合都将是困难的。图 4-41c)所示在驶出之前和驶入之后的一定路段上加设一条辅助车道,这样既符合车道平衡的原则,又满足基本车道数的要求,能够保证交通量和通行能力之间必要的平衡和弹性,是最理想的处理方案。

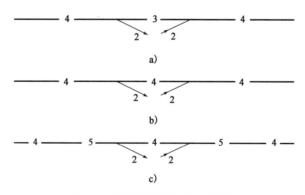

图 4-41 车道平衡原则和基本车道数
a)车道平衡但基本车道数不协调;b)车道不平衡但基本车道数协调;c)车道平衡且基本车道数协调

立交工程在建成以后要想进行改建或扩建十分困难,因此,在设计前应充分考虑进出口处的车道平衡问题,否则如果线路要增加,在立交处就可能形成瓶口;而如果线路要减少,按原来的基本车道数修建立交就会形成浪费。一般说来,立交位置以布置在基本车道不变的路段为适宜。

3. 互通式立交之间的间隔

互通式立交之间的距离不能过小,这是由于以下几方面的原因。

(1)匝道几何布置的要求。一座立交本身的进、出匝道道口之间的间距往往就需要数百米乃至近千米,而相邻立交匝道道口之间的净距要求在300m以上。

(2)标志和信号布置的要求。车辆行经互通式立交时,若错过了转弯出口,则要到下一个立交才能驶出绕行回来。因此,对出口的指示标志必须特别重视,在距出口相当长距离以前(一般规定2km,相当于以100km/h的速度行驶1.2min)就要开始设置若干指示标志以连续不断地提示驾驶员前方将有立交和出口。为了不使标志重叠,野外立交之间的间距须4km以上,市郊须2.5km以上。

(3)驾驶员驾驶顺适的考虑。互通式立交,尤其是高层式立交,其线形变换和纵断起伏皆很频繁,如间距过近,对车辆运行、驾驶操作以及景观皆很不利。

(4)经济上的考虑。如布置过密,造价很高,反而不如改为高架路经济合理。

国内一些现有高等级公路互通式立交间距见表4-24。

一些现有高等级公路的互通式立交间距　　　　表4-24

名　称	里程(km)	立交座数	平均间距(km)	名　称	里程(km)	立交座数	平均间距(km)
沈阳—大连	375.5	25	15.0	广深珠	120*	13	9.2
京津塘	142.69	8	17.9	上海—南京	271	18	15.2
西安—临潼	23.89	2	11.9	洛阳—开封	116.64	7	16.7
嘉沪	20.5	2	10.2	基隆—高雄	373	40	9.3
广州—佛山	15.7	4	3.9	天津中环线	34.5	8	4.3
济南—青岛	318.96	20	15.9	广州环市路	7.3	3	2.4

注:*部分段落。

七、立交工程的设计原则

设计立交工程的原则和其他一般工程基本相同,但有其特殊的地方。现从五个方面阐述如下。

1. 线形简单、直捷、正常

立交的转弯匝道多种多样,不同匝道组合成的立交形式千变万化。线形简单,指利于驾驶员对该立交的识别,不易引起错路运行;直捷,指比绕大圈能减少通过时间和节省营运费用;正常,指使驾驶员容易熟悉掌握,不致产生迷惑。立交工程是一种交通设施,是为汽车运输服务的,首先要便于驾驶员的识别和通行。常见个别立交设计者为了造型美观或其他原因,刻意追求新奇独特,忘记对立交最基本的功能要求,应认为是一种本末倒置的偏向。

2. 运转顺适流畅

这条和上条类似,但上条是着重对人(驾驶员)来说的,而这条是对车来说的。对于新建的立交,首先,应当满足交通量的要求,对设计交通量要提供相适应的服务水平;其次,应满足各个技术标准,如弯道最小半径、最大纵坡、超高、视距、加(减)速车道等的要求,保证车辆的顺畅通行。某一立交如果允许存在平面交叉点或交织段,或者允许慢车尤其是自行车混合通行,必须事前作出充分的论证。

运转流畅还应注意匝道线路的设计不致引起驾驶员驾驶操作时连续反复地转动转向盘、换挡、变速、制动等形成手忙脚乱的现象。

3. 行驶安全

(1)线形合理。避免出现下穿后立即接小半径弯道曲线、陡坡直线下接小半径曲线等情况。复杂匝道尽可能做成上跨,使驾驶员视线开阔,可以对整个匝道以至整个立交一目了然。

(2)标号、标志清楚齐全。切忌驶出错过出口、转弯走错匝道等现象发生。设于立交构造物之后的出口常常易于错过,尤其应注意其标志清楚醒目。

(3)设置防撞栏杆。立交桥两侧必须设置防撞栏杆,多层立交中居于上层者尤其重要,以免一旦汽车撞坏栏杆掉了下来,不但导致车毁人亡,还伤害以下各层,甚至引起下层发生事故。若立交桥上设有供检修工人通行的人行道,人行道高出路面的高度宜适当加大(例如30cm),人行道中部还应加设钢防撞栏杆,外面设一般人行栏杆。

(4)采光和照明充足。道路下穿高宽路堤且通道长度较长时,必须考虑采光或照明问题。宜将灯镶嵌在两侧栏杆之内,或者设置大功率的高杆灯。

(5)设置防护网。在上层立交桥跨越下层匝道、桥梁或道路的部位,应在两侧栏杆上设置封闭的金属(如铁丝)防护网,以防止从上层抛掷物品到下层引起砸伤及其他事故。

4. 总体经济

(1)工程造价和养护费用低廉。首先,应力求匝道类型选择和布置方案合理,例如,某立体交叉位置的某个象限内原有建筑物或其他障碍物多,可以选择匝道不通过该象限,以减少拆迁量;又如多层立交往往地面以下有一层,应充分利用自然地势或其他自然条件(如现有地下排水管道)排水,而不设专门的排水泵站。另外,大力推广应用新技术,例如,采用加筋土挡土墙以降低填土路堤造价,延长引道路堤长度,压缩高架桥的长度等。

(2)营运费用较低。从工程上说,主要应尽量使匝道直捷,减少运行里程长度。

5. 构造美观

首先应考虑整个立交线形美观,可适度采取一些美化和绿化措施。立交工程有许多架空道路,人们多在下面穿行,因此要注意桥下的通透性和桥墩形式的美化,要避免墩柱重叠、密布如林的状况。还要注意野外公路立交桥不宜过分强调通透性,避免过多地压缩路堤长度、扩大高架桥长度,以致大量增加造价,造成浪费。

【复习思考题】

1. 简述城市道路的组成、功能和特点。
2. 城市道路分哪几类?主要依据是什么?
3. 什么是城市道路的设计车速?设计小时交通量如何确定?

4. 什么是道路通行能力？如何确定通行能力？
5. 什么是设计车辆？如何进行车辆换算？
6. 请说说立交的常见种类和特点。

讨论：

城市应该发展空中立体交通还是地下立体交叉。

第五章

现代桥梁工程

【学习目的与要求】

　　桥梁既是一种功能性的结构物,也是一座立体的艺术品,往往具有时代的特征,记录着地方的发展史,体现着当时的文化。因此,桥梁设计,既要满足交通功能的要求,也要满足桥梁美学方面的要求,尤其是大型桥梁和部分城市桥梁等,它往往是一个地方的标志,桥梁设计必须反映当地的文化、历史与时代风貌。

　　桥梁工程涉及材料、结构、水文、地质、建筑艺术等不同专业学科的知识,它与房屋结构相比,在荷载、环境、基础等方面有很大的不同,它也不同于其他的结构工程。通过本章学习,学生应该了解桥梁工程设计、施工和养护等内容、要求及方法,为以后的课程体系学习奠定基础。

　　作为一名桥梁工程师,不仅要学习材料、力学、结构设计与施工方面的知识,还要学习桥梁美学、建筑和环境等方面的知识,将文化、历史和艺术有机地融入桥梁设计中去。桥梁设计分为一般桥梁设计和特殊桥梁设计。一般桥梁主要指中小桥梁,特殊桥梁主要是大桥或特大桥。学生首先应该掌握一般桥梁的设计,在此基础上,再通过开设的特殊桥梁课程了解相关设计的内容和要求。桥梁工程是桥梁专业或道桥渡专业开设的必修课程,学生必须学习并掌握该课程。它的基础课程包括工程制图、土木(道路与桥梁)工程材料、工程地质、水力学与水文学、基础工程、理论力学、材料力学、结构力学、弹性力学、结构设计原理等。

第一节　桥梁工程概述

一、桥梁工程的地位和作用

桥梁工程在学科上属于土木工程中结构工程的一个分支,它与房屋工程一样,也是用石、砖、混凝土、钢筋混凝土、预应力混凝土和钢等材料建造的结构工程,在功能上是交通工程的要道。

我国自改革开放以来,桥梁建设得到了飞速的发展,对改善人民的生活水平、提升投资环境、促进经济的腾飞,起到了关键性的作用。

桥梁工程在工程规模上占道路总造价的10%~20%,有些地区比例更高,它是保证全线通车的重点关键工程。在国防上,桥梁更是交通运输的咽喉,即便是现代化战争,在需要高度快速、机动的大规模的地面部队作战中,桥梁工程仍具有非常重要的地位。

随着科学技术的进步和经济、文化水平的提高,人们对桥梁建筑提出了更高的要求。我国幅员辽阔,大小山脉和江海湖泊纵横全国,经过几十年的努力,我国的桥梁工程无论在建设规模上,还是在工程建设技术水平上,均已跻身世界先进行列。各种功能齐全、造型美观的立交桥、高架桥以及横跨大江大河甚至跨海湾海峡的特大跨度桥梁,如雨后春笋般纷纷建成。2003年6月开工建设,2008年5月通车的浙江宁波杭州湾跨海大桥,全长达36km,是当时世界上第一长的桥梁,杭州湾大桥的开通使上海至宁波的公路距离缩短了120km。建设期4年,2011年通车的青岛胶州湾跨海大桥又是一项宏伟的跨海大桥,大桥全长36.48km,横跨青岛胶州湾,把青岛东、西两个主要城区连接起来。2013年7月通车的嘉绍跨海大桥是继杭州湾跨海大桥之后的第二座跨杭州湾大桥,是嘉绍跨海通道的主要组成部分之一;其中,跨海桥梁10.137km,为当时世界上唯一一条八车道跨海大桥,六塔五孔全长2680m的主航道桥是世界最长最宽的多塔斜拉桥。港珠澳大桥是一座连接香港、珠海和澳门的桥隧工程,全长55km,历经10年建成,项目总投资额1269亿元。随着经济和科学技术的发展,今后规模和难度更大的跨海大桥连接岛屿乃至洲际工程将提上议程。

回顾过去,展望未来。可以预见,在今后一段时间内,我国广大的桥梁建设者将不断建造更多的桥梁,但也面临着建设更有挑战意义的桥梁,肩负着光荣而艰巨的任务。当然,随着不断投入运营的桥梁日益增多,桥梁的各种病害也会日益显现出来,既有桥梁的检测、评估、维修与加固也是我们当前要掌握的重要内容。

二、古代桥梁简述

桥梁是人类在生活和生产活动中,为克服河流、山涧等天然障碍而建造的结构物。古代桥梁所用材料,多为木、石、藤、竹之类的天然材料。古代桥梁不仅数量惊人,而且类型也丰富多彩,几乎包含了所有桥梁主要结构形式。

1. 中国古代桥梁发展历程

中国是一个文明古国,有着悠久的科技和文化历史,我们的祖先在世界桥梁史上写下了许多光辉灿烂的篇章。中国桥梁的历史可以上溯到六千年前的氏族公社时代,我国1954年发掘出的西安半坡遗址为公元前4000年左右的新石器时代氏族村落遗址,也是我国最早出现桥梁的地方,后来在一千多年前的隋、唐、宋三代发展到巅峰。

早在西周、春秋时期及此前的历史时代,我国就有了古桥的萌芽,原始社会即有独木桥和数根原木拼排而成的木梁桥,周朝时期则已建有梁桥和浮桥。

在秦、汉包括战国和三国时期,我国古代桥梁进入初步发展阶段。战国时期,单跨和多跨的木、石梁桥已得到普遍建造;秦汉时期,砖的发明和以砖石结构体系为主体的拱券结构,促进我国建筑史进入一个璀璨夺目的发展阶段,为拱桥的出现创造了先决条件。

在隋、唐、宋时期,我国古代桥梁进入发展的辉煌阶段。隋代石匠李春首创敞肩式石拱桥——赵州桥,类似的桥梁建造技术在世界别的国家中,晚了七个世纪方才出现;唐代则出现了许多名闻天下的石梁桥。此后,在元、明、清三朝,我国古代桥梁发展进入迟滞阶段,这期间桥梁建造几乎没有什么大的创造和技术突破,但也建造完成了一些如明代江西南城的万年桥和贵州盘江桥等艰巨工程。

诗经记载"亲迎于渭,造舟为梁。"在距今约三千年前的周文王时期,我国就在宽阔的渭河上架设过大型浮桥。汉唐以后,浮桥的运用日趋普遍,在长江、黄河上架设用于军事的浮桥有十余次,并采用铁链代替竹索作为舟船间的联系。

再比如,现代桥梁中广泛应用的多孔桩柱式桥梁,据历史考证,在春秋战国时期(公元前332年)已遍布于我国的黄河流域和其他地区。不同的是古桥多以木桩为桩、木柱或石柱为墩柱,上置木梁或石梁,跨径一般较小。而今则普遍用钢筋混凝土、预应力混凝土或钢结构等材料的结构代之。

近代的大跨径吊桥和斜拉桥也是由古代的藤、竹吊桥发展而来。我国是最早有吊桥记录记载的国家,迄今至少有三千年的历史。四川都江堰的珠浦桥是现存中国古代竹索桥的杰出代表。由于我国古代炼铁技术的先进发展,吊桥在材料上也从藤索发展到铁链,而国外在16世纪才开始建造铁链吊桥,比我国晚了近千年。目前我国尚保留的古代铁索吊桥有四川泸定县的大渡河铁索桥(1706年)以及都江堰市的安澜竹索桥(1803年)等。前者因1935年中国工农红军长征途中曾强渡此桥而闻名;而后者则是世界上最著名的竹索桥,全长340m,分8孔,最大跨径约61m。

天然石料是大自然赋予人类最早的抗压强度高且经久耐用的建筑材料,几千年来修建的古代桥梁也以石桥居多。下面介绍几座我国闻名中外的古代石桥。

(1) 福建泉州的万安桥,又称洛阳桥(图5-1),建于公元1053至1059年间,该桥全长1 106m,共47孔,跨径11~17m,桥宽3.7m,是世界上尚存的最长和工程最艰巨的石梁桥之一。万安桥位于洛阳江的入海口处,桥下江底以磐石铺遍,并且独具匠心地用养殖海生牡蛎的方法胶固桥基形成整体,不仅世界上绝无仅有,千年风雨已经证明此法的奇妙和可靠。可惜在2006年特大洪水中遭到严重破坏。

(2) 至今还保留的公元1240年建造的福建漳州虎渡桥(图5-2)。此桥总长约335m,某些石梁长达23.7m,沿宽度用三根石梁组成,每根宽1.7m,高1.9m,重达200多吨。历史记载,这些巨大石梁是利用潮水涨落浮运架设的,足见我国古代建造桥梁的技术是何等高超。

图 5-1　福建泉州万安桥(洛阳桥)

图 5-2　福建漳州虎渡桥

(3)河北赵县的赵州桥(图 5-3、图 5-4),又称安济桥,为隋大业初年(约公元 605 年)李春所建。赵州桥是一座空腹式圆弧形石拱桥,净跨 37.02m,宽 9m,矢高 7.23m,在拱背上两端各设有 2 个跨度不等的腹拱,这样做既减轻了桥身自重,又便于排洪,并且增加了美观度。赵州桥因其构思和工艺的精巧而闻名于世。而欧洲 19 世纪中叶才出现此类构造桥梁,比我国晚了一千二百多年。赵州桥在 1961 年被国务院列为第一批全国重点文物保护单位。1991 年,美国土木工程师学会将其选定为第 12 个"国际历史土木工程的里程碑"。

图 5-3　河北赵县赵州桥

图 5-4　赵州桥桥上石刻和腰铁

除了赵州桥外,著名的古代石桥还有福建泉州的安平桥(2 255m)、北京永定河上的卢沟桥、颐和园内的玉带桥和十七孔桥(图 5-5)以及苏州的枫桥等。

此外,我国古代工匠还独创了伸臂式木梁桥。这种桥是用木梁像斗拱那样多层叠置外挑,或加上斜撑以增加悬挑的能力直至在跨中合龙,可形成跨度达 30 余米的拱形桥梁。最著名的当推宋代张择端所绘"清明上河图"中

图 5-5　北京颐和园十七孔桥

北宋都城汴京(今河南开封)的虹桥。该桥跨径 18.5m,桥宽 9.6m,拱矢约 4.2m。至今,在西部的川藏地区和东南地区仍可见到此类桥的身影。

2.国外古代桥梁

世界上现存最古老的拱桥,是希腊伯罗奔尼撒半岛上的安提里翁(Arkadiko)桥。根据考

证,这座桥建于公元前 1300 年到公元前 1190 年间(迈锡尼文明时期),至今已有 3000 多年的历史,如图 5-6 所示。现存法国南部尼姆城的加尔德石拱桥是石拱桥的代表作之一,如图 5-7 所示。该桥建于公元前 18 年,顶层全长 275m,下层最大跨度 24.4m。全桥共分三层:上层为宽 3m、高 7m 的输水槽;中层为宽 4m、高 20m 的人行通道;下层宽 6m、高 22m,并在一侧加宽以便车马通行。意大利威尼斯的利亚托桥是 14 至 16 世纪文艺复兴时期桥梁的代表作,桥长 48.2m,宽 22.5m,跨度 27m,全桥用大理石装饰,雕琢精美、线条流畅,桥上还建有 24 家店铺,它充分反映了欧洲文艺复兴时期桥梁建筑技术与艺术的水平。

图 5-6　希腊伯罗奔尼撒半岛安提里翁(Arkadiko)桥

图 5-7　法国尼姆城加尔德石拱桥

三、我国当代桥梁建设成就

虽然我国古代在桥梁建设上取得了重大成就,但由于中国近代社会的闭关自守和政治制度的落后,生产力的发展受到了严重的束缚,到了 19 世纪,西方资本主义国家纷纷进入了工业化的快速发展阶段,而我国却仍然延续着腐朽的封建制度,导致中国在综合国力、科学技术等方面远远落后于西方列强。随着帝国主义列强的侵略,连年的战争使我国交通事业发展远远落后。尽管在列强入侵时期和民国期间,我国在桥梁建设方面还是取得了一些成就,例如茅以升先生修建的全长 1 453m 的杭州钱塘江大桥。但至中华人民共和国成立前,我国公路桥梁绝大多数为木桥或石桥,且年久失修,破烂不堪,而仅有的一些钢桥等大都为国外公司所建。

中华人民共和国成立以后,我国首先修复与加固了许多已有的钢桥,又完成了大量桥梁的修建和改建工作。改革开放以后,随着我国国力迅速增强,尤其是 20 世纪 90 年代以来国家对高等级公路的大力投入,使得我国的桥梁事业得到了空前的大发展,取得了举世瞩目的成就。1957 年,第一座长江大桥——武汉长江大桥的建成,结束了我国万里长江无桥的状况。该桥在苏联专家的帮助下,采用了新型的管桩基础和先进的钢梁制造技术。大桥正桥为三联 3×128m 的连续钢桁梁,公铁两用,包括引桥 1 670.4m。1969 年,我国又成功建成了南京长江大桥(图 5-8),这是我国自行设计、制造和施工,运用国产高强钢材建成的现代大型桥梁。正桥除北岸第一孔为 128m 简支钢桁梁外,其余为三联 3×160m 的连续钢桁梁,公铁两用,包括引桥在内,铁路桥梁全长 6 772m,公路桥梁为 4 589m。由于桥址地质条件复杂,采用四种不同的深水基础形式。此桥的建成,显示出我国桥梁建设已接近了世界先进水平。1993 年,作为第二京广线要隘的九江长江大桥竣工通车(图 5-9),该桥铁路部分全长 7 675.4m,公路部分长 4 215.9m,主桥的通航主孔为 180m+216m+180m 的钢桁梁与钢拱组合体系,是一座结构更加新颖、施工更为先进的公铁两用特大钢桥。2000年,一座更大的公铁两用钢桁梁部分斜拉桥在芜湖建成,该桥铁路部分长10 497m,公路部分长5 647m。崇启大桥、沪通长江大桥、五峰山大桥、南京长江大桥、池州长江大桥、杨泗港大桥、朝天门大桥、合江长江二桥等。迄今,我国长江上已经飞架起百余座钢铁长龙。

图5-8　南京长江大桥

图5-9　九江长江大桥

1. 梁桥

梁式桥的力学特征是以梁受弯为主,而钢筋混凝土结构抵抗弯拉引起开裂的能力较弱,因而普通钢筋混凝土梁式桥的跨径一直较小。随着预应力技术的成熟,促进了预应力钢筋混凝土梁式桥的迅速发展。悬臂浇筑等现代桥梁建设施工工艺的提升使得大跨度预应力混凝土箱形截面连续梁桥得到了迅速的发展。1991年建成的云南六库怒江大桥(图5-10),主桥跨径为85m+154m+85m,是一座横跨怒江的单向变截面三向预应力钢筋混凝土连续梁桥,以其超长的单孔跨度位居当时全国第一。2001年7月建成通车的南京长江第二大桥北汊桥,其主桥跨径为90m+3×165m+90m,是国内当时跨度最大的预应力混凝土连续梁桥。2013年建成的乐自高速公路岷江特大桥,设计为100.4m+3×180m+100.4m的连续预应力混凝土箱梁,目前国内最大的预应力混凝土连续梁桥。

图5-10　云南六库怒江大桥

2. 刚架桥

连续刚架桥的特点是梁保持连续,梁墩固结,这样既保持了连续梁无伸缩缝、行车平顺的优点,又保持了T形刚构不设支座的优点,同时避免了连续梁和刚构的缺点,因而连续刚架桥在我国发展很快。1988年建成的广东番禺洛溪大桥是我国第一座大跨径连续刚架桥,跨径组合为65m+125m+180m+110m,采用双肢箱形薄壁墩,墩顶处梁高10m,跨中处3m。1996年又建成湖北黄石长江大桥,主跨为245m,主桥连续长达1060m。1997年建成的广东虎门辅航道桥(图5-11),跨径组合为150m+270m+150m,主桥位于$R=7000$m的平曲线上,建成时跨径居同类桥世界首位。重庆石板坡长江大桥复线桥于2006年8月28日竣工通车,采用预应力混凝土梁和钢梁混合的连续刚构桥,全长2.051km最大跨度达到了330m,成为当今世界第一跨径的梁桥。

3. 拱桥

拱桥在我国有着悠久的历史,由于拱桥造型优美,跨越能力大,长期以来一直是大跨桥梁的主要形式之一。20世纪60年代拱桥无支架施工方法的应用与发展,使混凝土拱桥竞争力大大提高。著名的石拱桥,有1991年建成的湖南凤凰县乌巢河桥,跨径120m,它的拱圈由两条宽2.5m的石板拱组成,板间用钢筋混凝土横梁连系。2000年竣工的山西晋城——河南焦作高速公路上的新丹河大桥,保持着石拱桥跨径世界纪录,该桥跨径146m,拱圈用80号大料石砌成。

20世纪80年代兴起的钢管混凝土拱桥,使得大跨径拱桥的建造能力得到了进一步提高。先合龙自重轻、强度高的钢管拱圈,并将其用作施工拱架,再往钢管内压注高强度混凝土,使之进一步硬化形成主拱圈。用此法先后分别于1995年建成了广东南海三山西大桥,跨径为200m;1998年建成了广西三岸邕江大桥,主跨为270m;2000年建成主跨达360m的广州丫髻沙大桥(图5-12),全桥总长1084m,主桥跨径组合为76m+360m+76m,为连续自锚中承式钢管混凝土拱桥。建成于2020年的平南三桥,主跨575m钢管混凝土拱桥,现为世界上最大跨度的拱桥。

图5-11 广东虎门辅航道桥

图5-12 广州丫髻沙大桥

20世纪80年代还出现了另一种新型结构——无风撑的下承式系杆拱桥,当时主要以芜湖元泽桥(主跨75m,1991年)和广东惠州水门大桥(三跨40m+60m+40m,1991年)为代表,无风撑拱圈的侧向稳定性由吊杆的非保向力效应保证,反映出国际桥梁建设的新潮流。

以钢管混凝土作为劲性骨架,再外包混凝土形成箱形拱,是修建大跨径拱桥十分好的构思,除了施工方便外,还避免了钢管防护问题。另外,这种分期形成的截面,由于钢管混凝土最先受力,从而充分利用了钢管混凝土承载潜力大的优势,从理论上说,在荷载作用下,这种结构的后期徐变变形相对也是比较小的。用此方法我国先后建成广西邕宁邕江大桥(全长

394.6m,1996年)和重庆万县长江大桥(全长814m,桥拱净跨420m,1997年,图5-13),前者为当时世界上跨径最大的钢筋混凝土肋拱桥,后者为当时世界上跨径最大的钢筋混凝土拱桥。值得一提的是,重庆万县长江大桥是采用钢管混凝土拱作劲性骨架的箱形拱桥,设计建造时运用现代非线性分析和施工控制技术,充分考虑了多种材料的混合使用、分层分阶段逐步施工中的各种非线性时变因素,以及所引起的内力和应力的重分布,对该桥在施工和运营阶段的强度、变形和稳定性进行了全过程分析,为该桥全寿命周期内的经济、安全和耐久提供了良好的支撑。

此外,我国用悬臂施工法建成了多座桁式组合拱桥,如贵州江界河桥(图5-14),建于1995年,跨度达到330m,居当时同类桥型的世界之最。

图5-13 重庆万县长江大桥　　　　　图5-14 贵州江界河桥

2003年建成通车的上海卢浦大桥是当时世界跨度最大的钢拱桥。一般300m以上的拱桥多采用桁架拱以减少拼装质量,方便顺利悬拼施工。上海卢浦大桥大胆采用了倾斜的箱形拱以获得"提篮拱"的美学造型。同时,在施工中采用多次体系转换,将临时扣索的拉力转移到水平的系杆拉索中去。尽管该桥的经济指标并不好,但却以实践证明了500m以上箱形拱的可行性。2009年建成通车的重庆朝天门长江大桥(图5-15)是当时世界上跨径最大的拱桥,为组合式系杆拱桥,主跨跨径达到了552m,全长1 741m,拱肋为钢桁架结构。

图5-15 朝天门长江大桥

4. 斜拉桥

我国的斜拉桥起步稍晚,在20世纪60年代末,西方的斜拉桥技术才传入我国。1975年建成的跨径76m的四川云阳桥是国内第一座斜拉桥,该桥作为试验桥是我国斜拉桥大量发展的基础。20世纪90年代以后,因跨越大江大河的需要,斜拉桥得到了快速的发展,修建了一系列特大跨度的斜拉桥。尤其是在90年代建成的上海南浦大桥(主跨423m)极大地增强了中国桥梁界的信心,带动了在全国范围内自主建设大跨径桥梁的高潮。据不完全统计,我国建成的斜拉桥已超过200座,其中跨度超过400m的斜拉桥已达80座,居世界首位。

1993年建成的上海杨浦大桥,跨径602m,是90年代中国大跨度桥梁的一个里程碑;1998年建成的香港汀九桥(图5-16),跨径448m+475m;2001年建成的福建青州闽江桥,最大跨径605m,均为钢—混凝土组合梁斜拉桥。1993年建成的郧阳汉江大桥,跨径414m;1995年建成的安徽铜陵长江大桥,跨径432m;1996年建成的重庆长江二桥,跨径444m;2001年建成的重庆大佛寺长江大桥,跨径450m,均为混凝土主梁斜拉桥。2001年分别建成跨径628m的南京长江二桥(图5-17)、跨径460m的武汉军山长江大桥,均为钢主梁斜拉桥。长期以来,钢桥面的铺装是桥梁建设的难题之一,而南京长桥二桥采用了最先进的环氧沥青混凝土的铺装技术。东南大学承担了钢箱梁桥面环氧沥青混合料铺装技术的技术攻关,通过试验研究和力学分析,实现了国产化配方的改进和设备研发,工程质量优良,填补了国内的空白。经鉴定,该项研究成果已经达到了国际领先水平。该技术为我国大跨径钢箱梁桥面铺装提供了新的路径,已在此后的多座大桥中推广应用。

图5-16 香港汀九桥

图5-17 南京长江二桥

目前,我国斜拉桥建设成果颇丰,斜拉桥在世界前10位的排名表上,我国占了7位,分别为第2、3、4、5、6、7、10位。已建成的江苏苏通(图5-18)、香港昂船洲大桥的跨径均已超过1000m。目前,还有在建常泰过江通道主航道桥1176m,建成之后将位于世界第一。

2007年建成的深圳—香港西部通道深圳湾公路大桥(图5-19),主桥为跨径180m的斜塔钢箱梁单索面斜拉桥,钢箱梁全宽37.6m,设双向6个3.75m宽的行车道和2个3.30m宽的紧急停车带。深圳湾大桥桥轴线平面呈S形,这在国内桥梁建设中是不多见的,不仅增加了大桥的景观效果,而且改善了行车条件。

图5-18 苏通长江公路大桥

图5-19 深圳—香港西部通道深圳湾公路大桥

2018年建成通车的港珠澳大桥主桥为三座大跨度钢结构斜拉桥(图5-20),每座主桥均有独特的设计理念;青州航道桥塔顶结型撑吸收"中国结"文化元素,将最初的直角、直线造型"曲线化",使桥塔显得纤巧灵动、精致优雅;江海直达船航道桥主塔塔冠造型取自"白海豚"元素,与海豚保护区的海洋文化相结合;九洲航道桥主塔造型取自"风帆",寓意"扬帆起航",与江海直达船航道塔身形成序列化造型效果,桥塔整体造型优美、亲和力强,具有强烈的地标韵味。其中,青州航道桥是一座双塔双索面钢箱梁斜拉桥,为全线跨径最大桥梁;大桥全长930m,采用半漂浮体系,桥跨以110m+236m+458m+236m+110m布置;索塔采用双柱门形框架塔,为中央独柱型混凝土塔,塔高163m,共设有112根斜拉索。江海直达船航道桥是一座中央单索面三塔钢箱梁斜拉桥,斜拉索采用空间扇形布置、钢混组合结构塔身,共42根斜拉索,最长索长约135m,最大索重约20t;桥跨以129m+258m+258m+129m布置,共3个主墩和4个边辅墩。九洲航道桥是一座双塔单索面钢混组合梁5跨连续斜拉桥,共64根斜拉索;桥跨以85m+150m+298m+150m+85m布置。

图5-20 港珠澳大桥

5. 悬索桥

我国的现代悬索桥建设起步较晚,特别在特大跨度悬索桥方面。但是在20世纪90年代中期以后,这一局面得到了彻底的改变。1995年建成的广东汕头海湾大桥,开创了我国现代公路悬索桥的先河,为其后建设的跨径更大的悬索桥起了示范作用。紧接着先后又建成西陵长江大桥($l=900$m,1996年)、虎门大桥($l=888$m,1997年)、香港青马大桥($l=1\,377$m,1997年)、江阴长江大桥($l=1\,385$m,1999年)、江苏润扬长江大桥($l=1\,490$m,2005年)、西堠门大桥($l=1\,650$m,2009年,图5-21)、矮寨大桥($l=1\,414$m,2011年)、南京长江第四大桥($l=1\,418$m,2012年)、杨泗港长江大桥($l=1\,700$m,2018年)、南沙大桥(原称虎门二桥,$l=1\,688$m,2019年)。

世界前10位的悬索桥,中国占了第2、3、4、8、9、10位;其中,杨泗港大桥,主跨1 700m,2018年建成通车,为世界第二;南沙大桥,主跨1 688m,2019年建成通车,为世界第三。

此外,还有在建的伶仃洋大桥、仙新路长江大桥,建成后也将成为跨径位居世界前列的悬索桥;规划2021年开工建设的江苏张皋过江通道跨越长江主航道的为主跨2 300m的双塔悬索桥,建成之后将成为世界最大跨径的桥梁。

图 5-21　西堠门大桥

四、国外桥梁发展概况

1. 梁桥

1977 年奥地利建成了跨径达 76m 的阿尔姆桥,该桥通过梁的下缘张拉和在上缘顶压预应力(称为双预应力)的技术,将梁高降至 2.5m,高跨比仅 1/30。自 20 世纪 90 年代开始,高性能混凝土的应用和混合结构的发展使梁桥发展到了一个新的高度。20 世纪世界上跨度最大的预应力混凝土连续梁桥是挪威的伐罗德桥($l=260m$,1994 年),曾经第一的连续刚构桥是挪威的斯托尔马桥($l=301m$,1998 年,图 5-22),斜腿刚架桥是法国的博诺姆桥($l=186.3m$,1974 年)。

图 5-22　挪威的斯托尔马桥

2. 拱桥

圬工拱桥在国外已有 3000 多年的历史。由于石料开采和加工砌筑费工巨大,国外已很少修建大跨度石拱桥。1946 年在瑞典建成的绥依纳松特桥,是一座混凝土圬工拱桥,跨度达 155m。

钢筋混凝土拱桥从 20 世纪初到 20 世纪 50 年代间,得到了很大的发展,后因支架问题,应用受到一定的限制,直到 1979 年,前南斯拉夫用无支架悬臂施工法建成跨度达 390m 的克尔克大桥(图 5-23),该桥跨径保持了 18 年的世界纪录。无支架悬臂施工法目前在大跨度拱桥施工中被广泛采用。

著名的悉尼港湾大桥(图5-24),是一座中承式桁架钢拱桥,跨径503m,建于1932年。

图5-23　前南斯拉夫克尔克大桥

图5-24　悉尼港湾大桥

3. 斜拉桥

世界上第一座现代化斜拉桥是1956年瑞典建成的斯特罗姆海峡桥,其主跨182.6m。20世纪60年代运用"倒退分析法"建设的斜拉桥标志着斜拉桥这一高次超静定结构的线形和内力状态控制建立在科学分析的基础上。1978年,美国建成P-K桥(图5-25),跨径299m,是世界上第一座密索体系的预应力混凝土斜拉桥。在20世纪70年代,斜拉桥开始和预应力技术结合。此后,斜拉桥的拉索防腐也得到了重视,并推动了斜拉桥的进一步发展。1995年,法国建成诺曼底桥,主跨856m;1999年,日本建成多多罗大桥,主跨890m;2004年法国建成米约高架桥,2号墩高245m,加上塔高90m,总高343m。目前,跨径最大的斜拉桥要数俄罗斯的俄罗斯岛大桥(图5-26),其主跨达1 104m,于2012年建成通车。

图5-25　美国P-K桥

图5-26　俄罗斯的俄罗斯岛大桥

4. 悬索桥

1883年建成的纽约布鲁克林悬索桥(图5-27),跨径达483m,开创了现代悬索桥的先河。1937年建成的旧金山金门大桥(图5-28),主跨达1 280m,保持了27年的世界纪录,至今金门大桥仍是举世闻名的桥梁经典之作。

20世纪60年代的一个重大创新,是英国式流线型箱梁桥面悬索桥的问世,该结构自重轻,造价省,便于安装施工,并成为此后悬索桥结构形式的主流。1998年,丹麦建成了大贝尔特桥,主跨1 624m;2013年,韩国建成李舜臣大桥,主跨1 545m;2016年,土耳其建成奥斯曼加奇大桥,主跨1 550m。目前,世界上跨度最大的悬索桥是日本的明石海峡公铁两用桥(图5-29),跨径1 991m(原设计跨径为1 990m,后因阪神地震,地壳移位,才变成目前的跨径)。

图5-27 纽约布鲁克林桥

图5-28 旧金山金门大桥

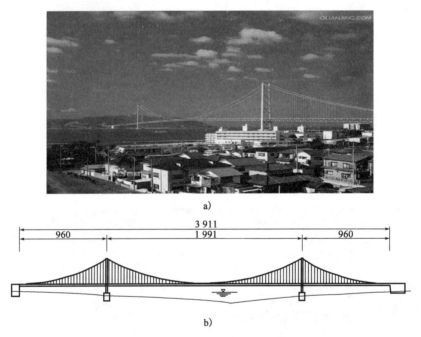

图5-29 明石海峡大桥(尺寸单位:m)

土耳其正在建设的钢箱梁悬索桥恰纳卡莱1915大桥,建成后将以2 023m的主跨长度成为世界最大跨径悬索桥。

五、桥梁工程的前景展望

21世纪将会实现桥梁沟通全球交通的梦想。在20世纪末已经开拓了几项大的海峡工程,但桥梁最大跨径还没有超过2 000m大关,深水基础深度也在50m左右。目前,全球已经在规划的几项大的海峡工程,其设想方案的桥梁最大跨径要超过2 000m,甚至达到3 000～5 000m,深水基础深度可能在百米以上,如白令海峡工程,17世纪就曾有建议,20世纪提出过桥梁方案,总长75km;联系欧非的直布罗陀海峡工程,总长约15km,最大水深900m;联系德国与丹麦的费曼带海峡工程,总长25km,最大水深110m;联系意大利本土与西西里岛的墨西拿海峡工程,总长3.7km,最大水深300m。

亚洲将在21世纪成为全球经济迅速发展的高地。日本是一个岛国,一直梦想采用跨海工程将各主要岛屿交通联成一个大网络,20世纪末完成了本州四国联络三条线的海峡工程,计划在21世纪兴建五大海峡工程,即:东京湾工程,总长15km,最大水深80m;伊势湾工程,总长20km,最大水深100m;纪淡海峡工程(连接本州四国),总长约11km,最大水深120m;丰予海峡工程(连接九州四国),总长约14km,最大水深200m;轻津海峡工程(连接本州北海道),总长约19km,最大水深270m。

21世纪将建设伟大的海峡工程,海峡桥梁必须满足高速运输、重载运输、海上高通航的要求,建成全天候服务,有较高抵抗自然灾害能力和舒畅安全的交通通道。另一方面,无论在海峡或在洲际建设现代化桥梁,尤其要注意环境保护。人类在发展经济、扩大建设的同时,也破坏了自然环境资源。因而这将是21世纪可持续发展中的一个大课题,不单桥梁工程师们要注意,也应引起各行各业建设者们的重视。

为迎接21世纪桥梁建设的宏伟蓝图,科学家和工程师们要对桥梁建设的有关课题和关键技术进行探讨,探索超大跨径桥梁(主跨3 000~5 000m)的新型建筑材料,合理结构形式,抗风、抗震、抗海浪的技术措施;要结合海洋工程的经验,探索100~500m的深水基础形式与施工方法;探索结构材料的防腐措施与方法;探索智能化结构的设计理论等。21世纪的工程师们除了面临新建特大工程的任务外,还担负着对20世纪上半世纪建造的桥梁的加固、改建与修复的重任,约占20世纪总建筑桥梁数的50%。由此不但需要科学家与工程师们研究有效的维修、加固措施,而且提出安全耐久性和可靠性研究的新课题,这包括结构的施工控制与质量保证体系、桥梁生命期的监测系统、桥梁损伤判断与评估、桥梁生命保护的管理系统等等。人们要控制结构,而且期望结构智能化。

跨入21世纪,我国已建成的特大项目有港珠澳大桥(桥隧长55km)、杭州湾跨海工程(36km,平均水深约10m)、胶州湾跨海大桥(36.48km)和长江口越江工程等,已在规划的有琼州海峡工程(约29.5km,最大水深160m)、渤海海峡工程(约75km,最大水深60m)、伶仃洋跨海工程(49.968km,平均水深11m)等。中国工程师将面临建设特大跨径桥梁的挑战。与国外相比,我们在国际化和国际竞争力方面仍有一定差距。中国在新建桥梁技术的总结中,不应仅仅强调规模和尺度,更要加强技术创新。我们的桥梁工程师一定不要满足于规模大和速度快的成绩,而更要在质量、美观和工程管理上下工夫,要抓住中国大规模基础建设的机遇,努力进取。中国工程师将以自己的智慧为21世纪桥梁工程再创辉煌贡献自己的创造力。

第二节　桥梁的组成和分类

道路路线遇到江河湖泊、山谷深沟以及其他线路(铁路或公路)等障碍时,为了保持道路的连续性,充分发挥其正常的运输能力,就需要建造跨越障碍的专门的人工构造物——桥梁。桥梁,一方面要保证桥上的交通运行,另一方面也要保证桥下水流的宣泄、船只的通航或车辆的通行。学习桥梁结构,首先需熟悉桥梁的基本组成以及桥梁的分类情况。

一、桥梁基本组成

如图5-30所示,桥梁一般由以下四部分组成:上部结构、下部结构、支座(梁桥设)和附属设施。

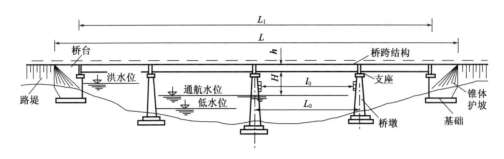

图 5-30 桥梁的基本组成

1. 上部结构(或称桥跨结构、桥孔结构)

上部结构是指桥梁支座以上(无铰拱起拱线或框架主梁底线以上)跨越桥孔部分的总称。按构造方式及受力特点不同,分为梁式、拱式、悬吊式三种基本体系以及它们之间的各种组合。

2. 下部结构

下部结构包括桥墩、桥台和墩台基础。

桥墩、桥台是支承上部结构并将传来的永久作用和车辆荷载等可变作用再传至基础的结构物。通常设置在桥两端的称为桥台,桥墩则设置在两桥台之间。桥台除了上述作用之外,还要与路堤衔接,并抵御路堤土压力,防止路堤填土的滑坡和坍塌。单孔桥只有两端的桥台,而没有中间桥墩。

桥墩和桥台下部使全部作用传至地基的底部奠基部分,称为基础。桩基础是当前最常用的基础形式之一。由于基础往往埋在土层之中,有时需要在水下施工,在桥梁施工中是难度较大的一部分,也是确保桥梁安全的关键工序之一。同时,基础属于隐蔽工程,病害难以发现,处理起来也相对较难。

3. 支座

梁式桥须设支座。支座是设置在桥梁上、下结构之间的传力和连接装置。其作用是把上部结构的各种作用传递到墩台上,并适应可变作用、温度变化、混凝土收缩和徐变等因素所产生的位移,使桥梁的实际受力情况符合结构力学计算图示。支座分为固定支座和活动支座。

4. 附属设施

桥梁附属设施主要包括:桥面铺装、伸缩装置、排水与防水系统、人行道(或安全带)、缘石、灯光照明、栏杆(或防撞护栏)等几部分。

附属设施虽然不是主要承重结构,但是它对桥梁功能的正常发挥、对主要构件的保护、对车辆行人的安全以及桥梁的美观等都十分重要。

(1)桥面铺装:或称行车道铺装、桥面保护层,它是车轮直接作用的部分。桥面铺装的作用在于防止车辆轮胎或履带直接磨耗行车道板,保护主梁免受雨水侵蚀,并对车辆轮重的集中荷载起分布作用。桥面铺装应具备抗车辙、行车舒适、抗滑、不透水(和桥面板一起作用时)、耐磨、不翘壳等性能优点;在钢结构上铺设桥面铺装时,技术要求应更加严格。

(2)伸缩装置:在桥跨上部结构之间,或桥跨上部结构与桥台端墙之间,往往设有缝隙以保证结构在各种因素作用下的变位。为使车辆在桥面上行驶顺直,无不适颠动,此缝隙间要设置伸缩装置。特别是大桥或城市桥梁的伸缩装置,不但要结构牢固,外观光洁,而且需要经常扫除深入伸缩装置中的垃圾泥土,以保证它的功能。

(3)排水与防水系统:应迅速排除桥面上积水,并使渗水降低至最小限度。此外,城市桥梁排水系统应保证桥下无滴水和结构上无漏水。对于非冰冻地区的桥梁需要做防水时,可在桥面板上铺筑8~10cm厚的防水混凝土作为铺装层,在防水要求高时,往往采用柔性贴式防水层或涂料防水层。

(4)灯光照明:现代城市桥梁,需要装置灯光照明,同时也增添了城市中光彩夺目的夜景。

(5)栏杆(或防撞护栏):桥梁栏杆设置在人行道边上,其功能主要在于防止行人和非机动车辆掉落桥下或车辆冲上人行道。栏杆既是保证安全的构造措施,也是观赏的装饰设施,因此其设计应符合受力要求,并注意美观。栏杆高度通常为0.9~1.2m。应注意,在靠近桥面伸缩缝处的所有栏杆均应断开,使扶手与柱之间能自由变形。

在桥梁建设中往往由于不够重视桥梁附属设施,从而导致桥梁服务功能低下,影响美观,对桥梁结构带来不利影响。随着人们生活水平的提高,人们对桥梁上的行车舒适性和结构美观的要求也越来越高。因而,桥梁设计和施工中要特别重视这些附属设施,这不是简单的"外观包装",而是服务功能的大问题。

二、桥梁常用专业术语

设计水位及通航水位:河流中的水位是变动的,枯水季节的最低水位称为低水位,洪峰季节河流中的最高水位称为高水位。桥梁设计中按规定的设计洪水频率计算所得的高水位(很多情况下是推算水位),称为设计水位。在各级航道中,能保持船舶正常航行时的水位,称为通航水位。

净跨径:对于梁式桥是设计洪水位上相邻两墩(或桥台)身内缘之间的水平净距,对于拱式桥是每孔拱跨两个拱脚截面最低点之间的水平距离,用 l_0 表示,如图5-31所示。

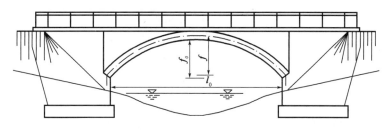

图5-31 拱桥概貌

总跨径:是多孔桥梁中各孔净跨径总和(Σl_0),它反映了桥下宣泄洪水的能力。

计算跨径:对于设支座的桥梁,为相邻支座中心的水平距离;对于不设支座的桥梁(如拱桥、刚构桥等),为上、下部结构的相交面中心间的水平距离,用 l 表示。桥梁结构的力学计算是以计算跨径为准的。

桥梁全长:简称桥长,对于有桥台的桥梁为两岸桥台翼墙尾端间的距离,对于无桥台的桥梁为桥面行车道长度,用 L 表示。

桥下净空:是为满足通航(或行车、行人)的需要和保证桥梁、车辆等安全而对上部结构底缘以下规定的空间界限。

桥梁建筑高度:指上部结构底缘至桥面或轨顶的垂直距离(图5-30中的 h)。线路中所确定的桥面高程与通航(或桥下通车、人)净空界限顶部高程之差,称为容许建筑高度,桥梁建筑高度不得大于容许建筑高度。为控制桥梁建筑高度,可以通过在桥面以上布置结构(如斜拉桥、悬索桥,中、下承式拱桥等)的方式加以解决。

桥面净空:是桥梁行车道、人行道上方应保持的空间界限,公路、铁路和城市对桥面净空都有相应的规定。

净矢高:拱顶截面下缘至起拱线连线的垂直距离。

计算矢高:拱顶截面形心至相邻两拱脚截面形心连线的垂直距离。

矢跨比:拱圈(或肋拱)的计算矢高与计算跨径之比,或净矢高与净跨径之比,又称矢度。矢跨比用于表征拱的陡坦程度,它不但影响主拱圈内应力的大小,还影响拱桥的构造形式和施工方法的选择,同时影响拱桥与周围景观的协调。

三、桥梁分类

1.桥梁按受力体系分类

结构上的受力构件,总离不开拉、压和弯三种基本受力方式。由基本构件所组成的各种结构物,在力学上也可归结为梁式、拱式和悬吊式三种基本体系以及它们之间的各种组合。其中,梁桥以受弯为主,拱桥以受压为主,悬索桥以受拉为主,以及三大基本体系相互组合派生出的多种桥型,在受力上也具有组合特征,如刚构桥和斜拉桥等。现代的桥梁结构,只不过内容更丰富,形式更多样,材料更耐久,技术更进步。下面从受力特点、建桥材料、适用跨度、施工条件等方面来阐述各种桥梁体系的主要特点。

(1)梁式桥

梁式桥是一种在竖向荷载作用下无水平推力的结构,如图5-32a)、b)所示。由于外力的作用方向与承重结构轴线接近垂直,因而与同样跨径的其他结构体系相比,梁桥内产生的弯矩最大,通常需用抗弯、抗拉能力强的材料(钢、配筋混凝土、钢—混凝土组合结构等)来建造。对于中、小跨径桥梁,目前在公路上应用最广的是标准跨径的钢筋混凝土或预应力混凝土简支梁桥,施工方法有预制装配和现浇两种。这种梁桥的结构简单,施工方便,简支梁对地基承载力的要求也不高,其常用跨径在25m以下。当跨径较大时,需采用预应力混凝土简支梁桥,但跨度一般不超过50m。为了改善受力条件和使用性能,地质条件较好时,中、小跨径梁桥均可采用连续梁桥形式,如图5-32c)所示。对于很大跨径的大桥和特大桥,可采用预应力混凝土连续梁桥或连续刚构桥、钢桥和钢—混凝土组合梁桥,如图5-32d)、e)所示。

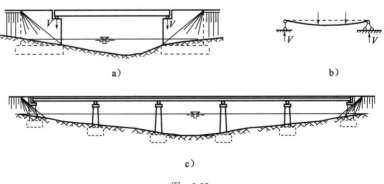

图 5-32

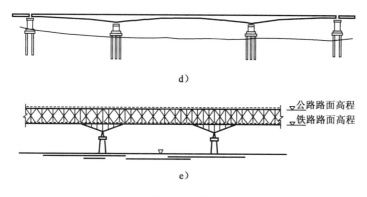

图 5-32 梁式桥

图 5-33 为公路梁桥常用的主梁横截面形式。图 5-33a)~f)所示横截面常用于仅承受正弯矩的简支梁桥。实心板梁和矮肋板梁一般用于小跨径($l=6\sim16m$)的现浇结构。空心板梁($l=12\sim30m$)和 T 形梁($l=20\sim50m$)则多半用于预制装配式结构。图 5-33g)~k)则常用于需承受正、负弯矩的连续式梁桥。随着建桥材料和预应力工艺等施工技术的发展,目前广泛采用具有大挑臂的箱形梁[图 5-33h)、i)],以达到用料经济,轻盈美观。如改用金属腹板[图 5-33j)]或架式的腹板构件[图 5-33k)]来代替箱梁的混凝土实体腹板,可显著减轻大跨度梁桥的自重,这是近年来国内外正在探索研究的梁桥发展新动向。

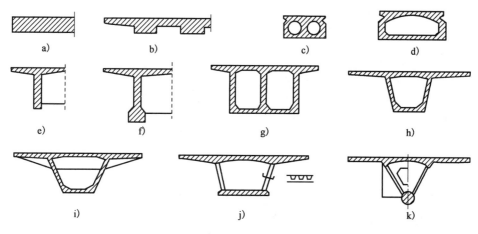

图 5-33 梁式桥的横截面

(2)拱式桥

拱式桥的主要承重结构是拱圈或拱肋(拱圈横截面设计成分离形式时称为拱肋)。拱结构在竖向荷载作用下,桥墩和桥台将承受水平推力,如图 5-33 所示。同时,根据作用力和反作用力原理,墩台向拱圈(或拱肋)提供一对水平反力,这种水平反力将大大抵消在拱圈(或拱肋)内由作用所引起的弯矩。因此,与同跨径的梁相比,拱的弯矩、剪力和变形都要小得多,鉴于拱桥的承重结构以受压为主,通常可用抗压能力强的圬工材料(如砖、石、混凝土)和钢筋混凝土等来建造。

按照行车道处于主拱圈的不同位置,拱桥分为上承式拱、中承式拱和下承式拱三种,如图 5-34a)、b)、d)所示。

拱桥不仅跨越能力大，而且外形酷似彩虹卧波，十分美观，在条件许可的情况下，修建拱桥往往是经济合理的，一般在跨径500m以内均可作为比选方案。

应当注意，为了确保拱桥的安全，下部结构和地基（特别是桥台）必须能经受住很大的水平推力作用。此外，与梁式桥不同，由于拱圈（或拱肋）在合龙前自身不能维持平衡，因而拱桥在施工过程中必须依靠支架、斜拉扣索等辅助措施，拱桥在施工过程中的难度和危险性要远大于梁式桥。对于特大跨度的拱桥，也可建造钢桥或钢—混凝土组合截面的拱桥，由自重较轻但强度很高的钢拱首先合龙并承担施工荷载，这样，可有效降低其施工难度和风险。

在地基条件不适合于修建具有很大水平推力的拱桥的情况下，也可建造水平推力由受拉系杆来承受的系杆拱桥，系杆可由钢、预应力混凝土或高强钢筋做成，如图5-34d)所示。近年来发展了一种所谓"飞雁式"三跨自锚式无推力拱桥，如图5-34e)所示，即在边跨的两端施加强大的水平预加力H，通过边跨梁传至拱脚，以抵消主跨拱脚处的巨大水平推力。

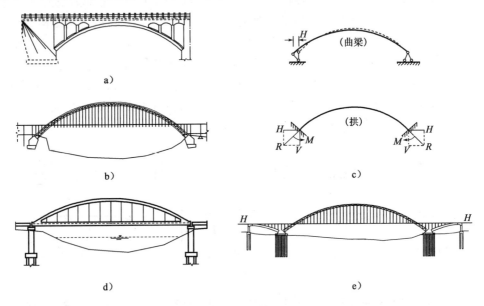

图 5-34 拱式桥

图5-35为拱式桥梁常用的拱圈或拱肋横截面形式。实心板拱圈常用于圬工拱桥。图5-35c)为我国在20世纪60~70年代曾经广泛推广采用的双曲拱桥横截面，由于使拱圈截面"化整为零"采用装配—整体法施工，这样就可简化施工支架或减轻拱圈构件的吊装重量。但实践表明，这种结构的整体性较差，易于产生裂缝，且施工中风险也较大，随着施工技术的不断发展，这种拱桥已被图5-35d)所示的钢筋混凝土箱形拱桥所代替。图5-35e)~l)均为采用拱肋的横截面形式。图5-35e)~g)是常用钢筋混凝土拱肋截面。近年来经研究并不断实践成功的钢管混凝土结构[图5-35h)~k)]具有在强度上和施工性能上的很多优点，因此，已在许多大跨径拱桥上得到应用。此外，利用钢管混凝土作为拱桥施工过程中的劲性骨架，再外包混凝土构成箱形截面[图5-35l)]，可显著加大钢筋混凝土拱桥的跨越能力。

(3) 悬索桥

悬索桥（也称吊桥）是用悬挂在两边塔架上的强大缆索作为主要承重结构，如图5-36所示。在桥面系竖向荷载作用下，通过吊杆使缆索承受很大的拉力，缆索锚于悬索桥两端的锚碇结构中。为了承受巨大的缆索拉力,锚碇结构需做得很大(重力式锚碇),或者依靠天然完整的岩体来承受拉力(隧道式锚碇)。缆索传至锚碇的拉力可分解为垂直和水平两个分力,因而悬索桥也是具有水平反力(拉力)的结构。相对于前几种体系结构,悬索桥的刚度较小,属柔性结构。在外荷载的作用下,悬索桥通过较大的变形才能达到力的平衡。现代悬索桥广泛采用高强度的钢丝成股编制形成钢缆,以充分发挥其优良的抗拉性能。悬索桥的承载系统包括缆索、塔柱和锚碇三部分。加劲梁通过间距不大的吊杆弹性支承,因而就能以较小的建筑高度跨越。悬索桥结构自重较轻,能够跨越任何其他桥型无法相比的特大跨度。另一特点是,受力简单明了,成卷的钢缆易于运输,在将缆索架设完成后,便形成了一个强大稳定的结构支承系统,施工过程中的风险相对较小。我国在西南山岭地区和在易遭受山洪、泥石流冲击等威胁的山区河流上,修建大跨径桥梁,以及其他类型桥梁有困难的情况下,往往采用悬索桥形式。图 5-36a)为单跨式悬索桥,图 5-36b)则为三跨式悬索桥。

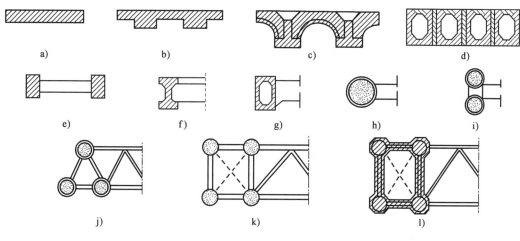

图 5-35 拱式桥主拱的横截面

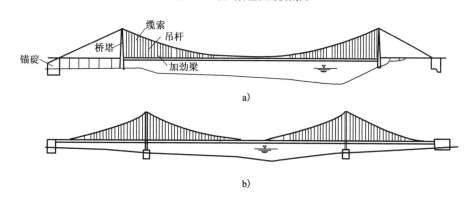

图 5-36 悬索桥(吊桥)

相对于前面所说的其他体系桥梁而言,悬索桥的刚度最小,属柔性结构,在车辆动荷载和风荷载等作用下,悬索桥将产生较大的变形。例如,跨度 1 000m 的悬索桥,在车辆荷载作用下,$L/4$ 区域的最大挠度可达 3m 左右。因此,悬索桥的抗风措施及稳定性在设计和施工中需予以特别的重视。可以说,整个悬索桥的发展历史,就是和变形与振动斗争的历史,也是争取结构刚度的历史。

(4) 刚架桥

刚架桥的主要承重结构是梁(或板)与立柱(或竖墙)整体结合在一起的刚架结构,梁和柱的连接处具有很大的刚性,以承担负弯矩的作用。图5-37a)所示为门式刚架桥,在竖向荷载作用下,柱脚处具有水平反力,梁部主要受弯,但弯矩值较同跨径的简支梁小,梁内还有轴压力,因此其受力状态介于梁桥与拱桥之间[图5-37b)]。刚架桥跨中的建筑高度就可做得较小,当遇到线路立体交叉或需要跨越通航江河时,采用这种桥型能尽量降低线路高程,以改善纵坡并能减少路堤土方量。但普通钢筋混凝土修建的刚架桥在梁柱刚结处较易产生裂缝,需在该处多配钢筋。另外,门式刚架桥在温度变化时,内部易产生较大的附加内力,应引起重视。

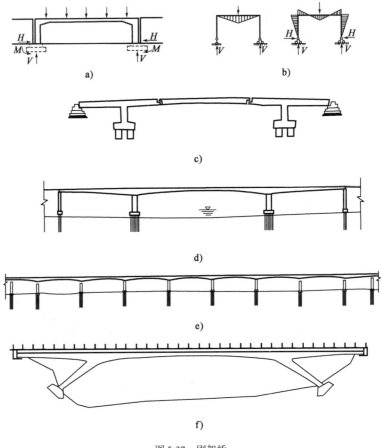

图 5-37 刚架桥

图5-37c)所示的T形刚架桥(带挂孔或带剪力铰)是修建较大跨径混凝土桥梁曾较常采用的桥型,属静定或低次超静定结构。

对于带挂孔的桥型,属于静定结构,相邻T构单元单独作用而不共同受力,在受力和变形方面略差一些,但它受力明确,构造简单,不会因温度影响、混凝土收缩徐变和基础不均匀沉降带来附加内力。由于T构长悬臂处于一种不受约束的自由变形状态,在车辆荷载作用下,悬臂内的弯、扭应力均较大,因而各个方向均易产生裂缝。另外,由于混凝土徐变,会使悬臂端产生一定的下挠,从而在悬臂端部和挂梁的结合处形成一小折角,不仅易损坏伸缩缝,而且车辆在此跳车,给悬臂以附加冲击力,使行车不适,对桥梁受力也不利,目前这种桥型已较少采用。

对于带剪力铰的T形刚架,为超静定结构,两个大悬臂在端部借所谓"剪力铰"相连接,它是一种只能传递竖向剪力而不传递纵向水平力和弯矩的连接构造。当在一个T形结构单元上作用有竖向作用时,相邻的T形结构单元通过剪力铰而共同参与受力。因而,从结构受力和牵制悬臂端变形来看,剪力铰起到有利的作用。另外,由于不设挂梁,就不需要专门预制和安装挂梁的大型设备。这是国外在20世纪50~60年代广泛修建带铰T形刚架的重要原因。然而,几十年的实践表明,鉴于超静定结构的特性,由于温度影响、混凝土收缩徐变作用、基础不均匀沉降等,会使结构内部引起复杂的附加应力,悬臂端因塑性变形而不断下垂也不易调整,以致造成行车不顺,施工中有时还要强迫合龙等,这些都限制了带铰T形刚构的广泛应用。

图5-37d)所示的连续刚架桥,属于多次超静定结构,在设计中一般应减小墩柱顶端的水平抗推刚度,使得在温度变化下结构内不致产生较大的附加内力。对于跨径较长的桥梁,为了降低这种附加内力,往往在两侧的一个或数个边跨上设置滑动支座,从而形成如图5-37e)所示的刚架—连续组合体系桥型。由于预应力技术和悬臂施工技术的发展应用,使得这种桥型的结构性能和施工特点达到高度的协调统一,梁与墩柱固结,省去费用昂贵的大型支座,同时没有伸缩缝装置,使得行车也相对平顺,因而可获得满意的经济指标和社会效益。这种桥型是目前应用较为广泛的桥型之一。

当跨越陡峭河岸和深谷时,修建斜腿式刚架桥往往经济合理,且其造型轻巧美观,如图5-37f)所示。由于斜腿墩柱置于岸坡上,有较大斜角,中跨梁内的轴压力可抵消部分水平反力,因而斜腿刚架桥的跨越能力比门式刚架桥要大得多,但斜腿的施工难度较直腿大些。

刚架桥一般均需承受正负弯矩的交替作用,横截面宜采用箱形。箱形截面的整体性强,它不但能提供足够的混凝土受压面积,而且由于截面的闭合特性,抗扭刚度很大,同时截面挖空率较大,节省材料并降低自重,因而是大跨径桥梁常用的截面形式。连续刚架桥主梁受力与连续梁相近,横截面形式与尺寸也与连续梁基本相同。

(5)组合体系桥

根据结构的受力特点,由几个不同体系的结构组合而成的桥梁称为组合体系桥。图5-38a)所示为一种梁和拱的组合体系,其中梁和拱都是主要承重结构,两者相互配合共同受力。由于吊杆将梁向上(与荷载作用的挠度方向相反)吊住,这样就显著减小了梁中的弯矩;同时由于拱与梁连接在一起,拱的水平推力就传给梁来承受,梁除了受弯以外同时受拉。这种组合体系桥能跨越较一般简支梁桥更大的跨度,而对墩台没有推力作用,因此对地基的要求就与一般简支梁桥一样。图5-38b)为拱置于梁的下方,通过立柱对梁起辅助支承作用的组合体系桥。图5-38c)所示为梁与悬索相结合的组合体系桥,即斜拉桥。斜拉桥也是一种主梁与斜缆相结合的组合体系[图5-38c)],主要由基础、主塔、主梁和斜拉索组成。悬挂在塔柱上被张紧的斜缆将主梁吊住,使主梁像多点弹性支承的连续梁一样工作,这样主梁的基本受力特征是偏心受压,既发挥了高强材料的作用,又显著减小了主梁截面,使结构自重减小而能跨越很大的跨径。此外,由于塔柱、拉索和主梁构成了稳定的三角形,斜拉桥的刚度较大。图5-39为斜拉桥主梁的常用截面形式。

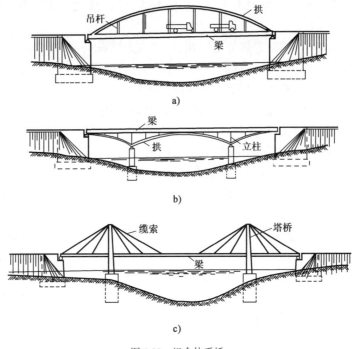

图 5-38 组合体系桥

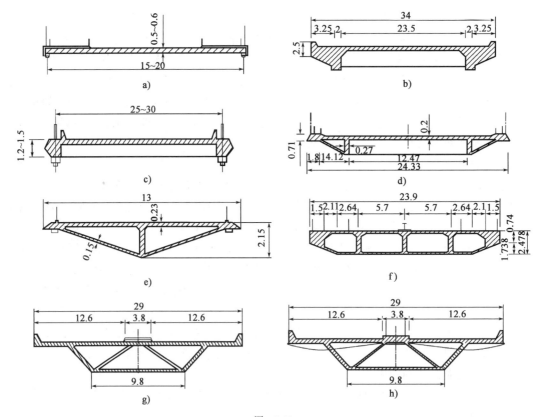

图 5-39

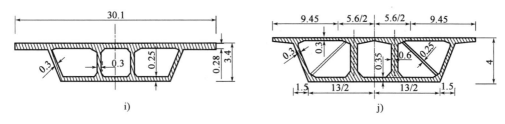

图 5-39　斜拉桥主梁的常用截面形式(尺寸单位:m)

2. 桥梁的其他分类简述

除了上述按受力特点分类的方式外,人们还习惯按桥梁的用途、规模和建桥材料等对其进行分类。

(1)按用途来划分,有公路桥、铁路桥、公铁两用桥、农桥或机耕道桥、人行桥、水运桥(或渡槽)、管线桥等。

(2)按桥梁全长和跨径划分,有特大桥、大桥、中桥、小桥和涵洞,见表5-1。

桥梁涵洞分类　　　　　　　　　　表5-1

桥涵分类	多孔跨径总长 L (m)	单孔跨径 L_K (m)
特大桥	$L > 1\,000$	$L_K > 150$
大桥	$100 \leq L \leq 1\,000$	$40 \leq L_K \leq 150$
中桥	$30 < L < 100$	$20 \leq L_K < 40$
小桥	$8 \leq L \leq 30$	$5 \leq L_K < 20$
涵洞	—	$L_K < 5$

注:1. 单孔跨径系指标准跨径。
　2. 梁式桥、板式桥的多孔跨径总长为多孔标准跨径的总长;拱式桥为两岸桥台内起拱线间的距离;其他形式桥梁为桥面系行车道长度。
　3. 管涵及箱涵不论管径或跨径大小、孔数多少,均称为涵洞。

(3)按照主要承重结构所用的材料划分,有圬工桥(包括砖、石、混凝土桥)、钢筋混凝土桥、预应力混凝土桥、钢桥、钢—混凝土组合桥和木桥等。木材易腐,且资源有限,一般不用于永久性桥梁,少数用于临时桥梁或者部分景区桥梁。

(4)按跨越的障碍性质划分,有跨河(海)桥、立交桥、高架桥和栈桥。高架桥一般指跨越深沟峡谷以替代高路堤的桥梁,以及在城市桥梁中跨越道路的桥梁。

(5)按桥跨结构的平面布置划分,有正交桥、斜交桥和弯桥。

(6)按上部结构的行车道位置划分,有上承式桥、中承式桥和下承式桥。

第三节　桥梁总体规划设计

一、桥梁设计的基本原则

桥梁是公路、铁路和城市道路的重要组成部分,特别是大、中桥梁的建设对当地政治、经济、国防等都具有重要意义。因此,桥梁总体规划应根据所设计桥梁的使用任务、性质和所在道路的远景发展需要,遵照"安全、适用、经济、美观"的基本原则进行设计,同时应充分考虑先进的技术以及环境保护和可持续发展的要求。此外,还要考虑可施工性、可养护性以及保证全寿命周期使用功能的耐久性。公路桥涵还应适当考虑农田排灌的需要,以便支援农业生产,靠近村镇、城市、铁路及水利设施的桥梁,应结合各有关方面的要求,考虑综合利用、统筹兼顾。总之,21世纪的桥梁规划设计应满足"安全、适用、经济、美观、耐久和环保"六项基本原则,以体现节约和环保的可持续发展精神。桥梁设计应遵循的各项原则分述如下。

1. 安全

(1)所设计的桥梁结构在强度、稳定和耐久性方面应有足够的安全储备。

(2)防撞栏杆应具有足够的高度和强度,人与车流之间应进行防护栏的分割,防止车辆撞入人行道或撞坏栏杆而落到桥下。

(3)对于交通繁忙的桥梁,应设计好照明设施,并设置明确的交通标志,两端引桥坡度不宜太陡,以避免发生车辆碰撞等事故。

(4)对于修建在地震区的桥梁,应按抗震要求采取防震措施;对于河床易变迁的河道,应设计好导流设施,防止桥梁基础底部被过度冲刷;对于通行大吨位船舶河道,除按规定加大桥孔跨径外,必要时需设置防撞构筑物等。

2. 适用

(1)桥面宽度能满足当前以及今后规划年限内的交通流量(包括行人通行)。

(2)桥梁结构在荷载作用下不出现过大的变形和过宽的裂缝。

(3)桥下净空满足泄洪、通航(跨河桥)或车辆和行人的通行(旱桥)要求。

(4)桥梁的两端方便车辆的进入和疏散,不致产生交通堵塞现象等。

(5)考虑综合利用,方便各种管线(水、电气、通信等)的搭载。

3. 经济

(1)桥梁设计应遵循因地制宜、就地取材和方便施工的原则。

(2)经济的桥型应该是造价和使用年限内养护费用综合最省的桥型,设计中应充分考虑维修的方便和维修费用问题,维修时尽可能不中断交通,或使中断交通的时间最短。

(3)所选择的桥位地质、水文条件好。

(4)桥位应考虑选择在能缩短河道两岸的运距,促进该地区的经济发展,产生最大的效益的地段。对于过桥收费的桥梁应能吸引更多的车辆通过,达到尽可能快回收投资的目的。

4. 美观

一座桥梁应具有优美的外形,而且这种外形从任何角度看都应该是优美的;结构布置必须精炼,并在空间有和谐的比例。桥型应与周围环境相协调,城市桥梁和游览地区的桥梁,可较多地考虑建筑艺术上的要求。合理的结构布局和轮廓是美观的主要因素,结构细部的美学处理也十分重要;另外,施工质量对桥梁美观也有重大影响。

5. 耐久

桥梁耐久性是指桥梁在正常使用和维护条件下,随时间的延续仍能满足桥梁既定功能的实现。耐久性较差的结构将造成较大的浪费,最终会影响到桥梁结构的运营安全。针对提高桥梁结构耐久性的设计、施工以及防护等方面的课题是当前研究的热点之一,推广使用高性能材料以及制定科学先进的耐久性设计、施工及养护标准将是中国桥梁界今后必须着重解决的课题。

6. 环境保护和可持续发展

桥梁设计必须考虑环境保护和可持续发展的要求,包括生态、水、空气、噪声等多方面,应从桥位选择、桥跨布置、基础方案、墩身外形、上部结构施工方法、施工组织设计等多方面全面考虑环境要求,采取必要的工程控制措施,并建立环境监测保护体系,将不利影响减至最小。桥梁施工完成后,将受损的植被恢复或进一步美化桥梁周边的景观,亦属环境保护的内容。

7. 技术先进

在因地制宜的前提下,尽可能采用成熟的新结构、新设备、新材料和新工艺,认真学习国内外的先进技术,充分利用最新科学技术和成就,把学习和创新结合起来,淘汰和摒弃原来落后和不合理的技术。只有这样才能更好地贯彻安全、适用、耐久、经济和美观等原则,不断提高我国的桥梁建设水平。

二、桥梁设计前期资料调查

桥梁设计前,首先要选择合理的桥位,特别是特大桥的桥位。这常常是影响桥梁设计、施工和使用的全局性问题。对于所选定的桥位,必须进一步调查研究,详细分析建桥的具体情况,才能做出合理的设计方案。一般需要做如下资料准备:

(1)调查桥梁的使用任务,即桥上的交通种类和车辆、行人的往来密度,以确定桥梁的荷载等级和行车道、人行道宽度等。

(2)测量桥位附近的地形,制成地形图。

(3)调查和测量河流的水文情况(包括河道性质,冲刷情况等),收集与分析历年洪水资料,测量河床横断面,调查河槽各部分的形态标志,了解通航水位和通航需要的净空要求,以及河流上的水利设施对新建桥梁的影响。

(4)探测桥位范围的地质情况,包括岩土的分层高程、岩土的物理力学性质、地下水等,尤其是不良地质现象,如滑坡、断层、溶洞、裂隙等情况。

(5)调查当地施工单位的技术水平、施工机械等装备情况,以及施工现场的动力和电力供应情况。

(6)调查和收集建桥地点的气象资料以及河流上下游原有桥梁的使用情况等。

(7)通过地震局等部门对桥位处做出地震安全性评价报告。

三、桥梁平、纵、横断面设计

1. 桥梁的平面设计

桥梁设计首先要确定桥位,按照《公路工程技术标准》(JTG B01—2014)的规定,小桥和涵洞的位置与线形一般应符合路线的总走向。按照水文、通航、线路弯道等要求,跨河桥梁轴线应尽量与水流流向正交,满足两岸用地规划,按照两岸接线占地拆迁较少的原则进行桥轴线布置。对于公路上的特大桥和大、中桥桥位,原则上应服从路线走向,桥、路综合考虑,尽量选择在河道顺直、水流稳定、地质良好的河段上,并考虑采取S形、C形以避免长直线。

桥梁的平曲线半径、平曲线超高和加宽、缓和曲线、变速车道设置等,均应满足相应等级线路的规定。

2. 桥梁纵断面设计

桥梁纵断面设计包括确定桥梁的总跨径、桥梁的分孔、桥道的高程、桥上和桥头引道的纵坡以及基础的埋置深度等。

(1) 桥梁总跨径

桥梁总跨径一般根据水文计算确定。其基本原则是：应使桥梁在整个使用年限内，保证设计洪水能顺利宣泄；河流中可能出现的流冰和船只、排筏等能顺利通过；避免因过分压缩河床引起河道和河岸的不利变迁；避免因桥前壅水而淹没农田、房屋、村镇和其他公共设施等。对于桥梁结构本身来说，不能因总跨径缩短而引起河床过度冲刷对浅埋基础带来不利的影响。

在某些情况下，为了降低工程造价，可以在不超过允许的桥前壅水和规范规定的允许最大冲刷系数的条件下，适当增大桥下冲刷，以缩短总跨长。例如，对于深埋基础，一般允许稍大一点的冲刷，使总跨径能适当减小；对于平原区稳定的宽滩河段，流速较小，漂流物也少，主河槽较大，这时，可以对河滩的浅水流区段作较大的压缩，但必须慎重校核，压缩后的桥前壅水不得危及河滩路堤以及附近农田和建筑物。

(2) 桥梁孔径设计

对于一座较长的桥梁，应当分成若干孔，但孔径划分的大小，不仅影响使用效果和施工难易等，而且在很大程度上影响桥梁的总造价。例如，采用的跨径越大，孔数就越少，这样做固然可以降低墩台的造价，但却使上部结构的造价增高；反之，虽然降低了上部结构的造价，但却增加了墩台的造价。因此，在满足下述使用和技术要求的前提下，通常采用最经济的分孔方式，使上、下部结构的总造价趋于最低。这些要求是：

①对于通航河流，在分孔时首先应满足桥下的通航要求。桥梁的通航孔应布置在航行最方便的河域。对于变迁性河流，根据具体条件，应多设几个通航孔。

②对于平原区宽阔河流上的桥梁，通常在主河槽部分按需要布置较大的通航孔，而在两侧浅滩部分按经济跨径进行分孔。

③在山区深谷上、水深流急的江河上或需在水库上修桥时，为了减少中间桥墩，应加大跨径。如果条件允许的话，甚至可以采用特大跨径的单孔跨越。

④对于采用连续体系的多孔桥梁，应从结构的受力特性考虑，使边孔与中孔的跨中弯矩接近相等，合理地确定相邻跨之间的比例。

⑤对于河流中存在不利地质的地段，例如岩石破碎带、裂隙、溶洞等，在布孔时，为了使桥基避开这些区段，可以适当加大跨径。

总之，大、中桥梁的桥跨分孔是一个相当复杂的问题，必须根据使用要求、桥位处的地形和环境、河床地质、水文条件等具体情况，通过技术经济等方面的分析比较，才能作出比较完美的设计方案。

(3) 桥道高程的确定

对于跨河桥梁，桥道的高程应保证桥下排洪和通航的需要；对于跨线桥，则应确保桥下安全行车。在平原区建桥时，桥道高程抬高往往伴随着桥头引道路堤土方量的显著增加。在修建城市桥梁时，桥道过高会使两端引道延伸影响市容，或者需要设置立体交叉或高架栈桥，导致造价提高。在山区建桥时，如排洪和通航净空不受限制时，应根据桥梁两边接线的高程来控制桥道高程。因此，必须根据设计洪水位、桥下通航（或通车）净空等需要，结合桥型、跨径等一起考虑,以确定合理的桥道高程。

①为了保证桥下流水净空,对于梁式桥,梁底一般应高出设计洪水位(包括壅水和浪高)不小于 0.5m,高出最高流冰水位 0.75m;支座应高出设计洪水位不小于 0.25m,高出最高流冰水位不小于 0.5m(图 5-40),但如果支座部分有围护隔水者可不受此限。

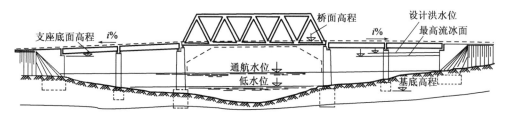

图 5-40 梁式桥纵断面规划图

对于无铰拱桥,拱脚允许被设计洪水位淹没,但淹没深度一般不超过拱圈矢高的 2/3(图 5-41),并且在任何情况下,拱顶底面应高出设计洪水位至少 1.0m,即 $\Delta f_0 \geq 1.0 \mathrm{m}$。拱脚的起拱线应高出最高流冰水位不小于 0.25m。

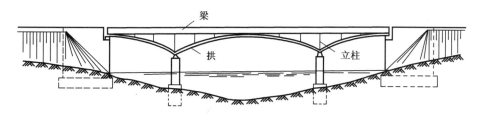

图 5-41 拱桥桥下净空图

当在河流中有形成流冰阻塞的危险或有漂浮物通过时,桥下净空应按当地具体情况确定。对于有淤积的河床,桥下净空应适当加高。

②在通航及流放木筏的河流上,必须设置保证桥下安全通航的通航孔。在此情况下,桥跨结构下缘的高程应高出自设计通航水位算起的通航净空高度。所谓通航净空,就是在桥孔中垂直于水流方向所规定的空间界限,任何结构部件均不得伸入其内。

③在设计跨越线路(铁路或公路)的立体交叉时,桥跨结构的高程应高出规定的车辆净空高度。对于公路所需的净空尺寸,见桥梁横断面设计部分,铁路的净空尺寸可查阅相关铁路桥涵设计规范。

桥道高程确定后,就可根据两端桥头的地形和线路要求来设计桥梁的纵断面线形。一般小桥通常做成平坡桥。对于大、中桥梁,为了利于桥面排水和降低引道路堤高度,往往设置从中间向两端倾斜的双向纵坡。桥上纵坡不宜大于 4%;桥头引道纵坡不宜大于 5%。对位于城镇混合交通繁忙处的桥梁,桥上纵坡和桥头引道纵坡均不得大于 3%。桥上或引道处纵坡发生变更的地方均应按规定设置竖曲线。

3. 桥梁横断面设计

桥梁横断面的设计,主要取决于桥面的宽度和不同桥跨结构横截面的形式。桥面宽度决定于行车和行人的交通需要。《公路工程技术标准》(JTG B01—2014)中,规定了各级公路桥面净空限界,如图 5-42 所示,在建筑限界内,不得有任何部件侵入。图中所代表的行车道宽度、中间带宽度和路缘带宽度,可以分别从表 2-3、表 5-2~表 5-4 和图 5-42 中选取。

中 间 带 宽 度　　　　　　　　　　　　　表 5-2

设计速度(km/h)		120	100	80	60
中央分隔带宽度(m)	一般值	3.00	2.00	2.00	2.00
	最小值	2.00	2.00	1.00	1.00
左侧路缘带宽度(m)	一般值	0.75	0.75	0.50	0.50
	最小值	0.75	0.50	0.50	0.50
中间带宽度(m)	一般值	4.50	3.50	3.00	3.00
	最小值	3.50	3.00	2.00	2.00

注:"一般值"为正常情况下的采用值;"最小值"为条件受限制时可采用的值。

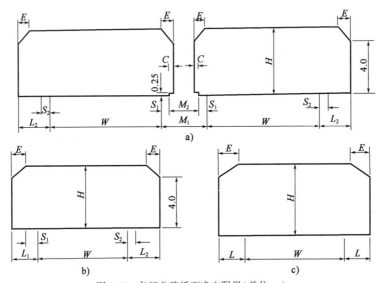

图 5-42　各级公路桥面净空限界(单位:m)
a)高速公路、一级公路(整体式);b)高速公路、一级公路(分离式);c)二、三、四级公路

图中:W——行车道宽度(m),为车道数乘以车道宽度,并计入所设置的加(减)速车道,紧急停车带、爬坡车道、慢车道或错车道的宽度,车道宽度规定见表 5-2。

C——当设计速度大于 100km/h 时为 0.5m;当设计速度等于或小于 100km/h 时为 0.25m。

S_1——行车道左侧路缘带宽度(m),见表 5-2。

S_2——行车道右侧路缘带宽度(m),应为 0.5m。

M_1——中间带宽度(m),由两条左侧路缘带和中央分隔带组成,见表 5-2。

M_2——中央分隔带宽度(m),见表 5-2。

E——桥涵净空顶角宽度(m),当 $L \leq 1m$ 时,$E = L$;当 $L > 1m$ 时,$E = 1m$。

H——净空高度(m),高速公路和一级、二级公路上的桥梁应为 5.0m,三、四级公路上的桥梁应为 4.5m。

L——侧向宽度,高速公路、一级公路上桥梁的侧向宽度为路肩宽度(L_1,L_2);二、三、四级公路上桥梁的侧向宽度为其相应的路肩宽度减去 0.25m;

L_1——桥梁左侧路肩宽度(m),见表 5-4,八车道及八车道以上高速公路上设置左路肩,其宽度为 2.50m。左侧路肩宽度内含左侧路缘带宽度。

L_2——桥涵右侧路肩宽度(m),见表 5-3,当受地形条件及其他特殊情况限制时,可采用最小值;高速公路和一级公路上桥梁应在右侧路肩内设右侧路缘带,其宽度为 0.5m;设计速度为 120km/h 的四车道高速公路上桥梁,宜采用 3.50m 的右侧路肩;六车道、八车道高速公路上桥梁,宜采用 3.00m 的右侧路肩;高速公路、一级公路上桥梁的右侧路肩宽度小于 2.50m 且桥长超过 500m 时,宜设置紧急停车带,紧急停车带宽度包括路肩在内为 3.50m 有效长度不应小于 30m,间距不宜大于 500m。

右侧路肩宽度　　　　　　　　　　　表5-3

公路等级		高速公路、一级公路				二、三、四级公路				
设计速度(km/h)		120	100	80	60	80	60	40	30	20
右侧路肩宽度(m)	一般值	3.00或3.50	3.00	2.50	2.50	1.50	0.75	—	—	—
	最小值	3.0	2.50	1.50	1.50	0.75	0.25	—	—	—

注:"一般值"为正常情况下的采用值;"最小值"为条件受限制时可采用的值。

分离式断面高速公路、一级公路左侧路肩宽度　　　表5-4

设计速度(km/h)	120	100	80	60
左侧路肩宽(m)	1.25	1.00	0.75	0.75

桥上人行道和自行车道的设置应根据实际需要而定。人行道的宽度为0.75m或1m,大于1m时按0.5m的倍数增加。一条自行车道的宽度为1m,当单独设置自行车道时,一般不应少于两条自行车道的宽度。不设人行道和自行车道的桥梁,可根据具体情况设置栏杆和安全带。与路基同宽的小桥和涵洞可仅设缘石或栏杆。漫水桥不设人行道,但可设置护柱。

城市桥梁以及位于大、中城市近郊的公路桥梁的桥面净空尺寸,应结合城市实际交通量和今后发展的要求来确定。在弯道上的桥梁应按路线要求予以加宽。

人行道及安全带应高出行车道面至少0.2～0.25m,对于具有2%以上纵坡并高速行车的现代化桥梁,最好应高出行车道面0.3～0.35m,以确保行人和行车的安全。

对于相同桥面净宽的上承式桥和下承式桥的横截面布置,由于结构布置上的需要,下承式桥承重结构的宽度要比上承式桥的大,而其建筑高度却比上承式桥的小。

公路和城市桥梁,为了利于桥面排水,应根据不同类型的桥面铺装,设置1.5%～3%的横向坡度。

四、桥梁设计程序

一座桥梁的规划建设所涉及的因素很多,特别是对于工程比较复杂的大、中桥梁,是一个综合性的系统工程。设计合理与否,将直接影响区域的政治、经济、文化以及人民的生活,因此必须建立一套严格的管理体制和有序的工作程序。在我国,基本建设项目设计程序分为前期工作和设计阶段两大步骤,它们的关系如图5-43所示。现分别简要介绍它们的主要内容及要求。

1."预可"阶段

预可行性研究(简称"预可")阶段着重研究建桥的必要性以及宏观经济上的合理性。

在"预可"研究形成的"预工程可行性研究报告书"(简称"预可报告")中,应从经济、政治、国防等方面,详细阐明桥梁建设的必要性和重要性,同时初步探讨技术上的可行性。对于区域性线路上的桥梁,应以建桥地点(渡口等)的车流量调查(考虑国民经济逐年增长因素)为设计依据。

"预可"阶段的主要工作目标是解决建设项目的上报立项问题。因而,在"预可报告"中,应编制几个可能的桥型方案,并对工程造价、资金来源、投资回报等问题也应有初步估算和设想。

设计方将"预可报告"交业主后,由业主据此编制"项目建议书"报上级主管部门审批。

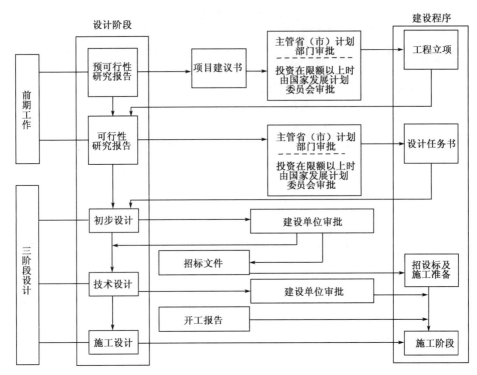

图 5-43　桥梁工程基本设计程序

2."工可"阶段

在"项目建议书"被审批确认后，着手工程可行性研究（简称"工可"）阶段的工作。在这一阶段，着重研究和制定桥梁的技术标准，包括：设计作用标准、桥面宽度、通航标准、设计车速、桥面纵坡、桥面平、纵曲线半径等，在这一阶段，应与河道、航运、规划等部门共同研究，以共同协商确定相关的技术标准。

在"工可"阶段，应提出多个桥型方案，并按交通运输部《公路基本建设工程投资估算编制办法》（JTG 3820—2018）估算造价，对资金来源和投资回报等问题应基本落实。

3.初步设计

由计划部门下达的"设计任务书"是进行初步设计的依据。"设计任务书"要就桥位、建桥标准、建桥规模等控制性要求作出规定。初步设计应根据批复的可行性研究报告、勘测设计合同和初测、初勘或定测、详勘资料编制。

初步设计的目的是确定设计方案，应通过多个桥型方案的比选，推荐最优方案，报上级审批。在编制各个桥型方案时，应提供平、纵、横断面布置图，标明主要尺寸，并估算工程数量和主要材料数量，提出施工方案的意见，编制设计概算，提供文字说明和图表资料。初步设计经批复后，则成为施工准备、编制施工图设计文件和控制建设项目投资等的依据。

4.技术设计

技术设计阶段的工作是对初步设计的补充、修改、深化和完善。该阶段要进行补充勘探（简称"技勘"），水中基础必须每墩布置必要的钻孔，岸上基础也有一定密度的钻孔，充分判断土层的变化。

技术设计的主要内容是对选定的桥型方案中的各个结构总体的、细部的技术问题做进一步研究解决,并提交详尽的设计图纸,调整概算(修正概算)。初步设计批准的科研项目也要在这一阶段实施。

5. 施工图设计

施工图设计应根据初步设计(或技术设计)批复意见,进一步对所审定的修建原则、设计方案、技术工艺加以具体和深化。在施工图设计阶段,应根据施工需要特别是对于重要的基础进行补充钻探(称"施工钻探"),必须对桥梁各部分构件进行详细的结构计算,绘制出施工详图,供施工时使用。施工单位据此编制详细的施工组织设计和工程预算。施工图设计可由原编制技术设计的单位进行编制,也可由中标施工单位编制,施工详图一般不宜做大的变动,如施工单位对技术设计有所变更,则对变更部分负责并需得到监理的认可。

国内一般的大桥采用两阶段设计,即初步设计和施工图设计;对于技术简单、方案明确的中小桥,也可采用一阶段设计,即施工图设计。技术复杂、基础资料缺乏和不足的建设项目或特大桥、互通式立体交叉、隧道等项目,应采用三阶段设计。

五、桥梁设计方案的比选

为了获得经济、适用、耐久和美观的桥梁设计方案,设计者必须根据各种自然、技术上的条件,因地制宜,在综合应用专业知识、了解掌握国内外新技术、新材料、新工艺的基础上,进行深入细致的研究分析,才能得出完美的设计方案。

桥梁设计方案的比选和确定可按下列步骤进行。

(1) 明确要求,初拟设计方案草图

在桥位纵断面图上,先行按比例绘出设计水位、通航水位、桥面高程、通航净空等位置图。进而在确定了各种高程的纵断面图上,根据泄洪等总跨径的要求,作桥梁分孔和桥型方案草图。作草图时思路要宽广,只要基本可行,尽可能多绘一些草图,以免遗漏可能的桥型方案。

(2) 方案初筛,详绘桥型方案,编制估算或概算

对草图方案作技术和经济上的初步分析和判断,筛去劣势方案,从中选出 2~4 个构思好、各具特点的方案,做进一步详细研究和比较。

根据不同桥型、不同跨度、宽度和施工方法,拟定主要尺寸,并尽可能细致地绘制各个桥型方案的尺寸详图。对于新结构,应作初步的力学分析,以确定各方案的主要尺寸。

依据编制方案的详图,计算出上、下部结构的主要工程数量,然后依据各省、市或行业的"估算定额"或"概算定额",编制出各方案的主要材料(钢、木、混凝土等)用量、劳动力数量、全桥总造价。

(3) 方案选定和文件汇总

全面考虑建设造价、养护费用、建设工期、营运适用性、美观等因素,综合分析,阐述每个方案的优缺点,最后选定一个最佳的推荐方案。在深入比较过程中,应当及时发现并调整方案中的不尽合理之处,确保最后选定的方案是强中选强的方案。

上述工作全部完成之后,着手编写方案说明。说明书中应阐明方案编制的依据和标准、各方案的主要特色、施工方法、设计概算以及方案比较的综合性评述。对于推荐方案,应作较详细的说明。各种方案均必须考虑可施工性,并结合施工水平等因素进行综合比较。各种测量资料、地质勘察和地震烈度复核资料、水文调查与计算资料等应按附件载入。

图 5-44 为湖南岳阳洞庭湖大桥的桥型方案比较图,该桥位于洞庭湖的长江出口处,经过水利、经济、美观等多方面的论证,最后选择了三塔斜拉桥的方案。

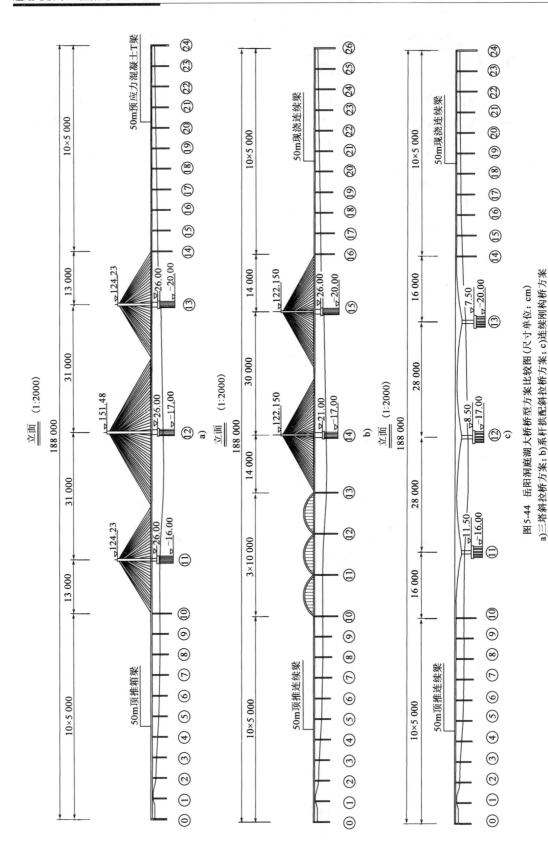

图 5-44 岳阳洞庭湖大桥桥型方案比较图 (尺寸单位: cm)
a) 三塔斜拉桥方案; b) 系杆拱配斜拉桥方案; c) 连续刚构桥方案

第四节　桥梁设计的作用选定及组合

"作用"是引起桥涵结构反应的各种原因的统称,它可以归纳为性质不同的两大类:一类是直接施加于结构上的外力,例如结构自重、车辆荷载等;另一类是以间接的形式作用于结构上,例如地震、墩台变位、温度变化、混凝土收缩徐变等,它们产生的效应与结构本身的特征有关。确定结构计算模式、选定作用和结构分析计算是桥梁计算工作中的三个主要部分。其中,作用的种类、形式和大小选择是否适当,关系到桥梁结构在设计使用期内的安全,也关系到桥梁建设投资费用的合理性。

实际上,作用分析是比结构分析更为重要的问题。随着科学技术的进步和桥梁工程的发展,桥梁结构上可能施加的作用越来越复杂。例如,对于大跨径桥梁结构,风载、地震荷载的重要性愈显突出;又如预应力混凝土桥梁结构,近代各国规范都将预应力、混凝土徐变与收缩的影响、温度变化的影响等列入作用看待。由于作用种类、形式的复杂化,在桥梁设计中,不同作用组合也更为复杂化。

桥梁设计作用又称计算作用,在结构极限状态设计中,是指作用的标准值或代表值与其分项系数的乘积。

一、作用分类、代表值和作用效应组合

1. 作用分类

作用是指施加在结构上的一组集中力或分布力,是引起结构外加变形或约束变形的原因。前者称直接作用,亦称荷载,后者称间接作用。结构作用的分类方法有多种。

(1) 按时间的变异性和出现的可能性,可以分为:永久作用、可变作用、偶然作用、地震作用,我国《公路桥涵设计通用规范》(JTG D60—2015)采用的就是这种分类方法,见表5-5。

桥涵设计作用分类　　　　　　　　表5-5

编 号	作用分类	作用名称
1	永久作用	结构重力(包括结构附加重力)
2		预加力
3		土的重力
4		土侧压力
5		混凝土收缩及徐变作用
6		水的浮力
7		基础变位作用
8	可变作用	汽车荷载
9		汽车冲击力
10		汽车离心力
11		汽车引起的土侧压力
12		汽车制动力

续上表

编 号	作用分类	作用名称
13	可变作用	人群荷载
14		疲劳荷载
15		波浪力
16		风荷载
17		流水压力
18		冰压力
19		温度(均匀温度和梯度温度)作用
20		支座摩阻力
21	偶然作用	船舶撞击作用
22		漂流物的撞击作用
23		汽车撞击作用
24	地震作用	地震作用

(2)按照结构的反应,可以分为两类。

①静态作用:在结构上不产生加速度或产生的加速度可忽略不计的作用,如结构自重。

②动态作用:在结构上产生不可忽略的加速度的作用,如汽车荷载、地震等。

2.作用代表值

作用代表值是指结构或结构构件设计时,针对不同设计目的所采用的各种作用规定值。它是根据对作用统计得到的概率分布模型,按照概率的方法确定的,它包括作用标准值、准永久值和频遇值等。

(1)作用标准值

结构或结构构件设计时,采用的各种作用的基本代表值,其值可根据作用在设计基准期内最大值概率分布的某一分位值确定。若无充分资料时,可根据工程经验,经分析后确定。

作用的标准值是桥梁结构设计的主要参数,是作用的基本代表值,作用的其他代表值都是以它为基础再乘以相应的系数后得到的。

(2)可变作用的组合值

当桥涵结构及构件承受两种或两种以上的可变作用时,考虑到这些可变作用不可能同时以其最大值(作用标准值)出现,因此,除了一个主要的可变作用(公路桥涵上一般取汽车荷载作用,又称主导可变作用)取其标准值外,其余的可变作用都取为"组合值"。这样,两种或两种以上的可变作用参与的情况与仅有一种可变作用的情况相比较,结构构件具有大致相同的可靠指标。

(3)作用频遇值

结构或构件按正常使用极限状态短期效应组合设计时,采用的一种可变作用代表值,其值可根据在足够长观测期内作用任意时点概率分布的 0.95 分位值确定。

(4)作用准永久值

结构或构件按正常使用极限状态长期效应组合设计时,采用的另一种可变作用代表值,其值可根据在足够长观测期内作用任意时点概率分布的 0.5(或略高于 0.5)分位值确定。

《公路桥涵设计通用规范》(JTG D60—2015)规定：应根据各种极限状态的设计要求，采取不同的作用代表值。

（1）永久作用应采用标准值作为代表值。

（2）可变作用应根据不同的极限状态分别采用标准值、频遇值或准永久值作为其代表值。承载能力极限状态设计及按弹性阶段计算结构强度时，应采用标准值作为可变作用的代表值；正常使用极限状态按短期效应（频遇）组合设计时，应采用频遇值作为可变作用的代表值；按长期效应（准永久）组合设计时，应采用准永久值作为可变作用的代表值。

可变作用频遇值为可变作用标准值乘以频遇值系数 ψ_1。可变作用准永久值为可变作用标准值乘以准永久值系数 ψ_2。

（3）偶然作用在组合时取其设计值作为代表值。

（4）地震作用在组合时采用标准值作为代表值。

3. 作用效应组合

公路桥涵结构设计应考虑结构上可能同时出现的作用，按承载能力极限状态和正常使用极限状态进行作用效应组合，取其最不利效应组合进行设计。

（1）只有在结构上可能同时出现的作用，才进行其效应的组合。当结构或结构构件需做不同受力方向的验算时，则应以不同方向的最不利的作用效应进行组合。

（2）当可变作用的出现对结构或结构构件产生有利影响时，该作用不应参与组合。实际不可能同时出现的作用或同时参与组合概率很小的作用，按规定不考虑其作用效应的组合。

（3）施工阶段作用效应的组合，应按计算需要及结构所处条件而定，结构上的施工人员和施工机具设备均应作为临时荷载加以考虑。组合式桥梁，当把底梁作为施工支撑时，作用效应宜分两个阶段组合，底梁受荷为第一个阶段，组合梁受荷为第二个阶段。

（4）多个偶然作用不同时参与组合。

二、永久作用

永久作用是指在结构使用期间，其量值不随时间而变化，或其变化值与平均值比较可忽略不计的作用，具体分类见表5-5。

1. 结构重力

结构自重及桥面铺装、附属设备等附加重力均属结构重力，可按照结构物的实际体积或设计的体积乘以材料的重力密度计算。桥梁结构的自重往往占全部设计作用的很大部分，采用轻质高强材料对减轻桥梁自重、增大跨越能力有重要意义。

2. 预加力

预加力在结构进行正常使用极限状态设计和使用阶段构件应力计算时，应作为永久作用计算其主效应和次效应，并计入相应阶段的预应力损失。在结构进行承载能力极限状态设计时，预加力不作为作用，而将预应力钢筋作为结构抗力一部分；但在连续梁等超静定结构中，仍需考虑预加力引起的次效应。

3. 水的浮力

水的浮力可按下列规定采用：

（1）基础位于透水性地基上的桥梁墩台，当验算稳定时，应考虑设计水位的浮力；当验算地基应力时,可仅考虑低水位的浮力或不考虑水的浮力。

(2)基础嵌入不透水性地基的桥梁墩台不考虑水的浮力。

(3)作用在桩基承台底面的浮力,应考虑全部底面积。对桩嵌入不透水地基并灌注混凝土封闭者,不应考虑桩的浮力;在计算承台浮力时应扣除桩的截面面积。

(4)当不能确定地基是否透水时,应以透水或不透水两种情况与其他作用组合,取其最不利者。

4. 混凝土收缩及徐变作用

混凝土收缩及徐变作用可按下述规定取用:

①外部超静定的混凝土结构、钢和混凝土的组合结构等应考虑混凝土收缩及徐变的作用。
②混凝土的收缩应变和徐变系数可按《公路钢筋混凝土及预应力混凝土桥涵设计规范》(JTG D62—2018)的规定计算。
③混凝土徐变的计算,可假定徐变与混凝土应力呈线性关系。
④计算圬工拱圈的收缩作用效应时,如考虑徐变影响,作用效应可乘以0.45折减系数。

5. 基础变位作用

超静定结构当考虑由于地基压密等引起的长期变形影响时,应根据最终位移量计算构件的效应。

6. 土的重力及土侧压力

对于土的重力及土侧压力可按《公路桥涵设计通用规范》(JTG D60—2015)相关规定计算。

三、可变作用

可变作用是指在结构使用期间,其量值随时间变化,且其变化值与平均值比较不可忽略的作用,具体分类见表5-5。

1. 汽车荷载

公路桥涵设计时,汽车荷载的计算图式、荷载等级及其标准值、加载方法和纵横向折减等应符合下列规定:

(1)汽车荷载分为公路—Ⅰ级和公路—Ⅱ级两个等级。

(2)汽车荷载由车道荷载和车辆荷载组成;车道荷载由均布荷载和集中荷载组成。桥梁结构的整体计算采用车道荷载;桥梁结构的局部加载,涵洞、桥台和挡土墙土压力等的计算采用车辆荷载。车辆荷载与车道荷载的作用不得叠加。

(3)各级公路桥涵设计的汽车荷载等级应符合表5-6的规定。

各级公路桥涵的汽车荷载等级　　　　表5-6

公路等级	高速公路	一级公路	二级公路	三级公路	四级公路
汽车荷载等级	公路—Ⅰ级	公路—Ⅰ级	公路—Ⅱ级	公路—Ⅱ级	公路—Ⅱ级

二级公路为干线公路且重型车辆多时,其桥涵的设计可采用公路—Ⅰ级汽车荷载。

四级公路上重型车辆少时,其桥涵设计所采用的公路—Ⅱ级车道荷载的效应可乘以0.8的折减系数,车辆荷载的效应可乘以0.7的折减系数。

(4) 车道荷载的计算图式见图 5-45。

①公路—I级车道荷载的均布荷载标准值为 q_k = 10.5kN/m。集中荷载标准值按以下规定选取：桥梁计算跨径等于或小于 5m 时，p_k = 270kN；桥梁计算跨径等于或大于 50m 时，p_k = 360kN；桥梁计算跨径在 5~50m 之间时，p_k 值采用直线内插求得。计算剪力效应时，上述集中荷载标准值 p_k 应乘以 1.2 的系数。

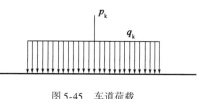

图 5-45 车道荷载

②公路—II级车道荷载的均布荷载标准值 q_k 和集中荷载标准值 p_k 按公路—I级车道荷载的 0.75 倍采用。

③车道荷载的均布荷载标准值应满布于使结构产生最不利效应的同号影响线上；集中荷载标准值只作用于相应影响线中一个最大影响线峰值处。

(5) 车辆荷载的立面、平面尺寸如图 5-46 所示，主要技术指标规定见表 5-7。公路—I级和公路—II级汽车荷载采用相同的车辆荷载标准值。

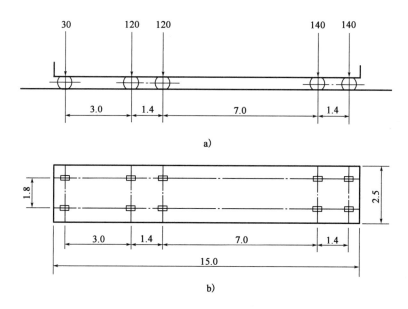

图 5-46 车辆荷载的立面、平面尺寸（尺寸单位：m）
a) 立面布置；b) 平面尺寸

车辆荷载的主要技术指标　　　　　　　　　　　　　　　　　表 5-7

项　　目	单位	技术指标	项　　目	单位	技术指标
车辆重力标准值	kN	550	轮距	m	1.8
前轴重力标准值	kN	30	前轮着地宽度及长度	m	0.3×0.2
中轴重力标准值	kN	2×120	中、后轮着地宽度及长度	m	0.6×0.2
后轴重力标准值	kN	2×140	车辆外形尺寸（长×宽）	m	15×2.5
轴距	m	3+1.4+7+1.4	—	—	—

（6）车道荷载横向分布系数应按设计车道数（如图 5-47 布置车辆荷载）进行计算。

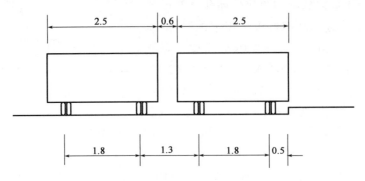

图 5-47　车辆荷载横向布置（尺寸单位：m）

（7）桥涵设计车道数应符合表 5-8 的规定。多车道桥梁上的汽车荷载应考虑多车道折减。当桥涵设计车道数等于或大于 2 时，由汽车荷载产生的效应按表 5-9 规定的多车道折减系数进行折减，但折减后的效应不得小于两车道布载的荷载效应。

桥涵设计车道数　　　　　　　　　　　　　　　　　表 5-8

桥面宽度 W(m)		桥涵设计车道数
车辆单向行驶时	车辆双向行驶时	
$W<7.0$		1
$7.0 \leqslant W<10.5$	$6.0 \leqslant W<14.0$	2
$10.5 \leqslant W<14.0$		3
$14.0 \leqslant W<17.5$	$14.0 \leqslant W<21.0$	4
$17.5 \leqslant W<21.0$		5
$21.0 \leqslant W<24.5$	$21.0 \leqslant W<28.0$	6
$24.5 \leqslant W<28.0$		7
$28.0 \leqslant W<31.5$	$28.0 \leqslant W<35.0$	8

横向折减系数　　　　　　　　　　　　　　　　　表 5-9

横向布载车道数（条）	1	2	3	4	5	6	7	8
横向车道布载系数	1.20	1.00	0.78	0.67	0.60	0.55	0.52	0.50

（8）大跨径桥梁上的汽车荷载应考虑纵向折减。当桥梁计算跨径大于 150m 时，应按表 5-10 规定的纵向折减系数进行折减。当为多跨连续结构时，整个结构应按最大的计算跨径考虑汽车荷载效应的纵向折减。

纵向折减系数　　　　　　　　　　　　　　　　　表 5-10

计算跨径 L_0(m)	纵向折减系数	计算跨径 L_0(m)	纵向折减系数
$150<L_0<400$	0.97	$800 \leqslant L_0<1\,000$	0.94
$400 \leqslant L_0<600$	0.96	$L_0<1\,000$	0.93
$600 \leqslant L_0<800$	0.95	—	—

2. 汽车冲击力

汽车以较高的速度驶过桥梁时,由于桥面不平整、发动机振动等原因,会引起桥梁结构的振动,从而造成内力增大,这种动力效应称为冲击作用。在计算中采用静力学的方法,即引入一个竖向动力效应增大系数——冲击系数 μ 来计算汽车荷载的冲击作用。汽车荷载的冲击力标准值即为汽车荷载标准值乘以冲击系数 μ。

冲击系数的计算采用以结构基频为指标的方法。结构的基频反映了结构的尺寸、类型、建造材料等动力特征内容,它直接体现了冲击效应和桥梁结构之间的关系。按结构不同的基频,汽车引起的冲击系数在 $0.05 \sim 0.45$ 之间变化。

3. 汽车离心力

汽车离心力是车辆在弯道行驶时所伴随产生的惯性力。它以水平力的形式作用在结构上,是弯桥横向受力计算、抗扭设计与计算所要考虑的主要因素。

曲线桥应计算汽车荷载引起的离心力。汽车荷载离心力标准值为车辆荷载(不计冲击力)标准值乘以离心力系数 C 计算。离心力系数按下式计算:

$$C = \frac{v^2}{127R} \tag{5-1}$$

式中:v——设计速度(km/h),应按桥梁所在路线设计速度采用;

R——曲线半径(m)。

4. 汽车引起的土压力

汽车引起的土压力采用车辆荷载加载,车辆荷载在桥台或挡土墙后填土的破坏棱体上引起的土侧压力,可按下式换算成等代均布土层厚度 h 计算:

$$h = \frac{\sum G}{Bl_0 \gamma} \tag{5-2}$$

式中:$\sum G$——布置在 $B \times l_0$ 面积内的车轮的总重力(kN),计算挡土墙的土压力时,车辆外侧车轮中线距路面边缘 0.5m,计算中当涉及多车道加载时,车轮总重力应按规定进行折减;

B——桥台计算宽度或挡土墙的计算长度(m);

l_0——桥台或挡土墙后填土的破坏棱体长度(m);对于墙顶以上有填土的路堤式挡土墙,l_0 为破坏棱体范围内的路基宽度部分;

γ——土的重度(kN/m^3)。

5. 人群荷载

人群荷载标准值按下列规定采用:

(1)当桥梁计算跨径小于或等于 50m 时,人群荷载标准值为 $3.0kN/m^2$;当桥梁计算跨径大于或等于 150m 时,人群荷载标准值为 $2.5 kN/m^2$;当桥梁计算跨径在 $50 \sim 150m$ 之间时,可由线性内插得到人群荷载标准值。对跨径不等的连续结构,以最大计算跨径为准。

非机动车、行人密集地区的公路桥梁,人群荷载标准值取上述规定值的 1.15 倍。

专用人行桥梁,人群荷载标准值为 $3.5 kN/m^2$。

(2)人群荷载在横向应布置在人行道的净宽度内,在纵向施加于使结构产生最不利荷载效应的区段内。

(3)人行道板(局部构件)可以一块板为单元,按标准值 4.0 kN/m² 的均布荷载计算。

(4)计算人行道栏杆时,作用在栏杆立柱顶上的水平推力标准值取 0.75 kN/m;作用在栏杆扶手上的竖向力标准值取 1.0 kN/m。

6. 汽车制动力

汽车制动力是指车辆在减速或制动时,为克服车辆的惯性力而在路面与车辆之间产生的滑动摩擦力。它作用于桥跨结构上的方向与行车方向一致。汽车制动时,车辆与路面间的摩擦系数可以达 0.5 以上,但是制动常常只限于车队的一部分车辆,所以制动力并不等于摩擦系数乘以全部车辆荷载。

(1)一个设计车道上由汽车荷载产生的制动力标准值,按车道荷载标准值在加载长度上计算的总重力的 10% 计算,但公路—Ⅰ级汽车荷载的制动力标准值不得小于 165kN;公路—Ⅱ级汽车荷载的制动力标准值不得小于 90kN。

(2)同向行驶双车道的汽车荷载制动力标准值为一个设计车道制动力标准值的 2 倍;同向行驶三车道为一个设计车道的 2.34 倍;同向行驶四车道为一个设计车道的 2.68 倍。

(3)制动力的着力点在桥面以上 1.2m 处,计算墩台时,可移至支座铰中心或支座底座面上。计算刚构桥、拱桥时,制动力的着力点可移至桥面上,但不计因此而产生的竖向力和力矩。

7. 风荷载

当风以一定的速度向前运动遇到结构物阻碍时,结构就会承受风压。对于大跨径桥梁,特别是斜拉桥和悬索桥,风荷载是极为重要的设计荷载,有时甚至起着决定性的作用,即对结构的强度、刚度和稳定性起控制作用。

对风敏感且可能以风荷载控制设计的桥梁,应考虑桥梁在风荷载作用下的静力和动力失稳,必要时应通过风洞试验验证,同时可采取适当的风致振动控制措施。

四、偶然作用

偶然作用是指在结构使用期间出现的概率很小,但一旦出现,其值很大且持续时间很短的作用。其中偶然作用主要包括船舶、漂流物、汽车的撞击作用和地震作用。

1. 船舶或漂流物撞击力

船舶或漂流物撞击力在有可能的条件下,应采用实测资料或模拟撞击试验进行计算,并据此进行防撞设施的设计。《公路桥涵设计通用规范》(JTG D60—2015)中根据航道等级、船舶吨位定出的撞击作用标准值,当缺乏实际调查资料时可参考采用。

2. 汽车撞击作用

桥梁结构必要时可考虑汽车的撞击作用。《公路桥涵设计通用规范》(JTG D60—2015)中规定汽车撞击力设计值在车辆行驶方向取 1 000kN,在车辆行驶垂直方向取 500kN,两个方向的撞击力不同时考虑,撞击力用于行车道以上 1.2m 处,直接分布于撞击涉及的构件上。

对于设有防撞设施的结构构件,可视防撞设施的防撞能力,对汽车撞击力设计值予以折减,但折减后的汽车撞击力设计值不应低于上述规定值的 1/6。

汽车撞击问题在我国逐渐突出,已影响到公路桥梁结构和道路行车的安全。为防止或减少因撞击产生的破坏,对易受到汽车撞击的构件部位应采取相应的构造措施,并增设钢筋或钢筋网。对于跨线桥,不宜在没有中间带的公路中央设立桥墩。

五、地震作用

地震作用主要是指地震时强烈的地面运动所引起的结构惯性力,它是随机变化的动力荷载,其值的大小取决于地震强烈程度和结构的动力特性(频率与阻尼等)以及结构或构件的质量。地震作用分竖直方向和水平方向,但经验表明,地震的水平运动是导致结构破坏的主要因素,结构抗震验算时,一般主要考虑水平地震作用。

公路桥梁的抗震设防起点,即设计地震烈度一般为7度。地震作用的计算和结构抗震设计应符合现行《公路工程抗震规范》(JTG B02—2013)和《公路桥梁抗震设计细则》(JTG/T 2231—01—2020)的规定。

【复习思考题】

1. 试说明历史上桥梁发展获得三次飞跃的年代和原因。
2. 桥梁由哪几部分组成?
3. 什么叫桥梁的上部结构和下部结构?它们的作用分别是什么?
4. 对于不同的桥型,计算跨径都是如何确定的?
5. 什么叫桥梁的容许建筑高度?当容许建筑高度严格受限时,桥梁设计如何去满足它的要求?
6. 请阐述梁桥、拱桥、刚构桥、斜拉桥和悬索桥的主要受力特点。
7. 桥梁设计应满足哪些基本要求?简要叙述各项要求的基本内容。
8. 对于跨河桥梁,如何确定桥梁的总跨径和进行分孔?

第六章 道路与桥梁工程的施工技术及管理

【学习目的与要求】

道路与桥梁工程在完成设计之后,只有通过精心施工和养护管理才能成为一项流芳百世的经典工程。道路与桥梁工程施工涉及材料组织、材料配合比设计、施工组织与施工管理等多方面内容,因此,要求道路与桥梁工程师全面了解施工技术与养护管理,为以后的工作做准备。

本章将主要讲述施工基本知识,由于内容比较多,本章只讲述主要的概念。学生如果感兴趣,可以查阅施工与养护管理的有关书籍。

第一节 道路与桥梁施工技术

道路与桥梁工程施工一般包括施工技术与施工组织两大部分。施工技术是以各专业工程(土石方工程、路基与路面工程、基础工程、混凝土结构工程、结构安装工程等)施工技术为研究对象,以施工方案为核心,结合具体施工对象的特点,选择最合理的施工方案,确定最有效的施工技术措施。施工组织是以科学编制一个工程的施工组织设计为研究对象,编制出指导施工的施工组织设计,合理地使用人力、物力、空间和时间,着眼于各分部分项工程施工中关键工序的安排,使之有组织、有秩序地开展施工。

概括起来,施工就是以科学的施工组织设计为先导,以先进、可靠的施工技术为后盾,保证工程项目高质量、安全、经济地完成。

道路与桥梁工程施工内容实践性极强,有些内容直接来自工程施工的经验总结。因此,对国内外最新动态及相关的教学实践环节,应予以足够的重视。

施工规范、规程是我国土木工程界常用标准的表达形式。它以科学、技术和实践经验的综合成果为基础,经有关方面协商讨论编制,由国务院有关部委批准、颁发,作为全国土木工程施工必须共同遵守的准则和依据。它分为国家、专业或行业、地方和企业四级。施工及验收规范中,对施工工艺要求、施工技术要点、施工准备工作内容、施工质量控制要求以及检验方法等均作了具体、明确、原则性的规定。因此,凡新建、改建、修复等工程,在设计、施工和竣工验收时,均应遵守相应的施工及验收规范。

工法是以工程为对象,工艺为核心,运用系统工程的原理,把先进技术与科学管理结合起来,经过工程实践形成的综合配套技术的应用方法。它应具有新颖、适用和保证工程质量,提高施工效率,降低工程成本等特点。工法的内容一般应包括工法特点、适用范围、施工程序、操作要点、机具设备、质量标准、劳动组织及安全、技术经济指标和应用实例等。工法分为一级(国家级)、二级(地区、部门)、三级(企业级)三个等级。

一、道路工程施工技术

1. 施工机械

施工机械是用来实现土石方工程、路基路面工程施工的一种技术设备,是公路建设工程能够科学地进行机械化组织与管理、保证工程质量、加快工程进度的重要施工工具。

施工机械的类型和规格繁多,施工性能也各有差异,根据路基路面工程的施工对象、施工要求的不同,主要的施工机械包括铲土运输机械、挖掘机械、路面摊铺机械、拌和机械、碾压机械等。

在工程上必须根据工程量的大小、施工进度计划、施工条件、现有机械的技术状况和新型机械的拥有情况等,选择既满足技术上先进、经济上合理、使用上安全可靠,又能保质保量完成施工作业的各种机械设备和最佳的组合方案。因此,在选择施工机械时,应遵循的原则是:能适应施工现场的地质、地形、地貌等施工条件;能充分发挥施工机械的效率;技术上先进,自动化程度高,易于检查维修,操作和环保性能好,能源消耗低,便于转移;能满足工程质量要求等。

能否发挥机械设备性能的重要因素是合理地组合机械,根据施工工艺、施工组织,合理地选定主导机械,并按需配置辅助机械,使之成为综合施工机械。机械的组合原则是:充分发挥主导机械的生产率,尽量减少机械的组合数,力求机械统一,以便于维修和管理;应进行技术上和经济上的分析和比较,确定组合机械的最低经营费用,以便于降低施工成本。

2. 填方路基工程施工

路基是道路的主体和路面的基础,承受着岩土自身和路面的重力,它应为路面提供一个平整层,且在承受路面传递下来的荷载和水、气温等自然因素的反复作用下,具有足够的强度和整体稳定性,满足设计和使用要求。

(1) 基底处理与填料的选择

路堤填料与原地面的接触部分称为基底,为使两者结合紧密,避免路堤沿基底发生滑动,防止因草皮、树根腐烂而引起路堤沉陷,应根据基底的土质、水文、坡度、植被情况以及填筑高度,采取相应的处理措施。

填方路段应做好原地面临时排水设施,并与永久性排水设施相结合,且排走的水不得流入农田、耕地,亦不得引起水沟淤积和路基冲刷。路堤基底为耕地或松土时,应先清除有机土、种植土,平整清理后应予以压实;在深耕(>30cm)地段,必要时应将松土翻挖、土块打碎,然后再回填、整平、压实。路堤修筑范围内的树根应全部挖除,并将坑洞、墓穴等填平,按规定进行压实。路堤基底原状土的强度达不到要求(如经过水田、池塘、洼地等)时,应采取排水疏干、换填水稳定性好的土、抛石挤淤等处理措施,其换填深度应不小于30cm,并予以分层压实,压实度应符合《公路路基施工技术规范》(JTG/T 3610—2019)中的规定。

如果填方路堤基底为坡面时,在荷载作用下,坡面极易失稳而滑移。因此,施工前必须对基底坡面进行处理后方能填筑。当坡度在1:5~1:10范围内时,可采取清除坡面上的树、草杂物,将翻松的表层压实的措施;当坡度在1:2.5~1:5范围内时,应将坡面做成台阶形,台阶宽度不宜小于2m;当坡度大于1:2.5时,应采取修筑护墙、护脚等措施,对外坡脚进行特殊处理。

一般的土石都可以作为填料,选用透水性较好的填料,只需分层填筑,分层压实;选用透水性不良的填料,应在接近最佳含水率情况下,分层填筑,分层压实。淤泥、沼泽土、冻土、有机土、含草皮土、生活垃圾、树根和含有腐朽物质的土不得作为填筑路堤的填料。液限大于50、塑性指数大于26的土,以及含水率超过规定的土,一般不直接作为填筑路堤的填料,若需要应用时,必须采取设计要求的技术措施处理,经检查合格后方可使用。捣碎后的种植土,可用于路堤边坡表层,以利于植物生长,起到保护边坡的作用。钢渣、粉煤灰等材料可作为填筑路堤的填料,但钢渣至少应放置一年,必要时应予以破碎。其他工业废渣,在使用前应进行有害物质的含量试验,避免有害物质超标,污染环境。

(2) 路堤填筑施工

①土方路堤。填筑路堤时,宜采用水平分层填筑法进行施工,即按照横断面全宽分成水平层次逐层向上填筑。如原地面不平,应由最低处分层填起,每填一层,经过压实符合规定要求后,再填上一层。原地面纵坡大于12%的地段,可采取纵向分层法施工,即沿纵坡分层,逐层填压密实。若填方分成几个作业段进行施工,当两段交接处不在同一时间填筑时,则先填地段应按1:1~1:2坡度分层留台阶;当两段交接处同时施工时,则应分层相互交替搭接,其搭接长度不得小于2m。

②土石路堤。土石路堤是指利用砾石土、卵石土、块石土等天然土石混合材料填筑而成的路堤。土石路堤不允许采用倾填方法,均应分层填筑、分层压实,每层铺填厚度应根据压实机械类型和规格确定,一般不宜超过40cm。

③高填方路堤。水稻田或长年积水地带,用细粒土填筑路堤高度在6m以上,其他地带填土或填石路堤高度在20m以上时,则属于高填方路堤。

(3) 桥涵及其他构造物处的填筑

桥涵及其他构造物处的填筑,主要包括桥台台背、涵洞两侧及涵顶、挡土墙墙背的填筑。在施工过程中,既要保证不损坏构造物,又要保证填筑质量,避免由于路基沉陷而发生跳车,影响行车安全、舒适和速度。因此,必须选择合理的施工机械和施工方法。

3. 挖方路基施工

低于原地面的挖方路基称为路堑,路堑开挖施工,就是按设计要求进行挖掘,将挖掘出来的土方运输到路堤进行填筑或运输到场外进行堆弃。路堑是由天然地层所构成的,而天然地层在生成和演变过程中,具有较为复杂的地质结构,处于地壳表层的挖方路基边坡,在施工过程中会受到自然和人为因素等影响,因此比路堤边坡更容易发生变形和破坏。

(1)土方路堑的施工

土方路堑的开挖方式,应根据路堑的深度、纵向长度、现场施工条件和开挖机械等因素来确定。其开挖方式有横挖法、纵挖法和混合式开挖法。

(2)石方路堑的施工

在路基工程中,当线路通过山区、丘陵及傍山沿溪段落时,往往会遇到集中或分散的岩石区域,因此,就必须进行石方的破碎、挖掘作业。开挖石方时,应根据岩石的类别、风化程度和节理发育程度等确定开挖方式。对于软岩和强风化岩石,宜采用人工开挖或机械开挖;否则,应采用爆破法开挖和松土法开挖。

爆破法开挖就是利用炸药爆炸时产生的热量和高压,使岩石或周围介质受到破坏或移动,其特点是施工速度快,减轻繁重的体力劳动,提高生产率,但需要有充分的爆破知识和必要的安全措施。松土法开挖就是利用松土器耙松岩土后,利用铲运机装运的施工方法。一般松土深度可达50cm以上。其特点是避免了爆破施工所带来的危险性,对原有地质结构破坏性小,有利于开挖边坡的稳定性和既有建筑物的安全,作业过程较为简单。

(3)深挖路堑的施工

路堑边坡高度大于或等于20m时,称为深挖路堑。深挖路堑在测量放样、施工中,在设置堑顶截水沟与排水系统,以及施工中边坡变形监测方面应密切关注,确保施工安全性。路堑深度较大的可分级放样、分级开挖和分级防护,制订详细的施工方案和施工组织设计。

4. 路基压实

路基压实是保证路基质量的重要环节,对路堤、路堑和路堤基底均应进行压实。通过压实,使土颗粒重新排列,彼此紧密,孔隙减少,形成新的密实体,这样可以提高路基的强度、稳定性和承载力,降低渗透系数和沉降。

(1)土质路基的压实

①土质路基压实的一般要求

密实度又称为理论密实度,是指单位土体内,固体颗粒排列的紧密程度,有时也用干密度来表示土的密实度。当土的固体体积率越大,土的干密度也越大。

压实度又称干密度系数,是指土体压实后的干密度与标准的最大干密度之比,用百分率表示。而标准的最大干密度是指用标准击实试验方法,在最佳含水率条件下的干密度。

影响路基压实的主要因素有土的性质、压实机械所做的功(简称压实功)、土的含水率、铺土厚度、土的级配及基底的强度和压实度。路基压实标准主要有确定标准干密度的方法和压实度这两方面。

含水率是影响压实效果的主要因素,当含水率达到最佳含水率才能取得最大干密度,只有有效地控制含水率,才能保证达到压实度的要求。含水率应在路基修筑半个月前,在取土地点选取具有代表性的土样进行击实试验确定。

由于各种压实机械的性能不同,其压实效果也有差异,因此,必须根据工程规模、场地大小、填料种类、压实度要求、气候条件、压实机械效率等因素综合考虑确定压实机械。在正常情况下,碾压砂性土采用振动式压实机械效果最好,夯击式次之,碾压式最差;压实黏性土采用夯击式和碾压式效果较好,振动式较差。

②压实方法

路堤基底应在填筑前压实。不同等级公路土质路基压实度在《公路路基施工技术规范》(JTG/T 3610—2019)中有严格的规定。

填方路堤的压实,碾压前,应对填土层的松铺厚度、平整度和含水率进行检查,符合要求后方可进行碾压。高速公路、一级公路路基填土压实宜采用振动式压路机或采用35~50t 轮胎式压路机;当采用振动式压路机碾压时,第一遍应静压,然后先慢后快,先弱振后强振。碾压机械的行驶速度,开始时宜慢速,最大速度不宜超过 4km/h;碾压时直线段由两边向中间,小半径曲线段由内侧向外侧,纵向进退式进行;横向接头处振动式压路机一般重叠0.4~0.5m;对三轮压路机一般重叠后轮宽的1/2,前后相邻两区段(碾压区段之前的平整预压区段与其后的检验区段)宜纵向重叠 1.0~1.5m;应达到无漏压、无死角,确保碾压均匀。

桥涵及其他构造物处填土的压实,应尽量采用小型手扶式振动夯或手扶式振动压路机,但涵顶填土 50cm 内,应采用轻型静载压路机压实。

零星及路堑路床的压实,应符合规范要求的压实度标准。

(2)填石路堤的压实

填石路堤在压实前,应用大型推土机摊铺平整,个别不平处,应用人工配合以细石屑找平。

由于压实施工是将各石块之间的松散接触状态改变为紧密咬合状态,因此,应选择工作质量在 18t 以上的重型振动压路机、工作质量在 2.5t 以上的重锤或25t 以上的轮胎式压路机压(夯)实。

填石路堤在压实时,应先碾压两侧(即靠近路肩部分)后碾压中间,压实路线对于轮碾应纵向平行,反复碾压。对夯锤应成弧形,当夯击密实程度达到要求后,再向后移动一夯锤位置。行与行之间应重叠0.4~0.5m;前后相邻区段应重叠1.0~1.5m。其余注意事项与土质路基相同。

(3)土石路堤的压实

土石路堤的压实方法与技术要求,应根据混合料中巨粒土含量多少来确定。当巨粒土的含量大于70%时,应按填石路堤的方法和要求进行压实;当巨粒土的含量小于50%时,应按填土路堤的方法和要求进行压实。

(4)高填方路堤的压实

由于高填方路堤的基底承受很大的荷载,因此,应对高填方路堤的基底进行场地清理,并按照设计要求的基底承压强度进行压实;如设计无要求时,基底的压实度宜不小于90%。当地基松软仅依靠对原土压实不能满足设计要求的承压强度时,应进行地基改善加固处理,以达到设计要求。

高填方路堤的基底处于陡峭山坡或谷底时,应按规定进行挖台阶处理,并严格分层填筑、分层压实。当场地狭窄时,压实工作宜采用小型手扶式振动压路机或振动夯进行。高路堤宜每填筑 2m 冲击补压一次,或每填筑 4~6m 强夯补压一次。

(5)压实质量检查与评定

土质路基的压实度检查方法,可采用灌砂法、灌水法(或水袋法)、环刀法、蜡封法和核子密度湿度仪(简称核子仪)法。采用核子仪法时,应先与灌砂法、环刀法进行标定和对比试验后方可应用。每一压实层均应检验压实度,合格后方可填筑其上一层。检验频率每1 000m²不少于2点,且每点必须符合压实度标准。必要时可增加检验点。

填石路堤的密实程度在规定深度范围内,宜通过18t以上振动压路机进行压实试验。当压实层顶面稳定不再下沉(无轮迹)时,可判为密实状态。对填石及土石路堤如设计规定需在路床顶面进行强度试验时,应按设计规定办理。

5.路基排水设施施工

水是形成路基病害的主要因素之一,直接影响路基的强度和稳定性。影响路基的水分为地面水和地下水,因此,路基的排水工程可分为地表排水和地下排水。路基排水工程就是为了保持路基能处于干燥、坚固和稳定状态,将地表水予以拦截,并排除到路基范围之外,防止漫流、聚积和下渗;而将地下水予以截断、疏干、降低地下水位,并引导到路基范围之外。

路基排水工程应首先施工桥梁涵洞及路基施工场地范围以外的地表水和地下水排水设施,使地基和填土料不受水侵害,保证路基工程质量和进度。施工场地的临时排水设施要与路基永久性排水设施相结合。

6.路基防护与加固施工

路基防护与加固工程是公路路基工程的重要组成部分,是防治路基病害、保证路基稳定、改善环境景观、保护生态平衡的重要设施。它除了能防止水流冲刷、免致路基水毁外,还对防止滑坡、岩堆、风沙流、雪崩和不良地质、土质等特殊土所引起的边坡不稳起到十分重要的作用。

7.路面基层(底基层)施工

基层是指直接位于沥青面层(可以是一层、二层或三层)下用高质量材料铺筑的主要承重层,或直接位于水泥混凝土面板下用高质量材料铺筑的一层结构。底基层是在基层下铺筑的辅助层。基层(底基层)按组成材料可分为碎、砾石,稳定土和工业废渣三大类。

(1)级配碎、砾石基层(底基层)

级配碎、砾石基层是由各种粗细集料(碎石和石屑、砾石和砂)按最佳级配原理铺筑而成的,其强度和稳定性取决于内摩阻力和黏结力的大小,具有一定的水稳定性和力学强度。

粗细碎石集料和石屑各占一定比例的混合料,当其颗粒组成符合密实级配要求时,称为级配碎石。级配碎石用作基层时,在高速公路和一级公路上,最大粒径不应超过31.5mm;在二级公路和二级以下公路上,最大粒径不应超过37.5mm。

粗细集料砾石和砂各占一定比例的混合料,当其颗粒组成符合密实级配要求时,称为级配砾石。天然砂砾符合规定的级配要求,而且塑性指数在6(潮湿多雨地区)或9(一般地区)以下时,可以直接用作基层。级配砾石用作基层时,砾石的最大粒径不应超过37.5mm;用作底基层时,最大粒径不应超过53mm。砾石颗粒中细长及扁平颗粒含量不应超过20%;形状不合格的颗粒含量超过20%时,应掺入部分符合规格的石料,同时,级配曲线应接近圆滑,某种尺寸的颗粒不应过多或过少。级配砾石可适用于二级轻交通和二级以下公路的基层以及各级公路的底基层。

天然砂砾掺加部分未筛分碎石组成的混合料,称为级配碎砾石,级配碎砾石的强度和稳定性介于级配碎石和级配砾石之间。

施工方法有路拌法施工、中心站集中拌和(厂拌)法施工两种。

(2)填隙碎石基层(底基层)

用单一尺寸的粗碎石做主集料,形成嵌锁结构,用石屑填满碎石间的孔隙,增加密实度和稳定性,这种结构称为填隙碎石。在缺乏石屑时,也可以添加细砂或粗砂等细集料,但其技术性能不如石屑。而填隙碎石的一层压实厚度,通常为公称最大粒径的1.5~2.0倍,即0.1~0.12m。填隙碎石适用于各等级公路的底基层和二级以下公路的基层,其基层的施工方法有干法和湿法两种。

填隙碎石基层的强度主要依靠碎石粒料之间的嵌锁和摩阻作用所形成的内摩阻力,而颗粒之间的黏结力起次要作用。这种结构层的抗剪强度主要取决于剪切面上的法向应力和材料的内摩阻角,是由粒料表面的相互滑动摩擦、剪切时体积膨胀而需克服的阻力、粒料重新排列而受到的阻力这三项因素所构成。

(3)稳定土基层施工

采用一定的技术措施,使土成为具有一定强度与稳定性的筑路材料,以此修筑的路面基层称为稳定土基层。常用的稳定土基层有石灰土、水泥土和沥青土三种。稳定土基层施工方法有许多种,按其技术措施的不同可分为:机械方法(如压实)、物理方法(如改善水温状况)、加入掺加剂(如粒料、黏土、盐溶液、有机结合料、无机结合料、高分子化合物及其他化学添加剂等)、技术处理(加热处理、电化学加固)等。

①水泥稳定土基层

在粉碎的或原来松散的土(包括各种粗、中、细粒土)中,掺入适量的水泥和水,经拌和得到的混合料在压实及养生后,当其抗压强度符合规定的要求时,称为水泥稳定土。用水泥稳定砂性土、粉性土和黏性土得到的混合料,简称水泥土;稳定砂得到的混合料,简称水泥砂。用水泥稳定粗粒土和中粒土得到的混合料,视所用原材料,可简称水泥碎石(级配碎石和未筛分碎石)、水泥砾石。

水泥稳定土的强度形成主要是水泥与细粒土的相互作用(包括离子交换及团粒化作用、硬凝反应、碳酸化作用等)。水泥稳定土具有较好的力学性能和板体性,其影响强度的主要因素有土质、水泥成分与剂量、含水率、成型工艺控制。水泥稳定土可适用于各种交通类别道路的基层和底基层,但水泥土不应用作高级沥青路面的基层,只能用作底基层。在高速公路和一级公路上的水泥混凝土面板下,水泥土也不应用作基层。

水泥稳定土基层施工方法有路拌法和厂拌法两种。

②石灰稳定土基层

在粉碎的或原来松散的土(包括各种粗、中、细粒土)中,掺入适量的石灰和土,经拌和、压实及养生后得到的混合料,当其抗压强度符合规定的要求时,称为石灰稳定土。用石灰稳定细粒土得到的混合料,简称石灰土。用石灰稳定粗粒土和中粒土得到的混合料,视所用原料而定,原材料为天然砂砾时,简称石灰砂砾土;原材料为天然碎石土时,简称石灰碎石土。用石灰稳定级配砂砾(砂砾中无土)和级配碎石(包括未筛分碎石)时,也分别简称石灰砂砾土和石灰碎石土。

石灰稳定土适用于各级公路路面的底基层,可用作二级和二级以下公路的基层,但不应用作高级路面的基层,也不应在冰冻地区的潮湿路段以及其他地区的过分潮湿路段的基层。

石灰稳定土属于整体性半刚性材料,尤其在后期灰土的刚度很大,为了避免灰土层受弯拉而断裂,并能在施工碾压时有足够的稳定性和不起皮,灰土层不宜小于8cm。为了便于拌和均匀和碾压密实,其厚度又不宜大于15cm。压实厚度大于15cm时,应分层铺筑。石灰稳定土层上未铺封层或面层时,禁止开放交通。当施工中断,临时开放交通时,应采取封土、封油撒砂等临时保护措施,不使基层表面遭受破坏。

石灰稳定土施工方法有路拌法和厂拌法两种。

③沥青稳定土基层

以沥青(液体石油沥青、煤沥青、乳化沥青、沥青膏浆等)为结合料,将其与粉碎的土拌和均匀,摊铺平整,碾压密实成型的基层称为沥青稳定土基层。

各类土都可以用液体沥青来稳定。当采用较黏稠的沥青稳定时,只有低黏性的土才能取得良好的效果;黏性较大的土用黏稠沥青稳定时,由于沥青难以均匀分布于土中,其稳定效果较差,因而黏性较大的土,可采用综合稳定的方法,即在掺加沥青之前,向土中掺加少量活化剂,可取得显著的稳定效果。

由于沥青稳定土中的结合料与土粒表面黏着力不大,内聚力也不大,因此液体沥青稳定土的特征是强度形成较慢,并随含水率的增加,强度会显著下降。

沥青稳定土基层施工的关键在于拌和与碾压。

(4)工业废渣基层施工

工业废渣包括粉煤灰、煤渣、高炉矿渣、钢渣(已经崩解达到稳定)、其他冶金矿渣、煤矸石等。

目前已广泛利用石灰稳定工业废渣混合料来代替路面工程中常用的基层。一定数量的石灰和粉煤灰或石灰和煤渣与其他集料相配合,加入适量的水(通常为最佳含水率),经拌和、压实及养生后得到的混合料,当其抗压强度符合规范规定的要求时,称为石灰工业废渣稳定土(简称石灰工业废渣)。石灰工业废渣材料可分为两大类:一类是石灰粉煤灰类,又可分为二灰土(石灰粉煤灰土)、二灰砂砾(石灰粉煤灰砂砾土)、二灰碎石(石灰粉煤灰碎石)、二灰矿渣(石灰粉煤灰矿渣)等;另一类是石灰其他废渣类,又可分为石灰煤渣土、石灰煤渣碎石、石灰煤渣砂砾、石灰煤渣矿渣等。

石灰工业废渣可适用于各级公路的基层和底基层。但二灰土不应用作高级沥青路面的基层,而只能用作底基层,也不能用作高速和一级公路上的水泥混凝土面板下的基层。

8.水泥混凝土路面施工

水泥混凝土路面包括素混凝土、钢筋混凝土、连续配筋混凝土、预应力混凝土、装配式混凝土、纤维混凝土和混凝土小块铺砌等面层板和基(垫)层所组成的路面。目前采用最广泛的是就地浇筑的素混凝土路面,即除接缝处和局部范围(边缘和角隅)外不配置钢筋的混凝土路面。

(1)施工准备工作

施工前的准备工作包括选择拌和场地,材料准备及质量检验,混合料配合比检验与调整,基层的检验与整修等多项工作。

(2)机械选型和配套

各施工工序可以采用不同类型机械,而不同类型机械的生产率和工艺要求是不相同的,因此,整个机械化施工需要考虑机械的选型和配套。

(3)拌和与运输

拌和质量是保证水泥混凝土路面平整度和密实度的关键,而混凝土各组成材料的技术指标和配合比计算的准确性是保证混凝土拌和质量的关键。在机械化施工过程中,混凝土拌和的供料系统应尽量采用自动计量设备。

在运输过程中,为了保证混凝土的工作性,应考虑蒸发和水化失水,以及因运输颠簸和振动使混凝土发生混凝土离析等问题。因此,要缩短运输距离,并采取适当措施防止水分损失和混凝土离析。

(4)混凝土的铺筑与振捣

水泥混凝土路面铺筑的工序包括:轨道模板安装、摊铺、振捣、表面修整、接缝施工。

水泥混凝土面层是由一定厚度的混凝土板组成,具有热胀冷缩的特性,混凝土板会产生不同程度的膨胀和收缩,这些变形会受到板与基础之间的摩阻力和黏结力,以及板的自重和车轮荷载的约束,致使板内产生过大的应力,造成板的断裂或拱胀等破坏。为了避免这些缺陷,水泥混凝土路面必须在纵横两个方向设许多接缝,把整个路面分割成许多板块。但在任何形式的接缝处,板体都不可能是连续的,其传递荷载的能力总不如非接缝处,而且任何形式的接缝都不免要漏水,因此,对各种形式的接缝,都必须为其提供相应的传荷与防水的设施。

9. 沥青路面施工

沥青路面是采用沥青材料作结合料、黏结矿料或混合料修筑面层,与各类基层和垫层所组成的路面结构。沥青路面结构层由面层、基层、底基层、功能层组成。面层是直接承受车轮荷载反复作用和自然因素影响的结构层,由一至三层组成,表面层应根据使用要求设置抗滑耐磨、密实稳定的沥青层;中、下面层应根据公路等级、沥青层厚度、气候条件等选择适当的沥青结构层。基层是设在面层之下,并与面层一起将车轮荷载的反复作用传布到底基层、功能层和土基的主要承重层。底基层设在基层之下,与面层、基层一起承受车轮荷载反复作用,起次要承重作用的层次。基层、底基层视公路等级或交通量的需要可设置一层或两层。功能层是设置在底基层和土基之间的结构层,起排水、隔水、防冻、防污等作用。

与水泥混凝土路面相比,沥青路面具有表面平整、无接缝、行车舒适、耐磨、振动小、噪声低、施工工期短、养护维修便、适宜分期修建等优点,因而获得越来越广泛的应用。

沥青混合料的强度是由矿料之间的嵌挤力与内摩阻力,沥青与矿料之间的黏结力这两部分组成。由于沥青路面属于柔性路面,其强度和稳定性在很大程度上取决于基层和土基的特性,而且沥青路面的抗弯强度较低,因此,要求路面的基础应具有足够的强度和稳定性。在施工时,必须掌握路基土的特性进行充分的压实。

沥青路面可分为沥青混凝土、热拌沥青碎石、乳化沥青碎石混合料、沥青贯入式和沥青表面处治五种类型;按强度构成原理可将沥青路面分为密实类和嵌挤类两大类;按施工工艺的不同,沥青路面铺筑有层铺法、路拌法和厂拌法三大类。

施工前的准备工作主要有确定料源及进场材料的质量检验、施工机具设备选型与配套、修筑试验路段等多项工作。

在沥青路面修筑前,应采用计划使用的机械设备和混合料配合比铺筑试验路段,主要研究合适的拌和时间与温度、摊铺温度与速度、压实机械的合理组合、压实温度和压实方法、松铺系数、合适的作业段长度等,并在沥青混合料压实12h后,按标准方法进行密实度、厚度的抽样,全面检查施工质量,系统总结,以便指导施工。

①沥青路面面层施工

沥青表面处治是用沥青和细粒矿料按层铺施工成厚度不超过30mm的薄层路面面层。由于处治层很薄,一般不起提高路面强度的作用,主要是用来抵抗行车的磨损和大气作用,并增强防水性,提高平整度,改善路面的行车条件。沥青表面处治通常采用层铺法施工。按照洒布沥青和铺撒矿料的层次多少,沥青表面处治可分为单层式、双层式和三层式三种。

沥青贯入式路面是在初步碾压的矿料层上洒布沥青,分层铺撒嵌缝料、洒布沥青和碾压,并借助于行车压实而成的沥青路面,其厚度一般为4~8cm。沥青贯入式路面的强度构成主要是靠矿料的嵌挤作用和沥青材料的黏结力,因而具有较高的强度和稳定性。由于沥青贯入式路面是一种多孔隙结构,为了防止路表水的浸入和增强路面的水稳定性,在面层的最上层必须加铺封层。

热拌沥青混合料是由沥青与矿料在加热状态下拌和而成的混合料的总称,热拌沥青混合料路面是热拌沥青混合料在加热状态下铺筑而成的路面。施工准备工作包括下承层的准备和施工放样、机械选型和配套、拌和厂选址等多项工作。

②拌和与运输的一般要求

根据配料单进料,严格控制各种材料用量及其加热温度。拌和后的沥青混合料应均匀一致,无花白、无离析和结团成块的现象。每班抽样检查沥青混合料性能、矿料级配组成和沥青用量。不符合技术要求的沥青混合料严禁出厂。

沥青混合料用自卸汽车运至工地,车厢底板及周壁应涂一层薄油水(柴油:水为1:3混合液),运至摊铺地点的沥青混合料温度不宜低于130℃,运输中应避免紧急制动,以减少混合料离析。

③拌和与运输生产组织

沥青混合料的生产组织包括矿料、沥青供应和混合料运输两个方面,任何一方面组织不好都会引起停工。

④沥青混合料摊铺作业

沥青混合料摊铺前,应先检查摊铺机的熨平板宽度和高度是否适当,并调整好自动找平装置。有条件时,尽可能采用全路幅摊铺,如采用分路幅摊铺,接茬应紧密、拉直,并宜设置样桩控制厚度,摊铺时,沥青混合料温度不应低于100℃(煤沥青不低于70℃)。摊铺厚度应为设计厚度乘以松铺系数,其松铺系数应通过试铺碾压确定,也可按沥青混合料1.15~1.35,沥青碎石混合料1.15~1.30酌情取值。摊铺后应检查平整度及路拱。

⑤沥青混合料的碾压

碾压是沥青路面施工的最后一道工序,要获得好的路面质量最终是靠碾压来实现的。碾压的目的是提高沥青混合料的强度、稳定性和耐疲劳性。碾压工作包括碾压机械的选型与组合,压实温度、速度、遍数、压实方法的确定以及特殊路段的压实(如弯道与陡坡等)。

二、桥梁工程施工技术

1. 概述

在桥梁工程中,施工是非常重要的一个环节,它决定着工程的质量、安全和造价等问题。因此,在桥梁建设过程中,合理地选择施工方法,正确地组织施工和科学管理具有十分重要的意义。纵观桥梁的发展史,可以清楚地看到施工技术的进步对桥梁类型、体系的发展,对提高桥梁跨越能力和丰富结构与构造形式有着重要的作用。其他体系桥梁和桥梁结构的发展对施工提出了各种不同的要求,也促进了施工方法的发展。

本部分主要介绍梁桥和拱桥上部结构的施工,对于桥梁墩台和基础施工在此不做阐述。

当桥墩及其基础施工完毕后,无论是梁桥还是拱桥等,为了将梁体或拱结构落在预定设计位置上,通常采用两种主要的施工方法,即就地浇筑法和预制安装法。除此之外,还有顶推法施工和转体施工等。

(1) 就地浇筑法

就地浇筑法就是通过直接在桥跨下面搭设支架作为工作平台,然后在其上面立模浇筑梁体结构。这种方法适用于两岸桥墩不太高的引桥和城市高架桥,或靠岸边水不太深且无通航要求的中小跨径桥梁,其主要优、缺点如下。

①优点:它不需要大型的吊装设备和开辟专门的预制场地,梁体结构中横桥向的主筋不用中断,故其结构的整体性能好。

②缺点:支架需要多次转移,使工期加长;如全桥多跨一次性立架,则投入的支架费用将大大增加。

(2) 预制安装法

当同类桥梁跨数较多或桥墩较高、河水较深且有通航要求时,通常将桥跨结构用纵向或横向竖缝划分成若干个独立的构件,放在桥位附近专门的预制场地或者工厂进行成批制作,然后将这些构件运到桥孔处进行安装就位。随着吊装能力的增加,合适条件下,也可整孔预制安装,通常把这种施工方法称作预制安装法。它的优、缺点如下。

①优点:桥梁的上、下部结构可以平行施工,使工期大大缩短。无须在高空进行构件制作,质量容易控制,可以集中在一处成批生产,从而降低工程成本。

②缺点:需要大型的起吊和运输设备,此项费用较高。由于在构件与构件之间存在拼接纵缝,例如简支T形梁之间的横隔板接头,施工时需搭设吊架才能操作,故比较麻烦;显然,拼接构件的整体工作性能一般不如就地浇筑法。

值得注意的是,当前预制装配施工已延伸到墩台乃至桩基础部分。无论采用哪一种施工方法进行施工,对于混凝土简支梁结构本身来说,都必须经过图6-1所示的基本施工工艺流程才能成型,这也是一般预制梁的施工工艺流程。下面分别介绍梁桥和拱桥常见的施工方法。

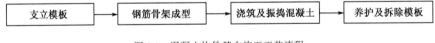

图6-1 混凝土构件基本施工工艺流程

2. 就地现浇的钢筋混凝土简支梁桥施工

(1) 支架

①常用的支架形式。为了完成钢筋混凝土简支梁桥的就地现浇施工,首先应根据桥孔跨径、桥孔下面覆盖土层的地质条件、水的深浅等因素,合理选择支架形式。

支架按其构造分为立柱式支架、梁式支架和梁—柱支架;按材料可分为木支架、钢支架、钢木混合结构和万能杆件拼装的支架等。

②支架的基础。为了保证现浇梁体不产生大的变形,除了要求支架本身具有足够的强度、刚度以及具有足够的纵、横、斜三个方向的连接杆件来保证支架的整体性能外,支架的基础必须坚实可靠,以保证其沉陷值不超过施工规范的规定。

③支架的预拱度。为了使上部结构在卸架后能满意地获得设计外形,必须在施工时设置一定数值的预拱度。

（2）模板

模板常采用钢材、胶合板或其他适宜材料制作。钢筋混凝土空心板结构较少采用现场整体浇筑的施工工艺,其原因之一是板的高度较矮,从板孔中拆除内模很是不便。空心板浇筑注意程序,避免底板出现薄弱环节而出现纵向裂缝。跨径不大的肋板梁模板,一般用木料制作,安装时,支架纵梁上安装横木,横木上钉底板,然后在其上安装肋梁的侧模板和桥面板底板,当肋梁的高度较高时,其模板一般采用框架式。

模板的卸落,应对称、均匀、有顺序地进行。卸架设备应放在适当的位置,当为满布式支架时应放在立柱处,当为梁式支架时应放在支架梁支点处。

（3）钢筋骨架

①钢筋骨架的组成

混凝土内的钢筋骨架是由纵向钢筋（主筋）、架立筋、箍筋、弯起钢筋（斜筋）、分布钢筋以及附加钢件构成。关于这些钢筋的作用及截面的计算详见《结构设计原理》一书。

②钢筋骨架的成型

钢筋骨架要通过钢筋整直、切断、除锈、弯曲、焊接或者绑扎等工序以后才能成型。除绑扎工序外,每个工序都可应用相应的机械设备来完成。对于就地现浇的结构,焊接或者绑扎的工序多放在现场支架上来完成,其余均可在工地附近的钢筋加工车间来完成。

（4）混凝土浇筑及振捣

该施工过程包括混凝土搅拌、混凝土运输、浇筑混凝土、振捣密实四个工序。混凝土的砂石配合比及水灰比均应通过设计和试验室来确定,一般采用机械拌制。混凝土的振捣一般采用插入式振捣器、平板式振捣器或振动台等设备,这需依据不同构件和不同部位的需要来选用,目的是使混凝土密实,不能使混凝土内有较大的空洞、蜂窝和麻面。这里着重对混凝土运输和浇筑这两个工序的技术要求进行介绍。

①混凝土的运输

混凝土的运输能力应适应混凝土凝结速度和浇筑速度的需要,务必使混凝土在运到浇筑地点时仍保持均匀性和规定的坍落度。无论采用汽车运输还是搅拌车运输,其运输时间不宜超过表6-1中的规定。

混凝土拌合物运输时间限制　　　　　　　　　　　　　　　　　　表6-1

气温（℃）	一般汽车运输（min）	搅拌车运输（min）
20～30	30	60
10～19	45	75
5～9	60	90

注：表列时间系指从加水搅拌至入模时间。

采用泵送混凝土应符合下列规定：

a）混凝土的供应必须保证输送混凝土泵能连续工作。

b）输送管线宜直,转弯宜缓,接头应严密,如管道向下倾斜,应防止混入空气,产生阻塞。

c）泵送前应先用水泥浆润滑输送管道内壁。混凝土出现离析现象时,应立即用压力水或其他方法冲洗管内混凝土并排出梁体外,泵送间歇时间不宜超过15min。

d)在泵送过程中,受料斗内应具有足够的混凝土,以防止吸入空气产生阻塞。

②混凝土的浇筑

跨径不大的简支梁桥,可在钢筋全部绑扎好以后,将梁与桥面板沿一跨全部长度用水平分层法浇筑,或者用斜层法从梁的两端对称地向跨中浇筑,在跨中合龙。

较大跨径的梁桥,可用水平分层法或用斜层法先浇筑纵横梁,然后沿桥的全宽浇筑桥面板混凝土。此时桥面板与纵横梁之间应设置工作缝,如图6-2所示。

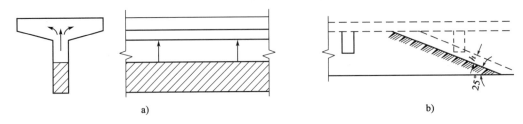

图6-2 混凝土的浇筑
a)水平分层法浇筑;b)斜层法浇筑

当桥面较宽且混凝土数量较大时,可分成若干条纵向单元分别浇筑,每个单元的纵横梁也应沿其全长采用水平分层法或斜层法浇筑。当分单元浇筑时,也应在纵梁之间的横梁处按照单元的划分留置工作缝,待各纵向单元浇筑完成后,再填筑接缝混凝土。最后对桥面板按全面积一次浇筑完成,不设工作缝。

当采用水平分层法浇筑和插入式振捣器振捣时,其分层厚度不宜超过0.3m,并且必须在前一层混凝土开始凝结之前,将次一层混凝土浇筑完毕。当气温在30℃以上时,前后两层浇筑时间相隔不宜超过1h,当气温在30℃以下时,不宜相隔1.5h,或由试验资料来确定相隔时间。当无法满足上述规定的间隔时间时,就必须预先确定施工缝预留的位置。一般将它选择在受剪力和弯矩较小且便于施工的部位,并应按下列要求进行处理:

a)在浇筑接缝混凝土之前,先凿除老混凝土表层的水泥浆和较弱层;

b)经凿毛的混凝土表面,应用水洗干净,在浇筑次层混凝土之前,对垂直施工缝宜刷一层净水泥浆,对于水平缝宜铺一层厚为10~20mm的1:2的水泥砂浆;

c)对于斜面施工缝应凿成台阶状再进行浇筑;

d)接缝位置处在重要部位或者结构物处在地震区时,则在灌筑之前应增设锚固钢筋,以防开裂。

(5)养护及拆除模板

混凝土浇筑完毕后,应在收浆后尽快予以覆盖和洒水养护。洒水持续时间,随水泥品种的不同和是否掺用塑化剂而异,对于用硅酸盐水泥拌制的混凝土构件不少于7昼夜,对于用矿渣水泥、火山灰水泥或在施工中掺用塑化剂的,不少于14昼夜。

混凝土构件经过养护,达到设计强度的25%~50%且混凝土抗压强度达到2.5MPa以上时,即可拆除侧模;达到设计吊装强度并不低于设计强度等级的70%时,就可起吊主梁。

3. 预制钢筋混凝土及预应力混凝土简支梁桥施工

(1)预制钢筋混凝土简支梁的制作工艺

预制钢筋混凝土简支梁结构在工程上的应用比较广泛,它多属于标准设计的构件,便于成批生产,保证质量,降低成本。制作的场地可以是在桥梁工地附近的地面上,也可以是专门的构件制造厂。不论采用哪种方式预制的成品构件,都得通过构件运输(场内或场外)和构件安装两个重要施工过程。

常用的构件模板材料有木模和钢模两种,前者多用于就地浇筑或者非等跨结构的场合,后者多用于预先制作的装配式标准构件。

(2)先张法预应力混凝土简支梁的制作工艺

先张法预制板梁的制作工艺是在浇筑混凝土之前先进行预应力筋的张拉,并将其临时固定在张拉台座和设计模量上,然后进行混凝土浇筑施工工艺流程,待混凝土达到规定强度(但不得低于设计强度的70%),逐渐将预应力筋松弛,利用力筋回缩和与混凝土之间的黏结作用,使构件获得预应力。条件许可时,可适当延长预应力筋放张时间,待混凝土强度和模量都满足要求时再放张,这样就可以减少预应力损失。

(3)后张法预应力混凝土简支梁的制作工艺

普通钢筋混凝土简支梁构件的预制较为简单,就是在地面专门的场地上,按照图6-2混凝土构件的基本施工工艺流程来完成构件的制作,然后堆放在场地的一侧,等待运到桥孔处进行安装。后张法预应力混凝土简支梁构件的预制过程也基本相同,所不同的主要有两点:第一,在绑扎钢筋成型这个施工过程的同时,要按设计图中的位置布设制孔器,即在混凝土构件中预留孔道,方便以后预应力筋的穿入;第二,当完成混凝土养护和拆除模板后,按照设计图中所规定的混凝土龄期强度,将制备好的预应力筋穿入孔道中,完成张拉过程。由于它是在完成混凝土构件的制作之后再施加预应力,故把这种构件称作后张法预应力混凝土预制构件。

预应力张拉和孔道灌浆对预应力混凝土结构非常重要,应确保预应力张拉到位和灌浆密实。

(4)装配式简支梁构件的运输和安装

为了把在预制构件厂或桥梁施工现场预制的简支梁板安放到设计位置,还需要完成两个重要的施工过程,即构件的水平运输和构件的垂直向安装。下面分别叙述这两个方面的问题。

①预制构件的运输

从工地存放场至桥头处的运输,称为场内运输,通常需要铺设钢轨便道,在预制场地先用龙门吊机或木扒杆将预制构件装上平车后,再用绞车牵引运抵桥头。当采用水上浮吊架梁时,还需要在河岸适当位置修建临时栈桥(码头),再将钢轨便道延伸到这里,以便将预制构件运上驳船,再开往桥孔下面进行架设。

从预制厂至施工现场的运输称场外运输,通常用大型平板车、SPMT(自行模块运输车)、驳船或火车等运输工具。不论属于哪类运输方式,都要求在运输过程中,构件的放置要符合受力方向,并在构件的两侧采用斜撑和木楔加以临时固定,防止构件发生倾斜、滑动或跳动造成构件的损坏。

当运输道路坑洼不平、颠簸比较厉害时,可采用图6-3所示的措施,防止构件产生负弯矩而断裂。构件装在平板拖车的垫木上后,在构件的中部设一立柱,用钢丝绳穿过两端吊环,中间搁在立柱上,并以花篮螺栓将钢绳拉紧,只有这样,构件在运输途中才不致发生负弯矩。

②预制构件的安装

安装预制简支梁构件的机械设备和方法众多,这里不一一介绍,现仅就几种常见的架梁方法略加说明。

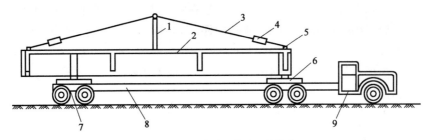

图6-3 防止构件发生负弯矩的措施

1-立柱;2-构件;3-钢丝绳;4-花篮螺栓;5-吊环;6、7-转盘装置;8-连接杆(可伸缩);9-主车

a. 自行式吊车架梁

当桥梁跨径不大、质量较轻时,可以采用自行吊车(汽车吊车或履带吊车)架梁。如果是岸上的引桥或者桥墩不高时,可以视吊装质量的不同,用一台或两台(抬吊)吊车直接在桥下进行吊装[图6-4a)];如果桥下是河道或桥墩较高时则将吊车直接开到桥上,利用吊机的伸臂边架梁、边前进[图6-4b)]。不过,此时对于已经架好了的桥孔主梁,当横向尚未联成整体时,必须核算主梁是否能够承受吊车、被吊构件、机具以及施工人员的重力。

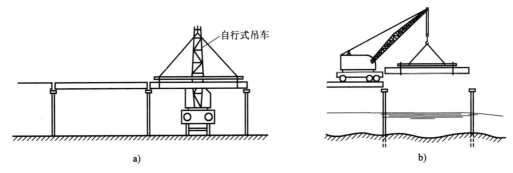

图6-4 自行式吊车架梁法

b. 浮吊船架梁

浮吊船实际是吊车与驳船的联合体,它可在通航河道上的桥孔下面架桥,而装有成批预制构件的装梁船,则停靠在浮吊船的一旁,随时供浮吊船起吊,如图6-5所示。浮吊船宜逆流而上,先远后近地安装。吊装前应先下锚定位,航道要临时封锁。

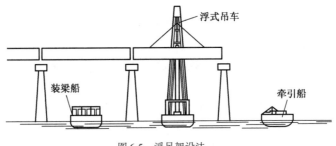

图6-5 浮吊架设法

c. 跨墩龙门式吊车架梁

当桥不太高,架桥孔数又多,且沿桥墩两侧铺设轨道不困难时,可以采用跨墩的龙门式吊车架梁(图6-6)。此时,应在龙门式吊车的内侧设运梁轨道,或者设便道用拖车运梁。

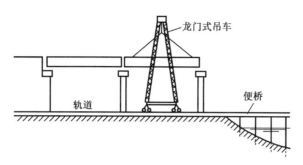

图 6-6　跨墩龙门吊机架梁法

d. 宽穿巷式架桥机架梁

图 6-7 所示是用宽穿巷式架桥机架梁的示意图,其中的安装梁可用贝雷钢架或万能杆件拼组而成,其架梁操作步骤是:a)一孔架完后,前后横梁移至尾部作平衡重;b)穿巷吊机向前移动一孔位置,并使前支腿支承在墩顶上;c)吊机前横梁吊起 T 形梁,梁的后端仍在运梁平车上,继续前移;d)吊机后横梁也吊起 T 形梁,缓慢前进,对准纵向梁位后,先固定前后横梁,再用横梁上的吊梁小车横移落梁就位。

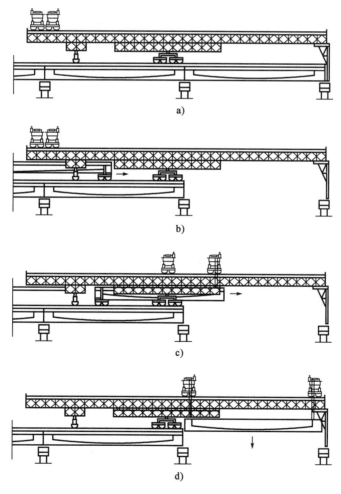

图 6-7　宽穿巷吊机架梁

由于这种架桥机的自重很大,所以当它沿桥面纵向移动时,一定要保持慢速,并须注意前支点下的挠度,以保证安全。

e. 联合架桥机架梁

图 6-8 所示是用联合架桥机架梁的示意图,其架梁操作步骤是:

a) 用绞车纵向拖拉导梁就位;

b) 用托架将两个门式吊机移至待架桥孔两端的桥墩上;

c) 由平车轨道运预制梁至架梁孔位,再由门式吊机将它起吊、横移并落梁;

d) 将被导梁临时占住位置的预制梁暂放在已架好的梁上;

e) 待用绞车将导梁移至下一桥孔后,再将暂放一侧的预制梁架设完毕。

如此反复,直到将各孔主梁全部架好为止。此法用于孔数较多和较长的桥梁时才比较经济。

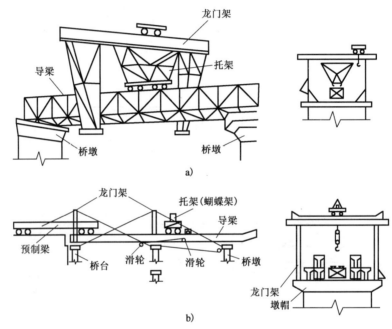

图 6-8 联合架桥机安装预制梁
a) 透视图;b) 平面图

4. 连续体系梁桥施工

我国建造预应力混凝土连续梁桥的施工方法很多,常用的施工方法有:支架就地浇筑施工、悬臂施工、逐孔施工和顶推施工。其中悬臂施工通常分为悬臂浇筑和悬臂拼装,而悬臂浇筑按施工受力图式又有挂篮悬臂浇筑和桁式吊悬臂浇筑之分;逐孔施工通常分为预制梁逐孔安装、支架组拼预制节段逐孔施工和支架逐孔现浇施工,而逐孔安装施工按施工受力图式又有简支—连续施工和悬臂连续施工之分。下面仅简要介绍满堂支架就地浇筑施工、挂篮悬臂浇筑施工、预制简支—连续施工、支架逐孔现浇施工及顶推施工的一般方法和主要特点。

(1) 满堂支架就地浇筑施工

满堂支架就地浇筑施工为在支架上安装模板,绑扎、安装钢筋骨架,预留孔道,在现场浇筑混凝土,并施加预应力的方法。预应力混凝土连续梁桥采用就地满堂支架浇筑施工,需要在连续梁桥的一联各跨均设支架,一联施工完成后,整联卸落支架。因此,结构在施工中不存在体系转换,不产生恒载徐变二次矩。采用该法施工的适宜跨径为20~60m,最大可达150m。

(2)挂篮悬臂浇筑施工

挂篮悬臂浇筑是在桥墩两侧对称逐段浇筑混凝土、张拉预应力筋、移动挂篮、立模绑扎钢筋等各环节循环操作进行,直至合龙形成连续梁桥的施工方法,是国内外大跨径连续梁桥的主要施工方法之一。工程中常见的挂篮形式如图6-9所示。

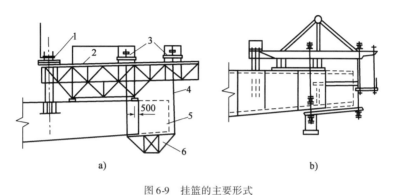

图6-9 挂篮的主要形式
a)桁架式挂篮;b)斜拉式挂篮
1-后锚固;2-纵桁梁;3-横桁梁;4-吊带;5-外模;6-底篮

对于多跨连续梁桥可按上述程序,从一端开始向另一端进行。逐跨连续悬臂施工阶段,施工过程中需要有体系转换,这就是悬臂施工法的基本要点。逐跨连续悬臂施工可以利用已建结构在桥面上运输,故机具设备、材料、预制节段的运输简捷。此外,每完成一个新的悬臂并在跨中合龙后,结构的稳定性和刚度不断加强。多跨连续梁的中段合龙可以2~3个合龙段同时施工,也可以逐个进行。按这一程序施工可使结构稳定,受力对称,并便于结构内力调整,但需注意当边跨合龙而墩临时固结尚未释放之前,为一端铰接、一端固接的超静定结构,此时张拉边跨的预应力筋时,将产生预加力的二次矩。从两端对称连续浇筑悬臂,最后在中间合龙的施工程序常在3跨、5跨连续梁桥中采用。

(3)预制简支—连续施工

预制简支—连续施工程序为先预制简支梁,再分片进行安装。预制时按预制简支梁的受力状态进行第一次预应力筋(正弯矩)的张拉锚固,安装完成后经调整位置(横桥向及高程),浇筑墩顶接头处混凝土,更换支座,进行第二次预应力筋(负弯矩筋)的张拉锚固,进而完成一联预应力混凝土连续梁的施工。

(4)支架逐孔现浇施工

逐孔现浇施工与满堂支架整体现浇施工的不同点在于,逐孔现浇施工仅在一跨梁上设置支架,当预应力筋张拉结束后移到下一跨逐孔施工;而在满堂支架上现场浇筑通常在一联桥跨均布设支架连续施工。因此,前者在施工过程中有体系转换问题,混凝土徐变对结构产生次生内力。

(5)顶推施工

顶推法施工的施工步骤是,沿桥纵轴方向的桥台后开辟预制场地,分节段预制混凝土梁体,用纵向预应力筋连成整体,然后通过水平液压千斤顶施力,借助不锈钢板与聚四氟乙烯模压板特制的滑动装置,将梁逐段向对岸顶进,就位后落架,更换正式支座完成桥梁施工。自20

世纪 70 年代以来,顶推施工在世界各国颇为盛行。我国顶推施工取得了一定的经验,但仍属初级阶段,在顶推设备、施工方法、施工组织等方面还需研究,以扩大推广使用范围,获得更好的经济效益。当前,步履机顶推设备的应用使顶推施工得到进一步的发展。

一般来说,采用顶推施工宜选用等截面箱梁,跨径为 30~60m(最大可达 160m)的直线梁桥,但也有在变截面及弯桥中采用顶推施工的连续梁桥,不可一概而论。

5. 拱桥有支架施工

有支架施工方法主要用于石拱桥、混凝土预制砌筑的拱桥和现浇混凝土拱桥,施工时需要在桥位上搭拱架砌筑拱圈或立模板绑扎钢筋和浇筑混凝土。

(1) 拱圈及拱架的放样

为了能合理划分拱石和保证拱架形状、尺寸的准确,通常需要在样台上将拱圈按 1:1 的比例放出大样,然后用木板或锌铁皮在样台上按分块大小制成样板以利加工拱石,或者依大样制作拱架。

放样工作必须在平坦结实的样台上进行。样台宜位于桥位附近的平地上,先用碎石或卵石夯实,再铺一层 20~30mm 厚的水泥砂浆,也可采用三合土地坪。对于左右对称的拱圈,为节省用地,一般只需放出半孔大样。常用的放样方法是直角坐标法。

(2) 拱架的施工

拱架按形式可分为满布式拱架、拱式拱架等;按所用材料可分为木拱架、钢拱架和土牛拱胎等。

① 拱架

a. 满布式木拱架

满布式木拱架的优点是施工可靠,技术简单,木材和铁件规格要求较低。缺点是材料用量多且损耗率较高,受洪水威胁大。在水深流急、漂流物较多及要求通航的河流上不能采用。满布式木拱架通常由拱架上部(拱盔)、卸架设备、拱架下部(支架)三部分组成。

b. 拱式拱架

拱式拱架跨中一般不设支架,适用于墩高、水深、流急和在施工期间需要维持通航的河流。

c. 钢拱架

钢拱架能节约大量木料,而且装拆及运输都很方便。虽然用钢量多,投资费用大,但能多次使用,每次使用的折旧率低。因此,钢拱架仍比木拱架经济得多。

d. 土牛拱胎

土牛拱胎是用土填筑而成,顶面做成与拱圈腹面相适应的曲面,并准确埋入弓形木,使填土顶面与弓形木齐平。在有水的河流中,应在土牛底部设置临时涵洞,如图 6-10 所示。

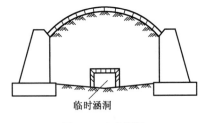

图 6-10 土中涵洞

土牛顶面宽度应较拱圈略宽 0.5~1.0m,以免边缘松动坍塌。在施工期间可能降雨时,土牛顶面应铺一层油毛毡,边坡用草覆盖,防止浸入。土牛拱胎的优点是施工方法简单,可就地取材,节约木材。其缺点是耗费劳力较多,施工期间妨碍泄洪。

② 卸架设备

为了使拱圈在卸架时能够逐渐地、均匀地受力,在拱架上部和下部之间需设置卸架设备。

常用的卸架设备有木楔、砂筒、千斤顶等。

③拱架预拱度

拱架承受荷载后,即产生弹性和塑性变形,因而拱架顶面有所沉落。拱圈卸架以后,由于重力作用、温度变化和墩台变位等因素影响,拱圈将产生弹性和非弹性下沉,使拱轴线发生变化。为了使拱圈在修建完成后的拱轴线符合设计要求,施工时必须在拱架上预加拱度。

④拱架的制作与安装

为了使拱架具有准确的外形和尺寸,在制作拱架前,一般要在样台上放出拱架大样。应当注意,放出的拱架大样应计入预拱度。放出大样后就可以制作杆件的样板,以便按样板进行杆件的加工。拱架的制作与安装,应以基础牢固、立柱正直、节点连接(一般用扒钉、螺栓连接)紧密为原则。在风力较大地区,拱架需设置风缆索,以增强稳定性。

(3)拱圈施工

为保证在整个施工过程中拱架受力均匀,变形最小,使供圈的质量符合设计要求,必须选择适当的浇(砌)筑方法和顺序。一般根据跨径大小、构造形式等分别用不同繁简程度的施工方法。

①混凝土、钢筋混凝土在拱架上浇筑施工

a.连续浇筑。跨径在16m以下的混凝土拱圈或拱肋,主拱高跨比较小,全桥的混凝土数量也较少,因此,主拱可以从两拱脚开始对称向拱顶方向浇筑混凝土。全拱浇筑完毕时,最先浇筑的混凝土部分可能因本身荷载自重下沉,但仍具有可塑性,不致使拱圈和拱肋开裂。如果预计混凝土数量多而不能在限定时间内一次浇筑完成,则需在两拱脚处留出隔缝,于最后浇筑成拱。

b.分段浇筑。跨径在16m以上的混凝土拱圈或拱肋,为避免先浇筑的混凝土因拱架下沉而开裂,同时考虑混凝土的收缩应力影响,应沿拱跨方向分段浇筑,各段之间留有间隔槽。这样,在拱架下沉时,拱圈各节段有相对活动的余地,从而避免拱圈开裂。

c.分环、分段浇筑

大跨径钢筋混凝土拱圈,为减轻拱架负荷,可采用分环法浇筑混凝土,即将拱圈高度分成二环或三环,先分段浇筑下环混凝土,分环合龙,再浇筑上环混凝土。

②石拱桥、混凝土预制块拱桥在拱架上砌筑施工

a.连续砌筑法

适用于砌筑跨径10m以内的拱圈。砌筑时按拱圈的全厚和全宽,同时由拱脚两端开始连续对称地向拱顶砌筑,并在拱顶部分堆压适当数量的拱石,以保持平衡。

b.分段砌筑法

跨径较大时,如果仍采取由拱脚向拱顶连续砌筑,则将造成拱架过大的不均匀变形,如图6-11所示,使拱轴线偏离设计线过多或引起灰缝开裂,所以一般采用分段砌筑法,即全拱分为数段,同时对称砌筑,以保持拱架受力平衡。

c.分环砌筑法

对于跨径大于25m的拱桥,当拱圈厚度很大

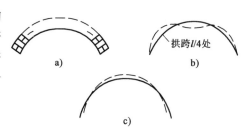

图6-11 拱架在砌筑过程中的变形

时,可以分几层砌筑。每层的砌筑程序和分段砌筑程序一样,当一层合龙后,拱圈就可以起到支撑的作用,并可与拱架共同担负第二环拱圈的重力。

d. 多孔桥砌筑法

对桥墩不是按单向推力设计的多孔拱桥,拱圈的砌筑应考虑单向推力的作用。

③钢管混凝土拱桥施工

钢管混凝土拱桥是以钢管为拱圈外壁,在钢管内浇筑混凝土,使其形成由钢管和混凝土共同组成的拱圈结构。钢管混凝土结构的主要特点在于钢管对混凝土的套箍作用,从而使钢管内的混凝土处于三向受力状态,提高了混凝土的抗压强度和抗变形能力。在施工上由于钢管的重量轻、刚度大、吊装方便,故可以作为拱圈施工的劲性支架或模板。此外,钢管混凝土拱桥断面尺寸较小、结构轻巧、造型极佳。这些优点,使钢管混凝土拱桥在大跨度拱桥中很快得到推广应用。

a. 钢管拱肋制作

钢管混凝土拱桥所用的钢管材料一般采用 A3 钢和 16Mn 钢。钢管由钢板卷管成型,管节的长度由钢板宽度确定,一般管节长度为 1.2~1.8m。管节一般为直管,钢板厚度一般为 10~20mm。采用桁式截面时,上下弦之间的腹杆由于直径较小,可以直接采用无缝钢管。拱肋制作的关键在于拱肋在放样平台上的精确放样及焊接质量,应尽量减少工地高空焊接。

a) 钢管卷制和焊接

钢板利用焰割机切割,但应去掉 3~5mm 热力影响宽度。拱肋及横撑结构外表面均应先喷丸(砂)除锈,按一级表面清理。钢板卷制前,应根据要求将板端开好坡口,将钢板送入卷板机卷成直筒体,卷管方向应与钢板压延方向一致。轧制的管筒的失圆度和对口错边偏差均应满足相应施工规范要求。将卷成的钢管纵向缝焊接成直管。对焊成的直钢管应进行检查和校正,以确保组装的精度。

b) 拱肋放样和拱肋段的拼装

将半跨拱肋在混凝土地面上按 1:1 进行放样。沿放样的拱肋轴线设置胎架,在大样上放出吊杆位置、段间接头位置以及混凝土浇筑孔位置。拱肋钢管的纵向焊缝各管节应互相错开,而且将纵向焊缝全部置于两肋板中间,以免外表面焊缝影响美观。对管段焊缝质量应进行超声探伤和 X 光拍片检查。当整孔安装或半孔安装时,风撑应在工地安装前焊完;当采用缆索安装时,风撑可在拱肋吊装完成后焊接。分段拱肋运至工地后,再在工地进行放样,将几段拱肋拼成安装的长度。在拱肋安装前应对拱肋的尺寸和焊缝质量进行检查。

b. 拱肋安装和拱肋混凝土浇筑

钢管拱肋的安装,目前采用最多的施工方法为缆索吊装,其次为转体施工。

钢管拱肋内混凝土灌注可采用泵送顶升浇灌法和吊斗浇捣法。泵送顶升浇灌法是在钢管拱肋、拱脚的位置安装一个带闸门的进料支管,直接与泵车的输送管相连,由泵车将混凝土连续不断地自上而下灌入钢管拱肋,无需振捣。采用吊斗浇捣法灌注时,在钢管拱肋顶部每隔 4m 开孔作为灌注孔和振捣孔,混凝土由吊斗运至拱肋灌注孔,通过漏斗灌入孔内,由插入式振捣器对混凝土进行振捣。泵送顶升浇灌法的粗集料粒径可为 5~30mm,水灰比不大于 0.45,坍落度不小于 15mm;吊斗浇捣法的粗集料粒径可为 10~40mm。为满足上述坍落度的要求,应掺入适量减水剂。为减少收缩量,可掺入适量的混凝土微膨胀剂。钢管内混凝土是否灌满,混凝土收缩后与钢管壁是否形成空隙是关键问题。用小铁锤敲击钢管听声音的方法是十分简单有效的,当发出的声音异常时,可采用钻孔检查,也可用超声波进行检查,对有空隙部位进行钻孔压浆补强。

c. 钢管混凝土劲性骨架施工

由于钢管混凝土结构有突出的优点,故它适宜作为大跨径钢筋混凝土拱桥的施工劲性骨架,然后浇筑混凝土成为箱形拱。万县长江大桥系中承式钢筋混凝土拱桥,就是采用钢管混凝土结构作为劲性骨架的箱形拱肋截面。

(4)拱上建筑的施工

拱上建筑的施工,应在主拱圈的混凝土强度达到设计规定强度后方可进行。对于石拱桥,一般应待拱圈合龙段的砂浆强度达设计强度的85%以上后进行。为避免使主拱圈产生过大的不均匀变形,对实腹式拱桥,应由拱脚向拱顶对称地砌筑,当侧墙砌筑好以后,再填筑拱腹填料及修建桥面结构等。空腹式拱桥一般是在腹孔墩砌完后就卸落拱架,然后再对称、均衡地砌筑腹拱圈,以免主拱圈不均匀下沉而使腹拱圈开裂。

在多孔连续拱桥中,当桥墩不是按单向受力墩设计时,还应注意相邻孔间的对称平衡施工。

6. 拱桥无支架施工

在峡谷河段、通航河段、有漂浮物影响河段修建拱桥,以及采用有支架的方法施工将会遇到很大困难或是很不经济时,便可以考虑采用无支架的施工方法。缆索吊装施工是目前我国大跨度拱桥无支架施工的主要方法,在就地浇筑拱桥的拱架和劲性骨架及钢管混凝土拱桥的钢管拱肋吊装中也是经常采用的。

7. 拱桥其他施工方法

(1)塔架斜拉索法

该法以临时设立在拱脚墩、台处的钢或钢筋混凝土塔架为支柱,用斜拉索一端拉住拱圈节段,另一端绕向台后并锚固在岩盘上,将拱圈逐节浇筑一段、系吊一段向河中悬臂架设,直至拱顶合龙。塔架斜拉索法,一般多采用悬浇施工,也可用悬拼法施工,但后者用得较少。

(2)刚性骨架法

该法是用劲性钢材(如角钢、槽钢等型钢)按设计形状和尺寸制作并拼装成拱,它既作为拱圈的受力钢材,也作施工钢拱架使用。施工时,用系吊在它上面的吊篮逐段浇筑混凝土,当刚性骨架全部由混凝土包裹后,即形成钢筋混凝土拱圈或拱肋。该刚性骨架作为混凝土的钢筋骨架,不再拆卸回收(也有叫埋入式钢拱架)。浇筑混凝土的时候,应在拱圈两侧对称进行。为减少混凝土的收缩应力,浇筑应逐段进行。

该法的优点是可以减少施工设备的用钢量,整体性好,拱轴线易于控制,施工进度快等。但结构本身的用钢量大,且用型钢多,不经济。

(3)刚性骨架与塔架斜拉索联合法

该法充分利用刚性骨架法及塔架斜拉索法的优点,适合于较大跨径拱桥的施工。它分两阶段施工:第一阶段用塔架斜拉索法完成靠近拱脚部分;第二阶段用刚性骨架法完成中间部分,此时需用安装在骨架的特殊活动作业车来分段浇筑混凝土。

(4)斜吊式悬臂浇筑法

该法是拱圈、拱上立柱和预应力混凝土桥面板等齐头并进,边浇筑、边构成桁架的浇筑方法。施工时,用预应力筋作为桁架的斜拉杆和桥面的临时明索,将桁架锚固在后面桥台上。

(5) 转体施工法

拱桥转体施工法,是将拱圈分成两个半跨,分别在两岸利用地形作简单支架(或土牛拱胎)将半拱预制完成,之后以桥梁结构本身为转体,分别将两个半拱转体到桥位轴线位置合龙成拱的施工方法。转体施工一般适用于单孔或三孔的桥梁。

转体的方法可以采用平面转体、竖向转体或平、竖结合转体。用转体施工建造大跨度拱桥,可节省支架费用,减少安装工序,把复杂的高空作业和水上作业变为岸边的陆上作业,可不中断河道通航或立交桥的交通,具有良好的经济效益和社会效益。

第二节　道路桥梁养护与维修

道路与桥梁在运营过程中,由于道路与桥梁的结构功能和使用性能日趋老化,以及自然因素和人为因素的影响,会发生病害乃至毁坏。因此,在道路与桥梁的使用期内,需要有具备道路和桥梁知识、技能的人员和一定的资金,对道路和桥梁进行养护和管理,以确保或延长其使用期限,保持其服务水平。

一、公路养护与维修

公路养护是指为保证道路正常使用而进行的经常性保养、维修,预防和修复灾害性损坏,以及提高使用质量和服务水平而进行的加固、改善或增建。下面具体介绍公路养护的内容。

1. 公路养护的目的与任务

公路养护与管理的目的,就是运用先进的技术和科学的管理方法,合理地分配和使用养护资金,通过养护维修使公路在设计使用年限内经常保持完好状态,并有计划地改善公路的技术指标,以提高公路的服务质量,最大限度地发挥公路的社会与经济效益。

公路养护的主要任务如下:

(1)保持公路及其设施处于良好的技术状态,及时修复损坏部分,保障行车的安全、舒适与畅通。

(2)采用科学的技术措施,不断提高养护工程质量,延长道路的使用寿命,降低养护成本。

(3)预防为主,防治结合,加强治理公路存在的病害与隐患,以提高公路的抗灾能力。

(4)加强对原有技术标准低的路段、构造物以及沿线设施的改造,逐步提高公路的使用质量和服务水平,以适应交通事业的发展需求。

2. 公路养护的分类

我国对公路养护分为四类,划分如下:

(1)小修保养工程。指对公路及其沿线设施经常进行维护保养和修补其轻微损坏部分的作业。

(2)中修工程。指对公路及其沿线设施的一般性损坏部分进行定期的修理加固,以恢复公路原有技术状况的工程。

(3)大修工程。指对公路及其沿线设施的较大损坏进行周期性的综合修理,以全面恢复到原技术标准的工程。

(4) 改建工程。指对公路及其沿线设施因不适应现有交通量增长和荷载需要而进行全线或逐段提高技术等级指标,显著提高其通行能力的较大工程项目。

3. 公路养护的内容

公路养护内容繁多,不同的地区以及不同等级的公路往往有不同的侧重点。养护工程一般包括路基、路面、桥梁涵洞、交通服务设施等的养护,以及排水防洪、冰雪风沙的控制。

(1) 路基养护

路基养护应通过对公路各部分的日常巡视和定期检查,发现病害及时查明原因,采取有效措施进行修复或加固,消除病害根源。路基养护的主要内容包括:

① 维修、加固路肩及边坡。

② 疏通、改善、加固排水系统。对边沟、截水沟、排水沟以及暗沟(管)等排水设施,应及时排除堵塞,疏导水流,保持水流畅通,并结合地形、地质、纵坡、流速等情况,综合考虑加固。

③ 维护、修理各种防护构造物及透水路堤,管理保护好公路两旁用地。公路沿线的防护构造物包括护坡、护面墙、石笼、植树、铺草皮、丁坝、顺坝以及各种类型的挡土墙等,要保证这些构造物完整无损,发挥其对路基的防护与加固作用。

④ 清除塌方、积雪,检查险情,预防水毁。

⑤ 观察、预防、处理滑坡、翻浆、泥石流、崩塌、塌方及其他路基病害,及时检查各种路基的险情并向上级报告,加强水毁的预防与治理。

⑥ 有计划地局部加宽、加高路基,改善急弯、陡坡和视距,以逐步提高其技术标准和服务水平。

(2) 路面养护

路面养护和维修是保证公路服务质量和使用寿命的重要手段,内容主体为对路面进行预防性、经常性、及时性、周期性的保养维修,使路面保持平整完好、横坡适度、排水畅通,具有足够的强度和抗滑性能。路面养护的要求如下:

① 经常清扫路面,及时清除杂物,清理积雪积冰,保持路面整洁,做好路面排水。

② 加强路况巡查,发现病害,及时进行维修、处治。

③ 定期对路面的技术状况进行调查和评定。应以路面管理系统分析结果为依据,科学制订公路养护维修计划。

④ 路面技术状况各分项指标低于规定值时,应采取相应措施恢复和提高。

⑤ 改建工程、大中修工程的路面结构、施工工艺、材料、质量指标应符合现行有关设计、施工技术规范的规定。大交通量路段应制订科学合理的交通组织方案,减少对通行车辆的影响。

路面养护工作的特点是量小而分散,因此所需材料的加工和处理要取用方便,施工工具要小巧灵活,最好一机多用,噪声要低,施工方法要快速安全,不影响或少影响交通,施工标志要昼夜鲜明,安全防护要到位,以免发生不安全事故。

二、桥梁养护与维修

桥梁的养护是指为保持桥涵及其附属物的正常使用而进行的经常性保养及维修作业,预防和修复桥涵灾害性损坏与提高桥涵质量、服务水平而进行的作业。下面具体介绍桥梁养护的内容。

1. 桥梁养护的工作

一般而言,桥梁养护与维修工作应该包括以下四个方面:

(1)桥梁检查。进行技术状况检查的目的在于系统掌握桥梁基本技术状况,及时发现病害缺损,采取相应养护措施。

(2)建立和健全桥梁技术档案。应根据桥梁检查结果,按桥梁实际技术状况,评定桥梁技术状况,并建立技术档案,为桥梁养护维修和安全评估提供依据。技术档案系统应至少包括设计施工、桥梁结构检测及桥梁养护维修三个子系统。

(3)对桥梁构造物进行安全防护。桥梁构造物如遇缺损,应及时进行修理、更换和恢复。在非常时期,如在流冰和洪水期间应及时采取防护措施。木结构和一些大型桥梁应有消防措施。重要的特大桥梁还应设有专门桥梁养护机构。

(4)对桥梁构造物进行经常保养、维修与加固。采取正确的、先进的技术措施,依照有关的技术规定,对桥梁及其附属设施进行经常保养维修,首先应保持符合载重等级要求,保证车辆安全通行。通过维修加固不能维持原设计载重等级要求时,应有计划地进行技术改造。

2. 桥梁养护工作的分类

和道路一样,桥梁的养护维修工作按其性质、规模大小、技术难易程度可分为4类:

(1)小修保养工程。指对桥梁各部分,包括设计规定的引桥、引道,以及其各种设施进行预防性保养和修补其轻微损坏部分,使之经常保持完好状态的工作,此项工作应经常进行。

(2)中修工程。指对桥梁各部分的一般性自然磨损和局部损坏进行维修与修理加固,以恢复其原有技术水平和标准的工程,此项工作定期按计划进行。

(3)大修工程。指对桥梁各部分的较大损坏进行综合维修,以全面恢复到原设计标准。或在原技术等级范围内进行局部改善和个别增建,以逐步提高其通行能力。此项工作应每隔数年(如10~15年)按上级批准的年度计划进行。

(4)改扩建工程。指对桥梁各部分因不适应交通量和载重需要而提高技术等级、或通过改建显著提高其通行能力的较大工程项目,以及桥梁结构严重损坏需恢复技术等级标准拆除重建的工程。

因发生洪水、台风、滑坡、地震等自然灾害,交通事故和人为破坏等而引起的桥梁(包括设计规定的引桥引道)及其各种设施的损坏必须及时修复,尽快恢复通车。对不能及时修复的项目可列为专项工程办理。

3. 桥梁养护的内容

桥梁具体的养护维修内容繁多,包括桥面系的养护维修、桥梁支座的养护维修、墩台基础的养护维修,梁式桥、拱桥、悬索桥还需按照其结构特点进行特定的养护维修。下面就桥面系、桥梁支座进行简单的介绍。

(1)桥面系的养护

桥面系的养护维修分为桥面铺装层、桥面伸缩缝、桥面排水设施、栏杆及防撞栏杆、桥面照明系统、桥上交通标志标线的养护维修等。

①桥面铺装层的养护

对桥面铺装层要经常清扫,桥面不得有污物及过往行人或车辆丢弃的杂物,以保持干净的工作状态。同时还应加强检查与养护,如检查行车道和铺装层下的泄水孔的排水效果,使其保持排水畅通,雨量大时,应注意观察桥面有无积水。

a. 沥青铺装层

对沥青铺装层应观察其是否平整,有无跳车现象;是否有龟裂,是否有松散、露骨,即桥面是否出现锯齿状的粗糙状态;是否有车辙、推移、波浪等现象。一经发现,应视其病害情况及时进行相应的修补和整治。

b. 水泥混凝土铺装层

应观察其是否平整,是否有裂缝,是否有露骨等现象。其中,最关键的是要观察是否有大面积裂缝或局部裂缝(错台)。

②桥面伸缩装置的养护维修

桥面伸缩装置是最容易遭破坏而又相对难以加强和修复的部位。如果置小破损于不顾,势必会发展成严重的破坏,就会严重影响交通,甚至会危及行车安全,这时就得进行修补或彻底更换。所以,注意做好经常性的检查、养护等工作,及时进行修补,是非常重要的。

a. 伸缩装置的日常检查

有计划、有组织地做好经常性的检查工作可以尽早地避免因小的损坏而演变成大的破坏。日常检查工作主要包括:伸缩缝是否堵塞、挤死、失效;各部分的构件是否完好;锚固连接是否牢固,连接件是否松动;有无局部破损;密封橡胶带是否老化、失去弹性、异常变形或开裂;伸缩缝是否有不正常的响声或异常的伸缩量;伸缩缝各基本单元间隙是否均匀;钢构件是否锈蚀、变形;伸缩缝处路面是否平整,有无跳车现象等。

为便于养护维修,对检查应做好记录,建立检查记录档案。

b. 伸缩缝的养护

桥面伸缩缝要注意经常养护,使其发挥正常作用。伸缩缝应经常养护,如清除碎石、泥土杂物,拧紧螺栓并加油保护,修理个别损坏部分等,使其发挥正常作用。若有损坏或功能失效要及时修理或更换。

早期使用的伸缩装置主要有以下类型,应经常检查其使用情况并及时进行更换。

a)U形锌铁皮伸缩缝,要防止杂物嵌入,若锌铁皮老化、开裂、断裂,应拆除更换为新型伸缩缝。

b)钢板伸缩缝或钢梳齿板伸缩缝,应及时清除梳齿中的杂物,拧紧连接螺栓。若钢板变形、螺栓脱落、伸缩不能正常进行时,应及时拆除更换。

c)橡胶条伸缩缝,若橡胶条老化、脱落,固定角钢变形、松动,则应及时拆除更换。

d)板式橡胶伸缩缝,若橡胶板老化、预埋螺栓松脱、伸缩失效则应及时更换。

c. 伸缩缝的维修

修补前应查明原因,采用行之有效、与之相适应的修补方法。修补工作要依据缺陷的程度,或部分修补,或部分及全部更换。

对于锌铁皮伸缩缝,当其软性填料老化脱落时,在充分扫清原缝泥土后,重新注入新的填缝料。当铺装层破坏时,要凿除重新铺筑。凿除破损部位要画线切割(或竖凿)。清扫旧料后再铺筑新面层,当采用混凝土浇筑时,要采用快硬水泥并注意新旧接缝要保持平整,对铺筑部分要加以初期养生。对于钢板伸缩缝,当钢板与角钢焊接破裂时,应清除垢秽后重新焊牢,当梳齿断裂或出现裂缝后,也要采取焊接方法进行修补。排水沟堵塞后应及时予以清除。

桥面伸缩缝的修补或更换工作可以不中断交通。因此,通常可考虑采用限制车辆通行,半边施工、半边通行车辆;或白天使用盖板,夜间施工时禁止通行;或白天使用盖板,夜间限制车辆通行,半边施工、半边开放交通等方法。总之,均要注意抓紧时间、尽量缩短工期,保证修补质量。

伸缩缝的更换要选型合理,以满足桥跨结构由于温度、混凝土收缩、徐变等引起的变形的需要,使行车平稳,不漏水。对于中小跨径桥梁,当位移量小于80mm时,可选用浅埋式单缘型钢伸缩缝或弹塑体伸缩缝;位移小于50mm时,可选用弹塑体填充式伸缩缝;对于大位移量桥跨结构,可选用结构性能好的大位移组合伸缩缝。

③桥面排水设施的养护维修

桥面是供车辆行驶的部位,当桥面因排水不畅或排水设施破坏而形成积水时,应尽快进行处理,以保证车辆的正常通行。

桥面排水设施的常见缺陷有:桥面积水,泄水管堵塞,泄水管被截断导致水流方向改变等。对于钢筋混凝土桥梁,桥面积水将使雨水渗入混凝土的细小裂纹中,会使混凝土产生损伤而缩短使用寿命,同时水分还会使钢筋锈蚀;对于钢桥,桥面积水将会加速对梁体表面的侵蚀,使钢梁表面锈蚀。

a. 排水设施的检查

应经常检查桥面是否有坑槽,是否有积水。泄水管是桥面排水的重要设施,应经常检查泄水管是否完好、畅通;泄水管的盖板是否损坏、丢失,管口是否被杂草或石块堵塞;管体有无脱落,管口处有无泥石杂物堆积,出水口是否畅通;桥头排水功能是否完好等。

b. 排水设施的养护

桥面要经常清扫,使其保持整洁。桥面不得有凹凸不平,如发现桥面有坑槽,应及时进行修补,避免积水。泄水管盖板(进水管口处)上的杂物应及时清除,避免杂物掉入管内堵塞管道而影响排水。若发现泄水管出水口处有泥石杂物堆积,应及时清除。泄水管应经常进行疏通。当发现泄水管损坏时要及时修补,接头不牢已掉落的要重新安装接上,损坏严重的要予以更换。

④栏杆及防撞栏杆的养护维修

为了保证行人和车辆的安全,栏杆、护栏必须始终处于完好状态,如有撞坏、缺损、裂纹、变形或腐蚀,应迅速采取相应措施进行修复。

桥梁的栏杆、护栏损坏虽然不妨碍交通,但有碍景观,且使桥上交通缺少安全感,降低交通的舒适水平。因此,对损坏的桥梁栏杆要及时修理,同时也要加强平时对栏杆的养护工作。

⑤桥面照明系统的养护

桥面照明系统在桥面系中处于重要的位置,所以必须对其进行经常检查、养护及必要的维修。必须保持桥面所有照明设施处于良好状态,如有损坏或不正常,应及时进行维修和更换,确保夜间桥上行车的安全。

⑥桥上交通标志标线的养护维修

交通标志和标线是依据交通法规及国家有关标准制定的,是交通法规的具体体现,也是管理道路交通的安全设施,其作用非常重要。为确保标志和标线的引导警示作用,必须经常对其进行检查,检查所有标志是否齐全完好,所有标线是否清晰,对各种标志、标线、轮廓标等的反光情况还要在夜间进行巡查。巡视检查人员在检查中发现标志、标线遭到损坏或污染,应记录下来并及时反映给桥梁管理有关部门。

(2)桥梁支座的养护与维修

①支座各部应保持完整、清洁,位置正确,活动支座伸缩与转动正常。半年一清扫,清除支座周围的垃圾杂物,保证支座正常工作。

②防止橡胶支座接触油脂,防止因橡胶老化、变质而失去作用。

③支座与梁底、支座与砂浆垫层之间的接触面应平整。梁体位移及转角应不受阻碍。支座垫板与锚固螺栓应紧密接触,并不得有锈蚀。

④梁支点承压不均匀、板式橡胶支座出现脱空或过大压缩变形时应予以调整,板式橡胶支座发生过大剪切变形、老化、开裂等现象应及时更换。支承垫石空洞、不密实缺陷等应及时进行处理。

⑤对盆式橡胶支座设置防尘罩,防止尘埃落入或雨雪渗入支座内。支座外露部分应定期涂红丹防锈漆进行保护。防尘罩应经常清洁和防蚀处理,防止橡胶老化变质失去弹性。如橡胶老化,剪切变形超如 $\tan\alpha > 0.7$,橡胶有裂纹、鼓出,钢板锈蚀者应更换;螺栓剪断、盆边顶坏,发生塑性变形者更换。

(3)钢筋混凝土及预应力混凝土梁桥的养护

钢筋混凝土梁桥日常养护维修内容主要是清除混凝土表面污垢,修补混凝土空洞、破损、剥落、表面风化以及裂缝,清除暴露钢筋的锈渍、恢复保护层,处理各种横、纵向构件的开裂、开焊和锈蚀等。

保持箱梁的箱内通风,未设通风孔的应补设。梁体的污垢宜用清水洗刷,不得使用有腐蚀性的化学清洗剂。

对梁(板)体混凝土的空洞、蜂窝、麻面等应先将松散部分清除,再用高强度混凝土、水泥砂浆或其他材料进行修补。新修补的混凝土要密实,与原结构应结合牢固、表面平整。新修补的混凝土必须养生。

梁体若发现露筋或保护层剥落,应先将松动的保护层凿去,并清除钢筋锈迹,然后修复保护层。如损坏面积不大,可用环氧砂浆修补;如损坏面积过大,可用喷射高强度砂浆的方法修补。

对混凝土裂缝的处理,当裂缝的宽度大于限值及裂缝修补超出正常范围时,应进行处理。当裂缝宽度在限值范围内时,可进行封闭处理,一般涂刷环氧树脂胶;当裂缝宽度大于限值规定时,应采用压力灌浆法灌注环氧树脂胶或其他灌缝材料。当裂缝发展严重时,应加强观测,查明原因,然后按照有关规定进行处理,必要时对结构进行加固。

当空气、雨水、河流中含有对混凝土和钢筋有侵蚀的化学成分时,应对桥梁结构进行防护。

对预应力混凝土梁桥养护时,除了上述注意点外,应对预应力锚固区的破损及开裂,沿预应力钢束纵向的开裂进行修补。对于不允许出现裂缝的桥梁,不论裂缝宽窄,都应查明原因进行处理和加固。

(4)拱桥的养护

除了经常清除表面污垢外,还应经常疏通泄水孔,保持桥面及实腹式拱腔排水畅通。

主拱及拱式腹拱的拱铰及变形缝应保持正常工作状态,填缝料如有损坏应及时更换。圬工砌体的边角压碎、砌块断裂、干砌石拱桥砌缝张口等,可用砂浆修补。若个别块体压碎或脱落,应进行填塞更换并保证嵌挤或填塞紧密。砌缝砂浆若发生脱落,应凿除后重新用干硬性砂浆或微膨胀砂浆填筑，表面重新勾缝。

实腹式拱的侧墙若发生较大变形、开裂，应查明原因并作相应处理。若是填料不实，或拱腔积水，应挖开拱上填料，修补防排水系统，拆除鼓凸部分侧墙后重新砌筑，重新回填拱上填料及重做路面，也可酌情换用轻质填料或加大侧墙尺寸。如果侧墙与拱圈之间脱开，或侧墙上有斜向开裂或沿砌体砌缝开裂，应检查墩台与主拱的变形。开裂轻微且不再发展的，可作一般修补裂缝处理。若开裂严重或者裂缝在发展中，应考虑加固、改造方案。

中、下承式拱桥的吊杆是该类桥养护的重点。吊杆上、下锚固区的防水处理尤其重要，锚具和护筒应经常保持清洁和干燥。如若渗漏水，应及时查明原因，及时排水，用防水材料修补并封堵水源。定期更换锚具锚杯内的防护油或油脂，定期对钢吊杆等钢结构做涂漆防锈处理。吊杆采用成品索及梁体外锚固以便于检测维修和更换是当前类似桥梁的发展趋势。

值得一提的是，随着道路、桥梁养护管理的日益深入，传统的养护与管理手段已经逐步跟不上时代的步伐。随着产业信息化、数字化和自动化的不断提高，开发与利用道路和桥梁的养护管理系统尤为必要。事实上，国家有关部委和不少省市已经开发了类似管理系统并逐步应用到养护与管理单位，使有关部门的管理水平得到进一步提高。

【复习思考题】

1. 路基断面形式有哪些？
2. 简述路基防护类型、作用及适用条件。
3. 沥青混凝土面层和水泥混凝土面层铺筑的技术方法主要有哪些？各自的特点是什么？
4. 梁桥施工可分为哪两大类？
5. 在桥梁施工中有哪些主要的施工设备？

第七章
道路工程的可持续发展

【学习目的与要求】

可持续发展的基本定义可以表述为"既满足当代人的需求,又不危及后代人满足自身需求的发展"。可持续发展是一种思想,意味着观念的转变;可持续发展是一种方向,意味着规划和目标的修正;可持续发展是一种宣言,意味着具体行动中的计划和贯彻。希望通过本章学习,学生可以在理解道路工程设计的基本方法之后,灵活应用可持续发展的理念,满足道路工程设计的景观、生态、安全等目标,做到以人为本、节约土地、保护环境等。请学生根据各校实际,灵活学习相关内容。

作为一名道路与桥梁工程师必须将可持续发展的思想灵活应用到实际工作中,保证道路与桥梁工程的规划、设计、施工与管理具有可持续性。

我国道路交通工程发展的历史,呈现出一种人的认识观念与科学技术相互交织的发展过程,道路设计概念经历了多个层次的提高,即以工程造价为标准层次;结合交通服务水平标准层次;增加环境保护标准层次;可持续发展标准层次。每一层次的提高,都是在前一层次的基础上增加了新的评价因素,体现了一种观念的更新。每一次层次的提高,也都伴随着新技术的推广应用。第一次层次的提升,主要是在交通工程学科发展的基础上进行的,交通流分析技术、交通设计技术、交通工程技术为其提供了强有力的支撑。第二次层次的提升,引进了环境科学的观念,形成交通环境的研究领域,考虑道路网环境容量的交通规划、交通公害(噪声、废气、振动)的防治、道路景观设计等。第三次层次的提升,则更加注重系统思想的应用,把基础设施建设与社会经济的持续发展紧密联系在一起。在可持续发展思想的指导下,道路交通现代化建设需要进行观念的调整、目标的调整,以及系统结构的调整。

第一节 可持续发展理念

一、可持续发展理念的提出

可持续发展的理念,最早是一些生态学家在1980年发表的《世界自然资源保护大纲》中提出并予以阐述的。大纲提出,把资源保护和发展结合起来,既要使目前这一代人得到最大的持久利益,又要保持潜力,以满足后代的需要和愿望。可持续发展的概念在世界自然保护联盟1981年发表的另一个文件——《保护地球》中得到进一步的阐述。该文件把可持续发展定义为"改善人类生活质量,同时不要超过支持发展的生态系统的负荷能力"。1987年,挪威前首相布伦特兰夫人任主席的世界环境与发展委员会向联合国提交的《我们共同的未来——从一个地球到一个世界》的著名报告中,首先提出并论证了"可持续发展"这一主题,并将可持续发展的概念明确定义为:"在不危及后代人满足其环境资源需求的前提下,寻找满足当代人需要的发展途径"。换言之,可持续发展是"既满足当代人需要,又不危及后代人满足自身需要的发展"。这一定义虽然与《世界自然保护大纲》中一致,但对其具体内涵的阐述中却从生态的可持续性转入到了社会的可持续性,提出了消灭贫困、限制人口、政府立法和公众参与等社会政治问题。

可持续发展的思想是人类对发展认识的重大突破。这一基本思想在1992年的联合国环境与发展大会中又得到了明确的表达。在《关于环境与发展的里约热内卢宣言》中进一步指出"人类应享有以与自然和谐相处方式过健康而富有生产成果的生活的权利",并"公平地满足今世后代在发展与环境方面的需要,求取发展的权利必须实现"。

二、可持续发展的内涵

可持续发展的思想含义深刻,内容丰富,总括起来它有两个最基本的要点。第一,肯定了人类有权通过发展不断改善其生活条件,以有益于人类自身的健康生活,以及满足人类不断扩大的各种物质需求。但是,人类的这种追求必须是在保持与自然和谐统一的前提下来实现的。人类不应当凭借自己手中的技术和投资,采取耗竭资源、破坏生态和污染环境的方式来达到一时发展的目的。第二,在承认了当代人的发展权力的同时,也承认后代人有同等的发展权力。因此,当代人不能一味地、片面地为了追求今世的发展和消费,而毫不留情地剥夺后代人本应合理享有的同等发展与消费的机会。

世界环境与发展委员会提出的可持续发展概念在1992年联合国环境与发展大会上达成共识。它包括了可持续发展的三个最基本原则:公平性原则、持续性原则和共同性原则。

(1)公平性原则主要体现在三个方面:一是当代人的公平,可持续发展要求满足当代全球人民的基本要求,并予以机会满足其要求较好生活的愿望;二是代际间的公平,由于自然资源的有限性和稀缺性,每一代人都不应该为当代人的发展与需求,而损害人类世世代代所需求的自然资源与环境条件,正确的做法是给予世世代代同等利用自然资源的权利;三是公平分配有限的资源,应该限制少数发达国家过量消费全球共有资源,而给予广大发展中国家合理利用更多的资源以达到经济增长的机会。公平性原则和国家间的主权原则是一致的。

(2) 持久性原则要求人类对于自然资源的耗竭,必须考虑资源与环境的临界性,可持续发展不应该损害支持地球生命的大气、水、土壤、生物等自然系统。"发展"一旦破坏了人类生存的物质基础,"发展"本身也就衰退了。因此,持续性原则的核心是人类的经济和社会发展不能超越资源和环境的承载能力。

(3) 共同性原则强调可持续发展一旦作为全球发展的总目标定下来,对于世界各国来说,其所表现的公平性和持续性原则都是共同的。实现这一总目标必须采取全球共同的联合行动。

为了实现可持续发展的理想,要求人类在生产时,一方面应尽可能地少投入、多产出,在消费时应尽可能地多利用、少排放;另一方面对可再生资源,努力增加其再生能力,尽可能避免退化,以保证今世后代的持续利用。

可持续发展的思想是与传统的发展思想相对立的,是在对传统发展思想深刻反省的基础上汲取总结出来的。工业革命以来,人们手中掌握的技术,使人类改造自然的能力迅速增强。在这个基础上人类扩大了对自然资源的攫取,同时又增加了对自然环境的输出。在这一过程中,人类取得了一次又一次的空前发展,但是也对自然环境进行了一次比一次更大的破坏,这种破坏的恶果,最终又降落在人类自己的头上。今天,自然对人类的惩罚愈演愈烈,环境与生态的危机也愈来愈加深。酸雨污染、土地沙漠化、森林及生物物种锐减等区域性环境问题,以及温室效应、臭氧层破坏、有毒化学物质和放射性废弃物的转移与危害等全球性问题正在危及人类的生存与发展。这些惨痛的教训教育了人类,使人类认识到只有走持续发展的道路才是人类走向繁荣未来的必由之路。

三、可持续发展的全球实践

可持续发展的理念认为,人类任何时候都不能以牺牲环境为代价去换取经济的一时发展,也不能以今天的发展损害明天的发展。全球性环境问题的产生和尖锐化表明,以牺牲资源和环境为代价的经济增长和以世界上绝大多数人贫困为代价的少数人的富裕,将使人类社会走进非可持续发展的死胡同。人类要摆脱目前的困境,必须从根本上改造人与自然、人与人之间的关系,走可持续发展的道路。要实现可持续发展,必须做到保护环境同经济、社会发展协调进行。保护环境和促进发展是同一个重大问题的两个方面。人类的生产、消费和发展,不考虑资源和环境,则难以为继;同样,孤立地就环境论环境,而没有经济发展和技术进步,环境的保护就失去了物质基础。要实现可持续发展必须维护世界和平与稳定,没有和平与稳定就根本谈不上保护环境和促进发展。

全球对"可持续发展"虽然有比较规范的定义和解释,但是发达国家和发展中国家由于历史原因,在一些场合对可持续发展仍有不同理解。发达国家过分强调持续发展中的环境因素,用保护环境来限制发展中国家开发利用本国资源的主权;而发展中国家则强调只有促进持续发展才能逐步解决好环境问题,环境保护不应当成为资助发展的一种新形式附加条件。联合国环境规划署理事会为了解决双方对"可持续发展"理解上的分歧,于1998年5月通过和发表了一项《关于可持续发展的声明》,声明中肯定了发展中国家对其资源的拥有权,强调持续发展中平等互利的国际合作不能以环保作为资助发展的附加条件,在一定程度上反映了发展中国家的意志和利益。

1992年,在巴西里约热内卢召开的联合国环境与发展大会上,"可持续发展"的思想成为大会的指导思想,并通过一系列文件和决议,特别是《21世纪议程》,是全球实施可持续发展战略的行动纲领。《21世纪议程》从政治平等、消除贫困、环境保护、资源管理、生产和消费方式、科学技术、立法、国际贸易、公众参与能力与建筑等方面详细地论述了实现可持续发展的目标、活动和手段。此后,可持续发展思想成了世界各国制定国策的指导思想。

2015年,联合国可持续发展峰会上正式通过17个可持续发展目标,旨在2015—2030年间以综合方式彻底解决社会、经济和环境三个维度的发展问题,转向可持续发展道路。

四、中国的可持续发展战略

1.《中国21世纪议程》的制定

作为一个世界上最大的发展中国家,中国在联合国内自始至终都坚定不移地站在发展中国家的正义立场上,积极参与全球可持续发展理论的建设和健全工作,为它的出台作出了巨大贡献。在1992年的世界环境与发展大会开过不久,中国政府为了履行自己的承诺和贯彻世界环境与发展大会的精神,参照联合国《21世纪议程》的框架和格式制定了《中国21世纪议程》,在世界上率先把环境与发展大会的共识和决议迅速变为本国的具体行动,展现出一个"言必信,行必果"的东方文明古国形象。

《中国21世纪议程》的内容分四个部分,即可持续发展总体战略、社会可持续发展、经济可持续发展以及资源与环境的合理利用与保护。其宗旨是从人口、资源、环境、经济、社会相互协调中推动经济建设的发展,并在发展的进程中带动人口、资源、环境问题的解决,即是把经济社会发展与人口、资源、环境结合起来,综合协调,统筹安排。1994年3月25日,国务院第16次常务会议通过了《中国21世纪议程》,并将其确定为《中国21世纪人口、环境与发展白皮书》,作为中国今后发展的总体战略性文件,指导全社会的发展进程,在国民经济和社会发展中、长期计划中逐步落实。《中国21世纪议程》的制定和实施是中国在解决自身存在的全球性问题征途上的一个里程碑。

《中国21世纪议程》庄严宣告:中国社会经济不再重蹈发达国家的覆辙,将同"高消耗、高污染和高消费"的传统发展模式决裂,而代之以"低消耗、低污染和适度消费"的可持续发展模式。这是一个重大观念上的突破,实行可持续发展模式是中华民族对自己和对全人类负责的选择。

2.中国落实2030年可持续发展议程进展报告

2015年9月,习近平主席出席联合国发展峰会,同各国领导人一致通过《变革我们的世界:2030年可持续发展议程》,开启全球可持续发展新纪元,为各国发展和国际发展合作指明方向。中国将落实工作同《国民经济和社会发展第十三个五年规划》等中长期发展战略有机结合,统筹推进"五位一体"总体布局,秉持创新、协调、绿色、开放、共享发展理念,着力推进高质量发展。

作为一个人口、资源、环境大国,中国解决好自身的可持续发展,就是对全人类可持续发展的重大贡献。例如,我国正在着手解决的古中华文明发源地黄河、长江流域生态系统的恶化问题,对世界来说,是如何保护人类文明的发源地之一的生态文明的重大课题。

第二节　可持续发展的交通设施体系

一、可持续发展的交通设施建设层次

交通设施体系的构成,随着人类思想的进步不断发生着变化。早期在有限的建设能力和资金能力基础上,其构成只包含了最基本的部分——道路、铁道的本体;当把交通安全问题提到议事日程之上后,交通标志和标记、交通监控系统等成为交通设施体系中不可缺少的内容;当把交通环境问题提上议事日程后,隔音墙、交通环境监控设备等成为交通设施体系中的新成员;与可持续发展的要求相适应,支持与土地利用规划相结合的交通规划决策支持系统和信息采集管理系统、更加充分发挥交通设施能力的交通诱导系统等成为交通设施体系中的重要成员。在这种硬件设施构成内容变化的背后,体现着交通设计观念的更新、交通基础设施建设目标的变化。

以欧美日等发达国家智能化交通系统计划为例,表面看这是交通系统结构和技术的变化,在传统的交通系统中增加了交通诱导系统、交通信息系统,以及采用了计算机技术、控制技术、通信技术等进行技术改造。实际上在后台起到支撑作用的是这样一种认识:在有限的土地资源和环境资源制约下,传统的交通系统无法满足不断增长的交通需求,必须采用现代高新技术加以改造,提高资源的利用效率。在此基础上形成了一系列新的交通系统概念:

(1)综合交通信息系统,提供道路网上的交通阻滞、交通事故、运行时间等情报信息,并提供公共交通的情报信息,帮助人们选择合适的交通方式、恰当的出行时间、合理的交通路线,促使交通出行分布在综合交通网络上进行合理分布,以减轻整个交通网络的负担。

(2)交通诱导系统向车辆驾驶员提供信息服务,帮助他们了解整个道路网络的交通拥挤状态,引导他们避开拥挤路段或交叉口,促使整个路网负荷均匀化,达到提高利用效率的目的。

(3)货运管理系统在交通信息的支持下,合理制定车辆调度计划,提供货物集配服务等,其目标是促进货物运输的高效化。

(4)客运管理系统在交通信息的支持下,合理进行营运车辆调度,并提供公共交通服务信息,以提高客运系统的服务水平,吸引更多的客流,减轻整个城市交通系统的负担。

(5)自动驾驶控制系统是在自动控制技术的支持下,提高单位道路面积的车辆通行能力,以及增强交通安全性。

由此可见,新的交通系统概念的提出过程中,需要观念和目标的更新作为前导。

当今世界,可持续发展已经成为许多国家的战略目标,我国亦将其作为重大战略加以实施。1992年,李鹏总理率团出席了联合国环境与发展会议(UNCED),庄严承诺中国将认真履行会议所通过的"可持续发展"文件和精神。江泽民总书记在党的十四届五中全会和第四次全国环境保护会议上的讲话中均强调:"在现代化建设过程中,必须把实施可持续发展作为一项重大战略"。将《中国21世纪议程》作为我国国民经济和社会发展的指导性文件。2017年中国共产党十九大报告提出要坚持"创新、协调、绿色、开放、共享"五大发展新理念,解决不平衡、不协调、不可持续的问题;坚持政治建设、经济建设、社会建设、文化建设、生态文明建设

"五位一体"总体布局;坚持全面建成小康社会、全面深化改革、全面依法治国、全面从严治党"四个全面"战略布局。

与基础设施建设紧密关联的可持续发展目标是:改善人类居住区的社会、经济和环境;改善居民的居住工作环境和生活质量。这一目标需要通过多种途径的努力才能有效地实现,作为基础设施重要组成部分的交通建设对这一目标产生多方面的作用:引导作用,对区域社会经济空间形态发展的引导;支持作用,提供区域空间的基本支撑框架;保障作用,对于地震等灾害的救援来说,交通网络是最基本的生命线。

对于交通领域来说,在可持续发展思想指导下的建设目标是建立促进人类居住区持续发展的基础条件,其手段主要有:将土地利用与交通运输规划相结合;确立减少交通需求的发展模式;发展公共交通;改善交通管理;鼓励非机动运输方式等。与发展目标相互关联,可将面临的复杂问题分解为如下层次关系。

1. 第一层次的问题(目标层)

建立支持可持续发展的道路交通综合系统,提供对区域空间合理支撑框架、合理使用自然资源、有效支撑经济发展、具有一定的防灾抗灾可靠性的交通服务基础条件。同时需要强调的是,道路交通综合系统的直接目的是对人和物的流动加以支持,而不是简单地对车辆的运行加以支持等。

2. 第二层次的问题(宏观控制层)

通过规划手段实现交通系统的总体协调和优化,以避免资源的浪费,并将交通建设作为用地规划、城市体系规划、国土规划实现过程的重要支撑基础和调控手段;通过政策手段引导实现交通模式的合理结构;通过需求管理促进资源的合理利用,优先发展公共交通系统;采用政策手段促使交通行业的技术更新,优先推广节约资源和能源,提高交通系统运行效率的技术等。

3. 第三层次的问题(技术层)

加强信息技术在交通工程中的应用,例如交通诱导系统、交通综合信息系统等;认真研究和实施公共交通系统的发展和技术进步;减少对环境的交通污染(噪声、废气、振动的防治);废旧材料的利用,以减少对自然界的索取等。

二、道路交通综合系统的构成

在可持续发展战略指导下建立的道路交通综合系统是一个包括"政府调控行为、科学技术能力建设和社会公众参与"的复杂系统工程。采用宏工程的观点看待这一问题,需要分析系统外部环境对道路交通系统所提出的功能要求,根据这种功能要求确定系统的结构,以及支撑这一结构的科学技术体系。

根据可持续发展战略的要求,道路交通系统将与其他系统之间形成如下接口关系。

(1)与自然系统的直接接口。包括从自然界的索取、向自然界的排放、对自然界的干预等。

(2)与社会系统的接口。与城市化进程的协调,对国土发展均衡程度的调节,对消费模式的影响等。

(3) 与经济系统的接口。包括与区域经济发展战略的协调,与能源利用政策的协调,对产业结构与布局的影响等。

这种接口关系要求道路交通系统满足如下功能:

(1) 基本交通功能。保证交通运输通畅、安全、快速、舒适、便捷。

(2) 环境保护功能。提高单位土地的利用效率,减少对自然界的索取和排放。

(3) 促进社会进步功能。通过有效的规划手段,促进城市体系、区域布局的健康发展,正确引导社会消费方式,促使社区健康发展。

(4) 支持经济发展的功能。保障经济发展战略的实现,促进经济结构和经济布局的调整。

为适应功能要求多样化的发展趋势,道路交通综合系统应由政府管理子系统、基础设施子系统、科学技术子系统、公众服务及参与子系统所构成。

1. 政府管理子系统

交通基础设施建设是政府进行可持续发展的一个重要方面,政府有责任为社会和经济发展建立合理的结构和布局基础,有责任确定正确的交通发展战略,同时交通设施又是政府的一种有效的宏观调控手段。思考泰国曼谷城市交通所陷入的困境、许多城市交通造成的严重废气污染、我国城市交通中公共交通危险等问题,可以清楚地看到政府所担负的重大责任。与这种责任相比,我国政府机构在制定交通发展战略、政策、规划和管理的过程中所获得的技术支持就显得有所不足,不够健全的信息系统、分割的管理体制、不够畅通的专家沟通渠道等都是需要进一步克服的重要问题。

针对这一情况拟建的政府管理子系统,是以政府管理工作人员为使用对象,依托计算机网络系统,支持政府决策过程的人机系统。其理论基础在于钱学森先生于1989年提出的开放的复杂巨系统及方法论,即从定性到定量综合集成法,这种方法进一步发展成为从定性到定量综合集成研讨厅体系。这一理论方法的实质是将专家体系、统计数据和信息资料、计算机技术三者结合,构成一个有机的整体支持决策活动。政府管理子系统的技术目标主要是提高决策的质量,而非单纯提高决策分析速度。系统的基本工作方式是信息服务、集成研讨、决策分析。

2. 基础设施子系统

基础设施子系统中除了传统的道路本体设施以外,交通监控系统、交通信息系统、交通环境保护系统、自动收费系统、交通安全及事故处理系统等均是其中重要的组成部分。现代化的交通监控系统是道路交通系统中不可缺少的部分,它以平滑交通流为直接目标,并由此达到减少废气排放、减少能源消耗的目的。与国外的系统不同,我国需要认真考虑混合交通所带来的特殊问题。交通信息系统对调节交通需求、支持管理决策、支持运输部门和企业制定车辆调度计划等均有重要的作用,由信息采集、信息加工、信息发布几部分所组成。交通环境保护系统由废气、噪声、振动防治和监测两个基本部分所组成,其硬件包括隔音墙、低噪声铺装、桥梁减振装置、交通污染专用监测装置等。

3. 科学技术子系统

科学技术子系统的目的是通过技术推广和技术培训促进行业的技术进步,其构成包括科学情报服务体系、新技术推广体系、学术研讨体系等,硬件方面得到重点实验室、部门开放实验室、网络虚拟实验室、情报信息Web服务节点、观测实验系统等的支持。其中网络虚拟实验室是进行有关道路交通领域工程技术研究和科学研究,进行道路交通领域高等工程教育,推广新技术新概念的重要基地,其主要服务对象为道路交通工程技术研究人员、高等学校的教师、研究生和本科生等。虚拟实验室建立在计算机广域网络基础上,其核心是由计算机仿真实验系统所构成;系统主要提供远程教学实验和工程实验方面的服务。

4. 公众服务及参与子系统

公众服务及参与子系统在道路交通综合系统中占有不可替代的地位,交通需要公众密切参与。对公众服务包括信息服务、救援服务、管理服务等,例如,智能交通系统中交通诱导系统、停车场引导系统、公共交通服务信息系统等均是公众服务概念系统。而公众参与则是指为获得公众理解与支持,所进行的公众教育(有些甚至是采取计算机仿真游戏的方式)、公众训练等活动,道路交通综合系统将通过交通培训基地、依托计算机网络的虚拟训练基地、交通宣传发布系统等对其进行必要的支持。

三、道路交通建设新的科学研究方向

为适应可持续发展要求,支撑道路交通建设的科学研究内容也发生着重要的变化,传统技术的比重正在下降,新技术学科的研究内容正在迅速得到关注,并正在得到逐步应用。

1. 交通规划

具有远见的规划是可持续发展的基本保证,因而交通规划研究领域正在发生着深刻的变化。交通规划从以基本依靠经验的定性分析为主阶段,到在调查研究基础上的定量分析为主阶段,再到向定性定量相结合的新阶段迈步,呈现了一种螺旋式上升发展的过程。这首先是由于对于交通系统的要求变化,不仅需要满足交通需求,而且需要对社会经济的可持续发展提供基础支撑条件。要求的变化造成研究范围的扩大变化,使得我们更加难以对研究对象的长期发展作出准确的预测。因此,交通规划的研究范围进一步扩大,更加注重与社会经济系统之间的协调配合,更加注重解决战略规划层面的问题,同时更加注意在长期交通需求预测不可能准确的前提下交通规划方法的研究。作为理论基础,宏工程理论和从定性到定量综合集成技术正在引起研究者的关注。

宏工程指的是关系全局的超大型工程项目的规划、设计、决策和组织实施。这一理论力图采用全新的综合大系统的工程概念,运用定性定量参数的方法,采用协调折中、互补共济等寻求合适而非最优的思想方法来解决问题。支撑宏工程思想的分析方法有系统动力学(SD)、结构解析(ISM)、试误分析(Try and Error Analysis)等。与传统系统工程相比,宏工程更加注重系统网络之外的整个系统环境。应用这一理论将有助于我们更好地分析交通系统与社会经济系统之间的协调关系。

从定性到定量综合集成理论方法是钱学森先生提出的一种研究复杂巨系统的具有中国特色的方法。其核心是将专家群体、数据和各种信息与计算机仿真有机地结合起来,把有关学科的科学理论与人的知识和经验结合起来,发挥综合系统的整体优势去解决实际问题。这一理论方法为我们在交通规划中将定性定量相结合提供了基础,有助于改进面向复杂巨系统的决策理论方法。

从规划研究内容来看,发展城市公共交通,促进合理交通模式的建立,正在引起人们的重视。有限的自然资源无法承担迅速发展的私人交通,必须采用政策、税收、建设、管理等多方面手段促使大量的人员利用公共交通系统。我国的城市交通规划多年来一直强调公共交通优

先,但真正落实下来的情况并不好,如何以有力的分析论证说服政府及公众,在城市的空间资源利用、政府财政预算、技术进步支持等方面确实实施公共交通优先战略,仍是亟待解决的问题。

从规划范围来看,都市群交通网络规划随着城市化进程而提到了日益重要的位置,当行政协调问题解决之后,长江三角洲、珠江三角洲等都市群的交通规划问题迅速提出,必须为之进行必要的理论准备。

交通需求管理也是在可持续发展过程中需要面对的新的问题。人类应该较为自觉地调整自己的消费观念,其中交通消费是极为重要的一部分。交通需求管理通过停车管理、税收管理等多种手段实现对交通方式的调节,鼓励减少交通出行的模式及降低资源消耗的模式。

2. 智能交通系统

信息技术正在迅速进入交通工程领域,智能交通系统建立在信息技术的基础上,其核心就是交通信息系统。道路交通综合系统是一个多维世界,信息在其中发挥着重要的作用。人们的交通选择行为正是在信息的支持下完成的,政府的交通战略、交通规划、交通政策正是在信息的支持下制定的,交通管理机构的日常管理决策更是离不开信息基础。当前需要注意的是计算机与通信技术的结合,特别是广域计算机网络基础上的信息传播和信息采集。

作为信息技术实现载体,交通诱导系统、交通信息系统、交通控制系统在现代道路交通体系中发挥着十分重要的作用,它们将交通主体——人或物、交通工具、交通基础设施、交通管理部门联系为有机的整体,减少了由于系统内部不协调造成的效率下降。交通诱导系统的研究工作已在我国展开,当前的工作重点之一是系统的总体框架研究和具体分析模型研究,作为基础理论交通行为值得给予必要的重视。交通信息系统目前的研究主要是试图综合各方面的信息,加工后提供分层次的信息图像以满足不同任务的需要,近年来发展起来的数据仓库技术、数据挖掘技术等正在展现出良好的应用前景。同时,支持不同层次管理决策的决策支持系统也是研究者关注的一个方面,其需要研究的主要问题是如何利用信息网络所提供的大量信息,从中挖掘出自己所关心的内容;如何对定性定量相结合的决策过程提供有效的支持;如何适应不同层次的决策特点等。在信息技术应用过程中,值得注意的是分散布局、总体协调的趋势,总体规划强调的是协议标准,而不是拘泥于技术细节,这使得庞大的信息系统可以分步分散开发,逐步到位,以减少系统开发的难度。

3. 绿色交通

道路交通环境保护是交通可持续发展的热点问题。道路交通的环境污染主要分为交通噪声、大气污染、交通振动三个主要方面。

道路交通噪声是由通过道路的汽车群发生并传播到道路沿线的随机噪声,其特点是大小不规则,且变动幅度大。降低道路交通噪声的主要措施有改善车辆结构、改善行驶状态、控制交通量等。

汽车是大气污染的移动发生源,由汽车排放的污染物质有碳氢化合物、一氧化碳、氮氢化合物、铅化物、颗粒物质等。为减少汽车的排放污染,最重要的是控制发生源,首先,可以采取较少汽车排出的污染物质数量(例如采用无铅汽油);第二,可以以强化排出气体管理规章为中心,促进汽车结构的改善;第三,利用交通控制系统保持交通流的畅通,通过交通规则改善行驶状态;第四,促使私人汽车交通转向公共交通系统,以及促进货运方式的合理化等交通总量控制手段；第五，是改善道路结构，确保环境设施带、绿化等缓冲区域等。

所谓交通振动，是指道路上行驶车辆的冲击力作用在路基上，通过地基传递致使沿线地基和建筑物产生的振动。路面越不平整、车辆质量越大、车速越高、载货车辆越多，产生的振动越大，此外，地基越软弱路端振动越高。为减少交通振动，大致可以通过振动源、传播路径及受振动部位等方面的措施来防治。作为道路振动改良措施，往往采用路面平整度改善，路面、路基以及地基改良，制定交通规则，设置环境保护带、防护沟、防护壁等。

汽车废气的防治手段主要是采用清洁能源、尾气净化，并通过政策调控减少汽车使用。除此之外，需要注意的是加强工程技术的研究，分析废气在特定环境下的扩散规律，以减轻局部位置的废气污染。道路交通废气污染专用监测系统的建立也是非常重要的一项任务，国外建立的这类专用系统常年积累的数据为其环境对策制定创造了很好的条件。噪声防治在传统的研究领域仍然面临许多课题，可用于工程评价和工程设计的噪声传播基本规律研究还有待深化，隔音墙的设计有待改进，低噪声路面技术有待进一步进行工程化实验和推广。此外，在交通规划中考虑环境保护因素正在形成热点，特别是土地利用、城市体系结构与交通骨架相互配合构成生态城市体系结构，是规划工作中的研究重点。在具体规划方案的制订过程中，交通环境容量分析技术具有较好的实用前景。为减少对自然界的索取，采用废旧材料进行道路建设仍值得给予高度重视，粉煤灰、废钢渣等用于路基建设取得了很好的效果，仍然需要进一步研究工业废料作为筑路材料，以及道路旧路改造过程中废旧沥青的再生利用。

4. 交通可靠性研究

交通网络的可靠性研究是一个值得展开的领域，特别是在城市道路网络规划中更应给予足够的重视。在重大地震灾害发生后，道路交通系统对于城市的救援与恢复起着至关重要的作用，这已被国内外多次地震灾害事实所证明。我国目前正在经历一个新的城市化过程，在城市布局规划过程中需要认真考虑对地震等重大自然灾害预防和救援的问题，为城市的进一步发展打下良好的基础。

由于灾害情况下道路交通系统功能对于城市系统总体功能的恢复具有重大影响，因而需要提供具有一定可靠性、能够在抗御地震及其次生灾害发生后继续发挥作用的交通网络。在灾害情况下，特别是在救援工作初期，人们（特别是其交通行为）往往失去有效的组织性，这种分散无组织的行动有可能造成交通网络总体机能的丧失，因而城市救灾保障交通系统设计中，尤其需要考虑这种特殊情况下的供需关系，以及对应的交通保障方法。类似的研究需求在抵御火灾、水灾等方面均有重要的意义。

第三节　环境保护及绿色公路建设

环境要素又称环境基质，是构成人类环境整体的各个独立的、性质不同的、而又服从整体演化规律的基本物质组分，分自然环境要素与人工环境要素。目前研究较多的是自然环境要素。自然环境要素通常指：水、大气、生物、阳光、岩石、土壤等。

进入20世纪90年代，环境学家和生态学家依据对环境问题的进一步认识，更科学地把当前人类面临的环境问题归纳为人口、资源和环境三个方面。

总的情况是，人类当前面临着人口剧增、资源锐减和生态环境恶化的严重局面，因此，必须重视环境保护和交通的可持续发展。

一、环境保护

1. 环境保护的概念

20世纪50年代以后,全球环境污染日趋严重,环境保护的理念被提上重要位置,但仍普遍认为环境保护只是对大气污染、水污染、固体废弃物等进行治理,即所谓"三废"治理及排除噪声干扰等技术性管理工作,目的是消除危害,保护人类健康。20世纪70年代起,随着环境科学的问世及世界性环境会议的召开,人们逐渐从发展与环境的对立统一关系来认识环境保护的含义。认为环境保护不仅是控制污染,更重要的是合理开发利用资源,经济发展不能超出环境的容许极限。有的环境专家提出:"环境保护从某种意义上讲,是对人类总资源进行最佳利用的管理工作"。环境保护不仅是治理污染的技术问题、保护人类健康的福利问题,更重要的是经济问题和政治问题。

2. 环境保护的内容

环境保护的内容世界各国不尽相同,同一个国家在不同时期的内容也有所不同。一般环境保护的内容大致包括两个方面:一是保护和改善环境质量,保护人们身心健康,防止机体在环境污染影响下产生遗传变异和退化;二是合理开发利用资源,保护自然环境,加强生物多样性保护,以求维护生态平衡和生物资源的生产能力,恢复和扩大自然资源的再生产,保障人类社会的持续发展。

3. 环境保护的基本任务

1989年,我国颁布的《中华人民共和国环境保护法》中明确提出了环境保护的基本任务是:"保护和改善生活环境与生态环境,防治污染和其他公害,保障人体健康,促进社会主义现代化建设和发展。"

4. 国外环境保护发展概况

世界各国之中,美国是第一个把环境影响评价用法律形式固定下来并建立环境影响评价制度的国家。1969年,美国国会通过了《国家环境政策法》,1970年1月1日起正式实施。在此之后,环境影响评价发展很快,世界各国纷纷通过立法建立环境影响评价制度。一些国际组织也踊跃参加与推动环境影响评价制度的发展。环境影响评价出现了蓬勃发展的趋势。

继美国建立环境影响评价制度后,1970年瑞典、1973年新西兰与加拿大、1974年澳大利亚与马来西亚、1976年前联邦德国、1978年印度、1979年菲律宾、泰国、中国、印尼、斯里兰卡等国均先后建立了环境影响评价制度。与此同时,国际上也设立了许多有关环境影响的评价机构,召开了一系列的相关国际会议。1970年世界银行设立了环境与健康事务办公室,1974年联合国环境规划署与加拿大联合召开了第一次环境影响评价会议。1984年5月,联合国环境规划理事会议第12届会议建议组织各国环境影响评价专家进行环境影响评价研究,为世界各国更好地开展环境影响评价提供了方法和理论基础。1992年,联合国环境与发展大会在里约热内卢召开,会议通过的《里约环境与发展宣言》和《21世纪议程》中都写入了有关环境影响评价内容。1994年,由加拿大环境评价办公室(FERO)和国际评估学会(IAIA)在魁北克市联合召开了第一届国际环境影响评价部长级会议,有52个国家和组织机构参加了会议,会议作出了进行环境评价有效性研究的决议。

经过多年的发展，世界上已有100余个国家建立了环境影响评价制度。其内涵不断提高，已从自然环境发展到社会环境；不仅考虑了环境污染的防治，还更加注重生态环境的保护以及被破坏后的生态重建；开展了风险评价；已开始关注对环境影响进行后评估；环境影响评价从最初单纯的工程项目环评已发展到区域开发和战略规划方面的环境影响评价，环境影响评价技术方法和程序也在发展中不断地得到完善。

5. 我国环境保护发展历程

为了对我国环境保护的巨大成就有一个比较全面的认识，有必要对我国环境保护的发展历程作一个简要的回顾。早在20世纪60年代我国科学家就开展了克山病地区水、土、粮食中微量元素与病因相关的研究，制作了包括气象、地貌、植被、土壤四因素的自然环境质量模型图。人们一般将1973—1978年称为中国环保事业的起步阶段。1972年6月5日，我国派团参加了联合国人类环境会议，通过这次会议，中国高层决策者们开始认识到中国也存在严重的环境问题，需要认真对待。在此历史背景下，1973年8月5日至20日，在北京召开了我国第一次全国环境保护会议，它标志着中国环境保护事业的开端。这次会议审议通过了"全面规划、合理布局、综合利用、化害为利、依靠群众、大家动手、保护环境、造福人民"的32字环境保护方针，通过了中国第一个全国性环境保护文件《关于保护和改善环境的若干规定(试行)》。该规定共10条，第1条和第2条提出"做好全面规划,工业合理布局"；第3条提出"逐步改善老城市的环境"，要求保护水源，消除烟尘，治理城市"四害"，消除污染；第4条"综合利用，除害兴利"规定预防为主治理工业污染，开展综合利用，并明确规定"一切新建、扩建和改建企业，防治污染项目，必须和主体工程同时设计，同时施工，同时投产"，即"三同时"制度。1973年11月，由国家计委、国家建委、卫生部联合颁布了中国第一个环境标准——《工业"三废"排放试行标准》(GB J4—73)。1974年10月，正式成立了国务院环境保护领导小组。

1983年12月31日至1984年1月7日，在北京召开了第二次全国环境保护会议。这次会议是中国环境保护工作的一个转折点，为中国的环境保护事业做出了重要的历史贡献。在这次会议上明确提出环境保护是一项基本国策，提出"经济建设、城乡建设和环境建设同步规划、同步实施、同步发展"，实现"经济效益、社会效益与环境效益的统一"。会议确定把强化环境管理作为当前环境保护的中心环节，提出了符合国情的三大环境政策，即"预防为主、防治结合、综合治理""谁污染谁治理""强化环境管理"。会议还提出了20世纪末的环保战略目标。会议确定将环境保护纳入国家和地方发展计划，进一步强化环境保护机构，将国务院环境领导小组改为国务院环境委员会，在各部委及省市自治区和军队确定设立局一级环保机构建制。

1989年4月底至5月初，在北京召开了第三次全国环境保护会议，这是一次开拓创新的会议。会议提出努力开拓中国特色的环境保护道路，总结确定了3组6项中国特色的环境管理制度，即：环境影响评价和"三同时"制度；排污收费、排污申报登记、排污许可证制度和污染集中控制及限期治理制度；环境目标责任制、城市环境综合整治定量考核制度。

从1979年至1992年，中国的环保政策体系和环境保护法规体系初步形成。形成了以宪法为基础，以《中华人民共和国环境保护法》为主体的环境法律体系。自1989年《中华人民共和国环境保护法(试行)》颁布以来，开发建设项目的环境影响评价在我国已制度化。由国家经委、计委、建委和国务院环办联合发布《基本建设项目环境保护管理办法的通知》，进一步强调了建设项目的环境影响评价工作。从此，环境影响评价工作在我国普遍地开展起来，同时标志着我国环境质量评价工作从现状评价转入影响评价阶段。

1992年,在里约热内卢召开了联合国环境与发展大会,实施可持续发展战略成为世界各国的共识,环境原则成为经济活动中的重要原则。推行清洁生产,实现生态可持续工业生产成为工业生产发展的环境原则。生态可持续工业发展,要求经济增长的方式由粗放型向集约型转变,环境原则也成为人类社会行为的重要原则。

1996年7月,在北京召开了第四次全国环境保护会议。这次会议对于布置落实跨世纪的环境保护目标和任务,实施可持续发展战略,具有十分重要的意义。会议进一步明确了控制人口和保护环境是我国必须长期坚持的两项基本国策,提出了两项重大的举措:其一,"九五"期间全国主要污染物排放总量控制计划;其二,中国跨世纪绿色工程规划。此次会议后,国务院发布了《国务院关于环境保护若干问题的决定》。

1999年3月,在北京召开了"中央人口资源环境工作座谈会",这是一次贯彻可持续发展战略的新部署。2000年,国家发布了《全国生态环境保护纲要》。

我国从1989年颁布《中华人民共和国环境保护法》开始,针对特定的环境保护对象颁布了多项环境保护专门法以及与环境保护相关的资源法,包括《水污染防治法》《大气污染防治法》《噪声污染防治法》《矿产资源法》《土地管理法》《水土保持法》等。还制定了《自然保护区条例》《基本农田保护条例》等30多项环境保护行政法规。此外,各有关部门还发布了大量的环境保护行政规章。各省、市地方人大和地方政府制定和颁布了600多项环境保护地方性法规。

6. 新时代的环境保护

党的十八大以来,以宪法为核心的环境立法体系更加健全,环境司法专门化、专业化全面展开,国际环境治理体系中的引领性显著增强,中国环境法治进入新时代。

2014年4月,十二届全国人大常委会第八次会议审议通过《中华人民共和国环境保护法》修订案,对1989年制定的《中华人民共和国环境保护法》进行了全面修订,明确了其在环境立法体系中的基础性地位。新《环境保护法》对价值目标与治理结构进行了重新设计,明确将"保护和改善环境,防治污染和其他公害,保障公众健康,推进生态文明建设,促进经济社会可持续发展"作为立法目的;明确了"保护环境是国家的基本国策。国家采取有利于节约和循环利用资源、保护和改善环境、促进人与自然和谐的经济、技术政策和措施,使经济社会发展与环境保护相协调"的价值取向;明确地方政府环境保护职责以及企业、个人、社会的环境保护义务,构建了政府主导、企业主责、公众参与的多元共治新格局;以"大环保"的理念安排制度体系,统筹考虑生态环境保护与环境污染防治等问题。

2014年以来,国家相继出台《关于加快推进生态文明建设的意见》《生态文明体制改革总体方案》等多项涉及生态文明建设的改革方案,对生态文明建设进行全面部署和系统安排,其中相当多的内容涉及环境执法体制机制改革。先后修订或制定了《大气污染防治法》《水污染防治法》《土壤污染防治法》等。先后批准了《拉姆萨公约》《濒危野生动植物物种国际贸易公约》《关于保护臭氧层的维也纳公约》《蒙特利尔议定书》《防治荒漠化公约》《控制危险废物越境转移及其处置巴塞尔公约》《联合国气候变化框架公约》《京都议定书》等多边条约。

2015年12月,习近平主席出席《联合国气候变化框架公约(UNFCCC)》的缔约方巴黎会议并作重要讲话,提出"合作共赢、各尽所能""奉行法治、公平正义""包容互鉴、共同发展"的国际气候治理新理念,签署《巴黎协定》后迅速交存批准文书,大力推动《巴黎协定》

生效进程。

2018年联合国决定正式开启《世界环境公约》的谈判进程,中国始终参与并以建设性态度引领相关进程。

2018年3月,十三届全国人大一次会议通过宪法修正案,将"推动物质文明、政治文明、精神文明、社会文明、生态文明协调发展,把我国建设成为富强民主文明和谐美丽的社会主义现代化强国"写入序言并与其他国家目标相互协同,充实完善了已有环境保护宪法规范体系,为在环境法治中处理协调经济发展、社会发展和环境保护等权力和权益冲突提供了宪法解决方案。

中国高度重视联合国《2030年可持续发展议程》的落实,将可持续发展目标融入《国民经济与社会发展"十三五"规划纲要》中并发布《中国落实2030年可持续发展议程国别方案》。

现在我国已基本建立了比较完善的环境保护法规体系,并配套建立了由360多项各类国家环境标准组成的环境保护标准体系和中国特色的环境保护管理体系,环境保护工作已步入规范化,其力度也不断得到加强。

二、环境保护与可持续发展

全球环境问题的尖锐化,构成了人类日益严重的生存发展危机。它主要表现在两个方面:全球性自然资源的锐减和破坏,以及全球性生态环境的污染和破坏。而人类无节制的人口增长则是造成并加速如上危机的根源。因此,对环境保护概念的广义理解,就是保证人类的可持续发展。20世纪90年代的研究表明,人口爆炸是环境恶化的根本原因,而资源无节制的不合理开发是环境恶化的直接原因。为了突出以上两点,人们又给环境保护下了一个狭义的定义,那就是,专指保护生态环境不受污染和破坏。

环境问题是人类面临的重大问题之一。归纳起来,环境问题可分为两大类。一类是不合理地开发利用自然资源,使生态环境遭受破坏。这类环境问题突出表现在植被破坏、水土流失、土壤退化、沙漠化、气候变异等方面,造成生物种类及环境质量急剧下降。另一类是由于城市生活和工业生产排放有毒有害物质引起的环境污染。这类污染通过大气和江河由城镇的局部地区扩散到广阔的自然界,对人体健康和工农业的生产有很大的损害。这两类环境问题又常常相互影响,相互交融,形成"复合效应",造成更大危害。

不管是发展中国家,还是发达国家,都不同程度地存在着这两类环境问题。一般而言,发展中国家更多的是生态环境问题;发达国家更多的是环境污染问题。我国是发展中国家,但却同时存在着两类环境问题,并且问题都比较严重。因此,如何控制污染和保持良好的生态环境,对于经济发展和加速现代化建设具有重要的意义。

环境保护与经济发展是矛盾统一体的两个方面。经济发展带来了环境问题,却又增强了解决环境问题的能力;环境问题的解决,也为经济发展创造了更加有利的条件。解决环境问题必须依赖于一定的经济基础,离开了一定的经济条件,环境的保护和改善就成了无源之水,无本之木;环境状况的好坏,对经济发展又有很大的制约作用,破坏了环境就是破坏了资源,破坏了生产力。因此,经济发展既要满足人类不断增长的物质和文化需要,又不能超出环境的负担能力,即自然资源的再生增殖能力和环境的自我净化能力。保护好环境,就可以提高资源的再生能力和永续利用的能力,促进经济稳定持续地发展。

经济发展与环境保护的对立,往往与人类的认识水平分不开。比如,产业革命开始,燃煤引起空气污染,当时人们认为燃煤引起的污染问题难以解决,因为那时还缺乏解决这种污染问题的技术。幸好当时出现了大量的石油,替代了污染严重的煤炭。但是随后的技术革新证明,只要加强原煤的选洗加工,改变燃烧利用方式,采取必要的净化处理措施,由燃煤引起的污染问题是可以解决的。随着科学的发展,把煤炭变成像石油、天然气那样比较干净的气体和液体也是可能的。我们应当相信,经济发展带来的环境问题总会被人类不断认识和不断解决的。

许多环境问题,如大气、水体、土壤污染以及森林锐减、草地沙化、水土流失等,人们已经认识到了它的危害性和问题的严重性,也找到了解决的方法。但是,由于解决这些环境问题需要巨大的环境投资,往往经济能力不足,使环境问题得不到解决,发展中国家比较普遍地存在这种情况。发展中国家只有致力于经济发展,增强经济实力,才能有能力、有成效地解决自己的环境问题。

经济发展和环境保护是矛盾统一的,只要认真对待,采取适当的政策与措施,经济发展与环境的对立就可以在发展中统一起来。

三、公路交通环境问题

1. 公路交通环境问题的产生与发展

1769年,法国军事工程师兼陆军炮兵大尉古诺(N·J·CUGNOT)制造出世界上第一辆蒸汽机汽车,此车以3.5km/h的速度行驶,冒着浓浓的黑烟,发出隆隆的噪声。1886年,德国工程师卡尔·本茨研制成功世界上第一辆四冲程汽油机驱动的三轮汽车;德国的另一位工程师戴姆勒也研制成功四冲程汽油机驱动的四轮汽车。由此,便产生了公路交通环境问题。20世纪50年代以后,世界范围内的工农业生产和科学技术得到了迅速发展,城市道路和公路的里程、车辆的保有量也得到了迅速增长,于是公路交通环境问题便成为主要的环境问题之一。

从20世纪80年代中期起,我国公路交通进入高速发展时期。根据交通运输部编制的《中国公路网发展战略规划》,在全国公路网中优先建设和发展以高速公路和一级公路为主的国道主干线系统,该系统包括规划总里程约11.8×万km,71118高速公路系统,以及总里程达26.5×万km的普通国道网。如此大规模的公路建设,必将给公路沿线地区的自然环境、生态环境、生活环境及景观环境带来影响,并产生一系列环境问题。

2. 道路交通的主要环境问题

(1)城市道路主要环境问题

城市道路交通环境问题主要是空气污染和噪声污染。

①空气污染

空气污染通常是指由于人类活动或自然过程引起某些物质进入大气中,呈现足够的浓度,达到足够的时间,并因此危害了人类的舒适、健康和福利或环境的现象。

空气污染物的来源主要有以下几个:

a)工业。工业生产是大气污染的一个重要来源。工业生产排放到大气中的污染物种类繁多,有烟尘、硫的氧化物、氮的氧化物、有机化合物、卤化物、碳化合物等,其中有的是烟尘,有的是气体。

b) 生活炉灶与采暖锅炉。大量民用生活炉灶和采暖锅炉需要消耗大量煤炭,煤炭在燃烧过程中要释放大量的灰尘、二氧化硫、一氧化碳等有害物质污染大气。特别是在冬季采暖时,往往使污染地区烟雾弥漫,呛得人咳嗽,这也是一种不容忽视的污染源。

c) 交通运输。汽车、火车、飞机、轮船是当代的主要运输工具,它们烧煤或石油产生的废气也是重要的污染物。特别是城市中的汽车,量大而集中,尾气所排放的污染物能直接侵袭人的呼吸器官,严重污染城市的空气,成为大城市空气的主要污染源之一。汽车排放的废气主要有一氧化碳、二氧化硫、氮氧化物和碳氢化合物等,前三种物质危害性很大。

d) 其他突发性空气污染,如森林火灾、火山爆发产生的烟雾。

图 7-1 给出了 2018 年全国 338 个地级及以上城市中环境空气质量各级别天数比例,其中 121 个城市环境空气质量达标,217 个城市环境空气质量超标。338 个城市平均优良天数比例为 79.3%,平均超标天数比例为 20.7%。

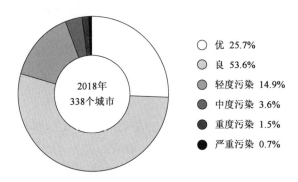

图 7-1 2018 年 338 个城市环境空气质量各级别天数比例

② 噪声污染

城市噪声对于居民的干扰和危害日益严重,已经成为城市环境的一大公害。城市噪声主要有:交通噪声、工业噪声、建筑施工噪声、社会生活噪声。城市噪声干扰居民的工作、学习、休息和睡眠,严重的还会危害人体的健康,引起疾病和噪声性耳聋。

交通噪声主要来源于机动车辆、飞机、火车和轮船的噪声。这些噪声的噪声源是流动的,影响面较广。城市区域内交通干线上的机动车辆噪声(主要是载重汽车、摩托车等的噪声),已成为城市的主要噪声,约占城市噪声源的 40% 以上。汽车噪声主要是发动机、冷却风扇、进气和排气系统运转时产生的噪声,车体振动、制车时产生的噪声,以及车轮滚动时轮胎与路面之间所形成的噪声。

工业噪声:主要是工厂车间动力机械设备等辐射的噪声。工厂噪声不仅给生产工人带来危害,造成职业性耳聋和其他疾病,而且干扰附近居民,设在居民区内的工厂干扰尤为突出。

建筑施工噪声:主要是城市内建筑施工现场的噪声。

社会生活噪声:包括群众集会、文娱宣传活动、人声喧闹、家用电器(如收音机、电视机、洗衣机、空调机)等所产生的噪声。

2018 年,324 个地级及以上城市开展了昼间道路交通声环境监测(图 7-2),平均等效声级为 67.0 分贝。215 个城市昼间道路交通声环境质量为一级、93 个城市为二级、13 个城市为三级、3 个城市为四级。321 个地级及以上城市开展了夜间道路交通声环境监测,平均等效声级为58.1分贝。151个城市夜间道路交通声环境质量为一级、56个城市为二级、37个城市为三级、44个城市为四级、33个城市为五级。

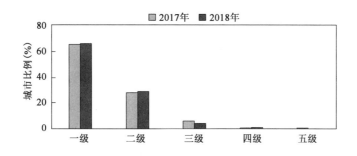

图7-2　2017年和2018年全国324个城市昼间道路交通声环境质量比较

（2）公路交通主要环境问题

近10多年来，我国公路交通环境问题越来越严重，已引起社会公众的广泛关注。因公路交通施工期和营运期对环境的影响因素有很大差别，下面分别简述。

①施工期

公路施工期的环境问题主要表现为非污染型生态环境影响。与公路施工有关的生态环境影响一般包括植被破坏、局部地貌破坏（如高填、深挖、大切方等）、土壤侵蚀、自然资源（土地、水、草场、森林、野生生物等）影响、景观影响及生态敏感区（著名历史遗产、自然保护区、风景名胜区和水源保护区）影响等。每条公路涉及的具体生态问题各不相同，主要取决于所经地域的自然环境、生态环境及地貌状况等。对环境的影响程度取决于公路的等级，因高速公路及一级公路的工程技术标准较高，它们对生态环境的影响最大，普通道路的影响较小。

土地，尤其是耕地，是极其宝贵的自然资源。目前，我国各种开发区的建设、城市的不断扩大、交通运输网的建设、农村乡镇经济的发展及各种自然因素的破坏等，使耕地面积不断减少。我国现有耕地约15亿亩（1亩≈666.667m^2），仅为世界总耕地的7%，而人口是世界的25%，因此，土地问题已成为我国经济发展的严重制约因素。据统计，四车道高速公路及一级公路建设，每千米占用土地75亩左右，一般耕地约占70%～90%，六车道高速公路则占地更多。仅"7918"国道主干线建设已占用土地约483万亩，其中耕地约410万亩。因此，在公路设计、施工等各个环节中，必须珍惜每寸土地，合理利用每寸土地。

②营运期

公路营运期的环境问题，主要是对沿线地区民众的生活环境造成影响，如噪声扰民、汽车尾气污染、服务区污水及路面径流对水环境的污染等，其中噪声影响最为突出。

3. 公路环境工程

（1）公路环境工程的内容

公路环境工程是近年来人们针对公路环境污染治理、利用和保护自然资源、改善生态环境而产生的一门技术环境学科，是环境工程学的组成部分。由于该学科产生的时间较短，尚未形成成熟的学科体系。目前，一般认为公路交通环境工程研究的主要内容为：公路环境问题的特征、规律；环境污染防治技术与方法；保护和合理利用自然资源、改善生态环境的技术措施；环境影响评价等。公路环境工程的内容、技术、方法等，还有待不断研究与完善。

(2) 公路环境工程的基本任务

公路环境工程的基本任务是采取工程技术措施来消除和控制交通环境问题,重点是治理和控制环境污染,合理利用与保护自然资源,利用公路工程、环境工程和系统工程等综合方法,寻求解决公路环境问题的最佳方案,使公路交通建设与环境建设相协调,达到社会经济可持续发展的目标。

四、公路环境保护及绿色公路理念

与全国环境保护情况相似,交通环境保护工作始于1973年,是我国最早开展环境保护工作的行业之一。1974年1月30日,国务院转发了交通部❶关于《中华人民共和国防止沿海水域污染暂行规定》。但与交通部经济工作重点相似,交通环保也一直存在"重水轻路"现象,在内部存在着环境保护工作的不平衡。在1987年以前,交通部主要抓的是港口和航运的环境保护工作。从1987年交通部发布《交通建设项目环境保护管理办法(试行)》开始,公路建设项目的环境影响评价工作正式启动,以1987年和1988年开展陕西西(安)临(潼)高速公路、湖北宜(昌)黄(石)高速公路、贵州贵(阳)黄(果树)高等级公路和广东深(圳)汕(头)高速公路等项目环境影响评价为标志,公路交通环保工作步入了快车道。

公路建设项目环境影响评价工作对促进公路建设与环境协调持续发展,提高包括公路管理人员、设计人员等公路从业人员的环保意识方面均起到了非常重要的作用。可以说,公路交通环境保护工作虽起步较晚,但发展得较快较好,在我国已处于行业环保工作的前列。据不完全统计,截至2012年年底,由国家环境保护总局审批的公路环境评价项目近1 800项;进行公路环境保护专项设计的项目数十项;自1996年京津塘高速公路率先进行环境保护设施竣工验收后,对每条高速公路都进行了该项验收工作。

2014年,交通运输部发布《创新绿色公路实施方案》和《绿色循环低碳公路考核评价指标体系(试行)》,积极开展绿色公路主题性项目创建,对绿色公路建设进行了初步探索。2016年7月,交通运输部发布《关于实施绿色公路建设的指导意见》,建设以质量为前提,以资源节约、生态环保、节能高效、服务提升为主要特征的绿色公路理念正式被提出。

除《中华人民共和国公路法》外,交通部在1990年就发布了《交通建设项目环境保护管理办法》等规章,并制定了《公路建设项目环境影响评价规范》(JTG B03—2006)、《公路环境保护设计规范》(JTG B04—2010)、《绿色交通设施评估技术要求》(JT/T 1199—2018)、《绿色公路建设技术标准》(T/CECS G:C10—2020)等一批技术规范,并已完成或正在进行《汽车排放对环境的有害影响及其防治对策的研究》《"十五"至2020年交通环保规划》《公路交通噪声限值标准》《公路交通行业环境保护投资界定》《公路环境工程概预算编制办法》《公路环境保护设施竣工验收办法》等一大批环境保护科研、规划、规范和标准项目,为保证公路环境保护工作的落实提供了技术保障。

概括来讲,公路环境保护是以"公路工程与环境"这对矛盾体为对象,以生态可持续发展的观点来调节与控制其对立统一关系的发生与发展。公路环境保护的具体行为包括公路建设项目在前期工作阶段的环境影响评价、环境保护设计,施工期的环保设施施工及环保监理,项目建成后的环境保护设施竣工验收等。公路环境保护的对象除包括了水、气、声、渣四项外,还

---

❶ 交通部现更名为交通运输部,余同。

被赋予了生态保护、社会经济文化价值等诸多内容。其保护对象是公路沿线的环境质量、水土资源、路域生态环境以及生物多样性、沿线居民的生活质量和人文景观价值。随着经济发展和公路交通事业的发展，人们对公路路域环境的要求也必将越来越高，作为公认的非污染型生态项目，在工程（建设标准和造价）与环境要求这一对矛盾中，环境将越来越成为矛盾的主要方面，或者说环境将成为人们首要考虑的因素。

综上所述，公路交通环保工作起步晚、发展快，总体已发展到了较高的水平，基本建立了较完善的公路交通环保管理体系和技术保障体系。但各项环境保护工作归根到底都要靠人来推进。因此，必须加强环保宣传教育，提高全体从业人员的环保意识；同时，必须加强基础理论研究，组织科技攻关，开发和推广防治环境污染的实用技术，扶植环境保护产业的发展。

1. 公路环境保护原则

公路环境保护应执行国家环境保护法规及有关规范。为使环境保护工作取得成效，应遵循下列原则：以防为主，防治结合；执行环境影评价制度；综合治理；技术、经济合理；实行"三同时"原则；加强环境管理。

2. 公路建设与营运中的环境保护工作

公路项目的环境保护工作可以分为公路建设期的环境保护工作和公路营运期的环境保护工作。公路建设期的环境保护工作又可分为项目前期工作的环境保护和公路施工期的环境保护工作。

如仅就公路建设项目管理来谈，其包括的环境保护工作项目如下。

(1) 项目可行性研究及初步设计阶段：项目的环境影响评价，提交项目环境影响报告书或报告表。

(2) 项目初步设计及施工图设计阶段：环境保护设计。

(3) 项目招投标阶段：在招标文件、工程合同及监理合同中纳入环境保护条款。

(4) 项目施工期：环境保护设施的施工及环境保护监理。

(5) 项目竣工和交付使用阶段：环境保护设施验收、环境后评价。

(6) 公路营运期：环境保护设施的运行和维护，处理环境问题投诉。

第四节　公路景观及景观设计

公路的兴建，促进了区域社会经济的发展。然而，修建公路将占用土地，破坏植被，可能影响自然地貌、原始景观，以及区域内文物、遗迹、自然水系等，道路本身分割所在地动植物的生存空间，影响种群繁衍及动植物多样性等。这些，将给公路通过区域的生态环境、景观资源、视觉环境等造成很大影响，其中某些损失将是不可逆转的。公路景观环境评价是环境影响评价中的新领域。在项目决策阶段，对其可能带来的景观环境影响进行分析评价，及早发现问题，采取必要措施，指导设计与施工，这样在公路建设项目的决策、设计、建设和营运阶段可减少或避免项目对景观环境产生不良影响，而且有助于景观环境的改善和合理利用。对公路建设项目景观环境进行分析与评价具有重要的现实和长远意义。

一、公路景观环境概念

1. 景观

对于景观，人们对其概念有多种解释，归纳起来有两类：一是偏重于客观的解释，把景观视为景物；二是偏重于主观的感受，强调感觉、印象等，指用人为的审美和欣赏去说明景物。这两种解释都有它积极的一面，但又有其局限性。

随着环境问题的日益严重，越来越多的人开始用社会和生态的眼光关注其自身的生活环境，人们对景观内涵的认识和理解也不断拓展。景观是受地貌运动过程影响和各种干扰作用（特别是人为作用）而形成的，是具有特定的社会和生态结构功能和动态特征的客观系统。景观体现了人们对环境的影响以及环境对人的约束，它是一种文化与自然的交流。美的、有意义的景观不仅表现在它的形式上，更表现在它具有社会系统和生态系统的精美结构、功能和生命力上。景观是建立在社会环境秩序与生态系统的良性运转轨迹上的。

公路景观不同于单纯的造型艺术、观赏景观，为满足运输通行功能，它有自身的体态性能、组织结构。同时公路景观又包含一定的社会、文化、地域、民俗内涵。可以说，公路景观既具有自然属性又具有社会属性，既具有功能性、实用性，又具有观赏性、艺术性。

2. 景观环境评价

景观环境是指特定区域内各种性质、各种类别、各种形式的景观集合体。景观环境不是区域内景观的简单叠加，它不但表现出各个景观所具有的独特点，而且也体现出景观之间相互衬托、相互影响的空间氛围。

公路景观环境包括公路本身形成的景观，也包括其沿线的自然景观和人文景观，它是公路与其周围景观的一个综合景观体系。

景观环境评价是指运用社会学、美学、心理学等多门学科的知识和观点，对一定区域的景观环境现状进行分析评价，并对该区域内的建设项目对其景观环境的影响而引起的变化（包括自然景观和人文景观）所进行的预测影响分析和评价。

对公路景观环境的评价应立足于自然和社会的原则基础之上，将公路本身及沿线一定范围内的自然和社会综合体作为具有特定结构功能和动态特征的宏观系统来研究，而不应仅停留在传统的追求空间视觉效果和对景观意义的一般理解的层次上。

二、公路景观的构成

对公路景观的不同研究方法与不同研究角度对应着不同的分类方法。

1. 按公路景观客体的构成要素分类

按公路景观客体的构成要素分类方法见图 7-3。这种分类方法包括了公路自身及沿线一定区域内的所有视觉信息，适用于对公路沿线一定范围的自然景观与人文景观的保护、利用、开发、创造等工作的研究。

2. 按公路景观主体的活动方式分类

按公路景观主体的活动方式分类方法见图 7-4。这种分类方法适用于研究景观主体处于高速行驶或静止慢行状态下，对动态景观及静态景观的生理感受、心理感受、视觉观赏特征及与之相对应的动态景观序列空间设计与静态景观组景技法的应用。

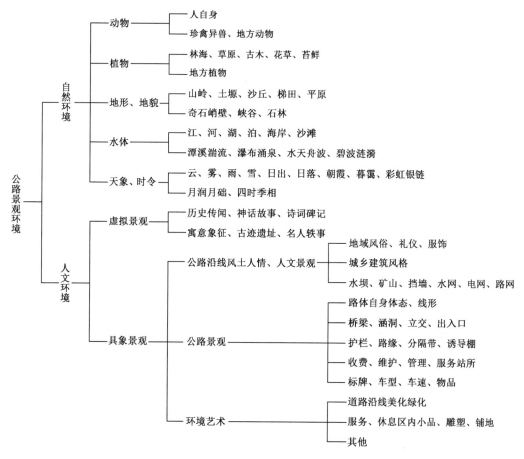

图 7-3 公路景观客体的构成要素

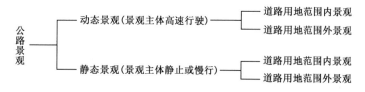

图 7-4 公路景观的分类(按景观主体活动方式分类)

3.按公路景观的处理方式分类

按公路景观的处理方式分类方法见图 7-5。这种分类方法适用于对公路景观的规划和创造。在具体工作中,我们可明确哪些景观需在公路选线、规划、设计中予以保护、开发、利用与改造,哪些需在公路规划设计时进行设计与创造。

三、公路景观规划设计

公路建设项目除了可能造成环境和生态影响外,还可能带来包括景观及视觉影响在内的其他影响。一些发达国家和地区已注意到这个问题并采取了相应措施。他们在公路规划设计过程中,始终伴随有景观配套设计及实施方案。其目的是充分考虑审美因素并注意开发和保护自然资源的审美主题,以期能在公路上提供给使用者一个赏心悦目的环境,并尽可能把构筑物对周围环境的视觉冲击减至最小。

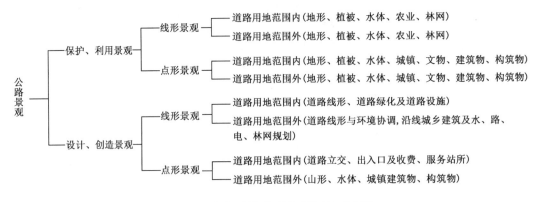

图 7-5　公路景观的分类(按景观处理方式分类)

在我国,景观与视觉环境质量作为一项环境保护质量指标正逐步为人们所重视。公路建设占用土地,破坏植被,影响自然地貌、原始景观,通过区域内的文物、遗迹、自然水系等,势必对其通过区域生态环境、视觉环境、景观资源等造成很大影响。因此,在公路规划、设计和建设中,有必要对其景观环境进行系统的规划、设计与评价,这已成为许多公路建设决策者、设计者、建设者的共识。

1. 公路景观规划设计的内容

公路景观规划设计是对公路用地范围内及公路用地范围外一定宽度和带状走廊里的自然景观与人文景观的保护、利用、开发、创造、设计与完善。对人文景观来说,公路景观规划设计包括路线线形、公路构造物(挡土墙、护坡、排水、桥涵、隧道、声屏障等)、建筑物道路绿化美化、道路设施、交通工程设施等风格形式、质感色彩、比例尺度、协调统一等方面内容。在不同路段、不同工程项目的景观保护、利用、规划、设计中,不同的景观内容、处理手段、轻重与深度不尽相同。对于自然景观来说,公路的修建不能破坏当地的自然景观,其影响程度应减至最小。对自然景观的影响应有必要的保护和恢复措施。最理想的是公路建设与自然景观浑然一体、相容协调,共同构成一个良好的景观环境。

2. 公路景观规划设计的原则

公路景观规划设计是对原有景观的保护、利用、改造及对新景观的开发、创造。这不仅与人们对景观的审美情趣及视觉环境质量有着密不可分的联系,而且对它的评价、规划和设计以及对生态环境、自然资源及文化资源的持续发展和永久利用有着非常重要的意义。在公路景观规划设计中应遵循以下原则。

(1) 可持续发展原则

可持续发展要求公路建设必须注意对沿线生态资源、自然景观及人文景观的永久维护和利用,从时间和空间上规划人的生活和生存空间,使沿线景观资源的建设保持持续的、稳定的、前进的态势。只有这样才能使公路建设既有利于当代人,又造福于后代人,并使自然、社会、经济协调发展。

（2）动态性原则

反映人类文明的公路景观环境存在着保护、继承，又不断更新演绎的过程。这就要求我们在公路景观环境的保护和塑造过程中，坚持动态性原则，赋予公路景观环境以新的内容和新的意义。

（3）地区性原则

我国地大物博，不同地区有其独特的地理位置、地形、地貌特征，气候、气象特征以及社会环境特征等，加之我国人民有着自己独特的审美观念，不同地区的人们又有不同的文化传统和风俗习惯，所有这些形成了不同地区特有的公路景观环境。因此，在公路景观环境设计中应充分考虑地区性特点。

（4）整体性原则

公路建设项目是一个线形工程，其纵向跨度大。在公路景观环境的规划和设计中，对于公路本身，要求其将道路宽度、平曲线要素、纵坡、路线交叉、道路连通性及其构造物、沿线设施等与沿途地形、地貌、生态特征以及其他自然和人文景观作为一个有机整体统一规划与设计，使公路这一人工系统与沿线自然系统和其他人工景观协调和谐，并努力使公路在满足运输功能的前提下，使原有景观环境日臻完美。

（5）经济性原则

公路景观构成要素包罗万象，但不必将精力放在那些耗费大量人力、物力、财力的观赏景观的塑造上，而应把重点放在对公路沿线原有景观资源的保护、利用和开发，以及公路本身和其沿线设施等人工景观与原有自然环境和社会环境的相容性方面。从经济、实用的原则出发，保护沿线的生态环境、自然和人文景观，并满足交通运输的需求。

3. 公路景观规划设计的方法

公路交通的快速运输功能决定了公路景观结构体系具有线性景观与点式景观模式。这一特定景观结构模式的设计涉及动态与静态、自然与人工、视觉与情感上的问题。要解决好这些问题，在公路景观的规划设计中要遵循以下基本思路和方法。

（1）保证道路畅通与安全

保证道路畅通与行驶安全，避免对驾乘人员造成心理上的压抑感、恐惧感、威胁感及视觉上的遮挡、不可预见、眩光等视觉障碍是公路景观规划设计的基础与前提。

（2）线形景观设计重在"势"

早在汉晋时代，我国古代环境设计理论中就有"形势"一说，恰可用于公路景观设计。"形"指形式、形状、形象等意；"势"则指姿态、态势、趋势、威力等意。而形与势相比，形还具有个体、局部、细节的含义；势则具有群体、总体、宏观、远大的意义。

线形景观的观赏者多处于高速行驶状态下，在这一状态下，景观主体对景观客体的认识只能是整体与轮廓。因此，线形景观的设计应力求做到公路线形、边坡、中央分隔带、绿化等连续、平滑、平顺、自然且通视效果好，与环境景观要素相容、协调。而沿线点式景观给人的印象则应轮廓清晰、醒目、高低有致、色彩协调、风格统一。

（3）点式景观设计重在"形"

公路通过村镇、城乡段及公路立交、跨线桥、挡土墙、收费站、加油站、服务区等处的景观，其观赏者除一部分处于高速行驶状态外，还有很大部分处于静止、步行或慢行状态。因此，这部分景观的设计重点应放在"形"的刻画与处理上。如公路路基的形态、形象设计，绿化植物选择与造型,公路构造物的形态与色彩,交通建筑与地方建筑风格的协调,场所的可识别性、可记忆性强调,甚至铺地、台阶、路缘石等均应仔细推敲,精心规划与设计。

四、公路景观绿化设计

1. 设计内容

从严格意义上讲,高速公路征地范围之内的可绿化场地均属于景观绿化设计的范围,按其不同特点可分为:公路沿线附属设施(服务区、停车区、管理所、养护工区、收费站等)、互通立交、公路边坡及路侧隔离栅以内区域(含边坡、土路肩、护坡道、隔离栅、隔离栅内侧绿化带)、中央分隔带、特殊路段的绿化防护带(防噪降噪林带、污染气体超标防护林带、戈壁沙漠区公路防护林)、取弃土场的景观美化等。公路景观绿化工程各部分的有关设计原则简述如下。

(1) 服务区、停车区、管养工区等公路附属设施景观绿化工程

设计目的:设计以美化为主,主要目的是创造优美、舒适的工作和生活空间以及适宜的游览、休闲环境。

设计要求:服务区与收费站区的建筑物及构造物一般都应较新颖别致,外观美丽,设施先进,具有较强烈的现代感,视觉标志性极强,而且通常空间较大,绿化用地较充足,除周边的大块绿地需要与周围环境背景互相协调外,其建筑、广场、花坛、绿地主要采用庭院园林式绿化手法,加强美化效果,使整体舒适宜人、轻松活泼,起到良好的休闲目的。同时服务区亦可根据各自所处的地域特征,通过绿化加以表达,突出地方文化氛围。

(2) 互通立交绿化美化工程

设计目的:诱导视线,减少水土流失,绿化美化环境,丰富公路景观。

设计要求:互通立交区绿化以植草为主,适量配置灌木、乔木,以既不影响视线,又对视线有诱导作用为原则。图案的设计要求简洁明快,以形成大色块。

(3) 边坡、土路肩、护坡道、隔离栅及内侧地带等的防护及绿化工程

设计目的:保护路基边坡,稳定路基,减少水土流失,丰富公路景观,隔离外界干扰。

设计要求:土质边坡栽植宜选用多年生耐旱、耐瘠薄的草本植物,与当地适应性强的低矮灌木相结合来固土护坡;挖方路堑路段的石质边坡宜采用垂直绿化材料加以覆盖,增加美观性,可选用阳性、抗性强的攀援植物;护坡道绿化应以防护、美化环境为目的,栽植适应性强、管理粗放的低矮植物;边沟外侧的绿化以生态防护为主要目的,兼顾美化环境,可栽植浅根性的花灌木,种植间距可适当加大;隔离栅绿化以隔离保护、丰富路域景观为主要目的,宜选择当地适应性强的藤本植物对公路隔离栅进行垂直绿化。

(4) 中央分隔带绿化美化

设计目的:以防眩为主,丰富公路景观。

设计要求:中央分隔带防眩遮光角控制在8°~15°之间,常见中央分隔带绿化栽植形式主要有三种,以常绿灌木为主的栽植,以花灌木为主的栽植,以及常绿灌木与花灌木相结合的栽植。

2. 绿化植物的选择与配置

植物选择要根据生物学特性,考虑公路结构、地区性、种植后的管护等各种条件,以决定种植形式和树种等。公路景观绿化植物的选择原则为:

(1)与设计目的相适应。
(2)与附近的植被和风景等诸条件相适应。
(3)容易获得,成活率高,发育良好。
(4)抗逆性强,可抵抗公害,病虫害少,便于管护。
(5)形态优美,花、枝、叶等季相景观丰富。
(6)不会产生其他环境污染,不会影响交通安全,不会成为对附近农作物传播病虫害的中间媒介。
(7)适当考虑经济效益。

植物选择要优先选择本地区已采用的公路绿化植物、其他乡土植物和园林植物等。经论证、试验后,可适当引进优良的外来品种。

①路域生态环境要求绿化植物种类和生态习性的多样性。
②选择植物品种应兼顾近期和远期的树种规划,慢生和速生种类相结合。
③大树移植宜选择当地浅根性、萌根性强、易成活的树木。
④草种选择应根据气候特点,选择适合当地生长的暖季型或冷季型。

五、桥梁景观设计

1. 桥梁景观

桥梁景观,系指以桥梁和桥位周边环境为景观主体或景观载体而创造的桥梁人工风景。这里,桥梁是某一具体桥梁工程的总称,包括了该工程范围内的主桥、辅桥、引桥、立交桥、引道、接线、边坡等单位工程。因此,桥梁景观是一个具有特定含义的整体概念。这是它与已建桥梁中出现的单体景点的基本区别。

桥梁景观设计,系指根据桥梁工程项目景观建设标准和要求、景观开发利用目标和要求、政府制定的地区规划及环境保护和环境建设规划等,结合桥型特点、交通特点及桥位周边环境的自然地理风貌特点、地形地质地物特点、人文特点,在桥梁结构设计方案的基础上,按照美学原则对桥梁及其周边环境进行的美学创造和景观资源开发。

桥梁景观工程,是桥梁景观设计中所包括的景观项目的总称。

桥梁景观建设,是桥梁景观建设方针、标准、要求,桥梁景观设计方案及方案评议、审定,景观工程施工及验收等项目的总称。它说明景观建设是政府、建设单位、设计单位、科研单位、施工单位、监理单位、监督单位及材料设备、材料试验单位等有关各方(统称为参建单位,下同)共同参与的集体行为。

桥梁景观设计方案评议,系指政府组织社会各界(包括各参建单位、规划单位、环保单位、旅游管理单位、建筑师、艺术家,各阶层民众代表,下同)根据景观建设方针、设计规模、设计原则,对桥梁景观设计方案所体现的主题和预期达到的美学功能,与桥梁主体结构、环保、规划之间的关系,以及开发利用前景,广泛发表意见。这是政府和建设单位选定实施方案的依据之一。由于景观建设成果所具有的观赏属性是直接为社会服务的,可能造成深远的社会影响,所以组织具有广泛代表性的社会各界来评议景观设计方案是完全必要的,应当把它作为景观建设必须遵循的程序。日本本四连络桥建设过程中就设立了"本四连络桥景观委员会",在"本四连络桥公团"领导下,组织景观设计方案评审和研究工作。但是,景观设计方案评议并不表示政府和社会可以干预设计者的艺术创造性,它的作用只能是使景观艺术创造从纯艺术领域中走向社会,更符合实际,更具时代性和观赏性,从而发挥更大的美学效应。

桥梁结构在桥梁景观建设中的"主体功能",表现为直接利用桥梁结构进行建筑艺术造型创造,并直接体现桥梁的美学效应。此外,桥头雕塑的美学效应是非常明显的,在古代桥梁和现代桥梁中应用很广。桥梁结构在桥梁景观建设中的"载体功能"应用得更为广泛,它表现为结合桥梁结构特点及桥位地形、地物特点,对桥梁进行装饰性艺术创造,以充分展现桥梁的美学效应。如现代化桥梁中广泛应用的灯饰夜景。在灯饰夜景中,灯光已不再是照明设施,而成为展示桥梁造型魅力的载体。

2. 桥梁景观设计与桥梁结构设计的统一

桥梁结构设计是桥梁工程师根据桥梁建设方针和建设要求,以具有法律效力的标准、规范为依据,以严密、精确的力学、材料学为基础所进行的结构造型创造。桥梁工程师追求的主要目标是满足桥梁使用功能(包括通车、行人、通航、行洪与线路顺畅连接等),保证桥梁结构安全(即坚固耐用)和使用年限,结构合理、经济,施工方便、可行,适当兼顾美观等。基于这个事实,桥梁工程师在桥梁建设中占据了主导地位,并对设计承担法律责任。所以桥梁结构设计被称为工程的灵魂。

而桥梁景观设计则主要是景观设计者从事的艺术创造活动,所追求的主要目标是最大限度地发挥桥梁及周边环境的美学效应和资源功能。桥梁工程师和景观设计者分别从两个不同的侧面去追求同一个目标——建设最好、最美的桥梁。但是由于各自的依据不同、知识范围有别、研究重点和领域及创造性思维存在差异,由此必然形成桥梁结构设计方案与桥梁景观设计方案的差异,桥梁工程师和景观设计师产生意见分歧,是国内外桥梁建设史上经常发生的现象。不过有理由相信,随着社会对桥梁景观要求的提高,桥梁工程师与景观设计者合作机会的增加,这类分歧会日趋缩小。

为了解决现代化特大型桥梁的结构设计与景观设计的统一问题,设计出结构最合理、美学效应最佳、景观资源得到充分利用的现代化桥梁,当前应当致力于提高桥梁工程师的美学素质。一个优秀的桥梁工程师不但应当是桥梁结构专家,还应当是桥梁艺术家。现在教育主管部门在高等学校桥梁工程专业开设桥梁美学课,培养具有较高美学素质的桥梁工程师,这是适应现代化桥梁建设需要的重大举措。

在协调处理结构设计方案与景观设计方案之间的关系时,毫无疑问,应当把全面满足桥梁结构的使用功能及区域建设规划和环境保护要求放在首位。结构使用功能包括:通车行人、通航行洪、受力合理、安全可靠、桥头接线顺畅等。为此,景观设计者们在以桥梁结构为主体进行造型优化时,应以不影响结构功能为前提并充分尊重桥梁工程师的意见。桥梁周边景观的美学创造和景观资源开发,不是桥梁结构设计关注的范围,因而成为景观设计者们发挥艺术创造的领域。需要注意的是,这些新创造必须与区域发展规划和环境保护相结合,有丰富的文化内涵,富于教育意义。桥梁夜景灯饰设计、涂装色彩设计、周边展览馆建设、博物馆建设等,涉及物理学、化学、建筑学等多方领域,成功的桥梁景观建设工程应该是多学科合作的结晶。

3. 桥梁景观设计项目

桥梁景观设计项目由建设单位根据建设标准和规模、建设资金回收期望确定,以合同方式委托景观设计单位实施。景观设计项目包括:

（1）桥型方案的美学优选。
（2）桥梁主体结构艺术造型优选。
（3）涂装色彩美学设计。
（4）灯饰夜景美学设计。
（5）进出口标志工程景观设计。
（6）桥位周边景观设计。
（7）景观资源开发利用方案。

4. 桥梁景观设计原则

根据建设单位提出的景观建设标准、规模及有关要求，由景观设计单位拟定具体的景观设计原则，报请建设单位批准后，可作为指导景观设计和协调处理与结构设计关系的依据。

（1）保证桥梁使用功能要求的原则。即景观建设项目不能影响桥梁的交通功能；不能侵入通航净空限界，影响通航；夜景灯光照度不能影响航空飞行、进出港行船等。

（2）质量、安全第一原则。以桥梁受力结构为主体的结构艺术造型美学设计应不降低结构承载能力、结构刚度、结构稳定性和结构使用寿命。在此范围内，景观设计应服从结构设计。景观设计方案应经建设单位转交结构设计单位验算，在得到正式认可后才可成立。除此之外，因艺术造型而使结构复杂化，增加了设计和施工难度等，不应成为否定景观设计方案的主要理由，而应由建设单位采用补偿设计费和工程费的办法来解决。

（3）以桥梁结构作为载体的景观建设项目，如夜景灯饰等，在不影响工程质量和结构受力的前提下，不应受结构设计的限制，而应以充分发挥景观的美学效应为主旨。

（4）桥位周边景观是实施景观建设的重点对象，在城市规划和环境保护规划允许的前提下，要开拓艺术创新思路，全方位、多角度展示桥梁景观的美学效应，开发景观资源。

（5）环境保护原则。桥梁景观建设应维护环境生态平衡，保护珍稀动、植物和特有地质风貌，杜绝声、光、电对环境的污染。

（6）尊重民风、民俗原则。涂装色彩选择时不但要考虑与周边环境色调、桥梁造型相协调，还要注意考虑本地区的民风、民俗。

5. 桥梁景观设计程序

桥梁景观设计由建设单位委托桥梁景观设计单位承担，设计流程如图7-6所示。该程序与现行基本建设工程采用的三阶段设计程序相类似，但根据景观设计的特殊性，其形式和内容有所不同。主要区别是建设单位在景观设计中的主导作用更为突出。

六、立交景观设计

立体交叉（简称立交）是利用跨线构造物使道路与道路（或铁路）在不同高程相互交叉的连接方式。我国现阶段正大力发展交通基础设施建设，立交作为道路交叉连接的重要形式，在高速公路、城市道路建设中经常采用。而且，立交的位置通常都处在交通发达、经济繁荣的地区，它的建设对于发展地区经济、促进周边土地的开发和利用、美化环境起着举足轻重的作用。

立交是由道路与桥梁等构造物构成的工程实体，它与周围的自然景物和广阔的空间共同构成一个人为的景观环境。它的建设必然会对自然景观产生影响，同样，自然景观也会对立交的规划、设计以及建成后的通行能力发挥作用。由此可见，景观设计在立交的设计过程中占有非常重要的位置,是一个必不可少的部分。随着科学技术的进步和经济的发展,人们的生活水平不断提高,观念也在逐步改变,文化素质不断提高的人们纷纷把目光投向更高层次的精神世界,对立交的文化性、艺术性提出了更高的要求。人们意识到立交不应仅仅具有交通功能,还应当从景观、环境、区位以及空间组合等角度来考虑其美学功能,以完善其整体美感。

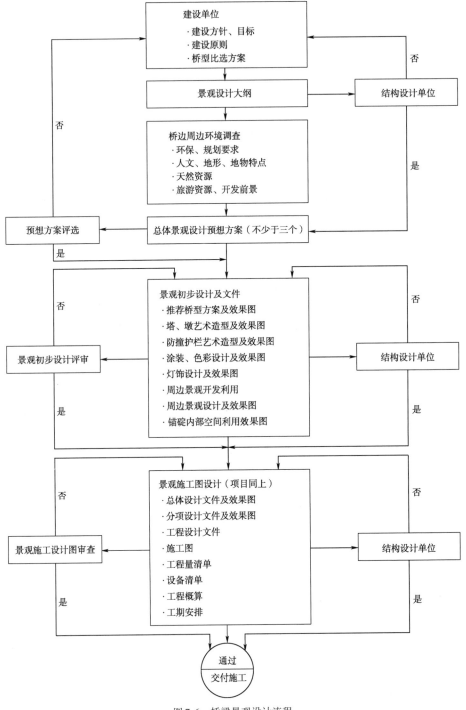

图 7-6　桥梁景观设计流程

立交景观设计就是保有立交固有的交通功能的同时,通过景观设计使立交与周围环境相协调,以减少建设性景观破坏,提高其美学价值和文化价值。也就是在考虑立交建设及养护经济性的同时,还需考虑它给驾乘人员以及沿线居民在心理上带来的舒适感和安全感,建设一个与自然环境相协调的人工构造物,从而营造出一个新的优美环境,尽可能少地造成建设性景观破坏。这里所提到的建设性景观破坏是指由于立交工程的建设破坏了自然环境,以致对自然景观产生的不利影响。比如,有些结构物在设计阶段由于只注重了其工程条件和经济性,而忽视了建成后所产生的副作用,以至进一步破坏了周边的自然景观。

因此,所谓立交景观设计,就是从美学观点出发,在满足其交通功能的同时,充分考虑立交的美观、使用者的舒适性以及与周围景观的协调性,让使用者(驾驶员、乘客以及行人)感觉安全、舒适、和谐所进行的设计。它的目的是使立交在满足规定的技术与经济指标要求下,合理地适应当地环境,使之成为新的景观。这样既有利于行车安全,又具有优美景象。

立交景观设计是建立在公路工程、桥梁工程、建筑美学、建筑艺术、交通心理学、生态学和园林学等学科知识基础上的,没有固定的模式。在实际工作中,往往需要因地制宜,各方面知识综合考虑。根据景观开发的思想规划立交,不仅要避免对生态环境的破坏,而且应力求美化自然,使立交与自然景观有机联系,浑然一体。最大限度地与地形吻合和避开重要建筑设施等是保护景观的有效措施。但是过分迁就地形,将引起设计标准的降低,从而降低在立交上行驶车辆的舒适与安全感,违背规划、设计立交的原则。景观设计就是为了解决这些矛盾,提出保证用路者的安全与舒适的方法,提出保护有价值的风景和各组成部分的方法,通过预先控制尽可能消除或减少对风景的损坏,并提出立交作为景观环境一员的景观造型美化的方法。

1. 立交景观设计的原则

立交的规划、设计不仅要满足行驶动力学、交通工程与运输经济的要求,还应满足立交造型建筑的美学要求。立交景观会从心理和生理方面对驾驶员的运行状态产生影响。立交的选型还应最大可能地保护植物与各种自然特性、名胜古迹和风景,不应分隔原有的社区,不应破坏生态平衡,保证自然资源的利用能力。所有这些,将获得公众对立交建造的支持和拥护,使立交不仅仅是具有交通功能的设施,同时成为景观的有机组成部分。立交景观设计,应根据立交所处的地域范围、地形、地貌、周边环境等自然因素和地域特色、文物古迹、风俗习惯等人文因素进行综合考虑,确定相应的设计原则。一般情况下要做到以下六个方面。

(1) 因地制宜为前提

强化结合利用现状地形进行设计,宜树则树、宜草则草,在尽可能减少工程量的前提下,达到良好的视觉效果和环境效果。这是符合中国园林"虽由人做,宛自天开"的这一基本设计思想的。立交是一个有机整体,在景观设计时,既要注意内部各组成部分之间的协调,使其有机地融合在一起,又要注意与地形、环境的外部协调。在进行立交的线形、构造物的造型设计时,避免割断生态环境空间或视觉景观空间的错误做法,周围景点、附属设施以及绿化植物要有统一性和连续性,避免相互独立,缺乏整体协调性。同时,还要与当地风土人情、历史文化相协调,展现出当地的文化内涵与韵味。

(2) 环境保护为基础

立交的建设必须建立在环境保护的基础上,依据国家在相关方面的法律、法规依法办事,才能真正走上可持续发展的良性循环。立交的景观设计必须保持长期的自然经济效益,尽量避免破坏自然环境和原有风景,保护各种动、植物和名胜古迹。在保护原有风景的同时,作为现代化的标志,它的设计要符合时代发展的需要,要体现时代主旋律。

(3) 美学理论为指导

立交景观的形成不能脱离社会审美的要求而独立存在。由于立交的性质和功能,决定了立交景观不可能凌驾于交通功能之上而成为首先考虑的方向,必须在满足其交通功能的前提下,以美学理论为指导,进行相应的规划与设计。舒适是立交景观设计的主要目的。研究表明,驾驶员在行车过程中的感受与立交景观之间存在着密切关系,道路应该为驾驶员提供既美观又舒适的行车环境,而要做到这一点,主要依靠线形设计。但是,通过景观设计提高舒适性的前提是必须保证交通安全,如果不能保证交通安全,不管立交本身多么优美都是毫无意义的,所以保证安全是立交景观设计的基本原则。

(4) 风格鲜明为特点

立交一般位于城市边缘(也有建于城市中心的),地域特点十分明显,因此,充分地结合地域特征和人文特点,才能创造出具有鲜明风格的景观。

(5) 统一与变化相结合

立交的景观设计强调统一,但不是千篇一律、没有区别,而是要在统一的主题下表现出各自的特色和韵味,否则沿途景观就可能会因单调而使驾驶员注意力迟钝。适当的变化(如建筑物的风格、造型、色彩,以及线形的弯曲、起伏等)会使驾驶员在行车途中感受到沿途景观富有节律感、多变性,从而产生愉悦的心理,达到消除疲劳提高行车安全的目的。所以,立交的景观设计一定要在统一的主题下,在统一中变化,在变化中统一。

(6) 兼顾效益为目的

立交建设的目的就是为了发展经济,提高社会生产力,其经济效益和社会效益不言而喻。但在建成后能否最大限度地发挥环境效益,则是贯穿了工程项目从可行性研究、勘察设计、施工建设、后期养护管理等全过程。所以,立交的景观问题是需要认真对待、全面调查、仔细分析的重要内容之一。

2. 立交的规划布局与总体造型

立交的规划布局作为立交设计的前期工作,将初步确定立交设置的位置、间距、立交的规模、立交的类型等,这些都会直接影响立交建成后的整体景观。一般来说,立交的设置应根据相交道路的等级、性质、任务、交通状况,考虑公路网或城市整体规划,立交建成后经济、社会和环境效益等条件,综合分析研究确定。

立交的总体造型是立交设计过程中最关键的工作。立交形式选择是否恰当,不仅直接关系到道路交叉本身的功能和经济(如通行能力、行车安全、营运经济),而且对地区经济的发展以及区域景观的形成都会产生重大影响。

规划立交的结构形式,确定道路主线应当在上面跨越还是在下面穿过,要考虑的有地形条件和主线线形两项主要因素。除此之外,相交干道的等级和周围的景观也是要考虑的因素之一。作为一般的规律,最美观的设计是符合于地形的设计,而且施工和养护也是最经济的。下穿式立交更适宜建造在凸形与地形狭窄、受周围建筑物的限制而不易拆迁的地带,它对环境影响较小。下穿式立交包括地道桥和路堑两种形式。上跨式立交宜建在凹形或平坦的地势,且有广阔的场地的地方,但因占地面积大,特别是引道高于地面且可能出现高于现有建筑物高程的情况,因而在规划时要充分考虑与周围景观的协调,以避免由于建立交而割裂了景观。

立交选型应与周围的环境结合。郊外公路立交因人口密度较小,建筑物稀少,主要应从功能上考虑;城市立交尤其是城市中心地带立交,除了满足功能上的要求外,还应侧重于周围建筑与人文环境相配合,既要保持立交本身的建筑艺术美,又要注意与区域建筑及自然环境协调一致,达到立交造型上的内在美和外界结合的自然美。如果因为建设立交而使环境自然景观遭到破坏,那将得不偿失,立交再美也难补偿大自然的自然美。

从美学的观点出发,为使立交整体与周边环境协调,应注意以下五个问题:

(1)应尽可能少破坏立交周围的地形、地貌、天然树木、建筑物等,布局应尽量避开大型建筑物、现有民居、高低起伏较大处等,避免大填大挖,设计出与地形和环境相适应的、顺其地面的优美线形。目前,我国已建成或正在建的立交由于匝道太多等种种原因,纵坡始终降不下来,多采用高填土方案,平原微丘区的立交主线就宛如一条土堆"长龙",在自然地形中显著突出,阻隔着人们的视线,破坏地形、地物,严重影响自然景观,不能不说是一大遗憾,而且这种遗憾恐怕是永久性的。

(2)应充分利用自然风景(如孤山、湖泊、大树)或人工建筑物如(水坝、桥梁、农舍或路旁设置一些设施)等,以消除景观单调感,使立交与大自然融为一体。

(3)靠近水域的立交,应注意保留沿岸的绿化,并使其与水域有适当的空间,并注意通过细节处理使行驶者在立交上能眺望一定的水域景观。同时,应注意景观图像效果,路线可借助于适当的曲线来适应这样的景观,保持现有植物的生长情况。

(4)应处理好与其他建筑的协调问题,如以平房为主的交叉口地区不应修建过高的立交,以免对居民造成压抑感;有标志性建筑或重要景观处不宜修建上跨式立交,以免对重要景观造成视觉削弱甚至遮挡;高层建筑群处不宜修建下穿式立交;周围有停车场、公共汽车站等公共设施的交叉口,不能因修建立交给乘车、停车带来不便等。

(5)应处理好交叉路口与其他出入口的衔接问题,在立体交叉的引道上,应尽可能避免设置平面交叉路口,如不可避免,则设法接至引道的平坡段。在平面交叉路口范围内的纵坡不宜过大,以保证行车转弯安全,为达到这一要求,同引道交叉的道路应适当配合把高程降低或升高。引道两侧的建筑出入路口因高低悬殊不能直接与引道衔接时,则应考虑在引道之外修筑支路,把它引至高程相近处接入主线,此支路也可以与施工便道结合,在施工期间作为便道使用,但应注意不要给居民造成过多不便。

除此之外,由于城市立交与高速公路立交各自所处的环境及交通服务的特点不同,在立交选型时应当区别考虑。

3. 立交的线形景观设计

立交的平纵线形是两相交道路线形的有机结合,与两端的道路线形相接时,应从汽车动力学、视觉心理学、环境保护学以及地形条件等多方面考虑,确保线形平顺而优美。

立交的线形最终是作为平面和纵断面两种线形合二为一的立体线形而映入驾驶者眼帘的,平纵线形的协调是至关重要的。因此,怎样把两种线形组合起来,形成良好的立体线形是线形景观设计的关键。首先线形应连续;其次设计平面线形时,注意和纵断面的关系,使之成为良好的立体线形。

(1)保持立交线形在视觉上的连续性,以自然引导视线,取得舒顺的驾乘节奏,这是平面、纵断面两种线形组合时最基本的也是最重要的原则。

在线形景观设计时,应注意避免下列情况:①凸形竖曲线的顶部或凹形竖曲线的底部,应避免插入小半径的平曲线。因为前者的线形设计将失去诱导视线的作用,驾驶员靠近坡顶部才发现平曲线,会因高速行驶不能立即反应,发生行车错误的情况;后者易使驾驶员对纵坡判断失误,将下坡看成上坡而导致超速行驶,造成安全事故。②凸形竖曲线的顶部或凹形竖曲线的底部,应避免设置反向曲线的变曲点。前者会使驾乘人员感到不安,在顶点发现反向转弯,操作危险;后者会引起排水方面的问题,并在变曲点前后呈现视觉上的扭曲现象。③应避免使用短的平曲线、竖曲线和直线,特别在同一方向转弯的曲线之间应避免加入短的直线。当为平面线形时,同向曲线间的直线在视觉上给人感觉好像弯向与两端曲线相反的方向;而为纵断面线形时,两同向竖曲线间的短直线给人感觉好像浮在上面,视觉上很不舒适。

(2)平曲线和竖曲线要保持相互均衡,以取得线形景观的顺适。

在平、竖曲线长度的均衡上,一般平曲线应比竖曲线长些,即平曲线包住竖曲线。前苏联《公路建筑和景观设计规范》规定:平曲线通常应与凹形竖曲线长度相重合,如果曲线不可避免而相位交错,左转弯应布置在凹形竖曲线之前,而右转弯应布置在后面。凸形竖曲线顶点应与平曲线转角点相重合,但平曲线长度应比竖曲线长度长 20~80m。

在平、竖曲线技术指标大小的均衡上,应遵循平曲线以竖曲线为先导的原则。在平曲线半径小于 1 000m 的情况下,一般竖曲线的半径为平曲线半径的 10~20 倍时,可以取得均衡。

(3)驾驶员一般是在距路面只有 1m 左右的驾驶室看道路的,同时驾驶员要连续不断地变换着行驶方向,所以他很少去查看较远距离以外的路况,根据这个特点,我们在路线空间选型时,应根据驾驶员的感受来进行设计,以保证路线行驶的可预知性。这对于车速较快的高速公路立交尤其重要。

当设计离开相交道路驶入高速公路的匝道时,由于驾驶员希望尽早达到高速公路的设计速度,因此,内环匝道宜采用单圆。在受到地形限制不得不采用多圆时,应使小圆和大圆半径之比不宜相差过大,最好为1:1.2,不得已时也要小于1:1.5。其原因是小圆半径 R_1 和大圆半径 R_2 相差过大时,在与高速公路接近的小圆曲线部分,会促使驾驶员减速,这违背了驾驶员的愿望,容易发生事故。在设计离开匝道时,可采用多圆曲线,布置成顺滑的卵形复曲线。但内环道形式的小圆和大圆半径之比应小于1:1.2,多数车辆在减速中进入 R_2 的曲线,这样行车感觉较好。

同时,应重视变速车道与高速公路部分的合成坡度及纵、横断面的协调配合,在高速公路的进出口处应保持良好的视线,以便看清高速公路直通交通流的运行状况,顺利地汇入高速公路。

(4)汽车行驶中,驾驶员的视觉点在不断地移动,通过视觉,驾驶员将道路与汽车联系起来,而视觉提供了立交的立体线形、周围景观、标志以及其他与道路有关的各种信息,这表现为交通工程中人、车、路、环境四者在时间和空间上的相对关系。道路线形在立体上是否良好,主要通过驾驶员视觉来感受,因此,最直观、最有效的方法就是采用动态、仿真景观模拟来检验。

4. 立交桥跨结构的景观设计

立交桥跨结构物是立体交叉的主要组成部分,作为立交的主体工程,无论从数量上和造价上,在道路和立交中都占有很大的比例。此外,由于立交桥跨是线路之间的互相跨越,往往要克服线形纵断面坡度要求,跨越的障碍物较多,使得桥跨结构形式多种多样,有梁式、刚架式及组合式等。同时，立交匝道与主线平面和纵断面线形组合复杂，分流合流频繁，使得桥跨结构弯、坡、斜、竖曲线桥以及异形桥极为常见。因此，每条线路桥跨之间相互关系包括形状、位置、层次安排、桥型布置都是相互影响的。立交桥跨的重要地位及其构造上的特点，充分说明其美学效果在立交景观中的重要作用。长期以来，我国桥跨结构的设计都比较注重结构的功能性设计，而对结构的景观艺术性考虑不足，使得桥梁结构过于呆板，甚至成为景观的一大障碍。

既然立交桥跨是线路间的相互跨越，人们要从上、下线对桥跨作全方位的动态观视，这就对桥跨结构的空间造型、细部结构和装饰都提出了要求。当立交的总体造型和线形骨架形成后，体现立交景观设计的重点应落到桥跨的结构形式、结构尺寸及各部分之间尺寸比例关系、桥跨结构总体布置与环境之间的协调等方面。

（1）桥跨布设要服从立交总体造型，立交总体造型统率整个立交各组成部分的布设。立交桥跨布设应服从每条主线和匝道的路线走向，根据路线布设采用弯、坡、斜、曲线桥及异形桥。桥梁长度应满足纵面跨越和地形要求，桥头接线或两线路相交处，应做到变化均匀、线形圆滑、连续，过渡顺适，不产生突变现象，以使路桥成为一个整体，显示立交的完整性和总体美。

（2）透空度是体现立交美感的一个重要指标，尤其是上跨式立交，若透空度不够会给人以沉重压抑的感觉。立交桥跨的净空高度以及桥梁长度占路线比例的多少是反映透空度的重要指标。设计时尽可能减小路堤的长度，保证桥下净高，从整体上透现立交的空旷、轻盈，给人以较强的空间动感。

（3）安全感是立交桥跨美感的基础和前提，缺乏安全感的桥跨结构，绝无美感可言。因此，在立交桥跨造型和结构设计中，要注意避免产生心理上的压抑感、压迫感和威胁感等，采用对称法则和均衡法则增加结构造型的稳定性，为用路者创造良好的行驶心理环境。

（4）尺度感是立交桥跨美感的具体体现，立交桥跨的尺度感不仅要求其结构本身轻巧，大小、高低、长短、宽窄、厚薄、粗细及斜度等与整体结构尺度应适宜，同时要求这些结构间的比例关系以及立交桥跨整体与周边环境之间的比例关系应恰当。

实践经验表明，在立交范围应尽可能地减少可见的体量，尤其是如果桥下的空间用作行车交通或停车场时，更应该如此。减少可见的体量关键要做好上部结构和支承的选择。

图 7-7～图 7-11 为环境协调景观实况展示。

图 7-7　道路边坡绿化与盲沟排水
（宁杭高速公路南京段）

图 7-8　收费站景观设计（宁杭高速公路南京段）

图7-9 服务区景观设计(宁杭高速公路南京段)

图7-10 服务区休闲设计(宁杭高速公路南京段)

图7-11 沿线景观休闲区(宁杭高速公路南京段)

【复习思考题】

1. 简述可持续发展的三个最基本原则及其内涵。
2. 简述中国可持续发展战略的基本策略。
3. 简述可持续发展的交通设施建设层次及其内涵。
4. 简述道路交通主要环境问题的表现形式及公路环境保护的内容。
5. 简述公路景观环境概念及公路景观设计的主要内容。

讨论：

如何促进交通建设,同时保护我们的家园。

附录

道路桥梁与渡河工程专业教学质量国家标准

1. 概述

道路、桥梁与隧道是国家重要的交通基础设施。道路桥梁与渡河工程专业是教育部普通高等学校本科专业中为满足经济社会发展需求所设置的特设专业,有着十分广阔的发展前景。

我国交通基础设施建设发展迅速,公路网不断扩展。公路建设由东部向西部、由平原到山区、由城市向偏远地区延伸,任务繁重。与此同时,我国交通基础设施还面临着大量的维护、改造与提升。在今后较长的时期内,我国还需要大量的道路桥梁与渡河工程专业人才。

道路桥梁与渡河工程是一门工程理论与技术方法相结合的专业,具有很强的应用性。道路桥梁与渡河工程专业的主干学科有道路工程学、桥梁工程学、隧道工程学等,以数学、物理学、化学、力学、工程经济学、计算机科学与技术等学科为基础。该专业包含道路工程、桥梁工程、隧道工程等方向。

道路桥梁与渡河工程专业主要为交通基础设施建设培养规划、设计、施工、监理、养护与管理等方面的高级工程技术人才,也可为教学、科研等单位培养相关人才。

2. 适用专业范围

2.1 专业类代码

土木类(0810)。

2.2 本标准适用的专业

道路桥梁与渡河工程专业(081006T)。

3. 培养目标

3.1 专业培养目标

本专业培养适应社会主义现代化建设需要，德、智、体、美全面发展，具备自然科学和人文社会科学基础、外语和计算机应用能力，掌握道路桥梁与渡河工程的相关基本原理和基本知识，获得工程师基本训练，能胜任道路、桥梁、隧道等工程的设计、施工与管理，具有扎实基础理论、较宽厚专业知识和良好实践能力与创新能力，具有一定国际视野，能够面向未来的高级专门人才。

*3.2 学校制订相应专业培养目标的要求

高校应在上述培养目标的基础上，结合自身办学定位、专业基础和学科特色，在对区域和行业特点以及学生未来发展需求进行充分调研和分析的基础上，以适应国家和社会发展对多样化人才培养需要为目标，细化人才培养目标的内涵，准确定位本专业的人才培养目标。

高校还应根据科技、经济及社会持续发展的需要，定期对人才培养质量与培养目标的吻合度进行评估，建立适时调整专业发展定位和人才培养目标的有效机制。

4. 培养规格

4.1 学制

四年。

4.2 授予学位

工学学士。

4.3 参考总学时或学分

参考理论课总学时为2200～2500学时，实践教学环节不低于35周。参考总学分为160～180学分。高等学校可根据具体办学情况做适当调整。

4.4 人才培养基本要求

4.4.1 思想政治和德育方面

具有科学的世界观、正确的价值观和积极向上的人生观，具有为国家富强、民族振兴和人类发展贡献自己力量的精神；具有高尚的道德品质和良好的文化素养；具有较强的创新和奋斗意识，能够科学思维和辩证思维；具有良好的心理素质和身体素质，能乐观面对挑战和挫折；具有良好的市场、质量和安全意识，注重环境保护、生态平衡和可持续发展，自觉维护生态文明与社会和谐。

4.4.2 业务方面

毕业生应获得以下几方面的知识、能力和素质：

(1)具有哲学、历史、政治、经济、法学等方面的基本知识；了解文学、艺术等方面的基础知识；了解当代科学技术发展的主要趋势和应用前景。

(2)掌握系统的数学、力学、物理学、化学的基本原理和分析方法；掌握工程经济、项目管理的基本理论和方法；了解信息科学、环境科学的基本知识。

(3)掌握画法几何及工程制图的基本原理和方法，掌握工程CAD制图；掌握工程测绘的基本原理和方法；掌握地质、水文、土质土力学等专业基础知识。

(4)根据课程体系和专业方向的要求，有重点地掌握道路、桥梁、隧道工程材料的基本性能和选用原则，掌握相应工程结构的选型、构造、计算原理和设计方法。

(5)掌握道路桥梁与渡河工程施工的一般技术、过程、组织和管理，以及工程检测和试验基本方法；掌握本专业相关软件应用技术。

(6)了解本专业的相关法规、标准与规程；了解本学科方向的发展动态；了解本专业相关学科的基本知识。

(7)掌握一门外国语，具有国际视野和跨文化交流、竞争与合作能力；掌握至少一门计算机高级编程语言并能运用其解决一般工程问题；掌握文献检索、资料查询及运用现代信息技术获取相关信息的基本方法；掌握科技写作知识。

(8)具有应用口头、文字、图形和计算机技术等进行工程表达和交流的能力；具有常规工程测试仪器的运用能力。

(9)具有综合运用知识进行工程设计、施工和管理的能力。

(10)具有初步的科学研究和应用技术开发能力，具有创新性思维和能力。

(11)具有较强的文字表达能力、语言表达能力和社交能力，以及基本的外语交流能力；具有较好的组织、协调、管理能力和团队合作能力。

(12)对终身学习有正确认识，具有不断学习的能力，以及适应社会和行业发展的能力。

4.4.3 体育方面

掌握体育运动的一般知识和基本方法，形成良好的体育锻炼和卫生习惯，达到国家规定的大学生体育锻炼合格标准。

*5. 师资队伍

5.1 师资队伍数量和结构要求(生师比等)

(1)有一支相对稳定、水平较高的教师队伍，整体结构(年龄、职称、学缘、专业)合理。

(2)承担本专业主干课程的任课教师不少于2人/每门。专业教师中高级职称教师比例不少于40%，具有硕士及以上学历(学位)的教师占专业教师比例不低于70%。平均每位教师指导毕业设计(论文)的人数不超过8人。

(3)公共课、基础课和专业基础课教师应能够满足本专业教学的需要。生师比不超过16∶1。

(4)教师队伍中有正高职称的教师担任带头人，具有一定比例的有工程实践经历的专兼职教师。应有业务能力和组织协调能力较强、教学经验较为丰富的教师主持教学管理工作，并有一支胜任本专业各主干课程教学任务的骨干教学队伍。有足够的实验技术人员(或实验教师)指导实验课程。有企业或行业专家作为兼职教师。

5.2 教师背景和水平要求

(1)大部分专业教师在其学习经历中至少有一个阶段为本专业。专业教师必须具有高校教师从业资格。

(2)专业教师应具有一定的工程背景,其中部分教师承担过实际工程性项目或具有与企业共同工作的经历。

(3)授课教师应具备与所授课程相匹配的能力和从事本专业科学研究的能力。

(4)从事专业课教学(含实践教学)工作的主讲教师,应每3年有3个月以上的工程实践(包括现场实习或指导现场实习、承担过工程性项目等)经历。

5.3 教师发展环境

(1)教师有良好的工作环境和条件。学校有合理可行的师资队伍建设规划,为教师进修、从事学术交流活动提供支持,促进教师专业水平的提高。

(2)应建立基层教学组织,健全教学研讨、教学难点和重点研讨机制。

*6. 教学条件

6.1 教学设施要求(实验室、实践基地等)

(1)具备大学物理、化学、计算机、测量、力学(工程力学、流体力学、土力学)、材料、结构等实验室;实验设备、仪器完好,场地面积和设备台套数能满足实验教学的分组要求,操作型实验分组应满足人人动手的要求;实验标准符合现行工程规范要求。

(2)有一支能有效指导学生基础实验和专业实验的人员队伍,管理规范有序,实验仪器设备运行良好。

(3)多媒体、语音教室等能满足课程教学需要;计算机的数量和管理应满足学生学习的需要;课程设计、毕业设计有固定教室。

(4)有稳定的、能覆盖所设专业方向的校内外实习基地,并符合专业实习的要求。

6.2 信息资源要求

6.2.1 基本信息资源

通过手册或者网站等形式,提供本专业的培养方案、各教学环节的教学内容、教学要求、考核要求、毕业审核要求等基本教学信息。

6.2.2 教材及参考书

(1)公共基础课和专业基础课教材应尽量选用优秀、经典的国家级规划教材。

(2)专业课程应尽量选用专业教学指导委员会推荐的教材。

6.2.3 图书信息资源

(1)本专业相关图书量应满足学生规模要求,要有一定数量的本专业中文期刊和外文期刊。

(2)有满足教学需要的现行工程建设法规文件、标准规范规程、标准图集。

(3)有课程教学和毕业设计所必需的正版专业软件。

(4)提供主要的数字化专业文献资源、数据库和检索工具,并提供使用指导。

(5)建设专业基础课、专业必修课课程网站,或利用现有的网络课程资源,为学生提供一定数量的网络教学资源。

6.3 教学经费要求

(1) 教学经费应能满足教学工作正常开展及发展建设的需要。

(2) 已建专业每年正常的教学经费应包含师资队伍建设经费、实验室维护更新费用、专业实践教学经费、图书资料经费、实习基地建设经费等。

(3) 新建专业应保证一定数额的不包括固定资产投资在内的专业开办经费,特别是要有实验室建设经费。

(4) 每年学费收入中用于教学支出、教学设备仪器购买费用、教学设备仪器维护费用、图书资料购买费用等四项经费所占比例不应低于40%。

7. 质量保障体系

7.1 教学过程质量监控机制要求

(1) 有健全的教学过程质量监控体系和质量监控机构。建立院、系领导及校、院督导、巡视员听课制度,及时掌握课堂及实践课教学情况;建立日常教学工作检查制度,发现问题及时处理,确保教学工作正常进行;对新进教师和新开课的教师进行试讲,保证教学质量。

(2) 主要教学环节(培养方案、课程教学大纲、课堂教学、课程考核、实验教学、专业实习、毕业设计或论文等)有明确的质量要求,并定期进行课程体系设置和教学质量评价。

(3) 有合理的质量评价、反馈和修正机制。实施课程教学质量考核评估制度,由学校及学生共同对教学工作进行评价。

7.2 毕业生跟踪反馈机制要求

(1) 有健全的毕业生跟踪反馈机制、高等教育系统内部和社会有关各方参与的社会评价机制,定期对包括培养目标、毕业要求、课程体系、理论和实践课程教学等在内的人才培养体系进行评价。

(2) 通过走访用人单位,听取用人单位的意见和建议,开展问卷调查,毕业生本人自评以及毕业生质量抽样调查等方式,掌握毕业生在就业单位的工作状况。了解用人单位的需求,为教育教学改革提供反馈意见。

7.3 专业的持续改进机制要求

(1) 定期评价培养目标的实现程度,并将结果用于培养方案(包括培养目标、教学计划)的修订;

(2) 能及时、主动地对社会变化和行业需求做出响应,保证培养的人才对社会需求的适应性;

(3) 及时解决专业发展和建设过程中的问题,不断提高专业建设水平。

注:"*"表示在该条目中要明确专业设置的要求。

参考文献

[1] 交通强国建设纲要起草组.交通强国建设纲要[M].北京:人民出版社,2019.

[2] 中华人民共和国生态环境部.2018年中国生态环境状况公报[R/OL].[2019-05-29].

[3] 中华人民共和国交通运输部.2019年交通运输行业发展统计公报[R/OL].[2020-05-12].

[4] 黄晓明.路基路面工程.[M].6版.北京:人民交通出版社股份有限公司,2019.

[5] 许金良.道路勘测设计.[M].5版.北京:人民交通出版社股份有限公司,2019.

[6] 范立础.桥梁工程.[M].5版.北京:人民交通出版社股份有限公司,2017.

[7] 吴瑞麟,沈建武.城市道路设计.[M].3版.北京:人民交通出版社股份有限公司,2018.

[8] 中华人民共和国行业标准.公路沥青路面设计规范:JTG D50—2017[S].北京:人民交通出版社股份有限公司,2017:4.

[9] 中华人民共和国行业标准.公路水泥混凝土路面设计规范:JTG D40—2011[S].北京:人民交通出版社,2011:11.

[10] 中华人民共和国行业标准.公路路基设计规范:JTG D30—2015[S].北京:人民交通出版社股份有限公司,2014:12.

[11] 中华人民共和国行业标准.公路工程技术标准:JTG B01—2014[S].北京:人民交通出版社股份有限公司,2014:12.

[12] 中华人民共和国行业标准.公路路线设计规范:JTG D20—2017[S].北京:人民交通出版社股份有限公司,2017:12.

[13] 中华人民共和国行业标准.公路水泥混凝土路面施工技术细则:JTG/T F30—2014[S].北京:人民交通出版社,2014:3.

[14] 中华人民共和国行业推荐性标准.公路路面基层施工技术规范:JTG/T F20—2015[S].北京:人民交通出版社股份有限公司,2015:7.

[15] 中华人民共和国行业标准.公路沥青路面养护技术规范:JTG 5142—2019[S].北京:人民交通出版社股份有限公司,2019:6.

[16] 中华人民共和国行业标准.公路技术状况评定标准:JTG 5210—2018[S].北京:人民交通出版社股份有限公司,2019:3.

[17] 中华人民共和国行业标准.公路桥涵养护规范:JTG/H 11—2004[S].北京:人民交通出版社,2004:6.

[18] 中华人民共和国行业推荐标准.公路桥涵施工技术规范:JTG/T 3650—2020[S].北京:人民交通出版社股份有限公司,2020.

[19] 中华人民共和国行业标准.公路桥梁承载能力检测评定规程:JTG/T J21—2011[S].北京:人民交通出版社,2011:10.

[20] 中华人民共和国行业标准.公路桥梁技术状况评定标准:JTG/T H21—2011[S].北京:人民交通出版社,2011:8.

[21] 中华人民共和国行业标准.公路桥梁加固设计规范:JTG/T J22—2008[S].北京:人民交通出版社,2008:9.

[22] 中华人民共和国行业标准.公路桥梁加固施工技术规范:JTG/T J23—2008[S].北京:人民交通出版社,2008:9.

[23] 中华人民共和国行业标准.公路桥梁荷载试验检测规程:JTG/T J21-01—2015[S].北京:人民交通出版社股份有限公司,2015:12.

[24] 中华人民共和国行业标准.公路沥青路面养护设计规范:JTG 5421—2018[S].北京:人民交通出版社股份有限公司,2019:1.

[25] 中华人民共和国行业标准.公路工程技术标准:JTG B01—2014[S].北京:人民交通出版社股份有限公司,2014:12.

[26] 中华人民共和国行业标准.公路工程抗震规范:JTG B02—2013[S].北京:人民交通出版社,2013:12.

[27] 中华人民共和国行业标准.公路排水设计规范:JTG/T D33—2012[S].北京:人民交通出版社,2013:1.

[28] 中华人民共和国行业标准.公路路线设计规范:JTG D20—2017[S].北京:人民交通出版社股份有限公司,2017:12.

[29] 中华人民共和国行业标准.公路建设项目环境影响评价规范:JTG B03—2006[S].北京:人民交通出版社,2006:4.

[30] 中华人民共和国行业标准.公路环境保护设计规范:JTG B04—2010[S].北京:人民交通出版社,2010:6.

[31] 中华人民共和国行业标准.公路工程节能规范:JTG/T 2430—2020[S].北京:人民交通出版社股份有限公司,2019:12.

[32] 中华人民共和国住房和城乡建设部.城市桥梁设计规范(2019年版):CJJ 11—2011[S].北京:中国建筑工业出版社,2019:12.

[33] 中华人民共和国住房和城乡建设部.城镇道路养护技术规范:CJJ 36—2016[S].北京:中国建筑工业出版社,2016:11.

[34] 中华人民共和国住房和城乡建设部.城市道路工程设计规范(2016年版):CJJ 37—2012[S].北京:中国建筑工业出版社,2016:9.

[35] 中华人民共和国住房和城乡建设部.城市快速路设计规范:CJJ 129—2009[S].北京:中国建筑工业出版社,2009:11.

[36] 中华人民共和国住房和城乡建设部.城镇道路路面设计规范:CJJ 169—2012[S].北京:

中国建筑工业出版社,2011:12.

[37] 中华人民共和国住房和城乡建设部.城市道路路线设计规范:CJJ 193—2012[S].北京:中国建筑工业出版社,2012:8.

[38] 中华人民共和国环境保护部.工业企业厂界环境噪声排放标准:GB 12348—2008[S].北京:中国标准出版社,2009:6.

[39] 中华人民共和国住房和城乡建设部.工业企业噪声控制设计规范:GB/T 50087—2013[S].北京:中国建筑工业出版社,2014:3.

[40] 中华人民共和国环境保护部.声环境质量标准:GB 3096—2008[S].北京:中国标准出版社,2008:9.

[41] 中华人民共和国国家质量监督检验检疫总局.汽车和挂车类型的术语和定义:GB/T 3730.1—2001[S].北京:中国标准出版社,2001:3.

[42] 姚祖康,顾保南.交通运输工程导论[M].北京:人民交通出版社,2004.

[43] 王伯惠.道路立交工程[M].北京:人民交通出版社,2000.

[44] 刘朝晖,秦仁杰.公路环境与景观设计[M].北京:人民交通出版社,2003.

[45] 张廷锴.高速公路线形设计[M].上海:同济大学出版社,1997.

[46] 严作人,孙立军.道路工程经济与管理[M].上海:同济大学出版社,1995.

[47] 邓学钧,陈荣生.刚性路面设计[M].北京:人民交通出版社,1992.

[48] 沙庆林.高等级道路半刚性路面[M].北京:中国建筑工业出版社,1993.

[49] 林绣贤.柔性路面结构设计方法[M].北京:人民交通出版社,1988.

[50] 姚祖康,朱以敬.道路路面工程[M].北京:中国建筑工业出版社,1984.

[51] 邓学钧,黄晓明.路面设计原理与方法[M].北京:人民交通出版社,2007.

[52] 邓学钧,黄卫,黄晓明.路面结构计算与设计电算方法[M].南京:东南大学出版社,1997.

[53] 同济大学道路与交通工程研究所.半刚性基层沥青路面[M].北京:人民交通出版社,1991.

[54] 朱照宏,许志鸿.柔性路面设计理论和方法[M].上海:同济大学出版社,1987.

[55] 黄晓明,等.路基路面工程:[M].3版.南京:东南大学出版社,2016.

[56] 汪双杰,黄晓明.冻土地区道路设计理论与实践[M].北京:科学技术出版社,2012.

[57] 黄晓明,汪双杰.现代沥青路面设计理论与实践[M].北京:科学技术出版社,2013.

[58] 黄晓明,赵永利.沥青路面再生利用理论与实践[M].北京:科学技术出版社,2014.

[59] 叶见曙.结构设计原理[M].4版.北京:人民交通出版社股份有限公司,2018.

[60] 邵旭东,等.桥梁工程[M].5版.北京:人民交通出版社股份有限公司,2019.

[61] 范立础.桥梁工程[M].3版.北京:人民交通出版社股份有限公司,2019.